嘉泰會稽志 1

紹興大典 史部

中華書局

圖書在版編目(CIP)數據

(嘉泰) 會稽志 / (宋) 沈作賓修 ; (宋) 施宿等纂 .
– 北京 : 中華書局 , 2023.12
(紹興大典 · 史部)
ISBN 978-7-101-16206-6

Ⅰ . 嘉… Ⅱ . ①沈… ②施… Ⅲ . 紹興 – 地方志
– 南宋 Ⅳ . K295.53

中國國家版本館 CIP 數據核字 (2023) 第 100775 號

書　　名	(嘉泰) 會稽志 (全三册)
叢 書 名	紹興大典 · 史部
修　　者	〔宋〕沈作賓
纂　　者	〔宋〕施宿 等
項目策劃	許旭虹
責任編輯	梁五童
裝幀設計	許麗娟
責任印製	管　斌
出版發行	中華書局
	(北京市豐臺區太平橋西里38號 100073)
	http: // www. zhbc. com. cn
	E-mail: zhbc@zhbc. com. cn
印　　刷	天津藝嘉印刷科技有限公司
版　　次	2023年12月第1版
	2023年12月第1次印刷
規　　格	開本787 × 1092毫米　1/16
	印張97 ¼
國際書號	ISBN 978-7-101-16206-6
定　　價	990.00元

學術顧問

（按姓氏筆畫排序）

安平秋　李　岩　吴　格

袁行霈　張志清　葛劍雄

樓宇烈

編纂工作指導委員會

主　　任　盛閱春（二〇二二年九月至二〇二三年一月在任）

溫　暖　施惠芳　肖啓明　熊遠明

第一副主任　丁如興

副 主 任　陳偉軍　汪俊昌　馮建榮

成　　員（按姓氏筆畫排序）

王靜靜　朱全紅　沈志江　金水法　俞正英

胡華良　茹福軍　徐　軍　陳　豪　黄旭榮

裘建勇　樓　芳　魯霞光　魏建東

編纂委員會

主　　編　馮建榮

副 主 編　黄錫雲　尹　濤　王静静　李聖華　陳紅彦

委　　員（按姓氏筆畫排序）

王静静　尹　濤　那　艶　李聖華　俞國林

陳紅彦　陳　誼　許旭虹　馮建榮　葉　卿

黄錫雲　黄顯功　楊水土

史部主編　黄錫雲　許旭虹

序

紹興是國務院公布的首批中國歷史文化名城，是中華文明的多點起源地之一和越文化的發祥、壯大之地。從嵊州小黄山遺址迄今，已有一萬多年的文化史；從大禹治水迄今，已有四千多年的文明史；從越國築句踐小城和山陰大城迄今，已有兩千五百多年的建城史。建炎四年（一一三〇），宋高宗駐蹕越州，取義「紹奕世之宏庥，興百年之丕緒」，次年改元紹興，賜名紹興府，領會稽、山陰、蕭山、諸暨、餘姚、上虞、嵊、新昌等八縣。元改紹興路，明初復爲紹興府，清沿之。

紹興坐陸面海，嶽峙川流，風光綺麗，物産富饒，民風淳樸，士如過江之鯽，彬彬稱盛。春秋末越國有「八大夫」佐助越王卧薪嘗膽，力行「五政」，崛起東南，威續戰國，四分天下有其一，成就越文化的第一次輝煌。秦漢一統後，越文化從尚武漸變崇文。晉室東渡，北方士族大批南遷，王、謝諸大家紛紛遷居於此，一時人物之盛，雲蒸霞蔚，學術與文學之盛冠於江左，給越文化注入了新的活力。唐時的越州是詩人行旅歌詠之地，形成一條江南唐詩之路。至宋代，尤其是宋室南遷後，越中理學繁榮，文學昌盛，領一時之先。明代陽明心學崛起，這一時期的越文化，宣導致良知、知行合一，重於事功，伴隨而來的是越中詩文、書畫、戲曲的興盛。明清易代，有劉宗周等履忠蹈義，慷慨赴死，亦有黄宗羲率其門人，讀書窮經，關注世用，成其梨洲一派。至清中葉，會稽章學誠等人紹承梨洲之學而開浙東史學之新局。晚清至現代，越中知識分子心懷天下，秉持先賢「膽劍精神」，再次站在歷史變革的潮頭，蔡元培、魯迅等人「開拓越學」，使紹興成爲新文化運動和新民主主義革命的重要陣地。越文化兼容並包，與時偕變，勇於創新，隨着中國社會歷史的變遷，無論其内涵和特質發生何種變化，均以其獨特、强盛的生命力，推動了中華文明的發展。

文獻典籍承載着廣博厚重的精神財富、生生不息的歷史文脉。紹興典籍之富，甲於東南，號爲文獻之邦。從兩漢到魏晋再至近現代，紹興人留下了浩如煙海、綿延不斷的文獻典籍。陳橋驛先生在《紹興地方文獻考録·前言》中説：「紹興是我國歷史上地方文獻最豐富的地方之一。」有我國地方志的開山之作《越絶書》，有唯物主義的哲學巨著《論衡》，有書法藝術和文學價值均登峰造極的《蘭亭集序》，有詩爲「中興之冠」的陸游《劍南詩稿》，有輯録陽明心學精義的儒學著作《傳習録》等，這些文獻，不僅對紹興一地具有重要價值，對浙江乃至全國來説，也有深遠意義。

紹興藏書文化源遠流長。歷史上的藏書家多達百位，知名藏書樓不下三十座，其中以澹生堂最爲著名，藏書十萬餘卷。近現代，紹興又首開國内公共圖書館之先河。光緒二十六年（一九〇〇），紹興鄉紳徐樹蘭獨力捐銀三萬餘兩，圖書七萬餘卷，創辦國内首個公共圖書館——古越藏書樓。越中多名士，自也與藏書聚書風氣有關。

習近平總書記强調，「我們要加强考古工作和歷史研究，讓收藏在博物館裏的文物、陳列在廣闊大地上的遺産、書寫在古籍裏的文字都活起來，豐富全社會歷史文化滋養」。黨的十八大以來，黨中央站在實現中華民族偉大復興的高度，對傳承和弘揚中華優秀傳統文化作出一系列重大決策部署。中共中央辦公廳、國務院辦公廳二〇一七年一月印發了《關於實施中華優秀傳統文化傳承發展工程的意見》，二〇二二年四月又印發了《關於推進新時代古籍工作的意見》。

盛世修典，是中華民族的優秀傳統，是國家昌盛的重要象徵。近年來，紹興地方文獻典籍的利用呈現出多層次、多方位探索的局面，從文史界到全社會都在醞釀進一步保護、整理、開發、利用紹興歷史文獻的措施，形成了廣泛共識。中共紹興市委、市政府深入學習貫徹習近平總書記重要指示精神，積極響應國家重大戰略部署，以提振紹興人文氣運的文化自覺和存續一方文脉的歷史擔當，作出了編纂出版《紹興大典》的重大決定，計劃用十年時間，系統、全面、客觀梳理紹興文化傳承脉絡，收集、整理、編纂、出版紹興地方歷史文獻。二〇二二年十月，中共紹興市委辦公室、紹興市人民政府辦公室印發《關於〈紹興大典〉編纂出版工作實施方案的通知》。自此，《紹興大典》編纂出版各項工作開始有序推進。

百餘年前，魯迅先生提出「開拓越學，俾其曼衍，至於無疆」的願景，今天，我們繼先賢之志，實施紹興歷史上前無古人的文化工程，希冀通過《紹興大典》的編纂出版，從浩瀚的紹興典籍中尋找歷史印記，從豐富的紹興文化中挖掘鮮活資源，從悠遠的紹興歷史中把握發展脉絡，古爲今用，繼往開來，爲新時代「文化紹興」建設注入强大動力。我們將懷敬畏之心，以古人「三不朽」的立德修身要求，爲紹興這座中國歷史文化名城和「東亞文化之都」立傳畫像，爲全世界紹興人築就恒久的精神家園。

是爲序。

温暖

二〇二三年十月

前言

越國故地，是中華文明的重要起源地，中華優秀傳統文化的重要貢獻地，中華文獻典籍的重要誕生地。紹興，是越國古都，國務院公布的第一批歷史文化名城。編纂出版《紹興大典》，是綿延中華文獻之大計，弘揚中華文化之良策，傳承中華文明之壯舉。

一

紹興有源遠流長的文明，是中華文明的縮影。

中國有百萬年的人類史，一萬年的文化史，五千多年的文明史。中華文明，是中華民族長期實踐的積累，集體智慧的結晶，不斷發展的産物。各個民族，各個地方，都爲中華文明作出了自己獨具特色的貢獻。紹興人同樣爲中華文明的起源與發展，作出了自己傑出的貢獻。

現代考古發掘表明，早在約十六萬年前，於越先民便已經在今天的紹興大地上繁衍生息。二〇一七年初，在嵊州崇仁安江村蘭山廟附近，出土了於越先民約十六萬年前使用過的打製石器[一]。這是曹娥江流域首次發現的舊石器遺存，爲探究這一地區中更新世晚期至晚更新世早期的人類活動、

[一] 陸瑩等撰《浙江蘭山廟舊石器遺址網紋紅土釋光測年》，《地理學報》英文版，二〇二〇年第九期，第一四三六至一四五〇頁。

華南地區與現代人起源的關係、小黄山遺址的源頭等提供了重要綫索。

距今約一萬至八千年的嵊州小黄山遺址〔一〕，於二〇〇六年與上山遺址一起，被命名爲上山文化。該遺址中的四個重大發現，引人矚目：一是水稻實物的穀粒印痕遺存，以及儲藏坑、鐮形器、石磨棒、石磨盤等稻米儲存空間與收割、加工工具的遺存；二是種類與器型衆多的夾砂、夾炭、夾灰紅衣陶與黑陶等遺存；三是我國迄今發現的最早的立柱建築遺存，以及石杵立柱遺存；四是我國新石器時代遺址中迄今發現的最早的石雕人首。

蕭山跨湖橋遺址出土的山茶種實，表明於越先民在八千多年前已開始對茶樹及茶的利用與探索〔二〕。距今約六千年前的餘姚田螺山遺址發現的山茶屬茶樹根遺存，有規則地分布在聚落房屋附近，特別是其中出土了一把與現今茶壺頗爲相似的陶壺，表明那時的於越先民已經在有意識地種茶用茶了〔三〕。

對美好生活的嚮往無止境，創新便無止境。於越先民在一萬年前燒製出世界上最早的彩陶的基礎上〔四〕，經過數千年的探索實踐，終於在夏商之際，燒製出了人類歷史上最早的原始瓷〔五〕；繼而又在東漢時，燒製出了人類歷史上最早的成熟瓷。現代考古發掘表明，漢時越地的窑址，僅曹娥江兩岸的上虞，就多達六十一處〔六〕。

中國是目前發現早期稻作遺址最多的國家，是世界上最早發現和利用茶樹的國家，更是瓷器的故

〔一〕浙江省文物考古研究所編《上山文化：發現與記述》，文物出版社二〇一六年版，第七一頁。
〔二〕浙江省文物考古研究所、蕭山博物館編《跨湖橋》，文物出版社二〇〇四年版，彩版四五。
〔三〕北京大學中國考古學研究中心、浙江省文物考古研究所編《田螺山遺址自然遺存綜合研究》，文物出版社二〇一一年版，第一一七頁。
〔四〕孫瀚龍、趙曄著《浙江史前陶器》，浙江人民出版社二〇二二年版，第三頁。
〔五〕鄭建華、謝西營、張馨月著《浙江古代青瓷》，浙江人民出版社二〇二二年版，上册，第四頁。
〔六〕宋建明主編《早期越窑——上虞歷史文化的豐碑》，中國書店二〇一四年版，第二四頁。

鄉。《（嘉泰）會稽志》卷十七記載「會稽之産稻之美者，凡五十六種」，稻作文明的進步又直接促成了紹興釀酒業的發展。同卷又單列「日鑄茶」一條，釋曰「日鑄嶺在會稽縣東南五十五里，嶺下有僧寺名資壽，其陽坡名油車，朝暮常有日，産茶絶奇，故謂之日鑄」。可見紹興歷史上物質文明之發達，真可謂「天下無儔」。

二

紹興有博大精深的文化，是中華文化的縮影。

文化是一條源遠流長的河，流過昨天，流到今天，還要流向明天。悠悠萬事若曇花一現，唯有文化與日月同輝。

大量的歷史文獻與遺址古迹表明，四千多年前，大禹與紹興結下了不解之緣。大禹治平天下之水，漸九川，定九州，至於諸夏乂安。《史記·夏本紀》載：「禹會諸侯江南，計功而崩，因葬焉，命曰會稽。會稽者，會計也。」裴駰注引《皇覽》曰：「禹冢在山陰縣會稽山上。會稽山本名苗山，在縣南，去縣七里。」《（嘉泰）會稽志》卷六「大禹陵」：「禹巡守江南，上苗山，會稽諸侯，死而葬焉。……劉向書云：禹葬會稽，不改其列，謂不改林木百物之列也。苗山自禹葬後，更名會稽。是山之東，有隴隱若劍脊，西嚮而下，下有窆石，或云此正葬處。」另外，大禹在以會稽山爲中心的越地，還有一系列重大事迹的記載，包括娶妻塗山、得書宛委、畢功了溪、誅殺防風、禪祭會稽、築治邑室等。

以至越王句踐，「其先禹之苗裔，而夏后帝少康之庶子也，封於會稽，以奉守禹之祀」（《史記·越王句踐世家》）。句踐的功績，集中體現在他一系列的改革舉措以及由此而致的强國大業上。

他創造了「法天象地」這一中國古代都城選址與布局的成功範例，奠定了近一個半世紀越國號稱天下强國的基礎，造就了紹興發展史上的第一個高峰，更實現了東周以來中國東部沿海地區暨長江下游地區的首次一體化，讓人們在數百年的分裂戰亂當中，依稀看到了一統天下的希望，爲後來秦始皇統一中國，建立真正大一統的中央政權，進行了區域性的準備。因此，司馬遷稱：「苗裔句踐，苦身焦思，終滅强吴，北觀兵中國，以尊周室，號稱霸王。句踐可不謂賢哉！蓋有禹之遺烈焉。」

千百年來，紹興涌現出了諸多譽滿海内、雄稱天下的思想家，他們的著述世不絕傳、遺澤至今，他們的思想卓犖英發、光彩奪目。哲學領域，聚諸子之精髓，啓後世之思想。政治領域，以家國之情懷，革社會之弊病。經濟領域，重生民之生業，謀民生之大計。教育領域，育天下之英才，啓時代之新風。史學領域，創史志之新例，傳千年之文脉。

紹興是中國古典詩歌藝術的寶庫。四言詩《候人歌》被稱爲「南音之始」。於越《彈歌》是我國文學史上僅存的二言詩。《越人歌》是越地的第一首情歌、中國的第一首譯詩。山水詩的鼻祖，是上虞人謝靈運。唐代，這裏涌現出了賀知章等三十多位著名詩人。宋元時，這裏出了别開詩歌藝術天地的陸游、王冕、楊維楨。

紹興是中國傳統書法藝術的故鄉。鳥蟲書與《會稽刻石》中的小篆，影響深遠。中國的文字成爲藝術品之習尚，文字由書寫轉向書法，是從越人的鳥蟲書開始的。而自王羲之《蘭亭序》之後，紹興更是成爲中國書法藝術的聖地。翰墨碑刻，代有名家精品。

紹興是中國古代繪畫藝術的重鎮。世界上最早彩陶的燒製，展現了越人的審美情趣。「文身斷髮」與「鳥蟲書」，實現了藝術與生活最原始的結合。戴逵與戴顒父子、僧仲仁、王冕、徐渭、陳洪綬、趙之謙、任熊、任伯年等在中國繪畫史上有開宗立派的地位。

一九一二年一月，魯迅爲紹興《越鐸日報》創刊號所作發刊詞中寫道：「於越故稱無敵於天下，海岳精液，善生俊異，後先絡繹，展其殊才；其民復存大禹卓苦勤勞之風，同句踐堅確慷慨之志，力作治生，綽然足以自理。」可見，紹興自古便是中華文化的重要發源地與傳承地，紹興人更是世代流淌着「卓苦勤勞」「堅確慷慨」的精神血脉。

三

紹興有琳琅滿目的文獻，是中華文獻的縮影。

自有文字以來，文獻典籍便成了人類文明與人類文化的基本載體。紹興地方文獻同樣爲中華文明與中華文化的傳承發展，作出了傑出的貢獻。

中華文明之所以成爲世界上唯一没有中斷、綿延至今、益發輝煌的文明，在於因文字的綿延不絶而致的文獻的源遠流長、浩如煙海。中華文化之所以成爲中華民族有别於世界上其他任何民族的顯著特徵並流傳到今天，靠的是中華兒女一代又一代的言傳身教、口口相傳，更靠的是文獻典籍一代又一代的忠實書寫、守望相傳。

無數的甲骨、簡牘、古籍、拓片等中華文獻，無不昭示着中華文明的光輝燦爛、欣欣向榮，無不昭示着中華文化的廣博淵綜、蒸蒸日上。它們既是中華文明與中華文化的基本載體，又是中華文明與中華文化的重要組成部分，是十分重要的物質文化遺産。

紹興地方文獻作爲中華文獻重要的組成部分，積澱極其豐厚，特色十分明顯。

（一）文獻體系完備

紹興的文獻典籍根基深厚，載體體系完備，大體經歷了四個階段的歷史演變。

一是以刻符、紋樣、器型爲主的史前時代。代表性的，有作爲上山文化的小黄山遺址中出土的彩陶上的刻符、印紋、圖案等。

二是以金石文字爲主的銘刻時代。代表性的，有越國時期玉器與青銅劍上的鳥蟲書等銘文、秦《會稽刻石》、漢「大吉」摩崖、漢魏六朝時的會稽磚甓銘文與會稽青銅鏡銘文等。

三是以雕版印刷爲主的版刻時代。代表性的，有中唐時期越州刊刻的元稹、白居易的詩集。唐長慶四年（八二四），浙東觀察使兼越州刺史元稹，在爲時任杭州刺史的好友白居易《白氏長慶集》所作的序言中寫道：「揚、越間多作書模勒樂天及予雜詩，賣於市肆之中也。」這是有關中國刊印書籍的最早記載之一，説明越地開創了「模勒」這一雕版印刷的風氣之先。宋時，兩浙路茶鹽司等機關和紹興府、紹興府學等，競相刻書，版刻業快速繁榮，紹興成爲兩浙乃至全國的重要刻書地，所刻之書多稱「越本」「越州本」。明代，紹興刊刻呈現出了官書刻印多、鄉賢先哲著作和地方文獻多、私家刻印特色叢書多的特點。清代至民國，紹興整理、刊刻古籍叢書成風，趙之謙、平步青、徐友蘭、章壽康、羅振玉等，均有大量輯刊，蔡元培早年應聘於徐家校書達四年之久。

四是以機器印刷爲主的近代出版時期。這一時期呈現出傳統技術與西方新技術並存、傳統出版物與維新圖强讀物並存的特點。代表性的出版機構，在紹興的有徐友蘭於一八六二年創辦的墨潤堂等。另外，吴隱於一九〇四年參與創辦了西泠印社；紹興人沈知方於一九一二年參與創辦了中華書局，還於一九一七年創辦了世界書局。代表性的期刊，有羅振玉於一八九七年在上海創辦的《農學報》，杜亞泉於一九〇一年在上海創辦的《普通學報》，羅振玉於一九〇一年在上海發起、王國維主筆的《教育世界》，杜亞泉等於一九〇二年在上海編輯的《中外算報》，秋瑾於一九〇七年在上海創辦的《中國女報》等。代表性的報紙，有蔡元培於一九〇三年在上海創辦的《俄事警聞》等。

紹興文獻典籍的這四個演進階段，既相互承接，又各具特色，充分彰顯了走在歷史前列、引領時代潮流的特徵，總體上呈現出了載體越來越多元、内涵越來越豐富、傳播越來越廣泛、對社會生活的影響越來越深遠的歷史趨勢。

（二）藏書聲聞華夏

紹興歷史上刻書多，便爲藏書提供了前提條件，因而藏書也多。大禹曾「登宛委山，發金簡之書，案金簡玉字，得通水之理」（《吴越春秋》卷六），還「巡狩大越，見耆老，納詩書」（《越絶書》卷八），這是紹興有關采集收藏圖書的最早記載。句踐曾修築「石室」藏書，「晝書不倦，晦誦竟旦」（《越絶書》卷十二）。

造紙術與印刷術的發明和推廣，使得書籍可以成批刷印，爲藏書提供了極大便利。王充得益於藏書資料，寫出了不朽的《論衡》。南朝梁時，山陰人孔休源「聚書盈七千卷，手自校治」（《梁書·孔休源傳》），成爲紹興歷史上第一位有明文記載的藏書家。唐代時，越州出現了集刻書、藏書、讀書於一體的書院。五代十國時，南唐會稽人徐鍇精於校勘，雅好藏書，「江南藏書之盛，爲天下冠，鍇力居多」（《南唐書·徐鍇傳》）。

宋代雕版印刷術日趨成熟，爲書籍的化身千百與大規模印製創造了有利條件，也爲藏書提供了更多來源。特别是宋室南渡、越州升爲紹興府後，更是出現了以陸氏、石氏、李氏、諸葛氏等爲代表的藏書世家。陸游曾作《書巢記》，稱「吾室之内，或棲於櫝，或陳於前，或枕藉於床，俯仰四顧，無非書者」。《（嘉泰）會稽志》中專設《藏書》一目，説明了當時藏書之風的盛行。元時，楊維楨「積書數萬卷」（《鐵笛道人自傳》）。

明代藏書業大發展，出現了鈕石溪的世學樓等著名藏書樓。其中影響最大的藏書家族，當數山陰祁氏；影響最大的藏書樓，當數祁承㸁創辦的澹生堂，至其子彪佳時，藏書達三萬多卷。

清代是紹興藏書業的鼎盛時期，有史可稽者凡二十六家，諸如章學誠、李慈銘、陶濬宣等。上虞王望霖建天香樓，藏書萬餘卷，尤以藏書家之墨迹與鈎摹鐫石聞名。徐樹蘭創辦的古越藏書樓，以存古開新爲宗旨，以資人觀覽爲初心，成爲中國近代第一家公共圖書館。

民國時，代表性的紹興藏書家與藏書樓有：羅振玉的大雲書庫、徐維則的初學草堂、蔡元培創辦的養新書藏、王子餘開設的萬卷書樓、魯迅先生讀過書的三味書屋等。

根據二〇一六年完成的古籍普查結果，紹興全市十家公藏單位，共藏有一九一二年以前産生的中國傳統裝幀書籍與民國時期的傳統裝幀書籍三萬九千七百七十七種、二十二萬六千一百二十五册，分别占了浙江省三十三萬七千四百零五種的百分之十一點七九、二百五十萬六千六百三十三册的百分之九點零二。這些館藏的文獻典籍，有不少屬於名人名著，其中包括在别處難得見到的珍稀文獻。這是紹興這個地靈人傑的文獻名邦確實不同凡響的重要見證。

一部紹興的藏書史，其實也是一部紹興人的讀書、用書、著書史。歷史上的紹興，刻書、藏書、讀書、用書、著書，良性循環，互相促進，成爲中國文化史上一道亮麗的風景。

（三）著述豐富多彩

紹興自古以來，論道立説、卓然成家者代見輩出，創意立言、名動天下者繼踵接武，歷朝皆有傳世之作，各代俱見槃槃之著。這些文獻，不僅對紹興一地有重要價值，而且也是浙江文化乃至中國古代文化的重要組成部分。

一是著述之風，遍及各界。越人的創作著述，文學之士自不待言，爲政、從軍、業賈者亦多喜筆耕，屢有不刊之著。甚至於鄉野市井之口頭創作、謡歌俚曲，亦代代敷演，蔚爲大觀，其中更是多有内藴厚重、哲理深刻、色彩斑斕之精品，遠非下里巴人，足稱陽春白雪。

二是著述整理，尤爲重視。越人的著述，包括對越中文獻乃至我國古代文獻的整理。宋孔延之的《會稽掇英總集》，清杜春生的《越中金石記》，近代魯迅的《會稽郡故書雜集》等，都是收輯整理地方文獻的重要成果。陳橋驛所著《紹興地方文獻考録》，是另一種形式的著述整理，其中考録一九四九年前紹興地方文獻一千二百餘種。清代康熙年間，紹興府山陰縣吴楚材、吴調侯叔侄選編的《古文觀止》，自問世以來，一直是古文啓蒙的必備書，也深受古文愛好者的推崇。

三是著述領域，相涉廣泛。越人的著述，涉及諸多領域。其中古代以經、史與諸子百家研核之作爲多，且基本上涵蓋了經、史、子、集的各個分類，近現代以文藝創作爲多，當代則以科學研究論著爲多。這也體現了越中賢傑經世致用、與時俱進的家國情懷。

四

盛世修典，承古啓新，以「紹興」之名，行紹興之實。

紹興這個名字，源自宋高宗的升越州爲府，並冠以年號，時在紹興元年（一一三一）的十月廿六日。這是對這座城市傳統的畫龍點睛。紹興這兩個字合在一起，藴含的正是承繼前業而壯大之、開創未來而昌興之的意思。數往而知來，今天的紹興人正賦予這座城市、這個名字以新的意藴，那就是繼承中華優秀傳統文化，建設中華民族現代文明，爲實現中華民族偉大復興，作出自己新的更大的貢獻。

編纂出版《紹興大典》，正是紹興地方黨委、政府文化自信、文化自覺的體現，是集思廣益、精心實施的德政，是承前啓後、繼往開來的偉業。

（一）科學的決策

《紹興大典》的編纂出版，堪稱黨委、政府科學決策的典範。二〇二〇年十二月十一日，中共紹興市委八屆九次全體（擴大）會議審議通過了關於紹興市「十四五」規劃和二〇三五年遠景目標的建議，其中首次提出要啓動《紹興大典》的編纂出版工作。

二〇二一年二月五日，紹興市第八届人民代表大會第六次會議批准了市政府根據市委建議編製的紹興市「十四五」規劃和二〇三五年遠景目標綱要，其中又專門寫到要啓動《紹興大典》的編纂出版工作。二月八日，紹興市人民政府正式印發了這個重要文件。

二〇二二年二月二十八日的中共紹興市第九次代表大會市委工作報告與三月三十日的紹興市九届人大一次會議政府工作報告，均對編纂出版《紹興大典》提出了要求。

二〇二二年九月十五日，紹興市人民政府第十一次常務會議專題聽取了《〈紹興大典〉編纂出版工作實施方案》起草情況的匯報，決定根據討論意見對實施意見進行修改完善後，提交市委常委會議審議。九月十六日，中共紹興市委九届二十次常委會議專題聽取《〈紹興大典〉編纂出版工作實施方案》起草情况的匯報，並進行了討論，決定批准這個方案。十月十日，中共紹興市委辦公室、紹興市人民政府辦公室正式印發了《〈紹興大典〉編纂出版工作實施方案》。

（二）嚴謹的體例

在中共紹興市委、紹興市人民政府研究批准的實施方案中，《紹興大典》編纂出版的各項相關事宜，均得以明確。

一是主要目標。系統、全面、客觀梳理紹興文化傳承脉絡，收集、整理、編纂、研究、出版紹興地方文獻，使《紹興大典》成爲全國鄉邦文獻整理編纂出版的典範和紹興文化史上的豐碑，爲努力打造「文獻保護名邦」「文史研究重鎮」「文化轉化高地」三張紹興文化的金名片作出貢獻。

二是收録範圍。《紹興大典》收録的時間範圍爲：起自先秦時期，迄至一九四九年九月三十日，部分文獻酌情下延。地域範圍爲：今紹興市所轄之區、縣（市），兼及歷史上紹興府所轄之蕭山、餘姚。内容範圍爲：紹興人的著述，域外人士有關紹興的著述，歷史上紹興刻印的古籍善本和紹興收藏的珍稀古籍善本。

三是編纂方法。對所録文獻典籍，按經、史、子、集和叢五部分類方法編纂出版。

根據實施方案明確的時間安排與階段劃分，在具體編纂工作中，采用先易後難、先急後緩，邊編纂出版、邊深入摸底的方法。即先編纂出版情况明瞭、現實急需的典籍，與此同時，對面上的典籍情况進行深入的摸底調查。這樣的方法，既可以用最快的速度出書，以滿足保護之需、利用之需，又可以爲一些難題的破解争取時間；既可以充分發揮我國實力最强的專業古籍出版社中華書局的編輯出版優勢，又可以充分借助與紹興相關的典籍一半以上收藏於我國古代典籍收藏最爲宏富的國家圖書館的優勢。這是最大限度地避免時間與經費上的重複浪費的方法，也是地方文獻編纂出版工作方法上的創新。

另外，還將適時延伸出版《紹興大典·要籍點校叢刊》《紹興大典·文獻研究叢書》《紹興大典·善本影真叢覽》等。

（三）非凡的意義

正如紹興的文獻典籍在中華文獻典籍史上具有重要的影響那樣，編纂出版《紹興大典》的意義，同樣也是非同尋常的。

一是編纂出版《紹興大典》，對於文獻典籍的更好保護——活下來，具有非同尋常的意義。歷史上的文獻典籍，是中華文明歷經滄桑留下的最寶貴的東西。然而，這些瑰寶或因天災人禍，或因自然老化，或因使用過度，或因其他緣故，有不少已經處於岌岌可危甚至奄奄一息的境況。

編纂出版《紹興大典》，可以爲系統修復、深度整理這些珍貴的古籍争取時間；可以最大限度呈現底本的原貌，緩解藏用的矛盾，更好地方便閱讀與研究。這是文獻典籍眼下的當務之急，最好的續命之舉。

二是編纂出版《紹興大典》，對於文獻典籍的更好利用——活起來，具有非同尋常的意義。歷史上的文獻典籍，流傳到今天，實屬不易，殊爲難得。它們雖然大多保存完好，其中不少還是善本，但分散藏於公私，積久塵封，世人難見；也有的已成孤本，或至今未曾刊印，僅有稿本、抄本，秘不示人，無法查閱。

編纂出版《紹興大典》，將穿越千年的文獻、深度密鎖的秘藏、散落全球的珍寶匯聚起來，化身萬千，走向社會，走近讀者，走進生活，既可防它們失傳之虞，又可使它們嘉惠學林，也可使它們古爲今用，文旅融合，還可使它們延年益壽，推陳出新。這是於文獻典籍利用一本萬利、一舉多得的好事。

三是編纂出版《紹興大典》，對於文獻典籍的更好傳承——活下去，具有非同尋常的意義。歷史上的文獻典籍，能保存至今，是先賢們不惜代價，有的是不惜用生命爲代價換來的。對這些傳承至今的古籍本身，我們應當倍加珍惜。

編纂出版《紹興大典》，正是爲了述録先人的開拓，啓迪來者的奮鬥，使這些珍貴古籍世代相傳，使蘊藏在這些珍貴古籍身上的中華優秀傳統文化世代相傳。這是中華文化創造性轉化、創新性發展的通途所在。

編纂出版《紹興大典》，是紹興文化發展史上的曠古偉業。編成後的《紹興大典》，將成爲全國範圍内的同類城市中，第一部收録最爲系統、内容最爲豐贍、品質最爲上乘的地方文獻集成。

紹興這個地方，古往今來，都在不懈超越。超乎尋常，追求卓越。超越自我，超越歷史。《紹興大典》的編纂出版，無疑會是紹興文化發展史上的又一次超越。

道阻且長，行則將至；行而不輟，成功可期。「後之視今，亦猶今之視昔」；「後之覽者，亦將有感於斯文」（《蘭亭集序》）。讓我們一起努力吧！

馮建榮

二〇二三年六月十日，星期六，成稿於寓所

二〇二三年中秋、國慶假期，校改於寓所

編纂説明

紹興古稱會稽，歷史悠久。

大禹治水，畢功了溪，計功今紹興城南之茅山（苗山），崩後葬此，此山始稱會稽，此地因名會稽，距今四千多年。

大禹第六代孫夏后少康封庶子無餘於會稽，以奉禹祀，號曰「於越」，此爲吾越得國之始。《竹書紀年》載，成王二十四年，於越來賓。是亦此地史載之始。距今兩千五百多年，越王句踐遷都築城於會稽山之北（今紹興老城區），是爲紹興建城之始，於今城不移址，海内罕有。

秦始皇滅六國，御海内，立郡縣，成定制。是地屬會稽郡，郡治爲吴縣，所轄大率吴越故地。東漢順帝永建四年（一二九），析浙江之北諸縣置吴郡，是爲吴越分治之始。會稽名仍其舊，郡治遷山陰。由隋至唐，會稽改稱越州，時有反復，至中唐後，「越州」遂爲定稱而至於宋。所轄時有增減，至五代後梁開平二年（九〇八），吴越析剡東十三鄉置新昌縣，自此，越州長期穩定轄領會稽、山陰、蕭山、諸暨、餘姚、上虞、嵊縣、新昌八邑。

建炎四年（一一三〇），宋高宗趙構駐蹕越州，取「紹奕世之宏庥，興百年之丕緒」之意，下詔從建炎五年正月改元紹興。紹興元年（一一三一）十月己丑升越州爲紹興府，斯地乃名紹興，沿用至今。

歷史的悠久，造就了紹興文化的發達。數千年來文化的發展、沉澱，又給紹興留下了燦爛的文化載體——鄉邦文獻。保存至今的紹興歷史文獻，有方志著作、家族史料、雜史輿圖、文人筆記、先賢文集、醫卜星相、碑刻墓誌、摩崖遺存、地名方言、檔案文書等不下三千種，可以説，凡有所録，應有盡有。這些文獻從不同角度記載了紹興的山川地理、風土人情、經濟發展、人物傳記、著述藝文等各個方面，成爲人們瞭解歷史、傳承文明、教育後人、建設社會的重要參考資料，其中許多著作不僅對紹興本地有重要價值，也是江浙文化乃至中華古代文化的重要組成部分。

紹興歷代文人對地方文獻的探尋、收集、整理、刊印等都非常重視，並作出過不朽的貢獻，陳橋驛先生就是代表性人物。正是在他的大力呼籲下，時任紹興縣政府主要領導作出了編纂出版《紹興叢書》的決策，爲今日《紹興大典》的編纂出版積累了經驗，奠定了基礎。

時至今日，爲貫徹落實習近平總書記系列重要講話精神，奮力打造新時代文化文明高地，重輝「文獻名邦」，中共紹興市委、市政府毅然作出編纂出版《紹興大典》的決策部署。延請全國著名學者樓宇烈、袁行霈、安平秋、葛劍雄、吴格、李岩、熊遠明、張志清諸先生參酌把關，與收藏紹興典籍最豐富的國家圖書館等各大圖書館以及專業古籍出版社中華書局展開深度合作，成立專門班子，精心規劃組織，扎實付諸實施。《紹興大典》是地方文獻的集大成之作，出版形式以紙質書籍爲主，同步開發建設數據庫。其基本内容，包括以下三方面：

一、《紹興大典》影印精裝本文獻大全。這方面内容囊括一九四九年前的紹興歷史文獻，收録的原則是「全而優」，也就是文獻求全收録；同一文獻比對版本優劣，收優斥劣。同時特别注重珍稀性、孤罕性、史料性。

《紹興大典》影印精裝本收録範圍：

時間範圍：起自先秦時期，迄至一九四九年九月三十日，部分文獻可酌情下延。

地域範圍：今紹興市所轄之區、縣（市），兼及歷史上紹興府所轄之蕭山、餘姚。

内容範圍：紹興人（本籍與寄籍紹興的人士、寄籍外地的紹籍人士）撰寫的著作，非紹興籍人士撰寫的與紹興相關的著作，歷史上紹興刻印的古籍珍本和紹興收藏的古籍珍本。

《紹興大典》影印精裝本編纂體例，以經、史、子、集、叢五部分類的方法，對收録範圍内的文獻，進行開放式收録，分類編輯，影印出版。五部之下，不分子目。

經部：主要收録經學（含小學）原創著作；經校勘校訂，校注校釋，疏、證、箋、解、章句等的經學名著；爲紹籍經學家所著經學著作而撰的著作，等等。

史部：主要收録紹興地方歷史書籍，重點是府縣志、家史、雜史等三個方面的歷史著作。

子部：主要收録專業類書，比如農學類、書畫類、醫卜星相類、儒釋道宗教類、陰陽五行類、傳奇類、小説類，等等。

集部：主要收録詩賦文詞曲總集、别集、專集，詩律詞譜，詩話詞話，南北曲韻，文論文評，等等。

叢部：主要收録不入以上四部的歷史文獻遺珍、歷史文物和歷史遺址圖録彙總、戲劇曲藝脚本、報章雜志、音像資料等。不收傳統叢部之文叢、彙編之類。

《紹興大典》影印精裝本在收録、整理、編纂出版上述文獻的基礎上，同時進行書目提要的撰寫，並細編索引，以起到提要鉤沉、方便實用的作用。

二、《紹興大典》點校研究及珍本彙編。主要是《紹興大典》影印精装本的延伸項目，形成三個成果，即《紹興大典·要籍點校叢刊》《紹興大典·文獻研究叢書》《紹興大典·善本影真叢覽》三叢。選取影印出版文獻中的要籍，組織專家分專題開展點校等工作，排印出版《紹興大典·要籍點校叢刊》；及時向社會公布推出出版文獻書目，開展《紹興大典》收録文獻研究，分階段出版研究成果《紹興大典·文獻研究叢書》；選取品相完好、特色明顯、内容有益的優秀文獻，原版原樣綫装影印出版《紹興大典·善本影真叢覽》。

三、《紹興大典》文獻數據庫。以《紹興大典》影印精装本和《紹興大典·要籍點校叢刊》《紹興大典·文獻研究叢書》《紹興大典·善本影真叢覽》三叢爲基幹構建。同時收録大典編纂過程中所涉其他相關資料，未用之版本，書佚目存之書目等，動態推進。

《紹興大典》編纂完成後，應該是一部體系完善、分類合理、全優兼顧、提要鮮明、檢索方便的大型文獻集成，必將成爲地方文獻編纂的新範例，同時助力紹興打造完成「歷史文獻保護名邦」「地方文史研究重鎮」「區域文化轉化高地」三張文化金名片。

《紹興大典》在中共紹興市委、市政府領導下組成編纂工作指導委員會，組織實施並保障大典工程的順利推進，同時組成由紹興市爲主導、國家圖書館和中華書局爲主要骨幹力量、各地專家學者和圖書館人員爲輔助力量的編纂委員會，負責具體的編纂工作。

《紹興大典》編纂委員會

二〇二三年五月

史部編纂説明

紹興自古重視歷史記載，在現存數千種紹興歷史文獻中，史部著作占有極爲重要的位置。因其内容豐富、體裁多樣、官民兼撰的特點，成爲《紹興大典》五大部類之一，而別類專纂，彙簡成編。

按《紹興大典·編纂説明》規定：「以經、史、子、集、叢五部分類的方法，對收録範圍内的文獻，進行開放式收録，分類編輯，影印出版。五部之下，不分子目。」「史部：主要收録紹興地方歷史書籍，重點是府縣志、家史、雜史等三個方面的歷史著作。」

紹興素爲方志之鄉，纂修方志的歷史較爲悠久。據陳橋驛《紹興地方文獻考録》（浙江人民出版社，一九八三年版）統計，僅紹興地區方志類文獻就「多達一百四十餘種，目前尚存近一半」。在最近三十多年中，紹興又發現了不少歷史文獻，堪稱卷帙浩繁。

據《紹興大典》編纂委員會多方調查掌握的信息，府縣之中，既有最早的府志——南宋二志《（嘉泰）會稽志》和《（寶慶）會稽續志》，也有最早的縣志——宋嘉定《剡録》；既有耳熟能詳的《（萬曆）紹興府志》，也有海内孤本《（嘉靖）山陰縣志》；更有寥若晨星的《永樂大典》本《紹興府志》，等等。存世的紹興府縣志，明代纂修並存世的萬曆爲最多，清代纂修並存世的康熙爲最多。

家史資料是地方志的重要補充，紹興地區家史資料豐富，《紹興家譜總目提要》共收録紹興相關家譜資料三千六百七十九條，涉及一百七十七個姓氏。據二〇〇六年《紹興叢書》編委會對上海圖書館藏紹興文獻的調查，上海圖書館館藏的紹興家史譜牒資料有三百多種，據紹興圖書館最近提供的信息，其館藏譜牒資料有二百五十多種，一千三百七十八册。紹興人文薈萃，歷來重視繼承弘揚耕讀傳統，家族中尤以登科進仕者爲榮，每見累世科甲、甲第連雲之家族，如諸暨花亭五桂堂黄氏、山陰狀元坊張氏，等等。家族中每有中式，必進祠堂，祭祖宗，禮神祇，乃至重纂家乘。因此纂修家譜之風頗盛，聯宗聯譜，聲氣相通，呼應相求，以期相將相扶，百世其昌，因此留下了浩如煙海、簡册連編的家史譜牒資料。家史資料入典，將遵循「姓氏求全，譜目求全，譜牒求優」的原則遴選。

雜史部分是紹興歷史文獻中内容最豐富、形式最多樣、撰者最衆多、價值極珍貴的部分。記載的内容無比豐富，撰寫的體裁多種多樣，留存的形式面目各異。其中私修地方史著作，以東漢袁康、吴平所輯的《越絶書》及稍後趙曄的《吴越春秋》最具代表性，是紹興現存最早較爲系統完整的史著。

雜史部分的歷史文獻，有非官修的專業志、地方小志，如《三江所志》《倉帝廟志》《螭陽志》等；有以韻文形式撰寫的如《山居賦》《會稽三賦》等；有碑刻史料如《會稽刻石》《龍瑞宫刻石》等；有詩文游記如《沃洲雜詠》等；有珍貴的檔案史料如《明浙江紹興府諸暨縣魚鱗册》等；有名人日記如《祁忠敏公日記》《越縵堂日記》等；有綜合性的歷史著作如海内外孤本《越中雜識》等；也有鉤沉稽古的如《虞志稽遺》等。既有《救荒全書》《欽定浙江賦役全書》這樣專業的經濟史料，也有《越中八景圖》這樣的圖繪史料等。舉凡經濟、人物、教育、方言風物、名人日記等，應有盡有，不勝枚舉。尤以地理爲著，諸如山川風物、名勝古迹、水利關津、衛所武備、天文医卜等，莫不悉備。

這些歷史文獻，有的是官刻，有的是坊刻，有的是家刻。有特別珍貴的稿本、鈔本、寫本，也有珍稀孤罕首次面世的史料。由於《紹興大典》的編纂出版，這些文獻得以呈現在世人面前，俾世人充分深入地瞭解紹興豐富多彩的歷史文化。受編纂者學識見聞以及客觀條件之限制，難免有疏漏錯訛之處，祈望方家教正。

《紹興大典》編纂委員會

二〇二三年五月

嘉泰會稽志 二十卷

〔宋〕沈作賓修，〔宋〕施宿等纂

明正德五年（一五一〇）刻本

影印説明

《（嘉泰）會稽志》二十卷，宋沈作賓修，宋施宿等纂。明正德五年（一五一〇）石存禮刻本。半葉十行行二十字，小字雙行同，白口，單魚尾，左右雙邊。原書版框尺寸高22.0釐米，寬16.0釐米。書前有嘉泰元年（一二〇一）陸游所撰《會稽志序》。

沈作賓，字賓王，歸安（今湖州）人。歷任江西提刑司檢法官、紹興府通判、台州知州、淮南轉運判官。慶元五年（一一九九）任紹興知府，六年三月任兩浙路轉運副使，後官至工部侍郎、户部侍郎。《宋史》有傳。施宿，字武子，長興（今屬湖州）人。紹熙四年（一一九三）進士。慶元二年（一一九六）任餘姚知縣，五年任紹興府通判，嘉泰元年《會稽志》修成，二年任知盱眙軍。後任淮南轉運判官。

本書宋刊本已佚，明清兩朝均有重刊，如明正德五年刻本、清嘉慶十三年（一八〇八）采鞠軒刻本，均與《（寶慶）會稽續志》合刻。

本書首葉鈐「鐵琴銅劍樓」白文長方印、「三間草堂」朱文方印，可知曾爲陸芝榮（字香圃，乾嘉間浙江蕭山人）、鐵琴銅劍樓瞿氏所藏。

國家圖書館藏有正德刻本三部，其中一部今存臺北故宫博物院。此次影印，以國家圖書館藏鐵琴銅劍樓舊藏本爲底本，個别缺葉及葉面文字有漶漫不清處，今據另部補配替换。原書缺卷八第二十七葉，今以另本補配。原書卷一第二十葉背面，卷二第十二葉背面、第十三葉正面、第三十六葉背面、第四十八葉背面、第四十九葉、第五十葉、第五十一葉正面，卷三第十九葉背面、第二十葉背面，卷四第十四葉背面、第十九葉背面、第二十葉，卷八第二十葉背面、第二十一葉背面，卷九第二葉背面、第四十三葉背面，卷十第二葉正面、第二十三葉背面、第二十四葉正面、第三十葉背面，葉面文字有漶漫不清處，今以另部替換。另據《中國地方志聯合目録》，上海圖書館、南京圖書館、中国科學院南京地理與湖泊研究所亦有收藏。

會稽志序

昔在夏禹會諸侯於會稽歷三千歲而我
高宗皇帝御龍舟橫濤江
應天順動復禹之迹
駐蹕彌年
定中興之業羣盜削平强虜退遁於是用唐幸梁州
故事陞州爲府冠以紀元
大駕既西幸而府遂爲股肱近藩稱東諸侯之首地
望蓋視長安之陝洛汴都之陳許所命牧守皆領浙
東安撫使其目丞相執政來與去而拜丞相執政者

不可遽數而又
昭慈聖烈皇后及
永祐以來四陵攢殿相望於鬱葱佳氣中朝謁之使
艫銜轂擊中原未清今天下鉅鎮惟金陵與會稽耳
荆揚梁益潭廣皆莫敢望也則山川圖諜宜其廣載
備書顧未暇及者緜數十年直龍圖閣沈公作賓來
爲守慨然以爲己任而通判府事施君宿發其端安
撫司幹辦公事李君兼韓君茂卿爲之助郡士馮景
中陸子虡王度朱鼎鼐永嘉邵持正等相與上參禹貢
下考太史公及歷代史金匱石室之藏旁及爾雅本

草道釋之書稗官野史所傳神林鬼區幽怪慌惚之說秦漢晉唐以降金石刻歌詩賦詠殘章斷簡靡有遺者若父老以口相傳不見於文字者亦間見層出積勞累月乃成沈公去爲轉運副使猶經營此書不已華文閣待制趙公不迹寶文閣學士袁公說友繼爲守亦力成之而始終其事者施君也書雖本之圖經圖經出於

先朝非藩郡所可附益乃用長安河南成都相臺之比名會稽志會稽爲郡雖遷徙靡常而郡本以山得名又禹所巡也故卒以名之既成屬游參訂其槩且

爲之序嘉泰元年十二月乙酉中大夫直華文閣致
仕賜紫金魚袋陸游序

會稽志目録

卷第一

卷第二
王　都尉　内史
太守　守鄉郡

卷第三
節度使　安撫使　都總管
提刑　提舉　通判
路鈴轄　正副將　都監
三司屬官　職曹官　縣令長
進士　姓氏

卷第四

會稽志目録

會稽志卷第一

越

越在唐虞時禹平水土制九州而越爲揚州之域職方氏東南曰揚州其山鎮曰會稽釋云會稽在山陰舊經云塗山在山陰縣西北禹會萬國之所在左傳哀公七年魯大夫曰禹合諸侯於塗山執玉帛者萬國杜預注云塗山在壽春東北說者遂疑塗山非會稽今塗山之名有四會稽壽春之外復有渝州之塗山杜子美賦禹廟詩者文字音義云嵞音塗山古國名夏禹娶之今之宣州當塗縣也杜預獨指壽春之塗

山為禹合諸侯之地宜必有據然按史記夏本紀贊曰禹會諸侯江南計功而崩因葬焉命曰會稽會稽者會計也裴駰注引皇覽曰禹冢在山陰會稽山上會稽山本名苗山在縣南去縣七里越傳曰禹到大越上苗山大會計爵有德封有功更名苗山曰會稽家語孔子曰昔禹致群臣於會稽之山防風氏後至禹殺而戮之其骨專車封禪書曰禹封泰山禪會稽由是論之禹既合諸侯於會稽庸詎知魯大夫所謂塗山非會稽與至夏后氏少康封庶子於會稽以奉守禹之祀文身斷髮披草萊而邑焉後二十餘世至

於允常允常之時與吳王闔閭戰而相怨伐允常卒子勾踐立是爲越王舊經云春秋貶之號爲於越按春秋定公五年書於越入吳杜預曰於發聲也西漢云太伯初奔荆蠻荆蠻歸之號曰勾吳顔師古云句吳亦猶于越也太伯至德初無貶詞特從其俗爾公羊云於越者未能以名通也穀梁范氏注云春穐即其所以自稱者書之然竊有疑焉越於是時猶未預中國會盟未嘗與中國通也經書於越入吳非越自稱明矣豈書於經者乃吳王告同盟之詞與哀公二十一年越人始來二十三年魯始使越據此可知且

以勾踐為君而種蠡為臣果未能以名通者乎定公十四年吳伐越越子勾踐禦之陳于檇李勾踐患吳之整也使死士再禽焉不動使罪人三行屬劍於頸而辭曰二軍有治臣奸旗鼓不敏於君之行前不敢逃刑敢歸死遂自頸也師屬之目越子因而伐之大敗之靈姑浮以戈擊闔閭闔閭傷將指取其一屨還卒於陘去檇李七里夫差使人立於庭苟出入必謂己曰夫差而忘越王之殺而父乎則對曰唯不敢忘三年乃報越哀公元年吳王夫差敗越于夫椒報檇李之役也遂入越越子以甲楯五千保會稽使大夫

種因吳太宰嚭以行成吳子將許之伍員曰句踐能親而務施施不失人親不弃勞與我同壤而世爲仇讎姬之衰也日可俟也介在蠻夷而長寇讎以是求伯必不行矣弗聽三月越及吳平吳越春秋謂吳封地百里於越國語曰句踐之地南至于句無今諸暨有句無亭北至于禦兒今嘉興有禦兒鄉西漢功臣表兩粵傳有語兒侯東至于鄞西至于姑蔑今太末地也廣運百里句踐乃與范蠡深謀二十餘年竟滅吳報會稽之耻北渡兵於淮以臨齊晉號令中國以尊周室致貢於周周元王使人賜句踐胙命爲伯諸侯畢賀乃徙都琅邪漢書地理志云

琅邪越王句踐嘗治此起館臺有四時祠吳越春秋亦云越王於此起觀臺周七里以望東海句踐卒子王鼫與立王鼫與卒子王不壽立王不壽卒子王翁立王翁卒子王翳立王翳遜國逃於巫山之穴越人薰而出之王翳遜國之賢君盇吳太伯之儔也王翳卒子王之侯立王之侯卒子王無疆立按此句踐至無疆寔六世舊經云五世者誤也王無疆時興師伐齊西伐楚與中國爭疆當楚威王之時越北伐齊齊威王使人說越王於是越遂釋齊而伐楚楚威王興兵而伐之大敗越殺王無疆盡取故吳地至浙江北

破齊徐州而越以此散諸族子爭立或爲王或爲君濱於江南海上服朝於楚後七世至閩君搖佐諸侯平秦漢高帝復以搖爲越王以奉越後東越閩君皆其後也

會稽郡

秦始皇二十五年大興兵使王翦遂定荆江南地降越君置會稽郡治吳二十六年初并天下用廷尉李斯議分天下以爲三十六郡郡置守尉監郡守掌治其郡有丞尉掌佐守典武職甲卒監御史掌監郡漢興高皇帝六年以其地封劉賈爲荆王黥布反荆王

賈死之無後十二年封劉濞爲吳王王三郡五十三城孝景帝四年吳王濞反誅乃復爲會稽郡越絶外傳曰漢孝景五年會稽屬漢屬漢者始并之也舊經云後復屬江都國江都王建有罪國除乃更爲郡按漢書地理志廣陵國注江都易王非廣陵厲王胥皆都此并得鄣郡而不得吳劉賈父云然則會稽不得云屬江都也吳朱育以强記稱且距漢未遠仕本郡門下書佐太守濮陽興問漢封諸侯事而育所對亦止言劉賈爲荆王濞爲吳王濞誅乃復爲郡治於吳亦不及屬江都事也前漢志領縣二十六後漢順帝

永建四年分浙江以東十四縣為會稽郡治山陰東晉為會稽國改太守為內史宋武帝永初二年罷會稽郡府復為會稽郡齊梁陳因之隋為吴州改越州尋罷州為會稽郡依漢制置太守以司隸刺史相統治唐武德四年為越州天寶元年復為會稽郡乾元元年復改為越州

越州

越州隋太業置古會稽郡也因國為名置刺史烏按漢武帝紀元封五年初置刺史部十三州顏師古曰漢舊儀云初分十三州假刺史印綬有常治所以秋

分行部所察六條秩六百石於是乃復禹貢九州之名而增以周之幽并與漢所開之朔方交趾以為十三州也會稽自昔常隸揚州晉王羲之為會稽内史王述為揚州牧檢校郡事羲之耻之求分會稽為越州不果遂稱疾去郡誓墓終身不仕其後至隋而會稽卒為越州盖本於此宋齊梁陳會稽自為東揚州刺史不復受察於揚州雖寖異古制然猶未至盡廢刺史之職或以刺史行太守事如曰東揚州刺史領會稽太守是也隋制舊有兵處刺史帶諸軍事以統之如曰都督會稽等郡諸軍事是也或加使持節隋

唐而降支郡皆稱刺史但領一州而以州統縣與他州等故又於此置總管府以統其屬州隋文帝初平江南改曰吳州大業中遂改爲越州尋罷州置郡以刺史十四人巡察畿外諸郡所察六條略如漢制唐武德四年復爲越州置總管領州如故未久改總管爲都督自是改更不常郡則曰太守州則曰刺史其實一也至乾元元年遂爲越州大抵越州其實與會稽郡同非復如漢十三州之部刺史亦非復古之部刺史但以總管都督踰制一道爾

紹興府

建炎三年十月庚申

車駕自杭州巡幸　御樓船渡浙江壬辰　幸越州

四年四月癸未　御舟自温台回　駐蹕越州明年

正月一日改元紹興越州官吏軍民僧道上表乞

賜府額昔唐德宗以興元元年巡幸梁州改梁州爲

興元府於是　朝廷用興元故事改越州爲紹興府

初

車駕幸揚州　駐蹕逾年嘗經郊祀然未嘗建爲

府則紹興蓋　特恩也

車駕既　移蹕臨安首命以前參知政事資政殿學士

張守知府事故守謝到任表曰矧是肇新府號久駐
蹕聲覆句踐之故棲厲嘗膽枕戈之志想神禹之遺
迹服卑宮菲食之勞又謝　賜行宮充本府治所表
曰廣厦千間已免震凌之患土階三尺尚存簡素之
風皆言
上駐蹕之久而宫室無所增葺也浙東提點刑獄曾
喚舊爲　史官見日曆所書紹興二年正月
車駕移蹕臨安閏四月戊戌
詔紹興府
行宫復作府治

上曰時方艱難若不賜與則須別建賜之所以寬民力也州額初題越州大都督府旣賜府額當題云紹興大都督府而右朝奉大夫吳説乃題云大都督紹興府議者或非之

歷代屬州

會稽郡自漢順帝時還治山陰其所領山陰鄮烏傷餘曁諸曁太末上虞剡餘姚句章鄞章安永寧東候官猶十四縣其地南踰閩越西限浙江東北至海而止提封數千里粤自秦漢常爲都會晉渡江後三吳之豪請都會稽雖不果亦足見當是時會稽最號富實常爲本根之地故諸葛恢爲會稽帝謂曰今之會稽昔之關中也

宋書史臣曰江左以來根本於揚越又云會土帶海傍湖良疇數十萬頃膏腴上地畝直一金鄠杜之間不能比也又袁宏漢紀許子將曰會稽冨實策之所貪以此論之會稽自古以冨實名者徒以鏡湖之利也今民盜湖爲田湖廢幾盡按晋宋間謂會稽爲會土三國志謂吳郡會稽爲吳會二郡張紘謂收兵吳會則荆揚可一孫賁傳云策已平吳會二郡朱欽宗廟諱傳云部伍吳會二郡是也前輩有讀會字爲都會之會或者以爲不然今姑蘇有吳會館盖承其誤

後漢末孫策略平江左渡浙江自領會稽太守策卒曹操又表其弟權爲會稽太守以統江左諸郡三國志云策渡浙江以其屬吳景爲丹陽太守孫賁爲豫章太守孫輔爲廬陵太守朱治爲吳郡太守而策自領會稽太守是也孫權謂虞翻曰孤有征討事未得還府卿復以功曹爲吾蕭何守會稽耳

興平四年策乃分章安永寧之地置松楊縣吳録云取松楊木爲名又置始平縣改章安曰羅陽縣

至吳孫亮太平二年又置臨海縣立會稽東部爲臨海郡以臨海始平松楊羅陽四縣屬焉於是會稽始有屬郡初後漢建安中孫氏分東候官之地立邑即以年號爲名曰建安縣據續通典云孫策建安十二年立按是時策已死又置南平漢興二縣以屬會稽南部都尉至孫休永安三年遂割會稽南部爲建安郡孫皓寶鼎元年又以漢末以來分烏傷太末之地所立新安豐安長山吳寧遂昌永康定陽并烏傷太末凡九縣置東陽郡至晉又分臨海郡之松楊羅陽東陽郡之遂昌凡三縣立永嘉郡乃今處州晉既平吳立東候官爲晉安郡分隸

揚州東晉以會稽郡爲王國併隸揚州宋永初二年
正月罷會稽郡府遂復爲郡孝建元年立爲東揚州
統會稽東陽新安臨海永嘉五郡大明三年以揚州
所統六郡爲王畿而東揚州直爲揚州以豫章王子
尚爲刺史加郡督八年冬復以王畿諸郡爲揚州而
會稽還爲東揚州統郡如故永光元年秋八月始改
是年爲景和元年東揚州併揚州梁普通六年復以
會稽東陽新安臨海永嘉五郡及建安晉安二郡立
東揚州大寶二年湘東王繹承制以陳霸先爲都督
會稽東陽新安臨海永嘉五郡諸軍事東揚州刺史

領會稽太守承聖三年以陳蒨都督會稽十郡諸軍事會稽太守陳永定三年改永嘉郡爲縉州尋省東揚州併屬揚州又分建安晉安二郡權立閩州天嘉元年以徐度爲使持節都督會稽東陽臨海永嘉新安新寧信安建安晉安九郡諸軍事鎮東將軍會稽太守天嘉三年侯安都破留異東陽平六月以會稽東陽臨海永嘉新安新寧晉安建安八郡置東揚州以揚州刺史始興王伯茂爲鎮東將軍東揚州刺史光大二年割東揚州晉安郡爲豐州隋開皇九年平陳改東陽州曰吴州置總管府煬帝大業元年正月

廢諸州總管府尋改吳州爲越州改東陽郡爲婺州
又改永嘉郡爲處州尋改爲括州而廢臨海郡大業
三年四月壬辰改州爲郡越州曰會稽郡婺州曰東
陽郡括州曰永嘉郡唐武德四年平李子通改會稽
郡爲越州置總管府改東陽郡爲婺州永嘉郡爲括
州復故臨海郡爲海州復故建安郡爲建州又以剡
縣立嵊州并析置剡城縣析故句章縣地置姚州鄞
州以烏傷縣地爲綢縣置綢州并析置華川縣析信
安縣置衢州以龍丘縣地置穀州并析置白石縣以
縉雲縣地置麗州以松楊縣置松州以桐廬分水建

德三縣置嚴州五年以永嘉縣置東嘉州并析置永寧安固橫陽樂成四縣屬焉是歲改海州爲台州七年改總管爲都督府廢姚州入餘姚縣來屬廢綢州入烏傷縣更名義烏屬婺州廢嚴州以桐廬縣屬睦州八年廢鄞州以鄮縣來屬廢穀州以白石縣入信安縣廢麗州爲永康縣屬婺州廢松州爲松楊縣貞觀元年廢東嘉州省橫陽永寧二縣以永嘉安固二縣併隸括州廢嵊州以剡縣來屬是歲始命併省分天下爲十道越州督越婺泉建台括六州隸江南道高宗上元二年又分括州之永嘉安固兩縣置州垂

垂拱二年又析婺州之常山信安龍丘復置衢州景雲二年分天下爲二十四都督府以統其屬州越州所督不滿十州定爲中都督府既而以其權重皆罷之開元二十一年分隸江南東道開元二十六年採訪使齊澣奏割鄮縣置明州天寶元年改越州爲會稽郡温州爲永嘉郡而栝州爲縉雲郡台州爲臨海郡明州爲餘姚郡建州爲建安郡衢州爲信安郡乾元元年復改會稽郡爲越州縉雲郡爲栝州信安郡爲衢州永嘉郡爲温州餘姚郡爲明州東陽郡爲婺州臨海郡爲台州新定郡爲睦州領越睦衢婺台明

處温八州治越州隸浙江東道大曆十四年廢浙江東道建中元年復置二年復廢貞元三年復置浙江東道領越婺台明衢處温七州而睦州隸浙江西道

皇朝因之紹興元年升爲紹興府所領州如故

歷代屬縣

前漢志會稽郡治吳領縣二十六吳曲阿烏傷毗陵餘暨陽羨諸暨無錫山陰丹徒餘姚婁上虞海鹽剡由拳太末烏程句章餘杭鄞錢塘鄮冨春治回浦舊經云光武改回浦曰章安以治立東候官分章安立永寧縣通典云永嘉本漢治縣地後漢改爲章安續

通典云漢書東甌舉國内徙乃以其地爲回浦縣屬會稽郡後更名章安又以章安之東甌鄉爲永寧縣隋爲永嘉縣初西漢以粤反覆險阻爲後世患遷其民江淮遂虚其地後有遁逃山谷者稍出立爲冶縣顔師古注云越王冶鑄之地後又名爲東冶縣後漢光武時又曰東候官今閩縣是也言東以别其西如閩縣居候官之東故曰東候官以此又知候官之名已久冶之地不一後因其名以爲縣也一云秦立胡候之官於此故名通典云後漢分冶地爲會稽東南二部都尉此爲南部都尉東部今臨海是也大抵南至晉安東至

章安皆治縣地詳而言之則閩越爲冶而東甌爲回浦原其本皆粵地也順帝永建四年陽羨人一作陽羨令周嘉上書以吳越一國周旋一萬一千里以浙江山川險絶求得分置遂分浙江以西爲吳郡以東爲會稽郡三國志吳朱育云永建四年劉府君上書以浙江之北爲吳郡會稽還治山陰舊經云領山陰鄮烏傷餘暨諸暨太末上虞剡餘姚句章鄞章安永寧東候官十四縣治山陰又分上虞南鄉爲始寧縣初平三年分太末縣置新安縣分烏傷南鄉爲長山縣興平二年分諸暨之大門村爲漢寧縣又分章安之南鄉爲松楊縣建安四年孫氏分太末立

豐安縣又分信安立定陽縣建安二十三年分太末立平昌縣晉志曰遂昌吳分永寧立南始平縣今之天台又分烏傷之上浦爲永康縣分章安立臨海縣改章安爲羅陽縣餘暨曰永興縣漢寧曰吳寧縣吳少帝太平二年以會稽東部爲臨海郡分臨海南始平松楊羅陽四縣屬焉續通典云孫策於建安十二年分東候官之地立邑即以年號爲名曰建安縣屬會稽南部都尉三國志云永安三年以會稽南部爲建安郡而縣爲屬孫晧寶鼎元年分會稽爲東陽郡以烏傷太末新安豐安長山吳寧平昌永康定陽九縣屬焉而

會稽領山陰永興諸暨上虞餘姚句章始寧剡鄞鄮十縣晉地道志宋州郡志領縣皆十隋平陳廢山陰永興上虞始寧爲會稽縣併餘姚鄞鄮入句章縣及剡諸暨統縣四唐武德四年以剡置嵊州幷析置剡城縣析句章之餘姚置姚州析句章之鄞置鄞州七年輔公祏平廢姚州以餘姚縣來屬析會稽立山陰縣八年廢鄞州爲鄮縣嵊州爲剡縣並來屬省山陰縣復入會稽凡統縣五垂拱二年復置山陰縣儀鳳二年復置永興縣開元二十六年割鄮縣置明州天寶元年改永興爲蕭山縣大曆二年因刺史薛兼訓

之奏省山陰縣七年刺史陳少遊復奏置焉貞元元年刺史王密奏置上虞縣元和十年又省山陰入會稽縣十年復置梁開平中錢鏐析剡縣立新昌縣

皇朝因之領會稽山陰蕭山諸暨上虞餘姚剡新昌八縣宣和三年方臘既平七月丁卯

詔越州剡縣改名嵊縣與睦州改嚴州歙州改徽州及睦州青溪縣改淳安衢州龍游縣改盈川皆同時也

廢州

會稽郡漢領縣二十六至漢末六朝而降析會稽所

隷縣爲郡今爲州軍二十四會稽一郡獨領漢故縣餘暨諸暨山陰餘姚上虞剡凡六亦可謂盛矣至唐初以州境獨大於它州故析剡縣爲剡城縣立嵊州析餘姚縣爲姚州武德七年廢姚州復以餘姚縣來屬貞觀元年廢嵊州復以剡縣來屬

廢縣

漢順帝時分上虞南鄉爲始寧縣隋平陳廢興平二年分諸暨大門村爲漢寧縣吳改爲吳寧縣寶曆元年割隷東陽郡後復併入諸暨今縣有大門里或云即其地也唐武德四年析剡爲剡城縣武德七年廢

入剡縣乾道八年分諸暨之楓橋鎮爲義安縣淳熙元年廢入諸暨縣初户部侍郎方公滋以吏事著一時典藩數十年所至有聲績其置縣雖承吏蔣二公之後然卒成之者方公也亦嘗爲客言析縣之利它日當愈見不可復併矣然曾未幾時遂爲後守所撤取官署等以建僧寺入頗議之至或謂有大姓居邑中方爲鎮時擅事權握利柄役服小民無敢與較故大不利於建縣云

分野

會稽禹貢揚州之域周礼保章氏以星土辨九州之

地所封封域皆有分星以視吉凶星紀吳越也漢書地理志曰吳地斗分壄也今之會稽九江丹楊豫章廬江廣陵六安臨淮郡盡吳分也又云粵地牽牛婺女之分壄也其君禹後帝少康之庶子封於會稽虞翻曰會稽上應牽牛之宿當少陽之位東漸巨海西通五湖南暢無垠北渚浙江南山攸居實爲州鎭是世然左傳哀公元年吳伍員曰句踐與我同壤吳越春秋吳王夫差亦曰越之與吳同土連域然則吳越同壤其來尚矣按晉書天文志曰自南斗十二度至須女七度爲星紀於辰爲丑吳越分曰揚州而會稽

入牛一度春秋元命包曰牽牛流爲揚州分爲越國
左傳昭公三十二年夏吳伐越史墨曰不及四十年
越其有吳乎越得歲而其[吳]伐之必受其凶漢永嘉中
歲星熒惑太白聚牛女之間識者以爲吳越之分其
後孫策孫權寔有江左晉太元間符堅將入寇石越
對曰今歲在吳分天道不順已而堅果敗去及陳叔
寶將亡有星孛於牽牛以此攷之則斗牛之分吳越
同之班固別而言之恐亦未然

風俗

會稽自夏禹巡守會諸侯方是時會不於嶽而於會

稽則會稽風俗川可見美固可見矣少康之子封於會稽蓋禹之五世孫也夏都平陽少康中興盛王其封子不於近甸而於會稽則會稽爲當時重地美俗又愈可見故其民至今勤於身儉於家奉祭祀力溝洫乃有禹之遺風焉粤自漢晉奇偉光明碩大之士固已繼出東晉都建康一時名勝自王謝諸人在會稽者爲多以會稽諸山爲東山以渡濤江而東為入東居會稽爲在東去而復歸爲還東文物可謂盛矣宋興杜正獻趙清獻繼起全名大節著在國史顧內相[illegible]左丞與弟祠部以儒術重姚待制以孝行著陳中

書以忠節見於宣和靖康之間而李參政傳給事以議論操守顯於建炎紹興以來其他未易悉數故今之風俗好學篤志尊師擇友弦誦之聲比屋相聞不以殖貲貨習奢靡相高士大夫之家占產皆甚薄尤務儉約縮衣節食以足伏臘輸賦以時不擾官府後生亦皆習於孝弟廉遜劉宗向以官遜其弟黄章以官遜其叔父至於士之居喪不爲墨衰居廬食飲一用古制送終不或釋氏祭先不徇俚俗者已十餘家往往相慕效以不及爲耻其間或有事干謁自衒鬻則其長老必嚴戒之無敢肆者

州境并至京地里

東至慶元府慈溪縣界一百五十七里西至臨安府錢塘縣界一百三十八里南至台州天台縣界二百九十五里北至海一百一里東西二百三十二里南北四百四十七里至東京二千四百七十里西京二千八百七十里

城郭

築城之法城身高四丈城闊五丈上歛二丈若城身高三丈五尺則址闊四丈三尺七寸上歛一丈七尺

城外築羌城去大城十五步羌城圍一面包城高厚與大城之數相等

瓮城外繫壕去大城三十步上施釣橋凡爲三壕第一重闊二十步深二丈水深四尺至七尺第二第三重遞減五尺壕之內岸築羊馬城去大城五步高八尺址闊五尺上斂二尺自上三尺開箭牕外至壕垠留一步埋設鹿角大城上每三十步置馬面敵樓各一座女墻相去各十步凡樓櫓之法曰垂鍾版曰搊子木曰伏兎子曰手把腰楅曰鷹架曰踏空版曰㧞柱版曰護柱版曰胡孫柱曰鄣水版曰馬面曰梯曰馬垠踏道曰娥眉甎踏道曰笆曰草㨶曰牛革曰氈曰大小索曰鐵鴈鈎此其名數之大畧也並塞控扼

之地人人習知故其築城也易爲力而堅緻可守内地既非臨邊又郡邑安固無寇盜之虞者久雖興版築或出草創故略書梗槩欲在官者知城池之不可忽如此（劉忠顯以其父在兵間身履西陲要害之地至於城壁制度尤其所悉故在會稽修葺郡城雖用功不多而寇至可以無恐使他人爲之雖有才智亦未必能也）

羅城周回一十四里步二百五十熙寧中郡守沈立爲會稽圖其叙如此而舊經云四十三里者非也厥今州城以步計之八千八百二十有八按度地法步三百六十是爲一里舉今步數總歸於里亦二十有四餘步百八十八較之圖

叙所損六十有二宣和初劉忠顯治城衛禦方完
嘗稍縮其西隅然則今所損步或者自是時也
舊經有云城不爲壕今城外故有壕但不甚深
廣爾皇祐中有　詔濬湟太守王逵始治其事
舊經成於祥符不及知也城之四面高厚之數
則舊經大略如之舊經城東面高二丈四尺其厚三丈西面高一丈六尺其厚八尺南面高二丈一尺其厚一丈八尺北面高二丈二尺其厚二丈六尺故老云後雖間有墮如尋復繕治舊北面在不能甚如損也城門九東曰都賜門有都賜埭山門之名蓋久矣見南史何胤傳曰五雲門東南曰東郭門有東郭埭曰稽山門正南曰殖利門有南埭西南曰西偏

門有陶家埭曰常喜門州城至此與子城會門在其上益九門之一也正西
曰迎恩門北曰三江門凡城東南門有埭皆以
設湖承使不入河西門因渠漕屬于江以達
行在所北門引衆水入于海

子城

舊經云子城周十里東面高二丈二尺厚四丈一尺
南面高二丈五尺厚三丈九尺西北二面皆因重山
以為城不為壕塹嘉祐中刁約守越奏修子城記云
城成高二十尺壯因臥龍山環屬于南西抵于堙尾
凡長九千八百尺城之門有五熙寧中沈立為越州

圖序云楊素築子城十里越絶書云越王目於吳古城北向以東爲右西爲左小城周三里七十步陵門四水門一吳越春秋云小城周千一百二十步一負三方西北飛翼樓以象天門東南伏漏石竇以象地户陵門四達以象八風又云城南近湖去湖百餘步會稽治山陰以來此城即爲郡城桉今子城陵門亦四曰鎮東軍門曰秦望門曰常喜子城門曰酒務橋門水門亦一即酒務橋北水門是也其南秦望門去湖亦僅百步雖未必盡與古同然其大略不相遠矣由秦望門而入直北曰蓮花橋又北走即府治所也

秦望門街之東曰雄節營曰五通廟曰酒務坊曰夏麥倉曰都酒務街之西曰第七營曰第四營曰車水橋巷曰提舉司幹辦公事廳循城而西曰念三營繇酒務坊而東經豐宜館（今爲察判廳）三聖廟之前東走酒務橋門繇車水橋巷而西過橋之南有大池曰龍噴池池正方可三十畝池北曰僉判廳池西曰社壇自此西走踰大郎橋會于常喜門蓮花橋北街之東曰司理院西曰卧龍坊繇卧龍坊而西數百步西南走威果營又數百步抵城隍廟路及西園南趨清冷橋出常喜門府治之南左曰提刑司幹辦公事廳曰作

院右曰通判南廳舊爲判官廳熙寧間張大山新建判官廳壽樂堂東坡先生爲賦詩者即此是也其後至淳熙間以舊通判南廳爲武提刑治所故南廳遂徙于此縣府治而右手詔亭下少西曰府院曰下馬院縣府治而左須春亭下東走即鎮東軍門街之北曰僉廳少東曰通判北廳南豐曾先生倅越時有卧龍齋見於元豐類藁宣和間禁臣庶稱龍天君主等字或徹其扁堂亦尋廢桂堂在便廳之南吳興施宿所建今神袁尚書起巖書其扁又有緑橘亭亭記顏春公所書事見碑鄉今亭石皆不存與街南曰通判東廳此即舊所謂通判南廳今爲添差通判廳

學

宋興學校之制皆因前代惟州郡自唐末五代喪亂學官盡廢有司廟祭先聖而已猶有廢而不舉者

仁宗皇帝天聖初賜兗州學田又命藩郡皆得立學其後列郡多亦有請悉可之稍增賜之田如兗州由是學校殆遍天下然法制猶未具也慶曆中范仲淹輔政議興學校本行實以取士於是宋祁等合議請士皆土著而教之於學校然後州縣察其履行則學者修飭矣乃下　詔州若縣皆立學本道使者選屬部官爲教授三年而代官不足取於鄉里有學業者士須在學三百日乃聽預秋賦凡隱匿喪服或嘗犯刑或虧孝弟有狀或兩犯法經贖或爲鄉里害或假戶籍或父祖犯十惡或工商雜類或嘗爲僧及道士

皆不得與士齒有司方奉行會仲淹罷於是學校之
令皆弛然州郡多自置學聘名儒主之若李覯孫復
石介姜潛王令輩其尤著者也
神宗熙寧四年罷詩賦貼經墨義士各占治詩書易
周禮禮記一經兼論語孟子義而論策如故然亦未
遑學校也終
神宗一朝三舍之法止行於太學而已崇寧初始議
頒太學三舍之法於天下京師置辟雍諸路置提舉
學事州並置教授提學歲中遍行諸路通判歲中遍
行諸縣貢士皆給驛券然猶止以科舉三分之一爲

貢士大觀末始盡罷科舉悉由學校陞選辟雍備置
長貳以下如太學引惠民河以爲壁水植木森茂爲
舍千八百間然當時議者以謂學制太嚴士失私養
故相張商英以爲利近不利遠利富不利貧利少不
利老又因　詔有司講求元豐學法中書舍人蔡肇
言於衆中曰旣行元豐安用辟雍肇雖以此被絀然
議者皆然之至宣和三年始罷辟雍省其司成以下
官天下舍法皆罷復科舉取士然齋課以八日試經
義十八日試論二十八日試策皷之節昕三昏四講
五食六陞堂七還齋八集九學門以昕皷啓昏皷闔

學之列職以學正舉行學規學録佐正糾不如規者齋諭佐長導諭諸生及學規齋規行罰各五等今尚有遵行者若釋奠之制則有六一曰時日謂春秋上下日二曰齋戒謂散齋三日致齋二日三曰陳設謂前三日設次前一日坤[illegible]之類四曰省饌五曰行事六曰樂請行事凝安之樂作三成止詣罍洗門安之樂作詣文宣王神位前明安之樂作洗爵畢再詣神位前成安之樂作今尚不廢惟樂多闕矣議者謂方三舍之法行士子無敢以禿巾短後之服行道上者遇長上無敢不避道拱揖者荼肆酒壚無敢輒遊者市人不逞者醉者或凌嫚之士子皆避去無與較者則亦不可以為無補於教養惟痛禁元

祐學術凡曾上書直言在籍者皆入自訟齋非自陳
改過不許預舍選賢者至恥於入學又與學規以謗訕
朝政爲第一等罰之首非古者不毁鄉校之義天下
至今歎息云
學在府南五里三十六步
教授直舍在學之東
縣學
縣學昔者所在或有之至慶曆興學始議州縣皆立
學而不果行崇寧中乃著爲令凡縣學以時選試取
其尤者升州學爲外舍生凡縣學設學長一人視州

學教授諭一人直學一人齋長齋諭各二人長諸生
選特奏名進士無則選老成有經行者充生員大縣
五十人次縣四十人小縣三十人其教養選試之法
同州學至宣和三年與州學舍法俱罷然至今天下
縣亦多有學而會稽諸邑為盛

會稽縣

學在縣南竹園巷

山陰縣

學在縣南紫場坊

嵊縣

學在縣西一百步舊經載至聖文宣王廟在縣東南一百步學始創于縣令晉陵丁寶臣實慶曆八年也臨川王平甫安國爲記今不存獨寶臣所撰碑及興學五言尚在宣和中盜起焚毀建炎元年縣令應彬建孔子殿後三年蜀郡范仲將始置廊廡又明年淄川姜仲開始大之汝陰王性之銍爲之記乾道癸巳令丞相謝公深甫尉剡時與主簿栝倉江濤增葺仍立諸生課試之法甚備有邑人周汝士記

諸暨縣

學在縣西淳熙六年知縣李文鑄建舊縣西有夫子廟唐天寶中令郭密之遷於長山下晉天福庚子令趙湜移縣東一里皇朝景祐四年尉劉述重建慶曆四年始詔州縣立學明年令冠仲温增造頗爲全備李君以其地歲有水患故遷焉

蕭山縣

學在縣南門外二十步舊經在縣西三十步

餘姚縣

學在縣東一里五十步元豐元年知縣事黃鑄立

建炎兵燹惟學獨全余端礼趙子肅趙公謙

相繼新之慶元五年施宿翔直舍爲致齋故

試之地築墻垣作外門買田置書甚備有尚

書樓公鑰記

上虞縣

學在縣東南六十五步

新昌縣

學在縣東南

社稷

社以句龍配稷以后稷配自　京師達于郡邑歲祭春以春社秋以秋社前一月檢舉関所屬前祭三日散齋宿於正寢不弔喪不問疾不作樂不行刑不書獄不與穢惡致齋一日質明赴祠所凡祭外皆禁前祭二日設行事執事官次牽牲詣祠所祭日丑前五刻設神位於壇上席以莞陳幣篚籩豆俎簠簋罍洗犧尊象尊太尊山尊著尊壺尊皆加冪前祭一夕晡後省饌祭日丑前五刻行事官等各就次掌饌者實饌贊禮者引初獻者視陳設乃各就次易祭服以次引二獻行禮禮畢引初獻飲福受胙還次亞獻以下皆受胙再拜送神瘞幣乃退此其大略

也其詳有司存焉方政和間頒大晟樂於天下祭社
稷皆有樂贊者請初獻行禮則寧安之樂作八成止
引詣壇盥洗則正安之樂作詣神位前則嘉安之樂
作送神則寧安之樂復作一成止自建炎紹興以後
樂器多亡工亦不敢習矣三代之社所謂以松以柏
以栗先儒以為立社各以所宜木按齊有社櫟楚有
枌榆社正與先儒之說合今會稽惟樟楊（楊木種多此一種名
松楊）二木冣壽且茂神祠梵宇及民廬往往有之或至
數百年庇地數畝竊意社稷壇壝之傍皆當種埶以
合所宜木之意

社在府城南二百九十步

諸縣社稷

古者諸侯建國各有社稷雖曹滕邾莒五十里之國皆與齊晉節不獨諸侯也有民人則有社稷矣故一邑之小亦有之魯之費楚之豐皆邑之有社者也而國朝之制縣社稷祠祭與郡等會稽八邑皆有社稷焉

會稽縣

社在縣南禮禋坊慶元二年知縣事王時會重脩有記

山陰縣

社在縣南柴場

嵊縣

社在縣北一百一十五步舊經云在縣西南一十五步

諸暨縣

社在縣北舊社稷壇在縣南三里政閭令陳瑞礼依新式增築壇五風雲雷雨師附焉淳熙丙申令熊克別築五壇於縣西墉之外慶元四年令趙彥榷始遷于此

蕭山縣

社在縣西一百步舊社在縣南二百步

餘姚縣

社在縣西二里舊在縣南一里

上虞縣

社在縣西一里二十五步舊在縣南四十步

新昌縣

社在縣西南一里

貢院

貢院在城西錦鱗坊卧龍之陰郡治之西北會稽東南會府而試士舊無定處太師史公浩得地於爽塏

丞相蔣公芾繼之銑欲鳩僝會奉祠去乾道九年資政殿學士錢公端礼始克成之東西重廡爲屋百楹巧閱有廳宴止有房幐書糊名兩舍對峙中門外門規制屹然選舉盛觀比邦自承平時所未見也既成迺合在官在泮之士賦詩讌飲以落之而禮部尚書胡公沂又爲之記距今三十年矣聞之耆舊往舍法時郡學西北隅是爲試所追復科舉更寓諸暨大雄寺城東延慶寺㝡後寓光相寺亡慮十數自貢院之新士皆樂其弘敞然近歲掖几猶櫛比蓋會稽儒學日盛而試者亦寖多矣每舉以名上禮部一十有九

又用近制别取可補上庠者在歲辛酉所取至一百四十有八人云

教場

教閲之法有二一曰營法二曰陣法所謂營法者六軍營索四十有八前軍赤後軍黑左軍青右軍白左虞候黄右虞候緑經索五百尺圍索二百尺街索五十尺定營工二十四人以十二人掌經索圍索各一又十二人掌經索街索各一並以木杙自隨子壕砦六人執隨營索色旗一木椎一都壕砦一人掌營盤一椎一杙一黄天王旗一據營地中然後子壕砦乃

分執其事設幙布車浚塹立柵所謂陣法者其别有
六一曰方陣四鼓舉白旗則為之二曰圓陣五鼓舉
黄旗則為之三曰曲陣一鼓舉黑旗則為之四曰直
陣三鼓舉青旗則為之五曰鋭陣一鼓舉赤旗則為
之六曰五陣互變視大將黄旗周麾則為之此教閲
之大略也大將之誓辭則曰今與將士同習戰陣明
視旗麾審听金鼓出入分合坐作進退不如令者軍
有常刑自承平以來帥守入教場多帽帶皁衫如古
輕裘緩帶之意亦或巾幘戰袍犀玉束帶略與將士
同服以示臨戎與常日不同各一説也然自副揔管

以下名位雖高皆持挺趨庭以軍禮見尹龍圖沭守平涼狄樞密青時爲副部署平日相與甚厚惟數閤及出邊則狄公一切以偏裨自處尹公或辭之狄公則曰今法所云一階一級全歸伏事之儀十字自祖宗以來著之孰敢忽哉蘇端明軾守中山有王光祖者爲副總管春大閱蘇公常服坐帳中將吏則皆戎服奔走執事光祖自謂老將恥之稱疾不至蘇公召書吏將　奏劾之光祖震恐立出竊謂凡爲元帥者當法蘇公而亞將雖貴亦當以狄公爲法以光祖爲戒也

教場在府南伍里一百二十步

古城

古城在會稽縣南三里輿地志云越王句踐自吳還范蠡所築旣臣於吳故城北向街衢市邑悉在城北吳越春秋曰吳封地百里於越東至炭瀆西止周宗南造於山北薄於海越王曰寡人欲築城立郭分設里閭欲委屬於相國於是范蠡乃觀天文擬法於紫宮築作小城周千一百二十步一圓三方西北立爲飛翼之樓以象天門東南伏漏石竇以象地戶陵

陵門四達以象四八一作風外郭築城而缺西北示服事吳也越絶云山陰大城者范蠡所治也大城周二十里七十二步不築北面滅吳以後徙治姑胥臺外傳謂蠡築陸門三水門三缺西北圖經云城南近湖百許步會稽治山陰以來此城即爲郡城其齋廳廊省門閤相傳是范蠡遺制有五官解東齋督護開黃閤雙木闕夾道闕樓內有築土傳云漢時載長安土所爲闕北有雷門句踐舊門也重闕二層

句踐小城越絶云山陰城也周二百二十三步陸
一作木門四水門一今倉庫是宮臺一作室處也
周六百二十步柱長三丈五尺三寸圖經作三丈三
高尺霤高丈六圖經作二丈七尺宮有百戶高丈二尺
五寸褱字記故城句踐小城山陰是也
東郭外南小城越絶云句踐冰室去縣三里此下言縣
凡山皆陰句踐食於冰廚一曰冰室者所以備終也
陽里城越絶云范蠡城也西至水路水門一陸門
二北陽里城越絶云大夫種城也取土西山以築
之徑百九十四步名爲南安

會稽山上城越絶云句踐與吴戰大敗棲其中及以下為牧魚池其利不租舊經越王城在縣東南一十里句踐爲夫差所敗以甲楯五千保於此城也十道志云城天門也天門當閉開必致虎嘗觀吴之勝越越雖大敗猶以甲楯五千保險拒之故得不亡此與漢伐宛無異宛以得存者亦以中城不下故也豈獨以納賂請盟而得存哉及吴之亡也乃束手請如越之事吴者事越豈可得哉夫差非能存亡國句踐亦非忍於滅吴各因其勢而已故

表出之爲後世守國者之戒

會稽山北城越絶云子胥浮兵以守城是也舊經

吴王城在會稽縣東一十里夫差圍句踐於

會稽山五貟築此城以屯兵

苦竹城越絶云句踐伐吴還以封范蠡子其僻居

徑六十步因爲民治田塘長千五百三十三步

其冢名土山范蠡苦勤功篤故封其子於是

去縣十八里舊經在山陰縣西南二十九里

侯城舊經云在會稽縣東五十八里史記云夏后

氏少康封子無餘於越所都即此城也

越王城舊經云在縣西南四十七里舊經越王臺有古城村今城雖不可攷然地名猶曰古城也

故剡城在嵊縣西十五里唐武德四年置嵊州及剡城縣八年廢

蕭山越王城在縣西九里夏侯曾先地志云吳王伐越次查浦越立城以守查吳作城於浦東以守越以越在山絕水乃贈之以鹽越山頂有井深不可測廣二丈餘中多魚乃取鯉一雙以報吳吳知城中有水遂解軍而去其山四旁皆高隱然有城塹遺址其中坦平井泉

湛然

西陵城在蕭山縣西一十二里皮光業吴越武肅王廟碑云漁浦鼉石翼張下營蕭山西陵鱗次列砦則西陵即王屯兵之所今城基在明化寺之南居民猶有得其斷塼遺甓者初武肅王既都錢塘借名西都以爲西陵非吉語遂改曰西興云

蒿城在上虞縣西北六十里其城斷絶横亘數里乃古壘也晉史載安帝隆安間孫恩自海攻上虞朝廷遣劉牢之袤巡築扈瀆壘沿海備恩

恩嵩城之名當始於此

僉廳

僉廳舊名都廳在儀門東南都廳蓋幕職官聯事合治之地帥藩則通判亦在焉在祖宗時郡有簽署嘉祐末以英宗嫌名改爲簽書判官公事判官掌書記推官支使是爲幕職日集於都廳録事司戸司法司理叅軍是爲曹官各有職業自國初以來雖小有增損大槩不越此崇寧四年始命州縣倣尚書省六部爲六案曰士案戸案儀案兵案刑案工案而常平免役案知雜案開拆司皆如故政和三年

因之遂行分曹建掾之法三京司錄事一員司士曹
事司戶曹事司儀曹事司兵曹事司刑曹事司工曹
事各一員五曹各置掾一員惟刑曹三員二員推鞫
一員議法大藩至小郡軍監以次減省凡十等最下
六曹共止三員而司録及掾皆不置然天下增闕猶
五百有奇吏額增三之一建炎元年始悉罷曹掾而
幕職以下悉如
祖宗舊制吏額亦汰省復其故先是宣和三年懷安
軍奏今尚書省公相廳改作都廳内外都廳並行禁
止欲將本軍都廳以僉廳爲名

詔從之且命諸路依此此僉廳得名之始也

府廨

府治據臥龍山之東麓是爲鎮東軍節度唐志越州舊號義勝軍後改爲威勝軍乾寧三年曰鎮東軍即子城之東以爲軍門榜曰鎮東軍吳郎中說書僉政王公絢立居府治之東東嚮大河即舊經所謂箪醪河也橋曰府橋橋之北曰惠風亭今爲公庫酒肆直惠風亭北曰東亭今曰蓬萊館古以爲餞客之地唐人如宋考功輩有東亭詩史魏公改築因更今名然邦人猶謂之府東亭由軍門而西百二十三步折而北曰譙門榜賜大都督紹興府亦吳郎中說書文公皇祐中於此題東望詩

云越山長青水長白越人長家山水國

建炎二年翟公巽始製漏器篆銘其上

直譙門曰儀門 或云其下即謝夷吾墓夷吾知時將亂戒子孫懸棺葬焉

直儀門曰設廳 紹興元年九月　高宗駐蹕會稽以州治爲　行宮會當郊祀之歲乃行明堂大禮即以設廳爲明堂前期下詔有曰朕將來宗祀明堂遵用皇祐二年四月　詔書合祭天地並配　祖宗益以　太祖　太宗配上帝一時縣絶之儀實在此地焉舊經云晉太元中謝輶爲郡守搖郡廳柱下深八尺得古銅罍可容數斗封題作越王字甚分明是今隸書輶以范蠡厭勝之術遂埋之今不識處廳西壁有顏魯公書東希銑斷碑王荆公集吳長文新得顏魯公壞碑詩云魯公之書既絶倫歲久更爲時所珍王平甫詩云吳卿獲此喜驚坐朝昏把玩過明珠是也

設廳之後曰蓬萊閣 元微之州宅詩云我是玉皇香

案吏謫居猶得小蓬萊蓬萊之名取此故錢公輔詩云蓬萊謫居香案吏此語昔自微之始後人慷慨慕前脩高閣雄名由此起程給事公闢爲守時秦少游猶未第來客焉數登蓬萊賦詩有次公闢韻云林巒摵摵動秋風共躡丹梯上臥龍路隔西陵三兩水門臨南鎮一千峯湖吞碧落詩爭發塔湧青冥畫幾重非是登高能賦客可憐猿鶴自相容張伯玉州宅詩序云越守王工部至和中新葺蓬萊閣成畫圖來乞詩工部乃王逵也

設廳之東爲便廳元微之夸州宅詩云四面常時對屛障一家終日在樓臺又云繞郭煙嵐新雨後滿山樓閣上燈初便廳之後曰使宅建炎四年車駕再幸越州以州宅充行宮紹興元年移蹕臨安賜行宮充本府治所使宅之前曰清思堂張伯玉清思堂晝坐詩云白雲無事不肯去幽鳥有時還自來熙寧間趙清獻公亦有題清思

堂詩令堂乃獻於便廳重屋之後略無所見以前人題詠考之恐非今處便廳之東曰青隱軒政和間王公仲嶷作直青隱軒之北曰招山閣閣之下曰棣萼堂洪内翰邁所名且自爲記初内翰兄文惠公嘗守越取綸告中語名之閣之東爲複道以陟山麓曰采菊少北有亭曰晚對便廳之東少下爲府僉廳唐崔元翰判曹食堂壁記云越號中府連帥監六郡督諸軍設官之制劇曹皆二人紀綱之職亦分爲兩以統其事食堂之制陋而不稱太子少師皇甫公來臨是邦始更而廣之後二歲御史大夫崔公又爲之備食器增食物云按題名越帥皇甫温崔昭也蓋大曆九年至十一年儀門之外兩廊爲吏舍儀門之西南嚮列署五爲

安撫司僉廳唐吳蛻鎮東軍監軍使院記曰元帥彭城王平難帝命蕭而鎮之上將軍汝南周公監護之乃命軍吏揆日經始累月工畢重門列檻顯敞豐博東廂西序窈窕深邃越城之中稱爲一絕時天復元年辛酉爲設廚爲省馬院爲甲仗庫爲公使錢庫公使錢庫之西北爲公使酒庫廳之兩廊爲複屋曰走馬閣東廊爲使宅之便門西廊曰架閣庫西廊之西曰軍資庫直軍資庫北曰清白堂范文正公清白堂記府署據卧龍山南之北上有蓬萊閣閣之西有涼堂堂之西有巖巖之下獲廢井泉清而色白淵然大餘引不可竭因署其堂曰清白堂又建亭其側曰清白亭時康定元年二月也紹興初　高宗回蹕越州　昭慈聖獻

皇后山崩於西殿西殿即今清白堂也清白堂之西曰賢牧堂以記攷之當是清白亭之故址越人即以建范文正公祠堂者也其後史文惠公以趙清獻公並祀至方侍郎滋又以丞相朱忠靖公趙忠簡公叅政張公守內翰翟公汝文配焉賢牧堂之西北曰極覽亭淳熙七年叅政李公彥頴建極覽亭西南曰白涼館白涼館西南曰城隍廟由蓬萊閣而北少西焉經井儀堂故址錢公輔有井儀堂記登臥龍山絕頂曰望海亭沈立越州圖序云刺史之居蓬萊閣望海亭東齋西園皆燕樂之最者舊經飛翼樓在州西三里高一十五丈范蠡所築以壓強吳也今望海亭即其遺址飛翼一作龍翼輿地志云重山有大夫種墓後湖水尣山失其尸今山西缺處是也故元微

之望海亭詩云歒空古墓失文種嵴兀逕
石疑防風是也刁約記云祥符末州將高
公紳植五桂於亭前易其名曰五桂後四
十五年予假守訖舊迹序與桂俱廢乃廣
故基縱横增四丈餘而亭始葺以元微之
嘗有此亭詩復名曰望海時熹祐辛丑仲
冬既望 由蓬萊閣而西曰崇善王廟臥龍山神祠也
梁貞明三年吳越武肅王奏立 直使宅之北曰望僊亭紹熙甲寅趙侍郎不流所建南依巖石北望梅山及海際諸山望仙者以梅福嘗隱故名之
使宅之東北曰觀風堂曹徽猷詠所建 由觀
風堂而北少東焉曰觀德亭王尚書希呂所建召射於此始曰堵如王給事信爲守書今額改焉或云即越王臺故址舊經云越王臺在種山東北唐李公垂詩云越王臺上少晴煙竇鞏詩云鷓鴣飛上越王臺 由觀

德亭而西歷桃蹊梅隝出使宅之北南走
城隍廟下爲西園便門

西園

府西園之新蓋自樂安公蔣堂初景祐三年冬公
實始來數月政成郡以無事迺闢金山神
祠作正俗亭以淫祀作其神即其祠以建亭既又爲曲水
閣鑿渠引湖水入屈折縈紆激爲湍流閣踞其上有流觴亭茂林
亭並取永和蘭亭故事後六年而向公傳式來是時
有渌波亭此亭前所未見始見於向公詩又於城上起望
湖樓按向公渌波亭詩云城上興崇廟高宗諱林湍露半梯注云園枕郡城予因建

樓其上以望胡山也間又有清曠亭見郡人齊唐書舊云在城皇

自是以後扁榜位置更易不常莫得盡致

而西園如故也今西園有飛蓋堂不詳其始舊榜

云宣和書學博士徐兢書堂後有池曰王公池也縣太守王逵

而名園故老池方錢氏有國時分守子弟窮極僭假有後庭植鷗鳧鴈之樂實起於

池中其後稍堙於是王公之來因濬城隍始復闢之汎舟澄涵皎若璧鏡自是為奇矣

觀池北有亭曰漾月堂之前四亭對峙史

文惠公所建者冬瑞春榮秋芳夏蔭直堂之南為橋

橋外有亭曰水竹循橋而西有數逕詰屈

相通於竹叢亂石間得立石如里堠者二

及其上所紀亭宇亦皆史公所建者茂林鄉蘭亭里東流杯岩西右軍祠南脩竹隝北敷榮門佳山鄉鵝池星東清眞軒西崇峻菴南騁懷亭北曲水曲水之東欄楯相接若闍道者曰惠風閣繇惠風歷清眞西南登城亭曰列翠列翠以北曰華星亦城上亭多無扁不具載盍今園燕休則飛蓋堂最勝觴詠曲水最勝登覽之勝則列翠矣

會稽志卷第二

王

越之爲國始於夏后帝少康之時封庶子於會稽以奉守禹之祀至春秋定公時越始見於經哀公時越始來初吳楚皆僭自王而越亦稱王允常勾踐之時越益大與吳楚爭衡北伐齊晉又六世乃爲楚所滅秦併天下裂爲郡縣至漢高帝時以閩君摇爲越王王閩越故地而以會稽等郡封劉賈爲荆王賈既死無後漢復立劉濞爲吳王兼有會稽之地濞反誅國除爲郡歷後漢至三國時孫策孫權皆嘗封會稽侯

孫氏之有江左實本於此東晉咸和二年封琅邪王昱爲會稽王興寧元年復封昱爲琅邪王食會稽宣城如舊而封昱子昌明爲會稽王昱即帝位是爲簡文帝其後昌明又爲儲嗣而會稽之爲王國猶不廢故内史領郡事而置邸建康孝武太元六年作新宫帝移居會稽王邸是也太元十七年乃徙封琅邪王道子爲會稽王義熙元年封臨川王子脩之爲會稽王宋受禪罷會稽郡府而會稽復爲郡齊梁因之至陳後主乃封第八子莊爲會稽王魏至周齊皆遥封故不録隋開皇元年文帝封子秀爲越王未幾徙封

於蜀煬帝大業中封元德太子昭之子侗爲越王江
左承西晉諸王開國並以戶數相差爲大小三品陳
武帝受命自永定訖于貞明唯衡陽王昌特加殊禮
命至五千戶自餘大國不過二千戶小國則千戶隋
唐以下封建之制寖廢不復唐有天下太宗封子泰
爲越王後徙封魏而封幼子貞爲越王肅宗封子係
爲越王天復二年五月以鎮東等軍節度浙東西道
觀察處置等使守侍中彭城王錢鏐爲越王天祐元
年改封吳王梁開平元年進封吳越王龍德三年加
封吳越國王寵以古列國之禮後唐同光二年復申

前命同光三年始受封册建國焉天成四年又以兩
鎮節鉞及杭州越州大都督府長史移授其世子元
瓘以示優崇長興三年三月王鏐卒謚曰武肅子王
元瓘立晉天福六年九月王元瓘卒謚曰文穆子王
佐立漢開運四年六月王佐卒謚曰忠獻弟王倧立
未幾何進思廢王倧與羣臣迎立其弟俶乾祐元年
王俶立是爲忠懿王周顯德四年四月亦嘗追封世
宗長子宗誼爲越王
皇朝開寶二年申命俶爲吳越國王而命俶子惟濬
爲杭州越州大都督鎮海鎮東等軍節度使太平興

國三年四月俶朝京師五月乙酉表獻所部十三州八十七縣詔以俶爲守太師尚書令兼中書令淮海國王唐季中原多故征伐自諸侯出故有天下兵馬大元帥之名已而藩鎮割據僭叛相仍唯錢氏守藩稱臣三世五主有國百年中更五代迄于
本朝職貢未嘗少缺彼善於此猶爲有足言者故歷敘其本末云

本朝端拱元年四月詔改封冀王元份爲越王嘉祐四年十二月追封豫王昕爲越王

英宗皇帝即位追封吳王德昭爲越王

徽宗皇帝命皇弟偲爲太傅鳳翔山南西道節度使
鳳翔牧兼興元牧兼神霄玉清萬壽宫使越王至
欽宗即位授皇叔太師永興成德軍節度使雍州牧
兼眞定牧越王越州奏牘公移於知州前列越王銜
下書在京二字雖庖從此狩猶仍其故至紹興十年
以後方省去

都尉

都尉漢秩二千石與太守等吾丘壽王爲東郡都尉
不復置太守武帝賜之璽書曰任四千石之重是也
越絶外傳漢文帝前九年會稽并故鄣太守治故鄣

都尉治山陰舊經云文帝九年山陰爲都尉治蓋本於此然按漢制國置中尉郡置都尉當文帝時吴會稽皆吴王濞封國漢固不當爲置太守都尉又漢紀景帝中二年秋七月始更郡守爲太守郡尉爲都尉則文帝時其官稱亦未應有太守都尉之號也漢書地理志云西部都尉治錢唐又越絶外傳漢文帝前十六年太守治吴郡都尉治錢唐故舊經云山陰都尉徙治錢唐而不及太守徙治事通典云今金華縣漢烏傷縣地後漢末分爲長山縣二漢置西部都尉然則西部固屢徙矣班固漢人不載西部徙治本末

而越絶外傳獨載之詳如此何也又舊經云元鼎五年又立東部都尉治冶按武帝紀元鼎六年秋東越王餘善反殺漢將吏遣横海將軍韓説等出會稽會楼船將軍楊僕等擊之元封元年東越殺王餘善降詔曰東越險阻反覆爲後世患遷其民於江淮間遂虛其地兩粤傳功臣表皆云元封元年始平東越其承誤如此通典云東部今臨海是也三國志太平二年二月以會稽東部爲臨海郡按朱育云東部都尉治冶陽朔元年又徙治鄞或有寇害復徙治句章然則東部亦屢徙矣又按西漢書地理志會稽郡南部

都尉治回浦兩粵傳漢五年立無諸爲閩越王主閩故地都冶顔師古去即候官縣是也漢徙其人江淮間有遁逃山谷間者頗出立爲冶縣地屬會稽郡後漢改爲候官都尉後復分冶地爲會稽東南二部尉東部治臨海南部治建安舊經乃不載會稽南部都尉蓋疎略也後漢紀順帝陽嘉元年海賊曾旌寇會稽殺句章鄞鄮三縣長攻會稽東部都尉按漢百官志建武六年省諸郡都尉并職太守無都試之役古今注曰建武六年八月省都尉官應劭曰每有劇賊郡臨時置都尉事訖罷之又省關都尉唯邊郡往往置都尉及屬

國都尉稍有分縣治民比郡都尉佐太守掌武職甲卒至此乃有分縣治民按建安十二年分東候官之地爲建安縣以屬南部都尉此殆是也又安帝永初四年初置長安雍二營都尉官注云扶風都尉居雍虎牙都尉居長安獻帝即位省扶風都尉桓帝永壽元年初置泰山琅邪都尉官注二郡冦賊不息故置延熹五年罷琅邪都尉官八年罷太山都尉官皆事訖罷之如應注云如屬國邊郡都尉其廢置亦書之甚詳蓋陽嘉元年會稽東部都尉亦臨事乃置事訖罷之初平中全柔以董卓之亂棄官東歸詔即拜爲

會稽東部都尉三國志芮良張紘輩皆嘗爲會稽東部都尉亦以兵興後置也通典所載二漢置西部都尉理烏傷後漢改治縣爲候官都尉又分治爲東南二部凡此皆不常置故其治亦往往屢徙至隋大業二年詔復置都尉官大業七年敕都尉鷹揚與郡縣相知追捕羣盜後此往往不復見云

内史

内史本周官其見於春秋者莊公三十二年周内史過僖公十六年周内史叔興見於傳文公元年天王使叔服來會葬見於經傳曰王使内史叔服來會葬

之類是也秦因之掌治京師秦又置中尉掌徼循京師漢皆因之而不革高帝初置諸侯王地旣廣大且至千里得自治其國有太傅輔王内史治國民中尉掌武職丞相統衆官羣卿大夫都官如漢朝漢爲置丞相其御史大夫以下皆自置吳楚七國反景帝懲之令諸侯王不得復治國改丞相曰相省御史大夫廷尉少府宗正博士官損謁者郎中令太僕以下員秩武帝改漢内史爲京兆尹中尉爲執金吾故王國内史中尉如故員職皆朝廷爲署不得自置成帝綏和元年又省内史更令相治民加郡太守中尉如郡

都尉皆秩二千石其六紹封削絀者中尉内史官屬
以率減晉元帝渡江迺沿後漢郡國之制建會稽以
爲國復前漢之舊置内史以治國民王留京師而内
史實行郡太守事事受察於楊州刺史其後會稽内史
地望優重故王述述自前會稽内史擢爲揚州刺史而
皇子道子爲琅邪王領會稽内史事宋初元二年正
月乃罷會稽郡府而内史復爲太守

太守

會稽自秦置守漢因之其後更守爲太守尉爲都尉
或以都尉行太守事事在漢末三國時亦有以丞功曹

行郡事者東晉改爲内史至宋乃復爲太守焉隋爲
揔管後又改都督唐初亦沿隋制久之乃爲浙東觀
察使
皇朝爲知越州事
中興初陞州爲紹興府則又稱知紹興府事今掇秦
漢太守以下姓名及行事之顯者著于篇
秦殷通二世元年會稽假守
漢嚴助會稽吳人武帝時拜會稽太守數年不聞
問賜書曰制詔會稽太守君厭承明之廬勞
侍從之事懷故土出爲郡吏會稽東接於海

南近諸越北枕大江間者闊焉久不聞問具
以春秋對毋以蘇秦從横助恐上書謝願奉
三年計最
朱買臣字翁子吳人武帝時邑子嚴助貴幸薦爲
中大夫東越數反覆拜會稽太守上曰富貴
不歸故鄉如衣繡夜行今子何如買臣頓首
謝詔買臣到郡治樓船備糧食水戰具須詔
書軍到與俱進初買臣免待詔常從會稽守
邸者守居飯食及拜太守買臣衣故衣懷其
印綬步歸郡邸直上計時會稽吏方相與群

飲買臣入室中守邸與共食食且飽少見其綬守邸怪之前引其綬視其印會稽太守章也守邸驚出語上計掾吏皆醉大呼曰妄誕耳其故人素輕買臣者入內視之還走疾呼曰實然坐中驚駭白守丞相推排陳列中庭拜謁買臣徐出戶有頃長安廐吏乘駟馬車來迎遂乘傳去將兵與韓說等俱擊破東越有功入爲主爵都尉

任延字長孫南陽宛人更始元年拜會稽都尉時年十九迎官驚其壯及到靜泊無爲唯先遣

饋禮祠延陵季子時天下新定道路未通避
亂江南者皆未還中土會稽頗稱多士延到
皆聘請高行如董子儀嚴子陵等敬待以師
友之禮掾吏貧者輒分奉禄以賑給之省諸
卒令耕公田以周窮急每時行縣輒使慰勉
孝子就餐飯之吳有龍丘萇者隱居太末志
不降辱王莽時連辟不到掾史白請召之延
曰龍丘先生躬德履義有原憲伯夷之節都
尉掃洒其門猶懼辱焉召之不可遣功曹奉
謁修書記致醫藥吏使相望於道積一歲萇

乃乘輦詣府門願得先死備録延辭讓再三遂署議曹祭酒萇尋病卒延自臨殯不朝三日是以郡中賢士大夫爭往官焉

第五倫字伯魚京兆長陵人建武二十九年拜會稽太守躬自斫芻養馬妻執炊爨受俸裁留一月糧餘皆賤貿與民之貧羸者會稽俗多淫祀好卜筮民常以牛祭神百姓財產以之困匱倫移書屬縣巫祝有依託鬼神詐怖愚民案論之有妄屠牛者吏輒行罰百姓以安永平五年坐法徵老小攀車叩馬嗁呼相隨

日裁行數里倫乃僞止亭舍陰乘船去及詣
廷尉吏民上書守闕者千餘人

慶鴻洛陽人慷慨有義節位至會稽太守所在有
異迹

張霸字伯饒蜀郡成都人永元中爲會稽太守表
用郡人處士顧奉公孫松等並有名稱其餘
有業行者皆見擢用郡中爭厲志節習經以
千數道路但聞誦聲霸始到越賊未解郡界
不寧乃移書開購明用信賞賊遂束手歸附
不煩士卒之力童謡曰弃我戟捐我矛盜賊

盡吏皆休

馬稜扶風茂陵人和帝時轉會稽太守治有聲

馬臻永和五年爲太守創立鏡湖在會稽山陰縣兩界築塘蓄水水高丈餘田又高海丈餘若水少則洩湖灌田如水多則閉湖洩田中水入海所以無凶年其陂塘周迴三百一十里都溉田九千餘頃會稽記云創湖之始多淹塚宅有千餘人怨訴臻遂被刑於市及遣使按覆揔不見人籍皆是先死亡者然越人至今廟祠之

敫丹為會稽太守時郡有孝婦以誣見殺連旱二
年丹到郡刑訟女祭婦墓天應時澍雨
成公浮為會稽太守久之徵還京師
劉寵字祖榮東萊牟平人拜會稽太守山民愿朴
乃有白首不入市井者頗為官吏所擾寵簡
除煩苛禁察非法郡中大化徵為將作大匠
山陰縣有五六老叟厖眉皓髮自若邪山谷
間出人賫百錢以送寵寵勞之曰父老何自
苦對曰山谷鄙生未嘗識郡朝他時吏發求
民間至夜不絕或狗吠竟夕民不得安自明

府下車以來狗不夜吠民不見吏年老遭值
聖明今聞當見棄去故自扶奉送寵曰吾政
何能及公言耶勤苦父老爲人選一大錢受之
陳業上虞人爲會稽太守潔身清行志懷霜雪貞
亮之信同操柳下遭漢中微委官棄禄遁迹
黙歙以求其志高邈妙蹤天下所聞故欽宗廟諱文
遺之尺牘之書比竟三高
王朗會稽太守
孫策字伯符吳郡富春人建安二年詔策爲騎都
尉襲爵烏程侯領會稽太守

孫權字仲謀策之弟曹操表權爲討虜將軍領會稽太守

顧雍字元歎吳郡吳人孫權領會稽太守不之郡以雍爲丞行太守事討除寇賊郡界寧靜吏民歸服

吾粲字孔休吳郡烏程人黄武元年遷會稽太守

淳于式爲會稽太守孫權遣陸遜討破丹揚賊帥遂部伍東三郡強者爲兵羸者補戶得精卒數萬人式表遜枉取民人愁擾所在遜詣都稱式佳吏曰式意在養民是以白遜

濮陽興字子元陳留人爲會稽太守

樓玄字承先沛郡蘄人爲會稽太守

滕太祖廟諱字承嗣北海劇人爲會稽太守所在見稱

每聽辭訟斷罪法察言觀色務盡情理

車浚天璽元年爲會稽太守在公清忠值歲荒旱

民無資糧表求振貸皓謂浚欲樹私恩誅之

郭誕孫皓時爲會稽太守

晉紀瞻字思遠丹揚秣陵人愍帝時除會稽內史

時有詐作大將軍府符收諸曁令令已受拘

瞻覺其詐便破檻出之訊問使者果伏詐妄

諸葛恢字道明琅邪陽都人愍帝召爲尚書郎元帝以經緯須才承制調爲會稽太守臨行帝置酒謂曰今之會稽昔之關中足食足兵在於良守以君有节任之方是以相屈恢曰天下喪亂風俗陵遲宜尊五美屏四惡進忠實退浮華帝深納焉太興初以政績第一詔曰會稽內史諸葛恢莅官三年政清人和爲諸郡首宜進其位班以勸風教今增恢秩中二千石

周札字宣季義興陽羨人遷右將軍會稽內史

虞潭字思奧會稽餘姚人明帝詔爲冠軍將軍領會稽内史徵拜尚書事見人物門

何充字次道廬江灊人成帝時除建威將軍會稽内史在郡甚有德政薦徵士虞喜拔郡人謝奉魏顗等以爲佐吏

孔愉字敬康會稽山陰人成帝時爲鎮軍將軍會稽内史加散騎常侍事見人物門

孔安國字安國愉之子再爲會稽内史領軍將軍事見人物門

王舒字處明丞相導之從弟成帝時將徵蘇峻出

舒爲外援授撫軍將軍會稽内史秩中二千石舒上疏辭以父名音雖異而字同求换他郡於是改會字爲鄶舒不得已而行在郡二年而峻作逆假節都督行揚州刺史事庾冰奔舒舒率衆俱渡浙江顧衆顧颺等起義軍以應舒峻聞乃赦庾亮諸弟以悦東軍吴興太守虞潭率所領屯烏苞亭不敢進舒遣子允之以精鋭三千邀賊於武康破之斬首數百級賊悉委舟步走時臨海新安諸山縣並反應賊舒分兵討平之陶侃立行臺上舒監

浙江東五郡軍事賊平以功封彭澤縣侯

王允之字深猷舒之子咸康中爲衛將軍會稽内

史未到卒

王述字懷祖司徒渾之族穆帝時遷會稽内史莅

政清肅終日無事

王偷字茂和述之子爲會稽内史

王羲之字逸少司徒導之從子穆帝永和中爲右

軍將軍會稽内史事見人物門

王凝之羲之之子左將軍會稽内史

江虨字思玄永和中爲護軍將軍出補會稽内史

加右軍將軍
郗愔簡文帝輔政爲輔國將軍會稽内史遷都督
徐兖青幽揚州諸軍事領徐兖二州刺史轉
冠軍將軍帝踐祚就加鎮軍都督浙江東五
郡軍事因居會稽
謝玄字幼度奕之子孝武帝時授散騎常侍左將
軍會稽内史時吴興太守晉陵侯張玄之亦
以才學顯自吏部尚書與玄同年之郡而玄
之名亞於玄時人稱爲南北二玄論者美之
事見人物門

謝琰字瑗度太傅安之子孫恩逃海島朝廷憂之
以琰爲會稽内史都督五郡軍事

正蘊字叔仁孝武定皇后之父都督浙江東五郡
鎮軍將軍會稽内史加散騎常侍蘊素嗜酒
及在會稽略少醒日然以和簡爲百姓所悦

劉牢之會稽太守

王薈衛將軍會稽内史

謝輶會稽人會稽内史

裴松之傳琅邪王茂之會稽謝輶南北之望

虞嘯父征東將軍會稽内史

孔靖字季恭會稽山陰人以字稱虞嘯父爲會稽内史季恭求爲府司馬不得及高祖定（欽宗廟諱）玄以季恭爲内史使齎封板拜授季恭便舟夜還至即扣扉告嘯父并令掃拂別齋便入郡嘯父聞桓玄敗震懼請罪季恭慰勉使安明旦乃移季恭到任務存治實敕止浮華翦罰游惰寇盜衰止境内肅清

宋孔山士靖之子歷顯位侍中會稽太守

孔靈符靖之子爲會稽太守豫章王子尚撫軍長史

劉懷敬彭城人武帝以舊恩累見寵授至會稽太守

謝方明陳郡陽夏人伯父吳興太守邈賊至被害方明結邈門生義故擒討手自刃之時荒亂之後吉凶禮廢方明合門遇禍資產無遺營舉凶事平世備禮無以加也永初三年爲丹陽尹有能名轉會稽太守江東民戶殷盛姦吏蜂起符書一下文攝相續又罪及比伍動相連坐邑里驚擾方明閣略苛細務存綱領緩民期會莫敢犯禁除比伍之坐判久繫之獄東土至今稱詠之承代前人不易其政有

必宜改者則以漸移變無迹可尋

褚淡之字仲原爲會稽太守景平二年富陽縣孫氏聚合門宗謀逆其支黨在永興縣潛相影響縣令羊恂率吏民拒戰力少退敗賊遂磐據直攻山陰淡之自假凌江將軍以山陰令陸邵領司馬王茂之爲長史孔欣謝苓之並參軍事賊遂摧鋒而前淡之遣陸邵督帶戟公石綝廣武將軍陸允以水軍拒之又別遣行參軍瀉恭期率步軍與邵合力淡之率所領出次近郊恭期等與賊戰於柯亭大破之

羊玄保太山南城人景平間爲會稽太守太祖以
玄保廉素寡欲故頻授名郡爲政雖無幹績
而去後常見思不營財利處家儉薄

孟顗字彥重平昌安丘人元嘉中爲會稽太守

張茂度吳郡吳人名與高祖同以字稱元嘉十八
年除會稽太守素有吏能在郡縣職事甚理
卒官謚曰恭子

竟陵王誕字休文元嘉二十六年授都督會稽東
陽新安臨海永嘉五郡諸軍事安東將軍會
稽太守給鼓吹一部元凶弒立以淛江東五

郡立會州以誕爲刺史劭以琛爲太守
廬江王褘字休秀元嘉二十六年遷冠軍將軍爲
會稽太守世祖即位復爲太守加撫軍將軍
顏峻爲東揚州刺史
張裕會稽太守
張暢字少微吳郡吳人爲會稽太守卒官
孔覬字思遠會稽山陰人永光元年爲尋陽王子
房右軍長史加輔國將軍行會稽郡事
晉熙王昶字休道世祖時爲東中郎將會稽太守
尋監會稽東陽臨海永嘉新安五郡諸軍事

孝建元年立東揚州即昶爲刺史東中郎將
如故進號右將軍
宗室思考被遇歷朝官極清顯爲會稽太守
王翼之字秀弼琅邪臨沂人徽之之孫官至御史
中丞會稽太守
顧覬之孝建元年爲義陽王昶東中郎長史寧朔
將軍行會稽郡事
沈懷文字思明王子尚鎮會稽遷撫軍長史行府
州事時囚繫甚多動經年月懷文到任讞正
郡九百三十六獄衆咸稱平

豫章王子尚大明三年以浙江東揚州命子尚都
督揚州江州之鄱陽晉安建安三郡諸軍事
揚州刺史五年領會稽太守東土大旱鄞縣
多曝田世祖使子尚至鄞縣勸農又立左學
召生徒置儒林祭酒文學祭酒勸學從事
松滋侯子房字孝良大明七年進號右將軍前廢
帝元年遷東揚州刺史景和元年以右將軍
督會稽東陽新安臨海永嘉五郡諸軍事會
稽太守太宗即位改督爲都督進號安東將
軍太守如故

巴陵哀王休若泰始元年出爲使持節都督會稽
東陽永嘉臨海新安五郡諸軍事領安東將
軍會稽太守

張永字景雲明帝時討薛安都還從會稽太守加
都督

蔡興宗明帝時遷鎮東將軍會稽太守加都督會
稽新安東陽永嘉臨海五郡諸軍會稽多諸
豪右不遵王憲幸臣近習參半宮省封畧山
湖妨民害治興宗皆以法繩之會土全實武
物殷阜王公妃主邸舍相望曉亂在所大爲

民患子息滋長督責無窮與宗悉啓罷省又陳原諸逋負解遣雜役並見從三吳舊有鄉射禮久不復修與宗行之禮儀甚整

江夏王躋字仲昇後廢帝時督會稽東陽新安臨海永嘉五郡諸軍事東中郎將會稽太守進號右將軍

王僧虔爲會稽太守中書舍人阮佃夫家在東請假歸客勸僧虔以佃夫要幸宜加禮接僧虔曰我立身有素豈能曲意此輩彼若見惡當拂衣去耳

洪現罷會稽郡太守無資不欲令人知其清乃以
船載土而歸舊經

齊竟陵王子良字雲英昇明三年爲會稽太守都
督五郡宋元嘉中皆責成郡縣孝武後徵求
急速以郡縣遲緩始遣臺使自此公役勞擾
子良請息其弊子良敦義愛古郡人朱百年
有至行卒賜其妻米百斛蠲一人給其薪蘇

武陵王曅字宣昭建元二年爲會稽太守加都督

顧憲之字士思吳郡吳人高帝時爲東中郎長史
行會稽郡事郡人呂文度有寵於武帝於餘

姚立邸頗縱橫憲之至郡即表除之文度後還喪母郡縣爭赴弔憲之不與相聞文度深銜之卒不能傷也遷南中郎巴陵王長史

蕭靈鈞仕爲廣德令梁高祖義師至行會稽郡事

蕭祗字敬式爲東揚州刺史于時江左承平政寛人慢祗獨莅以嚴切梁武悅之遷北兖州刺史

梁庾華字休野新野人高祖平京邑爲輔國長史會稽郡丞行郡府事時承彫弊之後百姓凶荒所在穀貴米至數千民多流散華撫循甚

有治理唯守公禄清節逾厲天監元年卒停
屍無以殮柩不能歸高祖聞之賜絹百匹米
五十斛
永陽王伯游字士仁天監元年督會稽東陽新安
永嘉臨海五郡諸軍事輔國將軍會稽太守
衡陽王元簡字熙遠天監三年遷會稽太守十二
年入爲給事黃門侍郎
安成王機字智通天監六年爲寧遠將軍會稽太
守還爲給事中
邵陵王綸字世調天監十三年遷輕車將軍會稽

太守

廬陵王續字世訢　天監十三年會稽太守

武陵王紀字世詢　天監十三年爲會稽太守尋以

其郡爲東揚州仍爲刺史加使持節東中郎

將徵爲侍中

江革字休映濟陽考城人武陵王紀在東州頗驕

縱上乃除革長史會稽郡丞行府州事革門

生故吏家多在東聞革至並齎待緣道迎候

革曰我通不受餉不容獨當故人篚筐至鎮

惟資公俸食不兼味郡境殷廣辭訟日數百

華分别辯析曾無疑滯人安吏畏百城震恐琅邪王騫爲山陰令贓貨狼籍望風自解王憚之每侍讌言論必以詩書王因此耽學好文除都官尚書贈遺一無所受送故依舊訂舫華並不納唯乘所給舸舸艚偏欹不得安卧華乃於西陵岸取石十餘片以實之其清貧如此

南郡王大連字仁靖太清元年出爲使持節輕車將軍東揚州刺史侯景寇京都大連率衆四萬來赴山賊田領群聚黨數萬來攻大連命

中兵叅軍張彪擊斬之

安陸王大春字仁經大寳元年出爲使持節雲麾將軍東揚州刺史

張彪貞陽侯即位以爲東揚州刺史陳蒨軍至彪擊走之蒨復遣周文育等討彪斬之太平元年三月罷東揚州還爲會稽郡

陳霸先字興國吳興武康人大寳二年湘東王承制授使持節都督會稽東陽新安臨海永嘉五郡諸軍事平東將軍東揚州刺史領會稽太守

陳蒨字子華，承聖三年，討會稽太守張彪，以功授持節、都督會稽等五郡諸軍事、宣毅將軍、會稽太守。

陳沈恪字子恭，吳興武康人。永定三年除吳州刺史，有詔追還，行會稽郡事，尋除散騎常侍、忠武將軍、會稽太守。世祖嗣位，進督會稽、東陽、新安、臨海、永嘉、建安、晉安、新寧、信安九郡諸軍事、鎮東將軍、會稽太守，未行，改鎮南將軍、湘州刺史。

鄱陽王伯山字靜之，光大元年爲鎮東將軍、東揚

州刺史太建九年徵爲中衛將軍中領軍至
德四年以中權大將軍出爲持節都督東揚
豐二州諸軍事東揚州刺史加侍中
永陽王伯智字策之太建中爲使持節都督東揚
豐二州諸軍事平東將軍領會稽内史至德
二年入爲侍中
新蔡王叔齊字子肅太建七年出爲東中郎將軍
揚州刺史至德二年入爲侍中
蔡景歷字茂世濟陽考城人高宗時遷宣惠豫章
王長史帶會稽郡守行東揚州府事

隋楊异平陳改東揚州曰吳州置總管府開皇十二年自工部尚書爲吳州總管二十年終于官

宇文弼開皇二十年自代州總管爲吳州總管大業元年[redacted]月己酉爲刑部尚書而吳州遂改爲越州

唐龐玉事隋爲監門直閣李密據洛口玉以關中鋭卒萬騎降高祖以隋舊臣禮之玉魁梧有力明軍法久宿衛習知朝廷制度故授玉領軍武衛二大將軍使衆觀以爲模矱爲梁州

摠管巴山獠叛王梟其首賊共斬渠長以降徙越州都督召爲監門大將軍太宗以耆厚令主東宮兵雖老不怠卒贈幽州都督工部尚書見新唐書按唐太守題名武德元年自右衛將軍授二年七月移揚州都督與此不合本府城隍神相傳以爲公死而爲神以福此邦詳見祠廟門

李嘉武德三年授

闞稜武德四年六月自左領軍將軍授

李大亮自安州刺史授徙交州刺史在州寫書數百卷委之廨宇而去

田德平貞觀七年七月自廓州都督授

馮大恩貞觀九年八月授
齊善行貞觀十七年九月自蘭州都督授
王奉慈永徽二年正月自潭州都督授移秦州都
督
于德方永徽五年正月自原州都督授
段寶命顯慶三年六月自洛州長史授
唐同仁龍朔元年五月自虢州刺史授
劉伯英乾封元年五月自翼州長史授總章元年
終于官
李孝逸咸亨二年三月自常州刺史授移益州長

史
季孝廉儀鳳三年二月自蘇州刺史授貶平州刺
史
崔承福永淳三年二月自　州刺史授
李思貞文明元年二月自婺州刺史授
郭齊宗光宅元年十月自左衛大將軍授
楊玄節垂拱元年六月自檢校　州刺史授
李奇容垂拱三年三月自奉裕衛副率授移幽州
刺史
豆盧欽望如意元年三月自婺州刺史授召拜司

賓卿唐太守題名 云司農卿

錢節神功元年自揚州司馬授

蔡德讓大定元年自廣州都督授

竇懷貞長安四年自尚方監授移揚州刺史舊經
云以清幹著稱

龐貞素神龍元年五月自右衛將軍授

張合愍神龍二年七月自光祿員外卿授移徐州
刺史

胡元禮神龍三年八月自蘇州刺史授移廣州都
督

姚元之景龍元年十月自宋州刺史授移常州刺
史
楊祇本景龍二年七月自陝州刺史授
尹正義景龍三年六月自宋州刺史授移相州刺
史
王希雋景龍四年六月自相州刺史授召拜京兆
少尹
王子麟開元二年自右衛中郎將授召拜光祿卿
栢臣範開元三年二月自殿中少監授移瀛州刺
史

皇甫忠開元十年八月自杭州刺史授十一年移
許州刺史
鄭偘遠開元十一年自汾州刺史授十五年去官
何鳳開元十六年自右領將軍授十九年五月替
張洸開元二十年自衛州刺史授二十一年移秦
州都督
裴鼎開元二十一年自金吾衛將軍授二十六年
移衛州刺史
元彦冲開元二十二年自襄州刺史授二十六年
移衛州刺史

敬誠開元二十六年自台州刺史授二十七年移
　盧州刺史
秦昌舜天寶元年改刺史爲郡守昌舜自通川郡
　太守授六載移江華郡太守
杜庭誠天寶六載授七載移晉陵郡太守
張守信天寶七年自餘杭郡太守授
李處祐天寶九載自餘杭郡太守授
于幼卿天寶十三載自鄱陽郡太守授
崔寓至德二年自江夏郡太守授召拜給事中是
　年復改州刺史

李希言乾元元年初置浙江東道節度使自禮部侍郎授移梁州

獨孤峻自陳州刺史授加御史中丞召拜金吾衛大將軍

呂延之自明州刺史授丁憂

杜鴻漸自湖州刺史授加御史中丞召拜户部侍郎按新唐書本傳不載

趙良弼自廬州刺史授加御史中丞移嶺南節度使

王璵自揚州長史兼御史大夫授按唐本傳自淮

節度使兼祠祭使徙浙東

薛兼訓自殿中監兼御史中丞授丁憂後加御史

大夫再知移太原節度使

陳少遊大曆五年廢節度使置都團練觀察使自

宣歙觀察使授八年遷淮南節度使

皇甫温大曆九年八月自陜虢觀察使授

崔昭大曆十一年七月自宣州觀察使授是年廢

都團練觀察使以所管州隸浙西

王密大曆十四年自湖州刺史授建中元年復置

都團練觀察使二年復廢

韓滉自晉州刺史遷浙江東西觀察使檢校禮部
尚書
元亘貞元二年十二月自楚州刺史授
皇甫政貞元三年二月自權知宣州刺史授十三
年三月改太子賓客
李若初貞元十三年三月自福建觀察使授十四
年移浙西觀察使
裴肅貞元十四年九月自常州刺史御史中丞授
賈全貞元十八年正月自常州刺史授
楊於陵永貞元年十月自華州防禦使授元和二

年四月召拜户部侍郎按唐本傳自華州刺史遷浙東觀察使越人饑請出米三十萬石拊贍貧民政聲流聞入爲京兆尹

閻濟美元和二年四月自前福建觀察使授十月追赴闕

薛苹元和二年正月自湖南觀察使授五年八月移浙西觀察使按唐本傳以治行遷浙西加御史大夫

李遜元和五年八月自前常州刺史授九年九月追赴闕按唐本傳由衢州刺史以政最擢浙

東觀察使當貞元初福建軍亂前觀察使奏益兵三千屯于境以折閩衝遂爲長戍遜署事即停之入爲給事中舊唐書云爲政扶弱抑強境内稱理

孟簡元和九年九月自給事中授十二年正月追赴闕按唐本傳以工部侍郎召

薛戎元和十二年正月自常州刺史授長慶元年九月疾病去官按唐本傳所部州鬻酒禁者罪死犒未貢先鬻者死戎弛其禁卒治爲中不尚約束詭名譽居官無灼灼可驚者罷則

懷之卒贈左散騎常侍

丁公著自禮部尚書翰林侍讀學士授長慶三年九月追赴闕按唐本傳入爲太常卿

元稹長慶三年八月自同州防禦使授大和三年九月拜尚書左丞按唐本傳自同州刺史徙觀察使明州歲貢蚶役郵子萬人不勝其疲稹奏罷之舊經云所辟幕職皆當時文士鏡湖秦望之遊月三四焉而諷詠詩什動盈卷秩副使竇鞏海内詩名與稹酬唱最多至今稱蘭亭絶唱

陸亘大和三年九月自蘇州刺史授七年閏七月移宣州觀察使按唐本傳文明嚴重所到以善政稱

李紳大和七年自太子賓客分司東都授九年五月復授太子賓客分司東都

高銖大和九年五月自給事中授開成四年閏正月追赴闕

李道樞開成四年正月自蘇州刺史授

蕭俶開成四年三月自楚州團練使授會昌二年七月拜給事中

李師稷會昌二年二月自楚州團練使授

元晦會昌五年七月自桂管觀察使授大中元年

五月追赴闕

楊漢公大中元年五月自桂管觀察使授二年二

月追赴闕

李拭大中二年二月自京兆尹授二年十月追赴

闕

李褒大中三年自前禮部侍郎授六年八月追赴闕

李訥大中六年八月自華州防禦使授九年九月

貶朝州刺史

沈詢大中九年九月自前禮部侍郎授十二年六
月追赴闕
鄭處誨大中十二年七月自刑部侍郎授十二年
移浙西觀察使
鄭祗德大中十三年自太子賓客授
王式大中十四年自前安南經略使授咸通三年
六月移武康軍節度使按唐本傳劇賊裘甫
亂明越觀察使鄭祗德不能討選式往代擒
甫斬之加檢校右散騎常侍餘姚民徐澤專
魚鹽之利慈溪民陳瑊冒名仕至縣令皆豪

縱州不能制式曰甫竊發不足畏若澤珹乃
巨猾也窮治其姦皆榜死咸通三年檢校工
部尚書徙武寧軍節度使茂舊經云甚有威略
惠政弟龜復爲刺史人皆舞蹈迎之
鄭裔綽咸通三年三月自權知秘書監授
楊嚴咸通五年九月自前中書舍人授六年二月
追赴闕
王渢咸通八年二月自前户部侍郎授
李縮咸通十一年五月自中書舍人授十三年十
一月追赴闕

王龜咸通十三年十一月自同州防禦使授

裴延魯咸通十五年六月自中書舍人授

崔璆乾符四年閏二月自右諫議大夫知匭使授

柳瑫乾符六年十一月自給事中授

劉漢宏廣明元年十一月自宿州刺史授中和三年升爲義勝軍節度使後爲董昌所害

董昌光啓二年自杭州刺史破劉漢宏遂爲義勝軍節度使三年改爲威勝軍乾寧二年割除官爵

錢鏐乾寧三年以鎮海軍節度使兼領改威勝軍

爲鎮東軍

皇朝

畢士安太平興國三年六月以右贊善大夫知是月移台州

李準太平興國三年六月以起居郎知五年十二月替

李孝連太平興國五年十二月以司農少卿知七年三月丁憂罷

高適太平興國八年七月以殿中侍御史知雍熙三年十二月二日替

江正雍熙三年十一月以虞部郎中知端拱二年
十二月二十五日替
薛智周端拱二年十二月以侍御史知淳化元年
六月二十日移婺州
韓崇訓淳化元年六月以崇儀使知二年二月移
泉州
盧文正淳化二年四月以侍御史知十月二日終
于官
封遂成淳化三年六月以太常博士知十二月丁
憂罷

王柄淳化四年四月以職方員外郎知至道元年四月移秀州
郭異至道元年四月以工部郎中知二年三月移京東路轉運使
元玘至道二年五月以膳部郎中知咸平元年四月移秀州
馮礪咸平元年四月以供備庫副使知三年三月替
裴莊咸平三年五月以度支郎中知五年八月替
康戩咸平五年九月以兵部員外郎知景德二年

四月替

王礪景德二年四月以職方員外郎知坐失舉離

任

張巽大中祥符元年六月以職方員外郎知三年

四月替

王贄大中祥符三年四月以祠部郎中知十二月

移福建路轉運使

李遹大中祥符四年八月以度支員外郎知六年

四月替

皇甫選大中祥符六年四月以都官員外郎知八

年四月替

楊侃大中祥符八年四月以兵部員外郎直集賢院知天禧元年二月替

陳靖天禧元年三月以兵部郎中直史館知四月移蘇州

高紳天禧元年四月以刑部郎中直昭文館知三年七月二十六日去任

盧幹天禧二年十月以虞部員外郎知三年二月終于官

任布天禧四年四月以屯田員外郎知五年十一

月移建州
燕肅天禧五年十一月以司封員外郎知六年十
月移明州
謝濤乾興元年十二月以吏部郎中直昭文館知
天聖三年十二月一日替
尹錫天聖四年三月以屯田郎中知九月移兩浙
提點刑獄
宋可觀天聖四年十二月以金部郎中知六年十
一月替
成悦天聖六年十一月以度支郎中知九年三月替

蘇壽天聖九年三月以比部員外郎知明道元年
十月移歙州
陳覃明道二年二月以都官郎中知景祐元年十
月責監潤州稅
葉參景祐元年十月以刑部郎中知二年七月替
趙賀景祐二年七月以右諫議大夫知十月移濠州
李照景祐二年十二月以刑部員外郎集賢校理
知三年十一月移明州
蔣堂景祐三年十二月以吏部員外郎知四年五
月移蘇州

即簡景祐四年五月以右諫議大夫知寶元二年
七月替
范仲淹寶元二年七月以吏部員外郎知康定元
年除天章閣待制移永興軍
陸軫康定元年六月以工部郎中集賢校理知慶
曆二年七月替
向傳式慶曆二年七月以工部郎中直集賢院知
四年八月替
晁宗簡慶曆四年八月以刑部郎中知九月終于官
馬絳慶曆四年十二月以兵部郎中知六年十二

月替

陳亞慶曆六年十二月以司封郎中知八年十二

月替

富嚴慶曆八年十二月以太常少卿知皇祐三年

正月替

揚紘皇祐三年正月以刑部郎中知七月移荆湖

南路轉運使

魏瓘皇祐三年十月以給事中知四年六月轉工

部侍郎充集賢學士移廣州

王逵皇祐四年八月以工部郎中直昭文舘知五

年七月以遷葬去任

李兌至和元年六月以戶部郎中充天寶閣待制知嘉祐元年六月改龍圖閣直學士移廣州

許元嘉祐元年十月以工部郎中充天章閣待制知二年二月移泰州

張友直嘉祐二年四月以工部郎中充天章閣待制集賢殿修撰知四年七月終于官

刁約嘉祐五年正月以兵部員外郎集賢校理知六年十二月替

沈遘嘉祐六年十二月以右正言知制誥知七年

七月轉起居舍人依前知制誥移揚州
張伯玉嘉祐八年四月以度支郎官知治平元年
十二月移福州
章岷治平二年八月以光禄卿直祕閣知四年五
月移福州
朱肱治平四年七月以太常少卿知十二月替
陳升之治平四年十二月以觀文殿學士尚書左
丞知熙寧元年正月移許州
鞠真卿熙寧元年四月以太常丞集賢校理知六
月移江西路轉運使

元絳熙寧元年八月以龍圖閣直學士工部侍郎
知二年正月移荆南府
邵亢熙寧二年四月以資政殿學士給事中知十
一月移鄭州
沈立熙寧三年四月以右諫議大夫知四年十月
移杭州
孔延之熙寧四年四月以度支郎官知五年十一
月召赴闕
謝景溫熙寧六年正月以工部郎中直史館知七
年三月除直龍圖閣移瀘州

張諷熙寧七年四月以司勳員外郎知七月移齊
州
趙抃熙寧八年四月以資政殿學士右諫議大夫
知十年六月移杭州
程師孟熙寧十年十月以給事中充集賢殿修撰
知元豐二年十二月替
丁竦元豐二年十二月以朝議大夫知四年十二
月替
鄭穆元豐四年以朝散大夫集賢校理知六年七
月管句洞霄宫

梁彦明元豐七年四月以朝議大夫知
穆珣元豐八年八月以中散大夫知元祐元年三
月移壽州
黄履元祐元年四月以龍圖閣學士朝請郎知二
年四月降授天章閣待制移舒州
章楶元祐二年八月以朝奉大夫知三年八月替
張詢元祐三年八月以朝散郎權發遣九月移福
建路轉運副使
錢勰元祐三年十一月以龍圖閣待制知
蔡卞元祐六年六月以龍圖閣待制知八年五月

移潤州
楊汲元祐八年六月以左朝散大夫充集賢院學士知紹聖元年十一月復寶文閣待制移揚州
章衡紹聖元年七月以左朝議大夫集賢院學士知二年十一月復寶文閣待制移揚州
張脩紹聖二年十二月以朝散大夫知三年四月移明州
邵材紹聖三年六月以朝散大夫知
翟思紹聖四年四月以朝散郎直龍圖閣知元符二年二月移應天府

上官均元符二年九月以朝散郎知三年五月除
祕書少監
張琬元符三年六月以朝散大夫權發遣十二月
移陝西提點刑獄
翟思建中靖國元年四月再以朝奉大夫直龍圖
閣知九月除祕書少監
邵材建中靖國元年十一月再以朝奉大夫權知
崇寧元年三月替
豐稷崇寧元年三月以樞密直學士朝散大夫知
七月移常州

周常崇寧元年八月以奉議郎充寶文閣待制知
十一月管句江寧府崇禧觀
宇文昌齡崇寧元年十二月以左中散大夫充寶
文閣待制知三年四月移杭州
詹文崇寧三年四月以朝散大夫直祕閣知
王資深崇寧四年四月以承議郎充顯謨閣待制
方會大觀二年四月以朝請大夫充集賢院修撰
知三年三月除徽猷閣待制知廣州十月再
知政和三年四月召赴
闕
李圖南政和三年四月以朝奉大夫充顯謨閣待

制知十一月移廬州
呂益柔政和三年十一月以朝奉大夫充顯謨閣知
待制知十一月移揚州
王仲薿政和四年八月以中大夫直祕閣知六年
五月召赴闕
劉韐宣和二年二月以太中大夫充徽猷閣待制
知四年五月召赴闕
章綜宣和四年[redacted]月以朝奉大夫直祕閣權發遣
宋昭年
張汝舟宣和五年七月以降授宣教郎直祕閣權知

發遣六年
鄭可簡宣和七年■月以朝散郎充右文殿修撰
權發遣
李邴靖康元年■月以奉議郎充徽猷閣待制知
八月召赴闕
翟汝文靖康元年十月以顯謨閣學士中奉大夫
知建炎三年正月替
葉煥建炎三年正月以朝散大夫直顯謨閣知三
月召赴闕
李鄴建炎三年■月以奉議郎充徽猷閣待制知

傅崧卿建炎四年二月以朝奉郎直龍圖閣知四
月移婺州
陳汝錫建炎四年五月以朝請大夫直祕閣知紹
興元年始升州爲府二年正月罷
張守紹興二年二月以資政殿學士左中大夫知
七月
朱勝非紹興二年七月以觀文殿學士左宣奉大
夫知當月召赴闕
王綯紹興二年九月以資政殿大學士左中大夫
知四年七月奉祠

綦崈禮紹興四年八月以寶文閣學士左奉議郎
知五年七月奉祠
孟庾紹興五年七月以觀文殿學士左通奉大夫
知六年六月
秦檜紹興六年七月二十八日以觀文殿學士左
通奉大夫知二十九日召赴闕
孫近紹興六年八月以龍圖閣學士太中大夫知
十二月召赴闕
趙鼎紹興八年十一月再以檢校少傅奉國軍節
度使兩浙東路安撫制置大使兼知是月罷

周秘紹興九年正月以徽猷閣直學士左奉議郎
知十年四月奉祠
韓肖胄紹興十年五月以資政殿學士左奉議郎
知閏六月奉祠
張守紹興十年八月再以資政殿學士左正議大
夫知十一年四月召赴闕
孟忠厚紹興十一年六月以鎮潼軍節度使開府
儀同三司信安郡王判十二年四月充迎護
徽宗梓宮禮儀使
樓炤紹興十二年十月以資政殿學士左朝奉大

夫知十四年二月召赴闕
孟忠厚紹興十四年四月再以少傅信安郡王判
十月充醴泉觀使
詹大方紹興十五年二月以龍圖閣學士左承議
郎知十七年八月除工部尚書
林待聘紹興十八年二月以敷文閣直學士左朝
奉郎知十月奉祠
趙不弃紹興十八年十一月以敷文閣直學士右
太中大夫知十九年十月致仕終
俞俟紹興十九年十二月以敷文閣直學士右中

大夫知二十一年九月轉右通議大夫致仕

終

湯鵬舉紹興二十一年十二月以左中大夫直龍

圖閣知二十二年三月罷

曹泳紹興二十二年六月以右朝請大夫直徽猷

閣知二十三年九月除直顯謨閣移臨安府

趙士㻒紹興二十三年十月以左朝請大夫直敷

文閣知二十五年十二月罷

魏良臣紹興二十六年三月以資政殿學士左中

大夫知十二月奉祠

趙令訳紹興二十七年四月以左中奉大夫充祕
閣修撰知二十八年八月除户部侍郎
王師心紹興二十八年八月以顯謨閣直學士左
大中大夫知三十年八月移福州
宋棐紹興三十年八月以左朝議大夫充集英殿
修撰知三十二年二月除敷文閣待制奉祠
湯思退紹興三十二年閏二月以觀文殿大學士
左金紫光禄大夫知隆興元年三月奉祠
吳芾隆興元年八月以左朝請大夫充集英殿修
撰知二年八月除權尚書刑部侍郎

徐嚞隆興二年十一月以左朝議大夫充敷文閣
待制知乾道元年正月罷
趙令詪乾道元年二月再以敷文閣直學士左太
中大夫知二年七月奉祠
洪适乾道二年十月以觀文殿學士左通奉大夫
知四年三月提舉臨安府洞霄宮
史浩乾道四年四月以觀文殿大學士左通議大
夫知六年四月除檢校少傅保寧軍節度使
再任六月提舉臨安府洞霄宮
蔣芾乾道六年十一月以觀文殿大學士左正議大

夫知八年正月提舉臨安府洞霄宫
方滋乾道八年二月以敷文閣直學士右太中大
夫知九年五月移平江府
錢端禮乾道九年六月以資政殿大學士左通議
大夫知淳熙元年六月除觀文殿學士二年
四月奉祠
留正淳熙二年四月以顯謨閣直學士承議郎知
是年六月罷
張宗元淳熙二年六月以中奉大夫充敷文閣待
制知是年十二月差充大金賀生辰使淳熙

四年正月除在京宫觀
張津淳熙四年三月以敷文閣直學士中大夫知
淳熙五年三月召赴
李彦穎淳熙五年四月以資政殿學士通議大夫
知淳熙七年八月除宫觀
張子顔淳熙八年正月以敷文閣直學士太中大
夫知八月除顯謨閣直學士是年九月除在
京宫觀
王希吕淳熙八年九月以朝議大夫知九年九月
除敷文閣直學士十年八月提舉隆興府玉

隆萬壽宫

鄭丙淳熙十年閏十一月以龍圖閣學士太中大夫知十二年九月除宫觀

丘崈淳熙十三年正月以朝請大夫直龍圖閣權發遣十四年四月除兩浙轉運副使

李彦頴淳熙十四年六月以資政殿學士通議大夫知十二月除資政殿大學士提舉臨安府洞霄宫

鄭汝諧淳熙十四年十二月以朝散郎兩浙轉運判官兼知十五年正月除直祕閣就知二十

二日罷

張杓淳熙十五年二月以朝散郎集英殿修撰知

五月召赴 行在

王希呂淳熙十五年六月以龍圖閣學士太中大夫知

洪邁紹熙元年二月以煥章閣學士宣奉大夫知

王信紹熙元年十二月以朝議大夫集英殿修撰

三年正月除煥章閣待制

趙不流紹熙三年三月以太中大夫祕閣修撰知

紹熙五年五月召赴

葉翥紹熙五年七月以顯謨閣學士中大夫知處

元元年正月應辦　孝宗皇帝梓宮有勞除
龍圖閣學士五月召赴
葛邲慶元元年七月以特進觀文殿學士判慶元
二年三月改判福州
單夔慶元二年五月以太中大夫顯謨閣待制知
三年五月除華文閣直學士是年　月罷
劉穎慶元三年九月以朝議大夫充集英殿修撰
知是年十一月移知平江府
張伯垓慶元三年十一月以朝請大夫除直華文
閣知十二月除右司郎中

耿延年慶元四年正月自江東運副知是年三月
應辦　憲聖慈烈皇后梓宮有勞轉中奉大
夫六月丁母憂
汪義端慶元四年八月以朝奉大夫充集英殿修
撰知寧國府除華文閣待制知慶元五年八
月職事修舉陞徽猷閣待制是月丁母憂
沈作賓慶元五年十一月以朝請大夫試太府卿
淮東總領除直龍圖閣知六年二月轉朝議
大夫三月除兩浙路轉運副使
趙不迹慶元六年五月以朝議大夫司農少卿湖

廣總領除直寶文閣知嘉泰元年正月應辦
光宗梓宮有勞除華文閣待制是年三月移
知潭州
袁說友嘉泰元年四月六日以寶文閣學士通奉
大夫知是年十一月三日召赴行在
李大性嘉泰元年十二月三日以中大夫試尚書戶
部侍郎華文閣待制知十二月廿三日到任
二年正月一日轉太中大夫三年三月十六
日準　省劄備奉　聖旨召赴　行在
以後並見續志

守鄉郡

漢自嚴助朱買臣以邦人守郡見於史至後漢時又有陳業晉則孔愉愉子安國愉孫靖謝輶虞潭宋以後孔山士山士弟靈符等皆是也至本朝康定元年六月工部郎中充集賢校理陸公軫來知州事朝士柳公植以下三十一人賦詩餞之於都門令刻石府學而宋景文公亭餘內史流觴水路入僊人取箭山之句傳天下公將終自草遺表有云乃睠明越之壤實控東南之隅特奉咨俞荐專牧守仍賜金紫頂生光輝蓋公又嘗守明也後九十二年

建炎四年二月朝奉郎直龍圖閣傅公崧卿來知州事及移發州謝表有云病免帥藩恩移支郡是也距今七十年未有繼者

會稽志卷第二

會稽志卷第三

節度使

唐節度使之名本起於西北用武之地如安西北庭河陽三城盧龍范陽鳳翔河中朔方之類以地名也河東河西淮南劒南東川劒南西川山南東道山南西道揔數州爲名也淄青澤潞之類合兩州爲名也護國天雄宣武横海昭德鎮西大同之類特創美名以寵其軍也然大抵多在中原耳自唐末五代以來漸及東南爲姑息割據之術於是節鎮不勝其繁然猶各有支郡其後四方僭竊則又擅置名號不録於

職方獨錢氏擅有兩浙，猶尊事中朝，凡大事皆請命，而中朝亦曲從之。故境内節鎮尤多用以命其子弟，若杭之爲寧海、越之爲鎮東，最其大鎮也。久之，自尊但爲國王，而以寧海、鎮東兩節授其子。至其納土，越州猶領鎮東軍節度，而朝廷以寵親王、將相或外戚，無歸鎮者。

安撫使

初，錢氏國除，杭守帶鈐轄，提舉兩浙路州軍兵甲賊盜。而浙東限濤江，議者以爲非杭所能兼領。皇祐三年十二月，始分兩浙爲東西兩路，杭、越守臣各兼兩路屯駐駐泊兵馬鈐轄而越守自魏瓘始歷五朝皆因之至宣和二年有方臘之變五月巳亥臣寮言睦賊猖獗已見平靖慮班師之後餘孽尚在乞以杭越知州並兼本路安撫使鎮撫一方詔杭越州江寧府守臣並帶安撫使此浙東安撫使之始也國朝初止以安撫使命河北雄州守河東代州守其後陜西沿邊亦有之寖及内地帥臣皆兼領

都總管

國初節度使領馬步軍都部署掌屯戍邊要訓練之政令以肅清所部英宗皇帝即位避御名改都總管其後守臣兼一

路安撫使者皆帶馬步軍都總管浙東亦其一也

提刑司

宋興使者止有轉運使副使淳化二年置諸路提點刑獄以朝官充此提刑之始也景德四年又置同提點刑獄事以閤門祗候以上充皆察所部疑留獄訟勸課農桑按其官吏之不法别其廉良以達于朝其後再嘗省提刑然旋即復置而同提刑則屢廢不補雖置猶帶同字故武臣常居文臣之次及乾道以後復置遂去同字故武臣之權益重淳熙以後寖不復命矣祖宗時又嘗以提刑兼勸農使武臣提刑兼勸農副使後皆省去元祐初罷提

舉常平以其事來屬建炎初亦如之紹興中復置提舉常平司乃復其故浙東提刑司治所在府治之東二百三十七步前臨運河與蓬萊館相望而武臣提刑則以添差通判廳為之其後武臣提刑既久不除乃復為通判東廳

提舉司

熙寧二年閏十一月壬子制置三司條例司言差官提舉諸路常平廣惠倉兼管勾農田水利差役事河東梁端謝卿材江西張次山湖南吳審禮喬叙湖北田君平成都路李元瑜梓路吳師孟田祐利路王直

溫張吉甫夔路韓正彦張援廣東游烈廣西閔杞福建嚴君貺　詔從之皆召對遣行或賜緋章服此提舉常平之始也元祐初廢其官紹聖初復推行而設官亦如初方是時立法甚嚴專以講補助之政秋毫不許他用上下共守之至崇寧中始取以充學校養士之費也而居養院安濟坊漏澤園至於花石應奉皆於此取以有執奏之法乃降

御筆兌執奏提舉江東常平王瞻以為言

朝廷為降　詔戒敕然終亡益也侵蠹之餘至建炎初四方所積猶以億萬計會復罷提舉司所積頗為

諸司侵取孫尚書覿時爲給事中奏疏請復專置一司言路論擊孫公坐去國然議者終以爲不當廢乃特置常平主管官一員隸提刑司實使之行常平司事但避提舉官之名久之乃併提舉茶塩司提舉茶塩司崇寧中所創置爲提舉常平茶塩司其名始正初置使合兩浙爲一路治蘇州中徙杭州宣和末釐爲東西二路東路使者定治于越見毛平仲所譔題名記司治舊在府衙東一里紹興末嘗以　賜皇姪恩平郡王璩而遷提舉司於鎮東門外頗宏壯已而復以新提舉司　賜恩平而司復還其舊今治所是也

通判廨舍

唐刺史雖有上佐然皆佐貳及方鎮權益重則佐貳尤卑屈故大曆中杜子美至云治中實棄捐也

藝祖有天下首置諸州通判以朝官以上充實使之督察方鎮非復唐上佐比故當時謂之監州典郡者至有欲求無通判處建隆中初復湖南未逾月即命賈玭等分通判諸州其委任之急如此太平既久其任稍削矣然著令猶不許知州薦舉通判蓋

祖宗遺意也越州舊止通判一員及經

駐蹕又爲輔藩增至三四員亦嘗有不釐務者往時

謂三司副使爲遣通判爲倅遣倅皆副貳之名然惟此兩官則稱之它雖副貳不可用矣謂通判爲倅至今猶然而三司副使廢已久世或不知遣之名故併記之

通判北廳在府東六十步

通判南廳在府南六十四步

通判東廳在府東南八十五步

路鈐轄廨舍

國朝置馬步軍副都部署觀察使以上充兵馬部署及副部署皆橫班今右武郎以上諸司使今武翼大夫以上及刺史

充都鈐轄諸司使充都監以都監名皆稱為路分閤門祗候

以上充凡此諸職

國初亦有以文臣充者後乃專命武臣宣和三年五月巳亥　詔兩浙東路鈐轄皆視三路選差時初平方臘也

路鈐轄廨舍在府東北一里二百五十五步

正副將

元豐四年詔諸路團練結軍馬各置將副於東南置十三將淮南東路第一西路第二兩浙西路第三東路第四江南東路第五西路第六湖北路第七南路

潭州第八全邵永州第九福建第十廣東路第十一西路桂州第十二邕州第十三各以兵隸之給虎符爲驗其兵不滿三千人惟置單將熙寧十年詔總開封府畿京東西河北路兵分置將副自河北始自第一將以下十七將在河北四路第十八將以下七將在府畿自第二十五將以下九將在京東第三十四將以下四將在京西合三十七而鄜延[illegible]慶涇原秦鳳熙河又各列將合四十二總天下爲九十二將至是始定其制後詔諸路兵以本軍才武爲三等及置部將隊將押隊訓練次諸將佐春秋都試擇武力士千人內選十人皆以名聞待旨解發其願留鄉里者勿彊遣也兄正副將皆選內殿崇班以上嘗歷戰陣親民者充之仍許監司奏舉職制令將副訓練約束措置兵政軍情不便違法聽州縣長

吏覺察以
聞令府將兵額三千人東南第四正副將各一員
蔡氏官制舊典云王荆公建言分隸諸路兵通一路圖結令東南將乃其遺制元豐中將兵法行荆公已罷相矣時北虜求析代地富鄭公言因捌置將與遂生邊隙宜罷之便張文定公又言使敵人有以測知中國之兵數也後竟不果罷今百餘年益制軍之良法也

都監

都監自府州軍監至縣鎮城寨關堡並以閤門祗候以上充亦參用三班使臣監押則專用使臣而已都監監押悉充在城巡檢始其任頗重後寖衰削矣

三司屬官

安撫司

舊制都部署都總管司有參謀官兵馬鈐轄司有機宜文字走馬承受公事或不常置後罷承受公事置管勾官中興後創置參議准備差遣准備差使管勾改爲幹辦機宜有主管有書寫一路多至十餘員而書寫一員例辟其子弟親屬爲之後議者以諸司屬官員多宜省尋廢參謀官准備差遣差使乃罷辟差書寫惟存參議主管機宜幹辦公事員外置各二員而添差參議官獨不釐務

提刑司

部使者之屬舊有勾當官然不常置今幹辦公事乃其職也浙東路提刑司幹辦公事一員或雙員檢法官一員銓法注試中刑法或曾歷法曹掾人

提舉司

熙寧初置諸路提舉常平農田水利差役崇寧中置提舉茶鹽事紹興中併二司爲一舊有勾當公事一員於文臣通判幕職內選差如一路十州軍許差雙員後改幹辦公事今茶鹽

常平司各一員

職官曹官廨舍

國朝大都督府官屬之制有長史左司馬右司馬録事參軍司戶參軍司法參軍司士參軍司理參軍大都督闕則置知府一人通判一人而長史司馬皆省節度兼觀察處置等使官屬之制有行軍司馬節度副使節度判官節度掌書記節度推官觀察判官觀察支使（有掌書記則省）觀察推官其實大都督節度觀察使職務悉歸知州通判兼總之此越州州官舊制之大略也若防團州以下其制殺減不同矣崇寧四年始

命諸州分六案以倣尚書省六曹然官名猶未改也政和二年乃議分曹建掾猶修改久之乃定有司録事有司士曹事司戶曹事司儀曹事司刑曹事司工曹事以上爲曹官有士曹掾戶曹掾兵曹掾刑曹掾以上爲掾官司録曹官承務郎以上掾官並差將仕郎建炎元年九月　詔州郡曹掾官改從舊制司録依舊爲簽判曹掾依舊爲推判官支使書記録事參軍司理參軍司戶司法參軍先是曹掾比舊既增員吏額亦從而增至是又　詔人吏亦減三之一擇不才多過犯者罷之

僉書節度判官廳公事廨在府治之西南二百
七十步
觀察判官廨舍在府治之南二百六十六步
觀察推官廨舍在府治之東北一里二百十步
録事參軍廨舍在府治之西南　宣詔亭下府
院在焉
司理參軍廨舍在府治之南獄在焉
司戶參軍廨舍在府治之東南一里一百十步
司法參軍廨舍在府治之東南二里一十步
縣令長

會稽

唐李俊之開元中為會稽令縣東北有防海塘自上虞江抵山陰百餘里以瀦水溉田俊之增修焉民賴其利其後令李左次又增修之

李左次見上

竇伯元河南洛陽人會稽令

李堯年常山人會稽令

王潨字瀑源臨沂人會稽令

孫孝哲清河人會稽令已上四人見宰相世系表

吴鐐乾寧初為會稽令威勝軍節度使董昌反[illegible]

鐐問策鐐曰王亡具諸侯遺榮子孫而不爲乃
自取滅亡昌怒叱出斬之併族其家
本朝曾公亮字明仲泉州人舉進士第五人以太
常寺奉禮郎知會稽縣事初試吏聽獄決訟
吏莫敢欺縣有鏡湖溉民田湖溢反爲田病
公亮即曹娥江隄疏爲斗門泄湖水入江田
不病後相
三朝官至太傅魯國公贈太師中書令謚宣
靖配饗
英宗廟庭

山陰

吴朱然爲餘姚長遷山陰令加折衝校尉督五縣

孫權奇其能以爲臨川太守

吾粲字孔休吴郡烏程人與同郡陸遜齊名爲山

陰令後至太會稽太守

晉沈叔任吴興武康人少有幹質爲山陰令大有

治聲後爲益州刺史

王鎮之字伯重琅邪臨沂人歷剡上虞令並有能

名會稽内史謝輶請爲山陰令復著殊績

魏顗字長齊會稽人世稱四族之儁仕至山陰令

徐豁字萬同東莞姑幕人元嘉初爲尚書左丞山陰令精練法理爲時所推後爲始興太守廣州刺史卒

傅僧祐北地靈州人有吏才再爲山陰令在縣有能稱子琰

琰字季珪遷山陰令尤以明察著名遷尚書左丞及齊太祖輔政以山陰獄訟煩積復以琰爲令有賣針賣糖二姥爭團絲詣琰琰縛團絲於柱鞭之密視有鐵屑乃罰賣糖者又二野父爭雞琰各問何以飼雞一人云豆一

人云粟破雞得粟罪言豆者縣内稱其神明
琰父子並著奇績江左鮮有世云傅氏有治
縣譜子孫相傳不以示人後爲廬陵王長史
南郡内史行荆州事
孔僉會稽山陰人自五經博士爲山陰令
齊沈憲吳興武康人少有幹局歷烏程令太祖以
山陰户衆難治欲分爲二縣世祖啓曰縣豈
不可治顧用不得人爾乃以憲帶山陰令治
聲大振孔稚珪請假東歸謂人曰沈令斷事
特有天才後爲散騎常侍孫浚

浚字叔源博學有才幹仕梁歷山陰吳建康
三縣並有能名累遷御史中丞
周顒字彦倫汝南安城人建元中爲山陰令
劉玄明臨淮人有吏能爲山陰令大著聲績傅琰
子翽代之
傅翽見上
王諭永泰初爲山陰令太守王敬則將舉兵反召
諭問吾欲發丁丁可得幾人傅庫物錢有幾
諭荅縣丁卒不可得傅庫物多未輸入敬則
怒將出斬之乃起兵過浙江

丘仲孚字公信吳興烏程人王敬則反以拒守有
功遷山陰令居職甚有聲稱百姓爲之謡曰
二傅沈劉不如一丘前世傳琰父子沈憲劉
玄明繼宰山陰並有政績言仲孚皆過之也
梁武帝即位著令小縣有能遷大縣大縣有
能遷二千石仲孚於是擢爲長沙内史

梁謝岐會稽山陰人爲尚書金部郎山陰令侯景
亂岐寓東陽景平依張彪彪在吳郡及會稽
庶事一以委之

沈僧昭吳興武康人爲山陰令

劉奕東莞莒人爲山陰令
王准之字元曾琅邪臨沂人爲山陰令有能名預
討盧循以功封都亭侯
江統字應元陳留圉人山陰令
干寶字令升新蔡人領國史補山陰令
宋張岱字景山吴郡吴人爲司徒左曹掾累遷山
陰令職事閑理時人稱之
顧覬之字偉仁吴郡吴人爲山陰令邑素號繁劇
前後官長晝夜不得休事猶不舉覬之理繁
以約縣曹無事晝日垂簾門庭閑寂自宋世

爲山陰令務簡績脩莫能尚也還爲尚書吏部郎卒官湘州刺史

江秉之字玄叔濟陽考城人歷烏程建康令遷山陰令民户三萬訟訴殷積堦庭常數百人秉之御繁以簡處之晏然以在縣有能補臨海守

陸邵景平初爲山陰令富陽賊孫道慶等攻没縣邑直抵山陰會稽太守褚淡之自假凌江將軍以邵領司馬邵與行軍將軍漏恭期合力大破賊於柯亭

陳褚玠字温理大建中爲中書侍郎時山陰多豪猾前後令皆以贓汙免宣帝患之以玠清廉有幹用遂擢爲令縣人張次的王休達等賄賂通姦全丁大户多有隱没玠乃鎖次的具狀啓臺宣帝手勑慰勞并遣使助玠搜括所出軍人八百餘户時曹義達爲宣帝所寵縣人陳信諂事義達信父顯文恃勢暴横玠執顯文鞭之吏民股慄莫敢犯者

唐韋友順京兆人山陰令見宰相世系表

張遜乾寧初爲山陰令董昌反自號大越羅平國

改元順天署置百官召遜知御史臺遜固辭曰王自棄爲天下笑且六州勢不助逆王據孤州衹速死爾昌怒曰遜不知天意以邪説拒我因之它日謂人曰我縱無遜何乏於事乃害之

剡縣

吴卜静字玄風吴郡人爲剡令

賀齊字公苗山陰人爲剡長縣吏斯從爲姦立斬之從族黨遂相糾合千餘人攻縣齊闔城門突擊大破之

晉周翼郗鑒外生少遇饑亂賴鑒得存郗亡翼爲
剡縣令解職歸心喪終三年後歷青州刺史
少府卿卒
謝奕字無奕陳郡陽夏人少有器鑒郡太尉掾爲
剡令有一老公犯法謝以醇酒罰而遣之累
遷豫州刺史追贈鎮西大將軍
李弘度常嘆不被遇殷楊州知其家貧問君能屈
志百里否李荅曰北門之嘆久已上聞窮猿
奔林豈暇擇木遂授剡縣令
殷曠之仲堪子有父風仕至剡令

宋王鎮之字伯重祖耆之位中書郎父隨之上虞令鎮之爲剡令並有能名宋武帝時

周顒字彦倫宋明帝頗好玄理以顒有辭義引入殿内親近宿直帝所爲慘毒之事顒輒誦經中因緣罪福亦爲之少止元徽中爲剡令有恩惠百姓思之

齊張稷字公喬幼有孝性母疾時稷年十一侍養衣不解帶每劇則累夜不寢及終毁瘠過人杖而後起州里謂之純孝齊永明中爲豫章王嶷主簿以貧求爲剡令會山賊唐寓之作

亂稷率厲部人保全縣境

梁王懐之剡令張彪傳

陳徐陵剡令

唐張子胄剡令

本朝丁寶臣字元珎晉陵人進士起家以太子中允來知縣事始至流大姓無一人除弊興利甚衆其歿也王荆公誌墓

諸暨

吳陸凱已見蕭山門

齊卞彬字士蔚建武末爲諸暨令

梁蕭眎素性靜退少嗜慾好學能清言榮利不關於中喜怒不形於色天然簡素累遷中書侍郎在位少時求爲諸曁縣令到縣十餘日挂衣冠於縣門而去裴子野爲諸曁令不行鞭罰民有爭者示之以理百姓稱悅闔境無訟

唐李罕諸曁令

本朝丁寶臣已見剡縣其治諸曁如剡越人滋以爲循吏

蕭山

吳陸凱字敬風吳郡人丞相遜族子也爲永興諸

暨長所在有治迹吴書

晉王雅字茂達東海剡人補永興令以幹理著稱本傳

本朝杜守一景德二年以大理丞知先是縣東五里有虎守一爲政之二年虎負子西渡浙江而去鄉人相賀名其里曰去虎里

郭源明字潛亮嘉祐六年知蕭山縣縣之宿豪有父子爲姦利者悉置於法民有育孤女利其貲過時不嫁者諭以禮律女遂得所歸太守刁景純約聞之曰郭蕭山猒民望矣

餘姚

吳朱然嘗與孫禮同書學結恩愛至權統事以然
爲餘姚長時年十九後遷山陰令
朱亘爲餘姚長遇疾疫穀食荒貴分部良吏隱視
醫藥飧粥相繼士民感之
晉山遐爲餘姚令時江左初基法禁寬弛豪族多
挾藏戶口以爲私遐繩以峻法到縣八旬出
口萬餘
孫統爲餘姚令性好山水居職不留心碎務縱意
游肆名山勝川靡不窮究

字恩充選補太學博士出爲餘姚令

謝勝爲餘姚令王羲之臨河叙曰餘姚令謝勝等

十五人不能賦詩罰酒各三斗即蘭亭之會

也見刘孝標世說注石本蘭亭詩作前餘杭令謝藤

宋韓景之爲餘姚令

張永爲餘姚令有稱績

劉仲道爲餘姚令

明震爲餘姚令

梁沈瑀字伯瑜吳興武康人爲餘姚令縣大姓虞

氏千餘家請謁如市瑀以法繩之又縣南豪

族子弟縱橫瑪召其老者為石頭倉監少者
補縣滽權右屏跡
劉杳為餘姚令在縣清絜湘東王發教襃稱之
唐李穩為餘姚令
李悰為餘姚令
本朝謝景初字師厚陽夏人其知餘姚縣也宛陵
先生梅聖俞以詩送之略曰我從淮上歸君
向海滋去安知無幾舍邂逅不相遇頗如飛
空雲到月不得附月行既不留雲亦値風故
師厚故知制誥希深絳之子弟師直景温

師同景年師復景回旹月知名士褚子悰愔
皆有名師厚詩極高豫章黄魯直娶其女自
以爲從師厚得句法而師厚之姑實歸聖俞
觀送行詩其淵源所從來遠矣今後進乃有
詆訾聖俞者至以爲不可不觀者陳無己詩
不可觀者聖俞詩豈不陋矣哉故略爲辨之

上虞

後漢度尚爲上虞長爲政嚴峻明於發擿姦非吏

人謂之神明

吳顧雍爲上虞長有治迹

濮陽興爲上虞令後爲會稽太守位至丞相

劉綱爲上虞令師事白君受道歷年道成與妻樊夫人俱升天而去

晉顔含爲上虞令簡而有恩明而能斷然多以威御下

傅晞爲上虞令甚著政績

周鵬舉爲上虞令

華茂爲上虞令與王右軍會蘭亭賦四言詩

徐祚之爲上虞令

王隨之爲上虞令

宋王鎮之爲上虞令有能名

虞季爲上虞令

卞延之濟陰宛句人弱冠爲上虞令有剛氣會稽太守孟顗以令長裁之積不能容脱幘投地曰我所以屈卿者政爲此幘耳今已投之卿矣卿以一世勳門而傲天下國士拂衣而去

王晏爲上虞令孔覬自會稽發兵反晏起兵攻郡覬率千人趨石瀏竄于山嵴村村人縛以送晏斬之東閤外

齊周洽爲上虞令廉約無私

進士

晋史謂會稽有佳山水名士多居之王羲之晚渡江
遂有終焉之志顧愷之謂千巖萬壑競秀爭流而一
時人物如孫綽李充賀循許詢輩皆文藝冠世說友
幼讀史長而從仕謂令會稽貫拱 行闕仕而有職
于東萊無難者亦庶幾見所謂以山水名天下與人
物風流之盛者乎而宦海萍遊迨三十年而志弗遂
淳熙十六年春始得辱乘傳典倉事於是登秦望探
禹穴識其委蛇盤礴之觀而得其溫厚粹美之氣蓋
其鍾靈孕秀雲行川流胚胎醞釀發而爲英傑宜有

獨盛於斯世者

國朝崇儒右文眡古爲重而東南儒風宏擬盛美會稽爲冣焉杜祁公以道德文章功業行實克相昭陵德在生民勲在史册足以儀萬世而垂後學如李公光入參大政孫公沔晉貳樞筦顧公臨典制北門陳公揚庭執灋中司傅公墨卿正位常伯陸公佃石公景略皆以文學冠春官夏公亟齊公唐皆以賢良應大科傅公崧卿以藝魁舍選儒學之秀頡頏上下此非騫翔奮厲之所藴而椎深秀巖之所鍾耶建炎初

六飛渡江嘗駐蹕于越而越今爲陪都蓋古三輔也山川之所形見風化之所漸被其儒風士業流聞彭布益以昌大要非餘郡可比王公佐詹公騤相望二十餘年之間皆以大榮冠多士王公俊石公延慶莫公叔光皆以進士中宏博石公公輔以奏恩擢魁名而三歲大比賜第于太常者率十餘人其連取世科伯仲聯第者又間見層出人物之茂實爲衣冠盛事其亦有以權輿於此哉郡之前進士石朝英陸沣張澤闓辭以告說友曰越之山川則有郡之圖志在越之名卿才大夫則有國之信史在若無俟於登

載者然鄉之宗老則懼晚學之未聞也人寖遠而寖
忘事愈久而愈墜其不没前人之事者幾希朝英等
將以郡之進士列名于石且請于府帥閣學尚書王
公願飭工鑱石寘諸郡庠之講堂於以示勸激之意
然非文不傳也敢以請説友幸以將指來越而楚實
有材又所身見而目識者其何可辭則與之言曰夫
讀古人之書肄當世之業豈直取科級釣爵位以夸
榮侈盛於鄉曲哉其致君澤民行道及物實自讀書
肄業始漢世設科射策勸以官禄史氏譏之章氏教
子一經志於青紫後世賤焉士之學固有遠者大者

今天子龍飛御天適當興賢之歲越之士將企前慕
昔以擴踵賢躅而振袂琉風者其盍思所以遠者大
者乎雖然越有君子六千人昔人謂其有志行猶齊
之士吴之賢良也嗚呼千載之後其必有仍盛美於
前人者說友猶拭目以觀之題名起於慶曆二年前
乎此者攷諸登科記則鄉里多不載故不書而杜祁
公則大中祥符元年甲科四名進士蓋可攷云是年
十一月望日朝議大夫權兩浙西路提點刑獄公事
袁說友記
題名舊刻始於慶曆用登科記修世前此記

不詳其鄉里故雖祁公亦不復書闕所不知
是固未害然祁公不書何以寓高山景行之
瞻教授劉君䴥請于府帥待制侍郎單公夔
礲舊石而增修之訪遺逸於邦之長者得陸
公軫以下凡七人遂列祁公於其首自建隆
開國距慶曆餘八十年其間策名多矣未易
攷也仍存闕疑之義自慶歷至今百五十餘
歲登載日益盛今年
上以
孝廟故未親策多士而莫君子純實爲南宮

第一三魁相望於四十餘年之間是碑重修
其風遠矣介既爲書舊記於碑首復叙大略
以輔教事慶元丙辰臘月既望承議郎添差
權通判紹興軍府兼管内勸農事王介書

姓氏

舊經載會稽之姓十四而不著其望之所出按氏姓
書及書傳所載其望實出會稽者虞夏兹賀駱五氏
而已孔謝朱賀鍾離雖不云望出會稽而世居此者
皆有顯人鍾氏粗有所見而榮俞戚三氏於此未有
闡焉康莊闞留揺黃裘皆望出會稽而舊經不載總

之凡二十有一令併考姓氏所自出與其昔之聞於
世者疏于後然會稽今官學最盛者杜氏石氏陸氏
唐氏諸葛氏等各自有譜故不復出

虞氏帝舜之後商有虞仲實出太王之後子孫亦
氏虞史記有趙相虞卿漢有虞延吳有會稽
虞翻及唐虞世南望出會稽陳留

夏氏夏后氏之裔或云陳宣公之後有夏徵舒故
其後亦以夏爲氏後漢有夏馥夏牟晉有會
稽夏統望出吳郡會稽
本朝夏竦爲樞密使竦子安期爲龍圖閣直

學士又有賢良夏噩亦以文稱

孔氏衛之孔氏出於孔達鄭之孔氏出於子孔吾夫子乃出於宋之孔父嘉前漢有孔光孔安國後漢有孔融晉有孔愉融與愉皆自以爲出於夫子之後愉之先世避亂徙居會稽遂爲會稽人孔靖孔淳之等皆其後也本朝有孔道輔爲御史中丞有直聲孔旼居汝州以隱操聞於慶曆中皆夫子之後

榮氏左傳有榮駕鵝孔子弟子榮旂列子有榮啓期北史有榮毗唐有郎中榮九思

本朝在榮諲爲光禄卿榮嶷爲將作監望出樂安

謝氏炎帝之後周申伯食采於謝因而氏焉後漢有謝夷吾謝奉皆會稽人東晉謝安

本朝太子賓客謝濤濤子絳知制誥絳子景初景溫景平景回景初子悰愔皆知名望出陳留

鍾氏出潁川左傳有鍾儀漢有鍾興鍾皓魏有鍾繇南史文學傳有鍾嶸唐有鍾紹京江南有

禮部侍郎會稽鍾謨

本朝有鍾傳爲西帥鍾世美以上書見拔擢

玆氏左傳魯大夫玆無還今望出會稽

俞氏出姓苑古有俞附善醫今望出河閒南史孝

義傳有俞僉唐有俞文俊江寧人

本朝龍圖閣待制俞獻可弟刑部侍郎獻卿

新安人

戚氏衞大夫食采於戚因氏焉漢有臨轅侯戚鰓

南史儒林傳有戚衮

本朝睢陽人戚同文號正素先生子維爲職

方郎中綸爲樞密直學士望出齊郡其後審

學世有人或問曾南豐以
宋之世家南豐以戚氏對
資氏黄帝裔孫有食采於資者後以爲氏姓纂漢
有資成南陽人望出陳留會稽
駱氏姓苑云吳有東陽駱統唐駱賓王望出河南
會稽
本朝駱偃登進士第
朱氏出沛郡義陽吳郡河南四望本自高陽之後
封于邾後爲楚所滅乃去邑氏朱焉范蠡去
越改姓朱曰陶朱公子孫亦或以朱爲氏史

記有朱亥平原君有朱建漢有會稽太守朱買臣會稽朱儁及宋朱百年

賀氏齊之公族慶封之後漢有侍中慶純避安帝諱改爲賀氏吳賀齊賀劭唐賀知章皆會稽人望出河南廣平知章之後有鑄以詩文得名於元祐中自號鑑湖遺老又有道士賀仲清者會稽人亦自言知章之後紹興中猶在

鍾離氏漢有鍾離昧會稽鍾離意及吳志有鍾離牧鍾離徇舊經有鍾離表皆郡人紹興中有鍾離松仕至朝請大夫致仕

高宗慶壽松以耆老聽再仕力辭

康氏

康氏周文王子衛康叔之後又梁有康絢其先出自康居初漢置都護盡臣西域康居遣子入侍待詔河西因留不去其後遂氏焉晉亂遷于藍田唐儒學傳有會稽康子元

本朝有兵部員外郎知越州康戩建炎中有康執權爲中書舍人允之浙西安撫使知杭州望出會稽東平京兆唐康日知靈州人有功深趙封會稽郡王子志睦會稽郡公孫承訓會稽縣男

莊氏楚莊王之後以謚爲姓六國有莊周望出會稽東海天水至後漢避顯宗諱改氏嚴嚴光本亦姓莊乃後人追改以避諱也又前漢有嚴忌嚴助望出馮翊

闞氏左傳齊大夫闞止有吴闞澤會稽人北史有闞駰唐有闞稜

本朝尚書郎闞洞望出會稽天水

留氏出自會稽本衛大夫留封人之後漢功臣表彊圉侯留肹其後避地山陰遷居東陽陳將軍留贇留異五代留從効爲泉州節度使

搖氏姓苑云句踐之後有東海王搖子孫以爲氏
漢功臣表有海陽侯搖毋餘望出會稽

黄氏姓苑云句踐之後封於黄因以爲氏或云亦
嬴姓十四氏之一也楚有春申君黄歇漢有
夏黄公大司農黄昌皆會稽人及黄霸黄憲
三國黄忠黄蓋望出會稽江夏按黄氏所在
有之然仕至丞相者惟西漢黄霸及
高宗初黄潛善二人相距千五百年

裘氏出姓苑衛大夫食采於裘氏因以爲氏望出
渤海虓略姓纂云會稽有裘氏今會稽有旌

表門閭裘氏別見

會稽志卷第三

會稽志卷第四

軍營

唐太宗時於府兵外置北門四軍則募兵也其後募兵寖盛爲萬騎爲左右神冊天子不可自將故命中官握之謂之北司北司始盛不可制而府衛爲南衙兵寖廢不備朱梁懲唐北司之弊乃取禁旅天子自將之所謂侍衛馬步軍是矣周世宗又謂之殿前軍蓋亦侍衛之比而加精鋭然當時藩鎮亦皆募兵倚以跋扈雖世宗不能盡制也

祖宗有天下因周之制又盡收天下雄勁士卒列營

京畿足以坐制四方矣又謂郡亦不可無備則爲之制其别有禁軍廂軍禁軍葢因梁周之名而廂軍則因藩鎮舊名廂者乃當時分軍之名今内則龍神衛四廂及外郡有第幾廂之類皆部分耳禁軍猶曰京師之兵而廂軍則郡國所有雖衣糧有差降然皆選擇及歷歲久禁廂軍皆郡自募始猶自京師分遣壯卒爲之募士之準謂之兵樣繼易以木梃木策而兵樣不至矣於是禁軍則教閲以備征戍廂軍給役而已禁軍有退惰者降爲廂軍謂之落廂自熙寧後置將官而禁軍又有係將不係將之别則禁軍亦分爲二矣初梁太祖令諸軍悉黥面爲細字各

識軍號五代至

本朝因之方募時先度人材次閱馳躍次試瞻視初舉手指問之而已其後又刻木作手加白至舉以試之然後黥面而給衣屨緡錢謂之招刺利物至今皆不改若或借貲罷募使軍士子弟失職或至於溢額冗濫者皆非也

禁軍

雄節係將第一指揮營在第五廂秦望門熙寧二年置額五百人

威捷係將第二指揮營在第一廂都亭橋大觀二年置額五百人

威果係將第念二指揮營在第四廂鯉魚橋東宣
和五年十一月宣置各是四年十二月　詔增
置戍將至是下江浙諸州各置威果全捷各
兩指揮隸侍衛步軍司太守翟汝文置營於
此額五百人
威果係將第念三指揮在第三廂水溝坊南宣和
五年置額五百人
全捷係將第四指揮營在第五廂秦望門宣和五
年十一月置節鎮兩指揮餘州一指揮處以
威果全捷爲名餘州並以威果爲名隸

殿前司額五百人
全捷係將第五指揮在第三廂水溝坊南額五百
人
威果不係將五十四指揮在第五廂臥龍坊宣和
五年置額五百人
全捷不係將十三指揮在第五廂秦望門宣和五
年置額五百人
防守步軍司指揮在
攢宮禁圍外紹興二年以後置
永祐陵二百五十五人

永思陵八十五人
永阜陵八十五人
永崇陵七十八人
廂軍
崇節第七指揮在第五廂秦望門熙寧二年置額
五百人
崇節第八指揮在第一廂錢武肅廟東熙寧二年
置額五百人
壯城指揮在第一廂北善法寺側熙寧元年
詔江浙兵官選少壯廂軍堪習武藝人充役

例教閱量留重役以備使令宣和格壯城指揮帥府三百人節鎮二百人餘州一百人額四百人

牢城寧節第二指揮在第一廂馬坊橋東熙寧四年詔放廂軍名額自騎射至牢城二百三十三色額二百五十人

屯駐營在第五廂附威果營先係海州兵養老紹興初屯駐額二十人

作院指揮熙寧六年置

剩員指揮

堰營

都泗堰營在會稽縣東額二十五人

曹娥堰營在會稽縣東南

梁湖堰營在上虞縣西額五十人

錢清南堰營在山陰縣西

錢清北堰營在蕭山縣東額五十人

打竹索營在上虞縣東

通明堰營在上虞縣東額二十五人

西興捍江營在蕭山縣西額二百人

土軍

三江寨屬山陰縣額一百八十二人
曹娥寨屬會稽縣額八十人
龕山寨屬蕭山縣額一百三十二人
西興寨屬蕭山縣額一百三十二人
西興都巡寨屬蕭山縣額一百三十八人
魚浦寨屬蕭山縣額四十八人
廟山寨屬餘姚縣額一百人
三山寨屬餘姚縣額一百人
眉山寨屬餘姚縣額二百人
長樂寨屬嵊縣額二百人

管界寨屬諸暨縣額一百人
新林寨屬蕭山縣額一百人
紫巖寨屬諸暨縣額一百人

弓手

會稽縣額九十五人
山陰縣額九十五人
嵊縣額九十八人
諸暨縣額一百一十三人
蕭山縣額七十人
餘姚縣額一百人

上虞縣額七十人
新昌縣額六十七人

倉

苗米倉在府衙東二百步
如坻倉在府衙東北一里熙寧十年程給事師孟
建奉少游書牓今猶存焉淳熙四年修
支鹽倉在府衙東二里
常平倉在府衙東二百步
夏麥倉在府衙南二百步
受納糯米倉在西門外一里

庫務場局等

都稅務在府衙東一里九十步

都酒務在府衙南一百二步

比較務在府衙南一百步

和旨庫在府衙東二百六十步

激賞庫在府衙東二里十步

公使庫在府衙

軍資庫在府衙

甲仗庫在府衙

架閣庫在府衙設廳北

常平庫在府衙西

茶鹽庫

經總制庫在通判北廳

移用庫在通判北廳

五分錢庫在通判北廳

激賞錢庫在府衙西

回易庫在府城東北

醋庫在府城東

造袋局在府東北

提舉司惠民局在府東

湯浦紙局

新林紙局

楓橋紙局

三界紙局

合同場在

都物料場在府衙南子城内

受納稅場在府衙内

抽解竹木場在府橋

收糴糯米場在迎恩門外

受給場在府城東二十五里

排岸司在城南臥龍坊

浦陽府在城西四十里唐書志會稽有府一曰浦陽蓋唐之兵府也今廢

都作院在府衙南

省馬上院在府衙西

省馬下院在府衙西

潛火隊在府衙西

衢巷

府城隸會稽山陰

越城之中多古坊曲圖經所載間可攷知曰千秋

坊以千秋亭名蔡邕得椽竹以爲笛曰禮遜坊以陳囂遜地名曰解慍坊以王右軍書扇名曰龍華坊以古龍華寺名按江揔修心賦梁太清二年甞避地此帝曰玄眞坊以張志和所居名按本傳後天名回軒巷曰澄波坊以方平池名經行其間宛然猶故處也曰臥龍以山名曰錦鱗以橋名曰照水以湖名曰都賜以隸名曰義井以井名曰天長以觀名曰賢良以齊唐名曰富民曰觀仁曰清道曰德政此皆舊坊至今存者其他更易益漫不可知矣按圖經隸會稽坊二十隸山陰坊十有二厥後增益視舊三倍不可勝記廼若甘露坊耆舊云古鎮甘滂巷是

離坊（以鍾離意所居名）竹園坊（以陳囂竹園名）筆飛坊（以江淹所居名）雖復後出於古有取焉若日池坊月池坊（池皆錢武肅王所鑿故坊以池名）因吳越而重也名之美者曰秦望（以門名）曰蕙蘭（以橋名）曰杏花（以寺名）曰花市（以市名）淳熙乙未郡人詹君（騤）旣冠多士德政坊始更名狀元坊後二十一年而莫君（子純）繼之於是復立狀元坊矣

剡縣一十坊皆如舊經進德益詠禮義清河嘉會兆慶集賢通安豐安齊禮

諸暨縣二十坊八如舊經九更名三創立招賢西

施以西子所游處名范隣以近范蠡壇名永寧臨津永壽安

仁勸農舊製錦集貨華纓浣溪綵織道山台

輔使星芝山更相門神秀狀元創

蕭山縣三坊皆如舊經清風以許詢宅名招賢以江淹宅名並

見寰宇記通闤

餘姚縣一十坊九如舊經一更名履仁清和待士

崇禮訓俗通德太平時清永寧舊雙桂更

上虞縣一十三坊皆如舊經尚德尊賢照位崇義

卹孤純孝好學屬文農務廉貫思仁重義習

新昌縣四坊皆如舊經康樂以謝靈運所游止名覇越千秋

太平

凡外諸縣坊曲所以得名不能盡舉若諸暨之西施苧蘿蕭山之招賢清風新昌之康樂蓋古迹尤著云

館驛

府城

蓬萊館在卧龍山之左（史魏公建蓋府東亭舊址高宗皇帝巡幸嘗泊御舟於此呂頤浩奏事嘗曰臣等昨夕宿提刑司在御舟旁數步即謂此也）東問津亭北通川亭皆臨府東大河（即古簞醪河是）水光映發望之如圖畫舟車既屆必有次舍焉而

實一州佳觀也子城東門有豐宜館今爲觀察判官署城西迎恩門東五雲門皆有亭以送迎

御香則縣

陵寢寓是也按圖經唐觀察使李紳嘗於府東建候軒亭今廢龔明子葆光録稱皮光業微時夢亭上偶人皆列拜覺而自負後果知東府事故老云翟忠惠公帥越亭尚亡恙公出有風骨其纖寘欄干上或謂亭神實爲崇也公怒即日撤毀之今市人猶稱軒亭府東北有安軺驛是爲軺亭亦廢

諸縣

會稽縣有東城驛在縣東六十里今廢館二以待
朝陵官屬在縣東三十五里有上馬亭
山陰縣有仁風驛在縣北三里柯橋驛在縣西二
十五里錢清驛在縣西北五十里
剡縣有訪戴驛在縣東南五十五步戴溪亭在縣
南二百十步
諸暨縣有待賓驛在縣西南六十步今廢興樂驛
在縣南五十里今廢亭閣驛在縣南二十里
今廢使華館在縣東百六十步楓橋驛在縣
東北五十里

蕭山縣有夢筆驛在縣東北百三十步臨川亭在縣西北九十步蕭山館在縣西北百二十步駐旌亭在縣西一十二里日邊驛在縣西一十二里候春亭在縣之東門漁浦驛在縣南三十六里

餘姚縣有寧波驛在縣西五十步今廢津亭二在縣北一里

上虞縣有金罍驛在縣東二百步池湖驛在縣西南五十里之明亭在縣東一里適越亭在縣西一里

新昌縣有南明驛在縣西一百步天姥驛在縣東南五十里

諸縣亭驛興廢大略在是其間歲月非有故實不復具書若戴溪亭夔夆驛一時風流皆可想見也

郵置

周官行夫掌邦國傳遽注曰若今時乘傳騎驛而使者也乘傳騎驛而使必有頓止之次故傳置驛因皆爲次舍之名田儋傳橫至尸鄉廐置張敖傳要之置厠魏相傳客許止傳文帝二年十一月詔曰太僕見

馬遺財足餘皆給傳置之類是也顔師古注云置者置傳驛之所蓋至唐而後謂頓止之次爲驛也唐季五代以前猶以民給其役謂之遞夫

皇朝建隆二年乃悉以軍士充謂之鋪兵而爲之制非法不許輒入驛役鋪兵與法所許而過其數者皆抵罪有急脚遞馬遞步遞三等元豐六年八月始用金字牌牌用朱漆以金飾字靖康元年嘗改用雌黄牌朱字　高宗皇帝中興乃復舊制令急脚遞傳送

御前文字尤速於急遞矣蓋放古羽檄之意也稽留尺一罪至配流甚者上其罪能不廢其事亦次第推

賞紹興五年諸軍斥堠鋪專承軍書其刑賞亦如之
三十二年十一月又放斥堠之法立擺鋪遞軍書與
他文書之最急者降此則步遞也而謂之常程然步
遞亦有京遞省遞之别如令甲所云文書當遞赴京
者因謂之京遞紹興五年有
旨諸路機速文書許入
尚書省急遞故又因謂之省遞焉今州境屬縣八凡
爲鋪四十三鋪兵三百八十一人東南接明台婺西
達于
行在所

獄

府院在府衙南

司理院在府衙南

市

照水坊市在城東南二百步

清道橋市在城西一里

大雲橋東市在城南二里屬會稽縣

梅市在城西十五里屬山陰縣梅市鄉鄉有梅福里舊經云梅福傳有人見福會稽變姓名爲市門卒十道志云即梅福爲監門處陸左丞

適南亭記梅山少西有里曰梅市即此

古廢市在都亭橋南禮遜坊舊經云蒯子訓貨藥於此列仙傳左薊子訓齊人賣藥於會稽市時秉青騾往來忽然不見

大雲橋西市在城北屬山陰縣

龍興寺前市在城北二里傍有市門橋其北街曰市北街寺今廢

驛地市在城北二里

江橋市在城北五里

堰

會稽縣

曹娥堰在縣東南七十二里唐[illegible]光啓二年錢鏐破

韓公汶於曹娥埭與朱褒戰進屯豐山後埭

遂爲堰治平中齊祖之興僧曹娥重修廨宇記

云自陽武之越隄開封之翟橋揔爲堰者二

十七曹娥其一也

東郭堰在縣東南三里

陶家堰在縣東四十里

都泗堰在縣東三里宋何太祖廟諱至都賜埭去郡三

里因曰僕棄人事此埭之遊於今絶矣梁江

揔言王父昔莅此邦卜居山陰都賜里都賜

今作都泗按江揔言王父莅此邦乃江虎也事見別卷

茅洋堰在縣東三十里

麰江堰在縣東二十二里俗作凡江

政平堰在縣東十五里

王家堰在縣東五十里

稱浦堰在縣東北三十里

杜浦堰在縣東五十五里

董家堰在縣東七里

嚴浦堰在縣東北三十一里

瓜山堰在縣東四十二里熙寧中越州檢照會稽山陰共管碶閘水磋一十六所瓜山堰之一

白米堰在縣東六十五里

言家堰在縣東三里

菩里堰在縣東北五十里

新埭堰在縣東七十里

夏家堰在縣東四十五里

彭家堰在縣東五十二里

石堰在縣東五里

山陰縣

南堰在縣南一里
三江門外堰在縣東北七里堰之北有則水牌
湖桑堰在縣西十里堰旁有小市居民頗繁
白樓堰在縣西四里常喜門外堰之西有則水牌
政和中立舊經云漢江夏太守宋輔於種山
南教授白樓亭世說許玄度孫興公共商略
先達人物於此注云亭在山陰臨流映壑今
堰屬山陰縣界下臨溪流昔之白樓亭斯近
之矣俗呼常喜堰又名湖塘堰
錢清舊堰在縣西北五十里

錢清新堰在縣西北五十一里嘉泰元年置先是小江南北岸各一堰官舟行旅泝沿者如織每潮汛西下壅遏不前則紛爭鬬捽甚至毆傷堰卒畫日繼夜不得休或以病告提舉茶鹽葉公籈因寓公之請始為之仍於堰旁各置屋以舍人牛叅捐鏹二百萬而兩堰落成人皆便之

蕭山縣

西興堰在縣西十三里古西陵也水經云西陵湖一名西城湖湖西有湖城山東有夏盖山湖水上承妖皐溪下為浙江謝惠連有西陵遇

風寄康樂詩見文選東坡杭州試院詩云爲
傳鍾鼓到西興
櫧木堰在縣西南三十里其地舊多櫧林
磧堰在縣南三十里
從塘堰在縣南二十五里
太末堰在縣東二十五里舊經漢會稽郡有太末
縣韓文　太末之里按太末今信安
郡堰名　里也
鳳堰在縣東一里梁郭原平常於永興縣南郭鳳
埭助人引舡鳳埭意助此也

湊堰在縣東一里

楊辛堰在縣東一里

簞家堰在縣西一十五里

章家堰在縣東北一里

錢清舊堰在縣東五十里

錢清新堰在縣東五十一里

賈家堰

張九堰

槑山堰

餘姚縣

蘭風鄉堰一十三所
東山鄉堰九所
開元鄉堰二十三所
雲柯鄉堰一十三所
孝義鄉堰二十三所
通德鄉堰一十所
龍泉鄉堰五所
燭溪鄉堰四十八所
雙鴈鄉堰一十三所
梅川鄉堰七所

上林鄉堰三所
治山鄉堰三所
雲樓鄉堰八所
鳳亭鄉堰十一所
上虞縣
梁湖堰在縣西二十五里
通明北堰在縣東一千里
通明南堰嘉泰元年冬始置海潮自定海歷慶元
府城南抵慈溪西越餘姚至北堰幾肆百里
地勢高仰潮至輒回如傾注鹽運經由需大

瓜山閘在縣東四十里

少微山閘在縣東五里

曹娥閘在縣東南七十二里

山陰縣

玉山閘在縣北一十八里唐正元元年觀察使皇甫政始置斗門泄水入江後置閘

蕭山縣

清水閘在縣西一十里二百步景德三年知越州王礪置清渾二水閘往來者便之王荆公蕭山詩云靈胥引水清穿市謂此水也

渾水閘在縣西一十二里

檁山閘在縣東縣復仁鄉需水溉田即啓閘放小江水遇潦即泄水以入于江

徐家閘在縣西三十五里縣長興安養二鄉地即多旱遇決湖溉田先開閘須二鄉水足然後啓閘放水夏孝鄉

謝婆閘在縣西一十一里

村口閘在縣西一十一里

餘姚縣

康堰閘在縣東北五十里

横河閘在縣北三十里

石堰閘在縣北二十里

上虞縣

夏蓋湖閘在縣西南四十里一閘在湖之北

陳倉閘在縣

横河閘在縣

小穴閘在縣西北四十五里

西溪湖閘在縣南三里

孟家橋閘在縣東南一里三步

清河坊閘在縣東南一里

通明閘在縣東一十里景德中置今廢

斗門

會稽縣

蒿口斗門在縣東六十六里

曹娥斗門在縣東南七十二里俗傳曾宣靖公宰邑所置曾南豐鑑湖序云湖有斗門六所曹娥其一也

三江斗門在縣東北八里三江説不同俗傳浙江浦陽江曹娥江皆匯於此舊有堰今廢爲斗門東南通鏡湖運河北達于海史記河渠書云於吴則通渠三江五湖貨殖傳云夫吴有三江五湖之利國語吴越春秋載伍子

胥之言曰吳越之國三江環之民無所移[illegible]
吳越地舊有三江通渠貨利足以自殖民居
其中無所移徙可也史記正義云松江古笠
澤江也上江一名東江下江一名婁江於其
分處爲三江口國語注云三江者松江錢塘
江浦陽江也水經注云江水東逕黃橋下江水
又東逕餘姚縣故城南江水又東注于海是
所謂三江也以地里攷之史記國語所謂三
江皆在吳不在越水經云江水逕黃橋餘姚
縣南者乃姚江也與今三江不合盖今江東

北流由直北以達于海非特浙姚江而後至海也酈道元敘會稽浦陽江已誤其論三江不合固宜按禹貢三江既入震澤底定孔安國云江從彭蠡分爲三共入震澤復分爲三乃入海說者未以爲當至他諸儒論載各異如顔師古云中江南江北江也郭景純云岷江浙江松江也韋昭云松江浙江浦陽江也眉山蘇氏云北江中江南江也王介甫云義興毗陵吳縣三所各爲一江也禹迹已邈書傳浩渺未易折衷而史記正義獨辨韋昭之注爲

不然蓋以其江在吳越間似是而非爾吳越
春秋云范蠡去越出三江之口入五湖之中
水經引庾仲初楊都賦六今太湖東注爲松
江下七十里有水口分流東北入海爲婁江
東南入海爲東江此江又爲三矣顧野王地
志云松江東北行七十里得三江口東北入
海爲婁江東南入海爲東江并松江爲三江
也今姑以吳越論之婁江東江松江者吳之
三江也松江錢塘江浦陽江者吳越之三江
也東逕黃橋又逕餘姚縣南及東注于海者

越之三江也至如錢塘江浦陽江曹娥江今
匯爲斗門者越人所謂三江也俱存之以俟
博聞之君子

山陰縣

朱儲斗門在縣東北二十里唐正元初觀察使皇
甫政鑿玉山朱儲爲二斗門以蓄水後築塘
湮廢景德三年知山陰縣大理丞段斐改造
嘉祐三年知縣李茂先尉翁仲通更以石治
斗門八間覆以行閣閣之中爲亭以即塘北
之水東西距江一百一十五里溉田二千一

百一十九頃凡所及者一十五鄉里人沈少卿紳撰記畧曰泝湖水門衆矣廣陵曹娥是皆故道而朱儲爲大曾南豐鑑湖序云去湖最遠者朱儲斗門也

新涇斗門在縣西北四十六里唐大和七年浙東觀察使陸亘始置涇音徑已見水類

廣陵斗門在縣西北六十四里

柯山斗門在縣西北二十里

餘姚縣

東山斗門

雲柯鄉斗門二所

龍泉鄉斗門五所

上林鄉斗門五所

治山斗門

雲樓斗門

燭溪湖東斗門

石堰斗門

上虞縣

曹娥斗門在縣西三十五里

七里斗門在縣西二里

會稽志卷第四

會稽志卷第五

戶口

舊經具録兩漢地理郡國志晉地道記太康地志及宋齊隋唐戶口然領縣多寡與今不同前漢會稽一郡兼閩浙而有之後漢則東浙與閩皆在焉吳又頗包江東至吳録領縣乃兼有明州之境宋齊州郡志亦然是則前代戶口之數不可用於今也惟唐志載開元二十三年戶部帳可以較登耗其曰領縣七者時新昌猶未置也今斷自唐始

開元戶部帳戶九萬二百七十九口五十二萬九

千五百八十九
國朝大中祥符四年戸一十八萬七千一百八十
丁三十二萬九千三百四十八
會稽戸三萬四千七十六丁三萬五千五百八
十五
山陰戸二千一百七十一丁三千八百
剡戸三萬二千五百七十八丁五萬五千六
諸暨戸四萬九千六十二丁七萬七千五百六
十七
蕭山戸二萬三千八十六丁三萬九千四百五

十三
餘姚戶二萬一千六十三丁四萬一千九百一
十三
上虞戶五千一百四十一丁二萬八千二百五
十七
新昌戶二萬三丁四萬七千七百六十七
元豐九域志主戶一十五萬二千五百八十五客
戶三百三十七
嘉泰元年主客戶二十七萬三千三百四十三丁
三十三萬四千二十中小老幼殘疾不

成丁一十萬七千七十二
會稽戶三萬五千四百六丁四萬一千七百八
十一不成丁一萬四十三百七十八
山陰戶三萬六千六百五十二丁四萬六千二
百二十七不成丁一萬五千七百六十
七
嵊縣戶三萬九千七百九十二丁五萬三千五
百七十七不成丁一萬七千四百七十
八
諸暨戶四萬二千四百二十四丁五萬六千四

百二十一不成丁一萬八千五百二十
七
蕭山户二萬九千六十三丁三萬五千一百六
十八不成丁九千四百七十五
餘姚户三萬八百八十三丁三萬二千一百四
十五不成丁一萬二百三十四
上虞户三萬三百三丁三萬二千三百一十九
不成丁九千四百五十八
新昌户二萬八千八百二十丁三萬六千三百
八十二不成丁一萬一千七百五十五

賦稅

夏

户人身丁錢舊管三萬六千七百六十五貫二百六十九文足

今催五萬三千五百八十二貫六百六十八文省

會稽四千六百一貫四百三十文

今催六千二百二十四貫八百八十文

山陰五千一百三十七貫八百一十三文

今催六千三十八貫九百九十二文

剡縣五千八百八十九貫八百五十文
令嵊縣催七千四百一十二貫七百二十八
文
諸暨八千四百三十七貫一百五十文
令催一萬三百一十四貫七百五十二文
蕭山二千四百五十六貫六百六十六文
令催二千九百三十三貫六百五十六文
餘姚三千三百三十一貫八百六十文
令催五千四十七貫六百八十九文
上虞三千二百九十八貫二百文

今催五千一百二十六貫七百二十文

新昌三千六百一十二貫三百文

今催二萬四百七十三貫二百五十一文

紬舊管九千一百六十四疋三丈八尺四寸三分

今催八千六百一疋三丈三尺四寸六分六

釐

會稽一千四百六十九疋二丈二尺一寸五分

今催一千三百八十八疋一丈一尺一寸五

分

山陰一千八百二十八疋一丈三尺七寸

令催一千七百九十四疋七尺五寸五分五
釐
剡縣九百二十疋二丈六尺三寸
令嵊縣催九百二十九疋一丈四尺四寸一
分
諸暨一千四百五疋三丈八尺二寸
令催一千二百六十六疋一丈四尺四寸一
分一釐
蕭山九百八十七疋一丈八尺八寸
令催一千四疋二丈六尺二寸三分

餘姚九百二十九疋一丈二尺五寸八分
令催九百七十疋三丈五尺三寸八分
上虞一千三百三十五疋三丈七尺
令催一千八十六疋一丈一尺四寸三分
新昌二百八十七疋二丈九尺六寸
令催二百六十一疋三丈二尺九寸
綃舊管九萬八千二百四十六疋四尺五寸
令催九萬九千八百九疋二尺一寸九分四
厘六毫
會稽一萬一千一百六十六疋二尺七分

令催一萬三千七百一十八疋二尺一寸五
分五厘
山陰一萬七千六百九十四疋三丈八尺九寸
令催一萬七千二百四十七疋一丈九尺四
寸
剡縣一萬一千三百六十七疋三丈二尺六寸
令嵊縣催一萬三千二百二十四疋八尺四
寸四分三厘
諸暨二萬八百二十疋二丈二尺
令催一萬八千六疋二丈八尺六寸三分六

毫

蕭山一萬三十八疋四尺一寸七分

今催一萬四百八十八疋三尺九寸一分三厘

餘姚一萬一千八百一十疋三丈七尺

今催一萬二千四百二十二疋一丈七尺五寸五分

上虞一萬三千九十九疋二丈一尺

今催一萬二千四百四十九疋一丈八尺一寸三分三厘

新昌二千二百四十八疋一丈六尺七寸六分

令催二千二百五十二疋三丈三尺八寸七
分
綿舊管五萬八千九百八十一屯四兩四錢八分
九厘七毫五絲
令催四十一萬二千二百五十二兩七錢一
分七厘九毫五絲
會稽七千七百四十二屯二兩五錢九厘七毫
五絲
令催五萬三千四百一十兩九錢二分九厘
七毫五絲

山陰九千一百二十二屯四兩三錢八分五釐
令催六萬七千五百三十六兩一錢三分四
釐七毫五絲
剡縣五千九百七十七屯一兩六錢五分
令嵊縣催四萬八千五百七十四兩五錢六
分六釐二毫五絲
諸暨一萬一千五百二十九屯三兩四錢八分
令催八萬四千四百四十三兩一錢六分八
釐七毫五絲
蕭山五千九百二十九屯四兩二分

令催四萬一千八百八十四兩四錢五分七
釐八毫五絲
餘姚六千六十八屯四兩
令催五萬六千二百四十三兩七錢八分一
釐二毫五絲
上虞六千九百七十二屯二兩二錢五分五釐
令催四萬六千一百九十二兩二錢五分五
釐三毫五絲
新昌五千六百三十九屯一錢九分
令催一萬三千九百六十二兩四錢二分三

釐

秋

苗米舊管二十四萬九千一百二十石五斗六升

七合九勺

今催二十五萬二百六十五石二升七合七

勺

會稽額管三萬七千九百五十石七斗八升七合四

勺

撥充職田學糧

撥宫買過田免納

石五斗九升一合三勺坍江逃絶等九
百一十石三斗三升
合催三萬五千六百四十二石八斗六升六
合一勺
山陰額管四萬六千五百三十三石六斗六升
五合二勺
撥充職田等二百五十六石一斗六升五合
九勺坍江逃絶七百四十五石八斗
合催四萬五千五百三十一石六斗九升九
合三勺

嵊縣額管二萬四百三十五石一斗五升一合九勺

坍溪五百七石七斗三升

合催一萬九千九百二十七石四斗一合九勺

諸暨額管三萬六千一百七十八石一斗九升三合一勺

坍江逃絶等一千七百八十一石一斗三升

合催三萬四千三百九十七石六升三合一勺

蕭山額管三萬一千六百三十石五斗四升一合七勺

撥充職田學糧九百一十五石一斗一合坍江逃絶等四百七石六斗一升

餘姚額管三萬二千五百七十五石五斗一升七勺

合催三萬三百七石八斗三升一合七勺

坍江海移埰海塘等九百三石五斗一升

合催三萬一千六百七十二石七勺

上虞額管三萬七千八百九十七石六斗六升

一合五勺
合零就整三百三十四石二斗十三升坍涇等
三千四十六石二斗四升
合催三萬四千五百一十七石一斗九升一
合五勺
新昌縣額管七千六十三石五斗三升五合二
勺
合零就整等一百一十五石一斗七合七勺
坍溪二百八十八石九斗一升
合催六千六百五十九石五斗一升七合五

匀

舊額之外創增

和買一十萬疋係經建炎三年十一月紹興二年九月八年十二月淳熙八年閏三月紹熙元年二月五次蠲減之數

會稽一萬三千二百四十三疋九尺二寸

山陰一萬四千七百四十三疋二丈七尺九寸

嵊縣一萬七千九十八疋二丈二尺五寸

諸暨一萬八千八百五十五疋二丈二尺四寸

蕭山一萬四千二百六十一疋八寸

餘姚七千七百疋七尺

上虞七千二百九十七疋三丈五尺八寸

新昌六千七百九十九疋三丈四尺四寸

役錢一十六萬七千九百二十八貫九百五十文

會稽一萬八千七百四十三貫八十八文

山陰二萬二千一十三貫九十八文

嵊縣二萬一千九百七貫七百三十文

諸暨二萬六千三百七十八貫八十一文

蕭山一萬三千九百一貫四百一十文

餘姚三萬九千四十四貫五百七十七文

上虞一萬三千九百五十一貫九百八十六文
新昌一萬一千九百八十八貫九百八十文
水陸茶錢八千八貫二百三文
會稽二千八百八十八貫六百五十八文
山陰一千八百五十一貫三百一十六文
嵊縣七百四十貫一百一十七文
諸暨八百三十貫文
蕭山三百二十一貫三百三十三文
餘姚二百九十二貫九百一十三文
上虞八百五十二貫八百六十六文

新昌二百三十一貫文
小綾二千五百疋折錢一萬五千四百二十二貫五
百文
會稽二百五十疋折一千五百四十二貫二百
五十文
山陰二百五十疋折一千五百四十二貫二百
五十文
嵊縣二百五十疋折一千五百四十二貫二百
五十文
諸暨六百疋折三千七百一貫四百文

蕭山六百疋折三千七百一貫四百文
餘姚二百疋折一千二百三十三貫八百文
上虞二百疋折一千二百三十三貫八百文
新昌一百五十疋折九百二十五貫三百五十文
湖田米六萬六千三石七斗四升三合一勺
會稽二萬六千二百六十四石五升
山陰三萬二千六百八十九石五升三合一勺
諸暨四千二百一十石三斗二升
蕭山二千八百四十石三斗二升
職田米二萬五千九百九十九石五斗

會稽四千六百二十一石九斗四升
山陰四千二百八十四石九斗
嵊縣三百三十三石七斗
諸暨一千四百一十一石五斗八升
蕭山二千八百八十六石九斗七升
餘姚一千八十五石四斗七升
上虞一千三百七十四石九斗四升
折變
會稽免先是紹興二十二年本府奏會稽縣十七十
八十九都皆

攢宫所在請有以寬䘏之十月三日
詔會稽三都人戶二稅不得支移折變常賦外免其
他差使至隆興二年本府又申浙東和買本府旣重
而會稽視諸縣爲尤重欲乞用永安縣優䘏舊例盡
蠲一縣支移折變五月六日
詔從之
折帛錢三十三萬四百三十二貫六百二十八文
係將人户鹽稅紬綿絹丁鹽和買絹數
内科折每紬一疋折納一丈三尺三寸
綿一兩折納五錢丁鹽稅絹一疋折納

八尺和買一疋折納一丈和買每疋折
錢六貫五百文乇絹若紬每疋並折七
貫文綿每兩并耗折四百六十文
山陰六萬四千一十五貫一百八十文
嵊縣五萬三千五百三十四貫五百三十五文
諸暨七萬五千五百三十七貫一百二十六文
蕭山四萬三千六百六十八貫四百八十四文
餘姚三萬五千五百七十六貫六百五文
上虞三萬九千三百一十三貫八百文
新昌一萬八千七百八十六貫八百九十八文

折紬綿四萬一千五百三十一兩每紬一疋數目

折納一丈三尺三寸以綿一十七兩折

紬一疋惟山陰以折帛之餘盡折爲綿

不輸本色蓋會稽既免折變當時折紬

之綿無自出又不欲偏科它邑故盡以

歸山陰麥及糯米亦然故山陰折變視

它邑爲重

山陰一萬二百兩

嵊縣五千二百一十九兩

諸暨七千七百八十六兩

蕭山五千七百四十六兩
餘姚五千七百九十七兩
上虞五千六百二十七兩
新昌一千一百五十六兩
折税紬麥六千六百九十九石三斗六升一合諸
縣科數等第不同然皆以二石四斗一
升折紬一疋
山陰一千六百三十三石三斗四升
嵊縣二百九石五斗
諸暨七百二十石

蕭山一千一百四石九斗九升
餘姚一千六百四十二石七斗九升六合
上虞一千二百八十九石九斗五升
新昌九十七石七斗八升五合
折苗糯米一萬九千六百六十二石八斗三升八
合諸縣科敷等第不同然皆以一石折
苗一石一斗一升
山陰五千一百石一斗八升
嵊縣四百八十三石四斗
諸暨三千九百一十石六斗一升

蕭山二千九百四十八石二斗十八升九合
餘姚三千三百三十石八斗八升六合
上虞三千六百三十五石四斗七升三合
新昌二百五十四石
課利
稅
都稅務祖額五萬四千八百三貫二百一十四文
遞年六萬二千二百五十六貫九百五十九
文
六縣七場一務

嵊縣祖額二千五百九十三貫七百二十一文

遞年趂到三千五百五十一貫六百七十七文

諸暨祖額八千六百八十一貫二百一十五文

遞年趂到四千八百一十八貫三百七十八文

蕭山祖額三千五百七十一貫三百一十文

遞年趂到五千七百九十五貫七百一十八文

餘姚祖額四千九百七十三貫四百九十九文

遞年趂到三千四百七十六貫九十五文

上虞祖額四千六十一貫四百九十一文

遞年趂到二千八百八貫二十六文

新昌祖額二千五十一貫二百八十四文

遞年趂到九百五十八貫四十四文

錢清場祖額七千六百六十九貫七百五十七文

遞年趂到一千九百四十五貫五百三十八文

曹娥場祖額五千六百七十三貫一百五十二文

遞年趂到六千二百八十五貫五百一十六

文

三界場祖額三千四百八十六貫七百四十二文

遞年趂到一千五百四十四貫二百八十四

文

蛟井場祖額一千七百八十三貫一百二十六文

遞年趂到一千七百四十三貫四百三十九

文

楓橋場祖額一千九百五十五貫六十七文

遞年趂到三千九十貫五百六十九文

新林場祖額一千三百一十貫七十六文

遞年趂到一千一百三十九貫一百二十六

文

溪口場祖額四百八十三貫六百三十八文

遞年趂到九百八十一貫二百一十七文

漁浦務祖額二千六百七十三貫五百八文

遞年趂到四千九百一十九貫四百二十八

文

鹽

四場每歲買納

錢清五千一百一十九石九斗八升

曹娥一萬七千八十三石四斗一升
三江二萬二千五百五十五石八斗十二升
石堰六萬三千四百二十三石六斗
八縣每歲住賣
會稽二千二百五十斤
山陰二千二百五十斤
嵊縣二萬四百斤
諸暨八萬二千五百斤
蕭山二千七百斤
餘姚二千七百斤

上虞八千七百斤

新昌四千八百斤

茶

八縣每歲批發住賣

會稽批發二萬三千三百二十斤

住賣九百二十斤

山陰批發七千七百斤

住賣六千四百一十斤

嵊縣批發二百斤

住賣五千四十斤

諸曁批發無
佳賣六千一百三十斤
蕭山批發一百斤
佳賣六千八百五十斤
餘姚批發一萬四千六百斤
佳賣三百斤
上虞批發六百斤
佳賣六百斤
新昌批發無
佳賣四百五十斤

酒
都務祖額二萬五千三百三十四貫七百八十七
文
比較務祖額一萬五百五十六貫一百六十一文
贍軍務祖額二萬五百二十七貫八十文
和旨樓祖額六千三百三十三貫六百九十八文
嵊縣祖額一萬二千七百七十四貫九百二文
遞年趂到四千五百八十六貫六百六十六
文
諸暨今屬戶部

蕭山祖額一萬七千二百九十六貫五百十九文
遞年趂到九千五百四十一貫二百四十文
餘姚祖額一萬九千七百二十四貫七百二十文
遞年趂到四千五百三十四貫七百五十文
上虞祖額九千六十六貫三百七十文
遞年趂到五千五貫五十三文
新昌祖額六千五百二十一貫二百二十一文
遞年趂到二千七十三貫八百三十九文
漁浦祖額一萬五千二百九十五貫六百一十九文

遞年趂到五千四百九十四貫四十九文

經緫制錢

經緫制錢之名始於

徽宗時大漕陳遘所建至建炎初吕忠穆公又增廣

潤色之

經制錢一十九萬七千八百一十九貫一百文

緫制錢二十一萬一千四百一十貫一十四文

添收頭子錢二萬七千二百六十四貫六百二

十三文

增收朱墨勘合錢四千九百二十七貫八百三

十二文

二項係乾道元年十月二年九月增添每年

附總制帳起發

經總制立額之初一切趣辦所至困於太重淳熙十六年因言者有請

上命臺諫及戶部長貳參詳減額且命諸路監司取十年增虧數開申是年八月有

旨紹興府經總制錢各減三萬貫令額即其已減者若總制則得十之四猶有可取名數經制雖多方科取僅得十之六歉歲又不能及此

宫陵園廟營繕等費及南班宗室忠順官等俸
皆仰以給當以時辦至於起發降本七萬貫當
不能足甚高額實無所收而七萬餘貫蠲減不
盡雖歲以聞於
朝未報也
按宣和三年發運使經制兩浙東東財賦
陳遘乞於東南諸州權添賣酒賣糟并典
賣田宅稅契錢并添收樓店務白地三分
錢官員添給頭子錢並充經制及建炎初
總制使翁彦國乞將諸州酒稅牙契官錢

分隸入總制司而發運判官霍蠡請置一云户部郎官黃敦書請置恭詳紹興十年詔委逐州通判專一主管經總制錢如監司州縣擅行兊借拘截取撥侵移互用不以赦降原減先是正錢一貫收頭子錢一十五文并直達綱頭子錢一十五文既而增收頭子錢一十二文凡四十三文以二十八文五釐為經制錢七文為總制錢五文五分為移用錢一文九分五釐為州公使錢五分為提刑司公使錢乾道中又增頭子錢一十三文皆入總制此其所謂分隸之數也

雜貢

會稽於禹貢屬揚州貢金三品瑤琨篠簜齒革羽毛

惟木厥篚織貝厥包橘柚周官職方氏實爲東南巨鎮其利金錫竹箭班固志地理考迹詩書推表山川以綴禹貢周官春秋下及戰國秦漢而土貢雜物無所登載至唐頗多若編文紗寶花紋等羅白編交梭十樣花紋等綾輕容生縠花紗吳絹丹砂石蜜橘葛粉瓷器紙筆

皇朝務從蠲省以祥符圖經元豐九域志參考之承平之久雖微有增益然以匹貢者爲綾二十排花紗十輕容紗五表紙千張瓷器五十事今貢輕容紗五疋越綾十疋而已當漢建武時光武因陸閎所着越

布單衣勑會稽郡嘗獻此殆所謂錫貢非故常也

會稽志卷第五

會稽志卷五　二四

會稽志卷第六

陵寢

紹興元年四月十四日奉
隆祐皇太后遺誥斂以常服不得用金玉寶貝權宜就近擇地攢殯候軍事寧息歸葬園陵所製梓宫取周吾身勿拘舊制以爲它日遷奉之便此　欑宫之始也以是月十七日大殮遂治　欑宫李回爲總護使胡直孺爲橋道頓遞使故事
皇太后又嘗垂簾當以相臣爲山陵使是時范宗尹當軸而止用執政爲總護使它官亦不備置者以

欑宫故比　陵寢少異也自是用此爲故事故不詳録自四月至
六月甫三十五日而　欑宫告成蓋議者謂它日歸
祔
泰陵則山陵之制始當畢講今皆當略於是總護使
首辭所賜銀絹橋道頓遞使亦辭而乞受其半章誼
在臺中劾之橋道頓遞使遂亦盡辭而公使錢每料
纔支三百貫不得過三料蓋不及千緡比故例省費
幾四十萬貫方是時上距
欽聖憲肅皇后山陵已三十餘年中更變故圖籍無
在者而朝士多新進亦鮮能知於是以新江東轉運

副使曾紆嘗爲
欽聖山陵使司官屬命爲兩浙轉運副使專修奉
攢宫使臣張宗吏人朱宬皆自言嘗經
欽聖山陵差使省記當時施行次第亦命服役　攢
宫卜地在越州會稽縣然道路橋梁之類皆命越州
所管八縣分地修營至紹興十三年六月
徽宗皇帝
顯肅皇后
憲節皇后靈駕自
行在發引初

隆祐攢宮稱
昭慈聖獻皇后攢宮至是以不可備稱
帝后尊號
詔以
永祐陵攢宮爲稱其後永思陵永阜陵而永崇陵並用此爲故事
攢宮自
祖宗時有殿攢殯攢之名皆用殯字至
顯仁皇太后祔
永祐陵攢宮始並以攢字易之起居郎熊克著中興
小曆云先是有持陰陽家説欲廣殯宮禁域爲二

十里有墓在其間者皆當徙去浙東帥臣王師心力言其不可時監察御史任文薦奉詔監權殯宫就令按視於是獲免者七百六十有奇文薦獻之物舊取於民師心請以上供錢給其直從之

濮王園廟

濮安懿王在英宗皇帝時以塋爲園即園立廟俾王子孫世襲濮國自主祭祀行之累朝紹興中以濮邸宗室有在遠未集行在者故久闕嗣王止以見在行高者爲主奉濮安懿王祠事久之乃復除嗣王濮園

既阻絶廟祏寓會稽之天寧寺今爲報恩光孝寺益以
英祖初詔有立廟京師之戒故止寓會稽當時講求
亦詳矣十三年主奉祠事賀王士衮請即光孝之法
堂爲廟而闢寺西隅南嚮爲廟門如舊制置衛甚謹
其香火官吏出入繇别門闔令一人以濮邸諸王孫
充嗣　濮王奉朝請歲以春秋來薦獻亦循舊制也

大禹陵

禹巡守江南上苗山會計諸侯死而葬焉猶舜陟方
而死遂葬蒼梧聖人所以送終事最簡易非若漢世
人主豫自起陵也劉向書云禹葬會稽不改其列謂

不攺林木百物之列也苗山自禹葬後更名會稽是山之東有隴隱若劍脊西嚮而下下有窆石或云此正葬處疑未敢信然檀弓註天子六綍四碑所以下棺則窆石者固碑之制度至其數不同或繇繁簡異宜或世代悠遠所存止此皆不可知也窆石之左是爲禹廟背湖而南嚮然則古之宫廟固有依丘隴而立者按皇覽禹冢在會稽山自先秦古書帝王墓皆不稱陵而陵之名實自漢始舊經云禹陵在會稽縣南一十三里

祠廟

府城

城隍顯寧廟在子城内臥龍山之西南自昔紀載皆云神姓龐諱玉按唐書忠義傳實龐堅四世祖也京兆涇陽人魁梧有力明兵法仕隋爲監門直閤李密據洛口寖逼東都王以關中鋭兵屬王世充擊之百戰不衄煬帝崩乃率萬騎歸唐時唐室新造諸將起於行伍高祖以王隋之舊臣久宿衛習朝廷制度拜領軍武衛二大將軍俾爲諸將模矱秦王尤所親倚常從征伐薛舉寇涇州拔高墌舉死子仁

杲勢益張秦王命梁實營淺水原賊將宗羅睺攻之甚力王於是奮擊士卒殊死戰秦王以勁兵擣其背羅睺大敗遂擒仁杲平隴西尋爲越州總管　望甚著盜不敢犯其境武德二年召還巴山獠叛除梁州都督悉討平之（越州題名記與新唐書所載先後不同詳見馬萬頃所述王傳）召爲監門大將軍卒太宗爲輟朝贈工部尚書幽州都督初王鎮越惠澤在民既卒邦人追懷之祠以爲城隍神梁開平二年吴越武肅王上其事封崇福侯（五代會要作開平元年）紹興元年　詔以

駐蹕會稽踰年妖祲不作 行殿載寧城隍
崇福侯廟賜額顯寧封昭祐公三十年
顯仁皇后靈駕渡江無虞加號忠順乾道五
年加號孚應八年加號顯惠淳熙三年封忠
應王後又加號昭順靈濟孚祐郡人奉祀甚
謹以九月十二日爲神生日享薦尤盛
護國旌忠廟在子城内自昔陝西出兵祈禱三聖必
獲顯應當睦寇作是邦得三聖陰祐遂建廟
紹興元年宣撫處置使張■奏據吴玠陳請
乞於鳳翔府和尚原立三聖廟賜額旌忠封

忠烈靈應王忠顯昭應王忠惠順應王所至
廟祀一用是額

崇善王廟在府衙蓬萊閣西

五通廟在子城内

吳越武肅王廟在府南四里三百二十六步本甚閎
壯歲久墮圮今僅餘四楹有巨碑舊在廡下
今乃立荒園中皮光業之詞也具載唐長興
七年吳越王棄宮館後二年嗣王建廟於越
按長興後唐明宗年號止於四年而崩歷閔
帝清泰帝凡三年而晉高祖即位改元天福

若不數閔帝清泰則七年乃天福元年劉恕吳越紀年稱天福元年七月乙卯立武肅王廟于東府今攷之碑與紀年雖不同其實皆歲丁酉清泰廢閔帝爲鄂王晉祖追貶清泰爲庶人皆削其年號而天福改元以其年十一月則十一月以前皆長興七年矣漢高祖削晉出帝開運之號稱天福十二年亦用此比也然武肅王實以壬辰歲薨文穆王襲位壬辰蓋長興三年不得云長興七年吳越王棄宮館後二年嗣王建廟於越也按五代史

及劉恕紀年開皇紀呉越備史皆言武肅王
以三年薨則碑爲誤然碑當時立光業爲其
國丞相亦不應誤繆至此葢皆不可知光業
日休子紹興中王裔孫登叔廣言廟中神像
雖從者及伶人皆坐示不可遷也

旌忠廟在府南三里二百六十六步建炎四年十一月
高宗皇帝自建康　東巡會稽大臣呂頤浩
等建議請　移蹕四明會虜報踵至遂行命
李鄴守會稽鄴嘗使虜至是畏死不能守遂
降虜大酋兀朮在錢塘遣其下號琶八太師

者爲僞知□一檄鄰爲僞同知日同視事於
膂出則並馬二行郡士民多懷忠憤然莫敢
先發初
大駕之□□□□分半扈從而親兵輦官長
入衹從亦止□三千人從行有衛士唐琦者
不得在行中□□□對人資忠勇自誓與虜偕
死以報 國會琶入□□□懷巨塼欲邀
擊殺之復疑□□衆恐不克成功顧視道傍
有小閤乃□上□□□□□□□塼擊之
不中□其□□□□□□□□□□□

乎問故事大罵不絶曰吾[illegible]作
趙官家罷兵氣折曰今[illegible]數百萬汝殺
我一人何益淵曰汝敢來爲此州主故欲殺
汝又饑[illegible]請官一石五斗米尚不肯負
國汝受[illegible]國恩何[illegible]徒乃爾豈人類耶虜
丞命[illegible]之罵循[illegible]
大駕[illegible]且以其事
聞詔[illegible]文郡
詔移發[illegible]聞者凜然
增忠義之[illegible]之[illegible]虜大入塞

太上皇帝[illegible][illegible]淵明年正月虜兵徑犯京師
議和於城下而還是[illegible]和犯京師明年春
二聖出狩朔漠[illegible]月
今天子即位于宋又明年冬虜深入渡淮已
酉二月遂犯揚州
天子幸杭其冬虜分兩道寇江浙其一由武
昌渡江犯洪州
隆祐若衛宮從六百司遷于虔以避之虜自
洪進兵西南至瀏陽西北至建昌撫其一由
歷陽渡破建康陷太平廣德進破杭[illegible]

江入越陷明

天子前自越幸明自明航海幸温今年二月
虜始捨明越而西復陷秀陷平江達于鎮江
並山鑿河通道建康卒以其衆若所掠吳越
之人濟江而北裴回於淮南至于今去否所
不得知也嗚呼虜內侵六年　國家之難生
民之禍至此極矣前世未有也士大夫畏避
至不敢誦言虜爲賊其能爲吾
宋伏節死難者與有幾矣以衛士武人生不
知書遇亂憤發顧不能愛其死狙擊虜爲慢

罵降帥至死猶不絶口其義豈惟今之人所
希見古書傳所載何以尚兹嗚呼偉哉崧卿
時治兵在衢方道路梗絶旁郡縣行事往往
不相聞知惟侯之事諜者爭相傳以爲美談
至一日十許告聞者相與嘆惜有爲流涕者
或恨不與之偕死已而崧卿守越凡在越之
人類能言之參攷既審亟以其事聞
天子愍嘉之　詔議追褒而邦之人復相與請
建祠宇以旌侯之忠以勸來者乃作令廟方
須其成請額於　朝且記其事於石未及而

嵩卿既以病免矣於其行日姑以不腆之酒禮于像貌之前而致告焉後帥陳汝錫復以爲言　詔賜額曰旌忠隆興中帥吴芾增葺屬其客陳澤作修廟記今在廟中

東嶽行宫在府東南四里一百六十二步

保寧王廟在府東南四里二百八十六步

助海侯廟在府西北三里三百一十六步

越王廟在府西北二里

興武侯廟在府西北四里一百三十七步

鮑郎廟在府南二里二百四步

愍孝廟在府東北二百七十九步孝子蔡定父革以傭書自給惟定一子命爲進士建炎元年革以事逮捕繫獄年七十當贖吏持不可定祈哀太守願以身代不報會大雨雪定嘆曰生無益於親當以死繼萬一有司憐而釋之因自撰墓銘并訴牒一道寘諸懷服巾紵趨府橋下自湛而死太守翟公汝文聞之亟命出其父且給轊以葬定死後七年太守王公綯始克請于　朝賜廟額曰愍孝

會稽縣

城隍廟在縣東五步
舜廟在縣東南一百里述異記云會稽山有虞舜廵守臺下有望陵祠
禹廟在縣東南一十二里越絶書云少康立祠於禹陵所梁時修廟唯欠一梁俄風雨大至湖中得一木取以爲梁即梅梁也夜或大雷雨梁輙失去比復歸水草被其上人以爲神縻以大鐵繩然猶時一失之政和四年勑即廟爲道士觀　賜額曰告成禹陵舊在廟旁今不知所在獨有當時窆石尚存高丈

許狀如秤權廟東廡祭嗣王啓而越王句踐
亦祭別室鏡湖在廟之下爲放生池臨池有
咸若亭又有明遠閣懷勤亭懷勤取
建炎御製詩登堂望稽嶺懷哉夏禹勤之句
南鎮廟在縣南一十三里周禮職方揚州之鎮山曰
會稽隋開皇十四年詔南鎮會稽山就山立
祠取其旁巫一人主灑掃且命多蒔松栢天
寶十載封會稽山爲永興公歲一祭以南郊
迎氣日
國朝乾德六年詔問禮官五鎮見祭罷祭之

由時以會稽山在吳越國乃下其國行祭事淳化二年祕書監李至言五郊迎氣之日皆祭逐方嶽鎮海瀆自唐亂離之後有不在封域者遂闕其祭　國家克復四方間雖奉詔特祭未著常祀望遵舊禮就迎氣日各祭於所隸之州長吏以次爲獻官從之其後立夏日祀南鎮會稽山永興公於越州

越王廟在縣東南一十二里

曹娥廟在縣東七十二里娥上虞人父盱能弦歌爲巫祝漢安二年五月五日於縣江泝濤迎波

神溺死屍不得娥年十四緣江號泣晝夜不絶旬有七日遂投江而死元嘉元年縣長度尚改葬於江南道傍爲立碑焉墓今在廟之左碑有晉右將軍王逸少所書小字新定吴茂先師中嘗刻於廟中今爲好事者持去

國朝熙寧十年十月詔曹娥孝女墳廟載祀典又有朱娥者上虞民朱回女母亡養于祖母娥十歲祖母與里中朱顔鬬被刃娥趍救之得免而娥連被數十刃絶吭而死治平二年太守章公岷以其事聞賜其家粟帛官[illegible]

縣令董偕以娥配食曹娥至今存焉

馬太守廟在縣東南三里八十步太守名臻字叔荐永和五年創立鏡湖在會稽山陰二縣界築塘蓄水水高於田田高於海各丈餘水少則泄湖溉田水多則泄田水入海塘周回三百一十里溉田九千餘頃會稽記云創湖之始多毀冢宅有千餘人怨訴臻被刑於市及遣使按覆絶不見人閲籍皆先死二云籍唐韋瓘脩廟記云開元中刺史張楚深念功奉褒立祠宇久而隳敗今皇帝後元九年觀察使孟

公崇大棟梁孟公簡也其在越乃元和中記
云後元蓋省文爾

孔府君廟在縣南二十五里又謂之孔官廟按世說孔車騎少有嘉遁意年四十餘始應安東命未仕宦時常獨寢歌吹自箴誨自稱孔郎遊散名山百姓謂有道術爲生立廟今猶有孔郎廟

陳朝公主廟在縣東八十五里

嚴司徒廟在縣東三十五里相傳云司徒勛也

興善將軍廟在縣東四十里白塔吳越忠懿王建

奠太尉廟在縣東南一十五里廟之下即樵風涇也

舊在山麓今遷山上

的耳潭龍王廟在縣東北一十里

防風廟在縣東北二十五里禹誅防風氏此其遺迹

樊將軍廟在縣東四十里

青山廟在

欑宫神路側舊名伏虎大王廟在青山下後
遷
靈應廟在
昭慈聖獻皇后欑宫復土後立在禁地内
山陰縣
城隍廟在縣東五步
塗山禹廟在縣西北四十五里事具塗山
馬太守廟在縣西六十四里事具會稽
項羽廟在縣南十五里項里溪上以亞父范增配食
不知其始歲月傍有聚落數十户歲時奉祀

福順王廟在縣西北七里
感聖侯廟在縣西北二十里
聖姥廟在縣西南三十里
贊禹龍王廟在縣南二里
銅井瑞澤龍王廟在縣西七十里
秦望山靈惠侯廟在縣南三十里
漢太守朱公廟在縣東北三江門外四里
柳姑廟在縣西一十里湖桑埭之東前臨鏡湖蓋湖山勝絶處也鄉人舊傳以爲羅江東隱嘗題詩今不傳

靈助侯廟在縣西四十五里錢清鎮

景氏廟在縣西九里三山之東山石堰上〻入有一景氏廟在縣西七里吉宅村俚俗傳以爲二景李伯仲死而爲神能福其民故至今四時祀之吉宅之景氏廟叢木陰翳居大澤中四絕不通或云舊每爲立廟輒爲菑故至今但露祭而已按景氏與昭屈同爲楚之望姓疑二景非近世人云

嵊縣

城隍廟在縣西五十步

東嶽廟在縣北一里

上善濟物侯廟在縣北四十五里五十步嵊浦按酈
道元水經注云廟甚靈驗行人及樵伐者皆
致敬焉若有侵竊必爲虵虎所傷今雖不聞
有虵虎之異而邑有水旱必先致禱又嘉祐
進士何淹記云侯姓陳氏爲台州之仙居令
晉天福中有封誥

南天嶽廟在縣南一十里

簟山廟在縣南四十五里

靈輝廟在縣西北三十里水旱疫癘祈禱輒應鄉民

謂之靈威王不知得封在何代乾道八年賜
今額
東石皷廟在縣東七十里西石鼓廟在縣西二十里
大抵剡多石皷廟村聚往往有之歲常以春
秋祭皆能福其民葢一方所奉神也
黄姥岑廟在縣東二里輿地志云縣東門外有黄姥
神祠民多奉事之
石姥廟在縣西六十里
保邦興福廟在縣西六十五里
仙姑廟在縣西六十里

三女廟在縣西二十五里有墓

猪烏五龍堂在縣西四十里

正順忠祐靈濟昭烈王廟在縣北一百八十步

東白巖廟在縣東二十五里

威勇王廟在縣西三十里

佑順侯胡侍郎祠在縣西五十里兵部侍郎胡則婺之永康人嘗　奏免衢婺身丁錢民被其賜廟祀於衢婺之間無慮數十胡殁于慶曆中廟初未有封爵永康之民因宣和中封方巖神爲祐順侯羣合以爲胡侍郎九婺州境内

皆以祐順爲名故嵊亦承誤焉

阮仙翁廟在縣南一十里

惠應廟在縣西六十里舊號蘇明王廟宣和四年賜
今額

西嚮王廟在縣西三十五里

顯應廟在縣西四十里祠初建於赤烏二年 神嘗
爲令此邑有惠政廟食于此歲久失其姓宣
和辛丑睦寇起蔓延旁境魔黨嚮應剡縣屠
戮焚蕩尤酷一夕四山旗幟車蓋隱隱出入
雲間見者咸疑神游而廟不存矣視之果煨

燼未幾又有復見如前日之異若反旆而來賊徒忽驚呼曰天兵至矣遂自相攻殺官軍未至賊已殲盡鄉人相與復築廟宇甚盛旱潦疾疫有禱必驗紹興十一年　詔賜額顯應鄉人姚公憲為諫議大夫率鄉人陳于府縣　詔封靈祐侯

諸暨縣

城隍廟在縣西北三十步

秦始皇廟在縣西一里會稽記云始皇崩邑人刻木為像祀之配食夏禹後漢太守王朗棄其像

江中像乃泝流而上人以爲異復立廟唐葉天師焚之開元十九年縣尉吳勵之再建慶曆五年知縣寇中舍毀之改作迴車院今院側仍有小廟存

烏帶廟在縣東北四十五里烏帶山夏侯曾先地志云梁武帝遣烏笪採石英於此山而卒後人立廟帶笪聲之誤也

范相廟在縣東南五里蓋祀越相范蠡

福順王廟在縣西南二里

松山朱太尉廟在縣西五十里

五通廟在縣西北四十里

靈女臺廟在縣東北二十五里

白龍堂在縣東北四十里

五泄夾巖廟在縣西四十里

柵潭明王廟在縣東七里

亭閣廟在縣西南二十里

五泄龍堂在三學院側境接富陽浦江東西兩源會爲飛瀑五折而下雪濺雷吼聲聞數百步有湫幽邃神龍所宅過者雖伏暑亦慘凜歲旱禱雨輒應嘉祐中縣主簿吳伯固處厚禱焉

刻石記之說者謂瀑水奇不減廬山天台鴈
蕩石門然名不甚著爲可恨
東嶽廟在縣東南五里金鷄山下大觀四年置洪氏
夷堅志頗記其異
俞柳仙判官廟在縣東南孝義鄉父老傳有姓俞者
以寓村媪家病革語媪曰死以兩大甕合以
葬我扛折則窆鄉人如其說復夢俞白令爲
天曹雨雪部判官會野火且至烈日中雨雪
冢上遠近異之即其地立祠紹興初以旱迎
神至大雄寺禱雨立應歲以大稔相傳神喜

柳枝邑人致禱必持柳枝以獻因號柳仙云

柳鮑仙姑廟在縣東南孝義鄉廟負山帶溪景趣勝絶父老以溪聲高下卜雨暘甚驗人皆異之

蕭山縣

城隍崇福侯廟在縣南五十步葢郡城隍初封也

西殿寧邦保慶王廟在縣西三十五里隋大業中有孔大夫者爲陳果仁裨將討東陽賊婁世幹降之立廟黄山唐光化二年吴越武肅王上其事封惠人侯後加封今額

冥護廟在縣東四十里舊號駐師侯廟紹興三十年

以

顯仁皇后靈駕所由

勅賜冥護廟仍封顯佑侯淳熙十五年加號

昭烈慶元五年加號翊順

昭佑廟在縣東四十三里漢乾祐元年封保江寧波

王蓋吳越王有國時也宣和三年賜今額

寧濟廟在縣西南一十三里西興鎮政和三年

賜今額六年高麗入貢使者將至而潮不應

有司請禱潮即大至詔封順應侯宣和三

年進封武濟公紹興四年

徽宗皇帝靈駕渡江加武濟忠應公三十年
顯仁皇太后合祔加武濟忠應翊順公淳熙
十五年
高宗靈駕之行顯應尤異先數日太守侍郎
張公杓躬眎漲沙訟
御舟入浦去處盡護以紅竹詰朝方集萬夫
迨潮落沙已蕩盡水去所立之竹纔尺許及
虞祭畢沙復漲塞莫不驚異於是　詔加武
濟忠應翊順靈佑公慶元四年
憲聖慈烈太皇太后歸附

永思將渡江會大雨震電隨濤而止遂
賜王爵是爲孚祐王慶元六年十二月
永崇歲事畢進封孚惠善佑王

武佑廟在縣北二里舊號北嶺將軍廟方獵陷錢塘
欲東犯會稽其衆見將軍擐金甲陳兵於西
興江岸張大旗有北嶺字賊不敢渡郡守劉
忠顯公韐上其事賜今額紹興十二年以
徽宗皇帝靈駕所由封顯應侯三十年加號
以靈助

南殿保國資化威勝王廟在縣南五十里漢乾祐元

年吳越王建

崇安保善王廟在縣西四十五里

初平侯廟在縣東五十里

助勝侯廟在縣西七里

破虜侯廟在縣西北八里

蒙山東嶽廟在縣西五里

龍王廟在縣東四十里有龍井在山之巔

餘姚縣

城隍廟舊在縣西二百步今移在縣東北一十步

東嶽廟在縣東三里政和四年知縣事廖天覺建通

直郎顧復幾等捨廟基
緒山廟在縣西二百五十步祀典始於東晉咸康中
有江都李泳者作記謂
徽宗皇帝嘗夢禁中火有神人撲滅已雨奏
曰臣越之餘姚緒山神黎明内庭果火會雨
而止
上異之有旨下本道訪求遂賜應夢之號泳
字子永御史中丞定之曾孫諸父仕多通顯
其説宜不敢妄云
石頭廟在縣西二里其初山闕大江有石入江流多

爲舟楫之害故邑人立廟於其所邑士莫君思去其石凡不之入水者鑿之殆盡今不復爲害矣

保慶寧邦王廟舊在縣江南之東紹興五年知縣事朝奉郎陳時舉因江南數有火災徙在縣南門之側去縣八十步自此火不復作乾道九年知縣事宣義郎留觀頤重修

助海侯廟在縣江之北二百三十步地名鄧家嶴以其有功海上故邑人祀之會稽城中彭山亦有助海侯廟當是一神也

正順忠祐靈濟昭烈王廟即廣德軍祠山張王神也

在縣西二百六十步慶元四年建祠山廟甚

盛江浙間多有行廟祭者必誦老子且禁食

彘肉云

南雷應瑞大王廟在縣南雙鴈鄉舊廟在大小雷山

因溪水泛溢流木至此遷于今所傍有古大

木特異木根有穴可容數人穴有小潭或云

神龍居之知縣事林迪因歲旱具酒與神對

酌禱之甘澤隨至自後凡旱潦有禱多應

梁武帝廟在縣東七十里上林湖又有蕭帝廟在縣

江南之東南五里竹山邑民稱爲蕭帝廟

五靈廟在縣東二里

虞公廟在鳳亭鄉之石龜吳國虞翻之墓也

歷山舜帝廟在雲柯鄉事見古迹門

千將軍廟在縣東北冶山鄉

嚴子陵廟在縣之冶山鄉安山橋有墓在廟旁一里

詳具子陵墓

上虞縣

城隍廟在縣東五十步

舜帝廟在縣西三十五里

秦始皇廟在縣東南三里
蕭王廟在縣南五十里
梁王廟在縣東七里
霸王廟在縣西南五十里今廢
利濟侯廟在縣北二十五里今廢
朱侍中廟在縣北四十七里廟南二十步有學堂橋洗硯池邑人謂買臣嘗讀書於此廟西有大冢巋然亦傳以爲買臣冢然按史買臣吴人方是時吴屬會稽謂之會稽吴人則可謂之會稽山陰人則不可葢朱侍中別自是一人

非買臣也

陶朱公廟在縣西南七里

靈惠廟在縣東南九里本鳳鳴洞主廟乾道間禱雨隨應知縣錢似之以其事上府府以聞于

朝賜今額

夏湖明府廟在縣南三十五里

蔡凰公主廟在縣西北六十里

夏蓋夫人廟在縣北五十里

通澤廣利侯廟在縣南五十里侯即方石聖官吳越封通澤將軍熙寧八年封廣利侯有清獻趙

公所撰記立石於廟廟前石山雙立如筍高
數百尺上有異花鄉人神之

正順忠祐靈濟昭烈王廟在縣西一里

朱娥孝女廟在縣南八里娥縣民朱回女年十歲冒
白刃救祖母事具曹娥廟既配曹娥其後上
虞邑人復為立祠政和三年增修有新定江
公亮記

赤石夫人廟在縣北五里山腰有望夫石夕陽反照
其色正赤鄉人異之為立祠

握登聖母廟在縣西南四十里握登山之巔舊傳舜

母名握登生舜於姚墟因姓姚氏

蕭將軍廟在縣東南十四里將軍秦人諱闔與弟閎領兵東之上虞植金鞭於地而自誓曰化爲黃竹吾當血食於此已而黃竹生焉黃竹嶺由此得名嶺去廟甚近廟有斷碑云吳太元二年縣令濮陽興立

順聖龍王祠在縣東八里

嵩城大王廟在縣西北六十里

崔長官廟在縣西六里

新昌縣

城隍廟在縣西一百五步
公塘廟在縣南四里
天嶽廟在縣西南七里
梅姑廟在縣西南二十里
康侯廟在縣東八里
張王廟在縣西南三里

勾踐伐木獻於夫差得名木客山魈別名或
謂上古入山林逢不若之類

勾踐庶子冢在夫山越絶記地距山陰縣三十里按越世家勾踐
之後爲王子鼫與而庶子不得其名

大夫文種墓在種山越既霸范蠡去之種未能去或
讒於王乃賜種劔以死葬於是山故名

陳音冢在山陰縣西南五里是爲陳音山音善射者
孔曄記曰其冢壁猶畫作騎射之象也

灼龜公冢越絶云勾踐客秦伊善灼龜者疑此是而
其冢曰秦伊山者未詳按十道志當在龜山下

朱買臣墓在嵊縣北六里有石羊存焉今號石羊廟
買臣吳人今墓在此姑以傳疑
嚴光墓在餘姚陳山輿地志云墓衛有石羊乾道中
丞相史文惠公守越於墓側建祠堂自作碑
屬錢塘虞似良書之似良字仲房有分隸名
自言隸法專師逢童子唐僊人二碑
孟嘗墓在上虞縣西七里嘗字伯周別見
曹娥墓在會稽縣東七十二里自漢元嘉初縣長度
尚改葬娥江浦道邊至今存焉墓所有翁仲
對峙亭曰雙檜後人所封殖也

魏朗墓在上虞縣西北四十二里詳見人物門

謝夷吾墓在種山南華鎮覽古云今府宅儀門下夷吾將死敕其家曰漢末當亂必有發掘露骸之既宜縣棺下葬子孫遵之故能獨全以至今云

虞國墓在餘姚縣西五里孔曄記云國爲日南太守有惠政出則雙鴈隨軒及還會稽鴈亦隨焉其卒也猶棲於墓不去

朱雋墓在蕭山縣東洛思山郡國志云雋葬於此洛人送葬登山望洛一歎而絕也孔曄記又稱雋爲光禄大夫時遭母哀將洛下冢師歸登山相望冢師去鄉既遠目極千里北望京洛遂縈咽而死

因葬山頂然則洛思山者又爲冢師墓也今兩存之

劉剛墓在餘姚縣南八十里其妻樊夫人祔剛仕爲上虞令有道術能召役鬼神政尚清靜歲歲大豐民受其惠其妻亦有道者事見葛稚川神仙傳

葛仙翁墓在上虞縣西南四十里葛公山之巔有石室高丈餘狀如冢

虞翻墓亦見舊經夏侯曾先地志在餘姚羅壁山下盖縣南十有八里

丁固冢十道志編在會稽固山陰人少夢松生腹上謂人曰松字十八公後果爲司徒又名司徒冢

孔愉墓在山陰縣南二十九里愉仕至尚書左僕射
世說所謂孔車騎乃其贈官也
阮裕墓在嵊縣東九里裕字思曠以疾築室剡山[illegible]
金紫光禄大夫不就卒
山遐墓在蕭山縣北一十一里遐簡之子濤之孫也
歷餘姚令東陽太守卒于官
許旼墓在蕭山縣東三十二里許詢之父旼晚居蕭
山當是其墓
郗愔墓在山陰縣西南二十五里
謝安墓在上虞縣西北四十里史云安墓在建康梅

崗此云安墓未詳按南史謝靈運父祖並葬
始寧或是謝玄父子墓爾
王羲之墓在諸暨縣学羅山孔曄記云墓碑孫興公
文王子敬之書也而碑亡矣
支道林墓按世説在剡之石城山戴逵過之歎曰德
音未遠而拱木已積石城今屬新昌是爲南
明山
謝輶墓在山陰縣西三十三里晉太元中會稽内史
夏靜墓亦見舊經夏侯曾先地志云在蕭山縣東螺
山螺山者其形似也

戴顒墓在剡縣北一里王僧達吴郡記顒死葬剡山今石表猶存故王龜齡詩云千年戴顒墓三字道傍碑也

褚伯玉墓在剡縣白石山南史本傳云齊高帝於是山立館居之伯玉常居一樓上及卒葬樓所

謝康樂靈運墓在山陰縣西南三十三里靈運死建康蓋歸葬于此

羊玄保墓在蕭山縣西三十九里甞爲本郡太守

楊素墓在上虞縣西北五里亦見舊經或謂素死長安又非越人疑有同姓字者爾

徐浩墓在山陰縣南二十一里

賀知章墓在山陰縣東南九里其地因名九里墓在山巔鄉人呼爲賀墓

康希銑墓在山陰蘭亭希銑會稽人歷饒海台睦四州刺史其碑顔魯公撰并書郡守吳奎得之王荆公及弟平甫賦詩而墓始著

石昉墓在新昌黃壇按公弼家譜墓前有柘樹生而內向覆墓如蓋每有登科者則柘生特枝一枝一人或二三枝則二三人云

吳越遜王倧墓在會稽秦望山按備史倧疾殂東府

以王禮葬焉望秦一名天柱聳特秀峙傺之子孫多以文詞知名建炎初裔孫伯言自北邛遷奉累世之喪歸祔天柱名士多有挽辭

蔡墓在上虞縣西十里世傳是蔡伯喈墓按邕固嘗避難至越然史載邕六世祖與其父及母死廬墓事不聞有墓在此也死獄中又不在越非漢蔡邕明矣太平御覽載人有夜坐論史忽有扣户自稱蔡邕字伯喈者人曰死王允獄中非子耶鬼曰彼自是東漢之蔡伯喈也吾姓字適同耳以此推之殆亦此類姑存之

近代冢墓冢墓舊經所載外餘隨訪求所得書之故無前後之次亦有未盡書者尚多當俟續書

會稽縣

太傅信王墳在會稽昌原村王諱璩以少保恩平郡王判太宗正始賜府於紹興府後罷大宗正府如故進少傅王薨遂贈太保信王以葬其加贈太傅則又慶元之六年云

陸諫議軫墓在五雲鄉焦塢贈太傅

陸都官珪墓在袁孝鄉贈至太尉今改葬本縣鸞峰寺前

錢內翰希白墓在天柱峯下子集賢彥遠裔孫伯言祔
沈少卿紳墓在雲門已上並見舊經
陸發運寘墓在富盛鄉
郎中沅祔發運墓
陸左丞佃墓在陶宴嶺
陸少師宰墓在雲門盧家嶴
知郡淞通判浚並祔少師墓
陸右司長民墓在上皇尚書塢
叅議靜之提舉升之教授光之並祔右司墓
蘇計議師德墓在陶宴嶺

吏部玨祔計議墓

楊樞密愿墓在何山

知郡祐祔樞密墓

詹司諫亢宗墓在秦望山

詹太傅林宗墓在鹿里

大監騤祔太傅墓

梁司諫仲敏墓在秦望山

胡尚書直孺墓在秦望山

齊賢良唐墓在昌原

顧內翰臨墓在昌原

傅屯田禜墓在浪港山

傅編修堯咨墓在石碁山

給事中崧卿左藏稽並祔編修墓

王提舉然墓在五雲鄉中竈

判院羣侍郎綸並祔提舉墓

王知郡饎墓在蔡村

韓樞密肖胄墓在太平鄉

韓左司膺胄墓在太平鄉

韓運使髦墓在太平鄉

富樞密直柔墓在古城

富知府杞墓在古城

張祕書淵墓在昌原

尹侍郎暾墓在龍瑞前峯下未仕時嘗封和靖處士

莫侍郎叔光墓在平水

孝子蔡定墓在觀嶺下

山陰縣

魏惠憲王墳在山陰法華山王諱愷

孝宗第二子也初自魏邸出判寧國府又判

明州兼領雍州牧王薨有

旨宜於紹興善地權厝遂厝於天衣寺之法

堂遣使敕祭且視窆焉

陸知郡眷墓在黄枋

齊尚書執象墓在昌原

傅銀青傅正墓在承務鄉

尚書墨卿祔銀青墓

宋修撰煇墓在九里

朱提學興宗墓在苦竹村

王中書孝迪墓在九里

陳中書過庭墓在黄枋嶺

王特進俊乂墓在西山

尚書佐祔特進墓
司馬提舉梲墓在亭山
侍郎彶監丞僖祔提舉墓
呂顯謨正巳墓在九里
曾文清公墓在道樹
大卿逢侍郎逮並祔文清墓
杜太師墓在永昌鄉苦竹村
孫威敏公墓在承務鄉
陸太保昭墓在承務鄉左丞之祖四世葬此有陸氏
大墓碑

趙太師墓在承務鄉清獻公之祖與陸氏墳正相對
亦有碑
唐右史閎墓在蘭亭
唐運使閎墓在古城
石銀青元之在墓盛塘孫朝議瑞中寺正邦哲樹銀青墓
石提舉繼曾墓在謝墅
李太尉顯忠墓在天衣山

嵊縣

石祠部麟之墓在昇平鄉
石尚書公弼墓在僊山

諸暨縣

安定郡王令詪墓在花山

馬郎中純墓在陶朱鄉

寺丞延之祔郎中墓

廖都承虞弼墓在陶朱鄉

新安郡王士術墓在陶朱鄉

姚太師舜明墓在長寧鄉

叅政憲祔太師墓

安定郡王子濤墓在安俗鄉

蕭山縣

王兵部絲墓在縣西南八里
王侍郎弗墓在廣福寺傍
餘姚縣
胡尚書沂墓在澄溪
李莊簡公墓在姜山
陳侍郎槖墓在化安寺
趙知府彥嗣墓在鳳亭鄉
趙知府師龍墓在石堰
上虞縣
趙提刑彥絹墓在五夫山鳳凰村

豐郎中誼墓

潘經略畤墓

趙龍學縯墓

新昌縣

石尚書待旦墓在仙桂鄉

朝議溫之朝議牧之金紫衎之太傅象之太傅亞之大夫景衡並祔尚書墓左

石祠部景衎墓在高蟠

石知郡彥和墓在蒼嶼

石朝議景衍墓在蘭峴

石侍御公揆墓在仁山

石知軍嗣慶墓在石佛寺山

石少尹彥中墓在蒼嶴

許知郡從龍墓在杜黃山

趙知郡盅墓在伍山鄉

石刑部晝問墓在小江

石檢詳宗昭墓在王公塢

太師賀孝敏王士叅墓在山陰縣天衣寺法華山

節使滕國恭靖公不[illegible]墓在山陰縣東黃

直閣不羈祔泰寧墓

會稽志卷第六

會稽志卷第七

宮觀寺院

道士所居爲宮觀僧則曰寺院宮古者上下通稱如父子皆異宮儒有一畝之宮觀本樓闕之名仙人好樓居故道士亦稱之南北朝又有稱館玄壇者今都下醴泉萬壽集禧之類皆有道院以處其徒外方如丈人觀等亦或有之然不多置也寺本官置之名後漢浮屠初至洛陽館於鴻臚寺及建精舍因冒寺名曰白馬寺隋更其名曰道場若歐陽詢所撰西林道場碑是也唐初復曰寺院五代以來寺院特盛江南吳越閩是建寺度僧不可勝

計令以會稽一郡攷之凡梁開平以後稱造某寺賜其額皆錢氏割據時爲之非眞中國之命也故其多如此及地入輿圖乃有勑賜額宣和初旣以僧居爲德士女德乃併攺寺院爲宫觀僧揣知必不久皆仍舊扁止易一字以應命而藏其舊字及還寺院名則復其初令會稽如戒珠寺等猶可辨也

宫觀

府城

天慶觀在府東南五里一百三十步隸會稽唐之紫極宫也梁開平二年攺眞聖觀大中祥符

元年正月改曰承天觀時天書事猶未興也
初景德五年正月（即祥符元年）乙丑左承天門
天書降戊辰改元大中祥符以其日爲天慶
節二年十月十四日　詔曰朕以欽崇至道
誕錫元符率土溥天期福祥之咸被靈壇仙
館俾興作以攸宜庶昭清静之風永洽淳熙
之化式營仙館以介民禧宜令州府軍監關
縣擇地建道觀一所並以天慶爲額蓋用節
名也惟西京稱天慶宫餘悉爲觀於是州以
承天應　詔五年閏十月九日　詔曰近者告

期中久降聖皇闡昭示誨言備闡帝胄尊祖聿隆於顯號奉先式煥於丕圖鴻緒發源既彰於累積緜區設教用表於欽崇天下州府軍監並於天慶觀置

聖祖殿其殿內尊像及侍從並令玉清昭應宮降樣其後遂著令諸州給閑田供齋廚藩鎮十頃餘七頃五頃官吏之官罷任並朝拜禁乘馬出入遇天慶節士庶焚香庭中殿在觀之昊天殿北建炎初罷玉清神霄萬壽宮

詔迎長生青華像赴觀建炎三年十一月

高宗皇帝駐蹕癸亥
列聖御容至自東京亦迎赴天慶奉安云
報恩光孝觀在府東三里九十四步隸會稽陳武
帝永定二年捨宅建名思眞觀太平興國九
年州乞改額乾明以從聖節祝
至尊壽　詔俞其請崇寧二年改崇寧萬壽
政和三年改天寧萬壽置
徽宗本命殿號景命萬年殿紹興七年改報
恩廣孝十二年又改今額專奉
徽宗皇帝香火初天聖閣

章獻明肅皇后殿遣中使脩建用玉清昭應
宮别殿小樣將成羡材尚多中使謂主觀道
士曰當爲奏陳别建道院於東偏道士唯唯
而已它日復言之又不對中使不懌遂已道
士者惜不知其姓名必賢者也

天長觀在府東南六里一百六十六步隷會稽唐
天寶三載祕書監賀知章辭官入道捨宅置
號千秋觀七載改今額初開元十七年從羣
臣請以八月五日上降誕日爲千秋節觀盖
用節名後改千秋節爲天長地久節觀名

從之觀嘗有客道士攜草屨數十緉坐觀門有過者輒與之已而得屨者或有脚疾或骨瘍著之皆頓愈競相傳布而道士已失所在故至今俚俗謂天長爲草鞋宮殿上像設奇古傳以爲唐代所塑如麻姑浮丘伯等皆他宮觀所無郡人謂之土寳又殿東有小銅鐘範製甚奇聲尤清圜遠聞非凡鐘比嘗撲損匠者鎔爲大鎛聲乃如故汝陰王廉潛作八分書於鐘上惜其不爲人所知今從於他所矣

開元宫在府南四里一百二十步隸山陰唐開元二十八年建宫舊極閎廣後多爲民居所侵今所謂甲子巷者乃開元之六十甲子殿也

會稽縣

告成觀在縣東南七里政和四年二月敕改禹祠爲告成觀靖康初元翰林學士翟公汝文守會稽作三清於正殿因設醮祭其青詞曰臣聞昊天有目之所共覩尚絶形容上聖衆妙之所圓成孰能體象敢以凡情之見解妄纂浩刼之高明深慮愚冥自貽誅譴伏念臣叨蒙

叨蒙覆燾粗識薰修每歎玄像之不傳莫慰
羣倫之生敬力求繪素仰肖光儀用志歷年
僅成茲事今者肅塵丹陛獲遂夙心竊惟高
上至極之尊必示淵默無爲之相寫三清之
垂拱用仿威神具萬德之莊嚴出臨霄極儻
獲上通帝所克簡聖衷即乞頒降諸天普同
供養咸瞻睟表永有依歸臣尚恐粉墨既焚
閟藏雲闕復命工師再刻崇建琳宮流傳飈
欻之姿安奉告成之宇庶存下土以廣眞游
臣誓願歷劫始終歸誠道蔭生身嗣續祇命

玄科非敢萌纖毫僥福之心直以盡頂踵報
天之實自稱小兆臣翟汝文又作眞武像尤
極精緻説者謂得天人粹温之氣而陰威肅
然初建殿於西北隅後以奉安　御書碑移
殿西廡下南向殿之西南有井能愈疾一郡
所崇事也餘具禹廟事中

龍瑞宫在縣東南二十五里有禹穴及陽明洞天
道家以爲黄帝時嘗建候神館於此至唐神
龍元年置懷仙館開元二年因龍見改今額
宫正居會稽山南峯嶂逥崒其東南一峯崛

起上平如砥號苗龍上昇臺苗龍者不知其名唐初人善畫龍得道仙去大抵龍瑞尤宜煙雨中望之重峯疊巘圖畫莫及故邦人舊語曰晴禹祠雨龍瑞舊有道士魏景暉能琴有行業紹興中郡幙洛人李撲贈之詩云惟有彈琴魏道士抱琴橫膝對斜暉朱希眞敦儒頗稱之

千秋觀在縣東南五里乾道四年八月安撫使史丞相浩奏移天長觀舊額建其中爲三清殿兩廡分亭前代高士東廡曰高尚之士西廡

曰列仙之儒凡四十一人故俗謂之先賢堂
前有閣牓曰鏡湖一曲亭曰懷賀

嵊縣

金庭觀在縣東南七十二里孝嘉鄉道經云王子
晉登仙是天台山北門第二十七洞天桐栢
山洞中三十五里見日月下見金庭壁四十
里唐高宗時賜名金庭觀宣和七年改崇妙
觀舊傳王右軍捨讀書樓爲觀初名金眞館
後改金眞宮至宋齊間褚伯玉居此山三十
餘年後遊南嶽霍山復歸謂弟子曰吾從此

去十旬當逝及期而終年八十有六（史記齊高帝迎之辟疾敕於剡白石山立太平館居之與圖緯火異）眞誥云上虞吳雲者得許承一瓢贈伯玉伯玉云授弟子朱僧標歷代寶之可受一斛唐先天間遣女道士詣金庭觀投龍因見此瓢遂持以進今觀之東廡有右軍肖像又有墨池鵝池

桃源觀在縣城內東北四十步唐武德八年置號太清觀後廢漢乾祐三年重置仍改今額

諸暨縣

乾明觀在縣西二里紹興二十六年道士陳師惠

建請于朝移舊乾明觀額

餘姚縣

廣福觀在縣東七十步舊號　聖祖下院其址在縣城内天聖中建熙寧二年用治平德音賜壽聖觀額廢於建炎兵火縣以弓手舊營易其址廣縣治紹興二十五年道士張襲明即所易新址重建三十二年以避
太上皇帝尊號例改今額

祠宇觀在縣南七十里四明山漢人劉剛及妻樊夫人上昇之地古有祠宇觀唐明皇天寶三

年以其地險遠移觀於瀑布下故俗謂之白水宮本朝政和六年　詔建　玉皇殿蠲其雜賦初唐末有高士謝遺塵隱於是山之南雷（今有大雷峯亦不知南雷何在）嘗至吳中謂陸魯望曰吾山有峯最高四穴在峯上每天宇澄霽望之如牖戶相傳謂之石窗故茲山名曰四明山中有雲二十里不絕民皆家雲之南北每往來謂之過雲有鹿亭有樊榭有潺湲洞木實有青櫺子味極甘而堅不可卒破有猿謂之鞠侯於是魯望與友人皮襲美各賦詩九篇

傳於世然今雖山中居人皆不知此異境果在何處與華山之華陽武陵之桃源無異蓋神仙所居可聞名而不可到也或謂山圍八百里四面皆七十峯其說出於近世莫可得而攷按今明州蓋以此山得名而山實屬會稽之餘姚縣正如眉州本以峨眉山得名而山乃屬嘉州之峨眉縣也又華州以華山得名華山高五千仞華州乃不見而同州反見之故語曰世間多少不平事却被同州看華山亦此類也

上虞縣

天慶觀在縣南一里太康中獲金疊於上虞觀井

國朝祥符二年詔天下立天慶觀縣亦許之

故賜今名

新昌縣

鼓山眞聖觀在縣西四里

寺院

府城

開元寺在府東南二里一百七十步節度使董昌

故第後唐長興元年吳越武肅王建奏以開

元復爲大善寺而以此爲開元寺蓋處一州之中四旁達近適均重閣廣殿脩廊傑閣大鐘重數千斤聲聞浙江之湄佛大士應眞之像皆雄寺工緻冠絶它刹歲正月幾望爲燈市傍十數郡及海外商估皆集玉帛珠犀名香珍藥組繡髹藤之器山積雲委眩耀人目法書名畫鐘鼎彝器玩好奇物亦間出焉士大夫以爲可配成都藥市建炎庚戌虜騎侵犯既退群盗投隙而至遂焚不遺一椽今七十年雖繼興葺尚未能復初武肅王有浙東

以董昌第爲開元而以昌生祠爲天王院及
是同時廢于火亦有數焉
大中禹跡寺在府東南四里二百二十六步晉義
熙十二年驃騎郭將軍捨宅置寺名覺嗣唐
會昌五年例廢大中五年僧居玄詣闕請僧
契眞復興此寺并置禪院於北廡詔賜名大
中禹跡且命契眞居所置禪院寺門爲大樓
奉五百阿羅漢甚壯麗初釋氏自達摩至慧
能以來傳禪宗然禪院皆寓律寺至百丈山
懷海始創爲禪居乃不復寓律寺契眞亦懷

海弟子是時禪寺雖創尚未盛行故猶寓禹跡北廡爲禪院而已凡寺院冠以大中二字皆廢於武宗而復於宣宗者惟祥符非是紹興末曾文清公卜居于越得禹跡東偏空舍十許間居之手種竹盈庭日讀書賦詩其中公平生清約不營尺寸之産所至寓僧舍蕭然不蔽風雨惟食奉祠之禄假三兩老兵給使令始終如一日公詩有曰手自栽培千箇竹身常枕藉一床書蓋寓居時所賦也

延慶院在府東南五里二百二十六步唐大中十

二年台州刺史羅昭權捨宅建
崇報院在府東二里一百九十四步開運四年司
農卿周仁遡之妻許及其子從徽捨宅建名
報恩後改今額
大中祥符寺在府東北三里二百步唐中和二年
僧可璠建號中和水陸院後改稽山羅漢院
周廣順三年改保聖寺開寶七年改法雲寺
大中祥符元年改今額
圓通妙智教院在府東南三里一百五十步開寶
八年少卿皮文粲捨地建號觀音院方唐之

末皮日休避地吴越死焉其子光業爲其國
丞相裔孫公弼仕
國朝亦通顯文粲光業諸孫仕於其國者新
唐書據小説以爲日休誅死蓋誤也熙寧間
太守趙清獻公具　奏以禱祈之地賜額圓
通紹興初
車駕駐蹕宣賜
御書金剛經板乾道八年府又以禱旱有
應聞于
朝加額妙智初有興福院與圓通隣久廢僅

有一佛殿至是用主僧善超請併興福入圓通或云圓通本興福之觀音懺堂後寖盛别爲院而興福日衰至無一僧乃併有之事之興廢有如此者亦可一歎也

永福院在府東二百五十八步晉天福四年吳越文穆王建名光明院大中祥符元年改今額慶曆八年七月初五日　朝旨永充天台教院有重建院記

隆教院在府東一里三百四十六步大平興國元年觀察使錢像建號無礙浴院大中祥符元

年改賜今額

景德院在府東南六里七十四步唐天祐四年建號鏡清開寶三年改福清院大中祥符元年改今額有十六觀堂趙侍郎不流之先嘗寓居侍郎實生於此及來爲守興葺之

明教院在府東南五里四十六步建隆元年錢塘縣令林仁憲捨宅建號彌陁院大中祥符元年改賜今額

旌教院在府東南四里一百九十四步周顯德二年錢承裔建號法華懺院開寶三年改憲臺

永壽院大中祥符元年改今額院舊植杏甚茂至今謂杏花寺

長慶院在府東南一里二百二十八步宋永徽二年建本晉尚書陳㬋竹園因號竹園寺唐會昌五年毀廢周顯德五年僧德欽重建號廣濟院大中祥符元年七月改賜今額

善法院在府東南四里二百二十步晉天福七年吳越建爲尼院號永寧　本朝大中祥符初改今額熙寧八年併尼入大慶以爲僧院紹興初秦魯國賢穆大長公主寓第院中搭地得

金塗銅塔

壽昌院在府東南五里一百四十六步漢乾祐三年建觀音吉祥院開寶三年建佛殿景德二年改今額

廣福院在府東南六里七十六步太平興國元年温州刺史錢儼之子煕暕捨園建號俱胝院俱胝西域語也蓋錢氏所名及治平四年正月一日

英宗皇帝受徽號德音私造寺觀及三十間以上有佛像者以聞賜名壽聖壽聖蓋

英宗誕節名也故僧寺名壽聖者所在有之
一州或至十數初前代及
本朝有以誕節名寺觀者如千秋天長天清
承天乾元之類雖間有之然不多也至壽聖
始遍及天下崇寧間蔡京請郡置一寺觀名
天寧萬壽葢權輿於此紹興三十二年六月
高宗皇帝内禪移御　德壽宮上尊號曰
光堯壽聖太上皇帝是歲十二月　詔寺院
宮觀祠廟及鄉里坊巷官私亭館名有犯
壽聖及　德壽字者並回避又　詔天下寺

觀名壽聖者皆改爲廣福云

法濟院在府東南四里九十六步至道元年邑人陳建捨園爲台州萬年山解院天禧三年賜院額

悟本院在府東南三里三十四步唐乾符二年張希劉審言共捨宅置號鏡水院開寶七年改明心院又賜今額佛屋户上有題捨錢人姓名墨高去木一分許蓋歲久風雨推剝木朽而字以墨覆故獨不動世傳華州西溪有亭蓋杜子美詩所謂鄭縣亭子者杜詩書板上

墨字挺起尤高蓋此類也

福果院在府東南三里三十四步

右隷會稽

大善寺在府東一里二百一十步梁天監三年民黄元寶捨地錢氏女未嫁而死遺言以奩中資建寺僧澄貫主其役未期年而成賜名大善屋棟有題字云天監三年歲次甲申十二月庚子朔八日丁未唐開元二十六年改名開元後唐長興元年吳越武肅王别創今開元乃復大善舊名建炎中

大駕巡幸以州治爲 行宮而守臣寓治於大善及移蹕臨安乃復以 行宮賜守臣爲治所然歲時内人及使命朝 欑陵猶館於大善乾道中蓬萊館成乃止獨太常少卿桉行陵下寓館焉慶元三年十一月寺僧不戒于火一夕煨燼惟羅漢天王堂浴院經院庫堂僅存寺有塔亦俱焚或發其塔中地得石刻乃越州龍興寺宋太始元年唐大中元年造塔大宋淳化三年十一月火焚塔寺俱盡景德元年重建石刻中間多斷闕不可盡讀桉龍興寺與今龍興橋相近或謂提舉歷舍是也疑龍興塔既焚後人取廢塔所葬舍利佛骨益以他舍利葬於大善塔耳以揀上字觀之則大善自建寺以來初未嘗有被焚

之事亦未嘗名龍興也報恩光孝禪寺在府南二里二百二十二步宋元徽元年製法華經維摩經疏僧遺教等與法師惠基於寶林山下即龜山亦名飛來山建寶林寺時有皮道輿捨宅連山造寺山之巔有石岫岫有靈鰻禱雨多應旁有巨人跡錫杖痕會昌毀廢乾符元年重建因改爲應天寺晉末沙門曇彥與許詢元度同造甎木二塔未成詢亡久之岳陽王將至彥預告門人曰許元度來也岳陽亦早承誌公密示至州即入寺尋

訪彥望而曰許元度來何暮昔日浮圖今如
故王曰弟子姓蕭名詧師何故以許元度呼
之彥曰未達宿命焉得知之遂握手命入室
席地王忽悟前身造塔之事宛若今日由是
塔益加壯麗崇寧三年八月詔改崇寧萬壽
禪寺三月八日又改崇寧爲天寧每歲天寧
節郡寮祝聖於此紹興七年改報恩廣孝禪
寺俄又改廣孝爲光孝專奉
徽宗皇帝香火蓋以本 天寧祝聖之地也
舊有長老滋須者有高行會改當十錢爲當

五郡守召須及能仁長老密告之且曰聞二寺方大興造有未還瓦木工匠之直而蓄當十錢多歸可急償之明日文字一出皆大折閱矣二人旣歸能仁呼知事僧告以將赴它郡之請凡有負者皆即日償之於是出千餘緡與之抵夜乃畢得者皆喜明旦遣侍僧問天寧則曰長老歸自郡齋即以疾告閉方丈門熟睡至今猶未起也及令下須始以當五之數償負能仁乃大媿服

大能仁禪寺在府南二里一百四步本晉許詢捨

宅號祇園寺後廢至吴越王時觀察錢儀復
建號圓覺寺咸平六年從知州事兵部員外
郎康戩之請用承天節名改賜承天寺政和
七年上后土號曰承天效法厚德光大后土
皇地祇　詔天下承天僧寺皆改爲能仁寺
葢避后土號也是歲　詔建神霄玉清
萬壽宫以僧寺壯麗富贍者改建而越以能
仁爲之石刻　御製宫碑奉安法堂上作朱
漆樓閣嚴護正殿左奉長生大君右奉青華
帝君侍立眞人各二人側殿奉韓君丈人又

繪左右仙伯及從官於兩序殿柱以金龍絡之殿庭爲醮壇殿門立二十四戟用鍮石頭鑽金龍躍朱漆桿其桿上青下緑彩畫雲鶴蛟龍仍綴五色帶五條每帶綴一銅鈴通長一丈二尺八寸殿上設威儀金鉞玉斧五明扇九天寶蓋神境錦繖飛空霓旌眞境十絶靈旛朝天朱幢仙境絳節紫金垂雲如意尺十種各二築亭行符水名仁濟亭講堂名道紀堂經藏名雲章寶室貴産名道業天寧天應天符寧貺元成節各設醮醮多至千二百位自　京師降青詞朱表御香守閤及掃洒用禁軍文書入疾置守臣雖前二府但稱管勾百步内禁雜户及屠肆

街衢責地分人掃除車檐及庖厨宴集音樂
采捕刑獄之具皆有禁道士知宫副知宫皆
降勑差名曰長貳氣焰熏灼監司守臣通書
啓送迎交謁如等夷方是時泗守兼黙建昌
守陳并秀守蔡纓皆爲神霄道士所訟得罪
至流竄歲用名香朱冊幣帛酒醴華果不可
勝數紙札尤多一取以千計皆池表歙表之
類不許以地所産充數猶退易不已遇特設
齋道士襯錢自三十千至三百率無虚月
靖康内禪始稍減削　建炎中興　赦書遂

命神霄復爲僧寺遷像設於天慶觀而能仁寺復故州又有能仁院故郡人謂能仁寺爲大能仁寺云

戒珠寺在府東北六里四十七步蕺山之南本晉右將軍王羲之故宅或曰其別業也門外有二池曰鵝池墨池其爲寺不知所始陳太建二年有僧定光來寓寺中耳過其頂擎銀像長立不臥寺之中爲臥佛殿有所謂十大弟子者哀泣其旁或候氣或捫足而佛之父母亦在焉僧惠迪言方政和間道家盛時有道

士結僧曰寺院皆祝壽之地乃爲此狀何也
嘗聞於州毁之有僧出曰比見道宫進
天寧節祝　聖跡首列道德經若干卷經中
乃云上將軍居右言以喪禮處之死而不亡
者壽强梁者不得其死死之徒十有三以其
求生之厚是以輕死民至老死不相往來如
此類皆何等語汝乃殊不避何也道士掩耳
而去寺有上方院熙寧中郡守程公師孟與
法雲長老重喜來遊喜能詩乃擬程公體坐
上立成曰行到寺中寺坐觀山外山程公大

喜又有竹堂雪軒宇泰閣皆一郡登覽之勝李參政漢老有雪軒詩曰四山環繞翠岩嶤想見淩晨雪未消八萬四千脩月手不知何處琢瓊瑤人推絕唱宇泰紹興中爲士子肄業之地常十餘人策名巍科者相踵蓋山川之秀有以相之寺南百步有題扇橋蓋責扇老姥所居云

光相寺在府西北三里三百七步後漢太守沈勳公宅東晉義熙二年宅有瑞光遂捨爲寺安帝賜光相額給事中傅公崧卿退居北海里

第夫寺最近數杖屨過之

能仁院在府西北三里三百三十七步開寶六年觀察使錢儀建太平興國二年吳越給地藏院額大中祥符元年改承天政和七年五月改賜今額事在大能仁寺篇

廣教院在府西六里二百二十七步蕺山東麓院後山壁刻字有曰唐景福元年歲在壬子准敕建節度使相國隴西公生祠堂其年十二月十六日興功開山建立葢董昌生祠也昌敗祠廢後唐天成四年吳越王錢鏐夢神人

求祠宇或言祠本古天王院有魚池因建天王院大中祥符元年七月改通教院天聖初避

章獻明肅皇后父名又改今額建炎末與開元寺同時廢于火紹興中院僧惠迪募緣再建佛殿西北隅山壁有陸少師題名石刻云盧駿元王源之吳任瞻曹季明沈詠道孫元禮陳志行陸元鈞自戒珠寺雪軒過竹堂登上方尋徑到此政和八年三月二十八日元鈞題盧公名天驥西安人以儒學進名重當

世後避天字改名襄字賛元終於吏部侍郎
時爲浙東提點刑獄少師時爲淮西提舉常
平詠道名（時升）爲部酒官有文學盧公遇之如
交友遊覽必與俱後以子貴贈至太師吳國
公

妙明院在府北三里一百七步開寶五年鎮海軍
都指揮使陳志建吳越給光讃般若院額大
中祥符元年七月改今額佛殿東南有八角
石井舊嘗有大珠夜風雨晦冥輙出照殿上
及廊廡盡明或瀋而索之弗得建炎兵亂有

北客來居墜小兒死焉珠遂絕不出院本甚
廣今非復舊址矣

觀音教院在府西北三里一百三十七步乾道九
年有沈安中者捨所居請于府移會稽縣界
圓通妙智教院舊額建

右隸山陰

會稽縣

泰寧寺在縣東南四十里周顯德二年建初號化
城院又改爲證道院建中靖國元年太師陸
佃既拜尚書左丞請以爲功德院改賜名證

慈米芾書額寺門外築亭曰慶顯紹興初

詔卜

昭慈聖獻太后攢宮遂以證慈視陵寺而議

者謂

昭慈將歸祔

永泰陵因賜名泰寧禪寺其後

永祐

永思

永阜

永崇四陵修奉皆在其地故泰寧益加崇葺云

淳化寺在縣南三十里中書令王子敬所居也義熙三年有五色祥雲見安帝詔建雲門寺會昌毀廢大中六年觀察使李褒奏再建號大中拯迷寺淳化五年十一月改今額寺有彌陁道場杭僧元照書額門外有橋亭名麗句亭刻唐以來名士詩最多先唐時雲門止有此一寺今裂而爲四雍熙者懺堂也顯聖者看經院也壽聖者老宿所棲菴也或謂雲門寺本面東主秦望而對陶宴等山如列屏障會昌廢寺後止存一小殿面南未毀遂因附

益以爲寺非復舊址而舊址乃多犂以爲田

紹興中淮僧廣勤爲雍熙副院嘗因牛足陷

得小銅維衛佛像於田中葢古雲門寺地也

凡寺額冠以大中者捨大中祥符外皆唐宣

宗時所復會昌廢寺

雍熙院在縣南三十一里一十步初僧重曜於雲

門拯迷寺之西建懺堂號淨名菴開寶五年

觀察使錢儀俶之弟廣之爲大乘永興禪院懺堂

在今佛殿後法堂前當時觀音像猶在雍熙二年十月改

賜今額紹興元年六月　賜故尚書左丞陸

公爲功德院陸氏功德院本在證慈至是請慈改爲泰寧奉攢宫乃改
賜是院時方立法應賜功德院者不許用有勑額寺院惟雍熙特賜院有
吳越忠懿王在國時所貽書二石刻其一曰報
雲門山淨名菴長老重曜令差人賫到白乳
茶三十斤稜瓷香爐一隻銜香五斤金花合
盛重五十兩仍支見錢一百千文足陌可親
入㦸保安遣此示諭不具押字付其一曰報
越國雲門山淨名菴長老重曜昨據節度使
錢儀中所請爲官中入㦸保安事具悉師心
鏡絕塵衣珠無纇脩釋氏務三之訓得淨名

不二之宗泊掛錫寶坊棲眞玉笥節使素欽於景行遠有來聞國家因罄於精誠遂可其請況奇峯正聳炎景斯煩非坐非行頗勞精進傾心引領尤媿忠勤今則再賜到乳茶三十斤乳香三十斤至可領也夏熱想得平安好故茲告諭想宜知之不具押字付長老重曜此亦可略見錢氏下書境內之體錢氏自

周世宗及

宋興之後益務尊戴 中朝然其書猶不能無竊擬書詔之意故具載之院額錢惟治所

書院前橋亭曰好泉亭亭扁蓋陸少師所題取范文正公詩林無惡獸佳巖有好泉來之句又有牧菴朝陽亭及范丞相純仁兄弟章樞密楶曾舍人鞏晁侍讀説之江少卿緯康博士布題名錢氏據舊史雖封吳越國王然初不言會稽別稱越國於此見之史魏公家有當時金書法華經稱錢儀爲判會稽府則又有會稽府之稱矣吳越備史又云遜王移居東府似又稱東府也

顯聖院在縣南三十里周顯德二年於拯迷寺石

壁峯前建看經院乾德六年賜號雲門寺至道二年九月改今額院後有王子敬筆倉實一眢井有經藏甚靈異中間院嘗無主僧者久之郡牧毀其法堂以脩園館然經藏猶如故今院復小葺絶無産業僧童賴經藏以給云

廣福院在縣南四十里晉天福六年建初名上庵熙寧三年六月以治平　德音賜壽聖院額隆興元年例改今額雲門四寺相比廣福最在其上小而秀邃可喜傍又有雲泉雲峯庵

皆幽勝

大禹寺在縣南一十二里梁大同十一年建會昌五年毀廢明年重建寺自唐以來爲名刹西偏有泉名菲飲有亭覆之紹興中王編修銍題名大字刻泉上

天華院在縣東六十里周廣順二年建號無礙浴院至道二年十一月賜名天華院吕文靖公有賀家湖上天華寺一一軒窻向水開之句今院乃在小市去湖差遠不稱此詩疑嘗移建云

東山壽寧院在縣東二十五里宣和五年陸祠部
傅所建初蔡京爲黨禁凡故二府臣寮名在
元祐黨者皆奪墳刹例更其名爲壽寧陸左
丞證慈院其一也政和中詔皆復賜之額亦
復其故祠部適以家貲建東山院成遂請於
州以壽寧名之方建寺時祠部年逾六十方
手植穉松人或笑之及歿年九十松皆爲喬
木云

寶山證慈院在縣東七十二里曹娥鎮曹娥廟之
旁米禮部芾書額證慈本陸左丞寶山功德

院名後以
昭慈聖獻皇后欑宫改院名泰寧而徙額于
此
大中昭福院在縣南一百里唐元和二年寧賁禪
師建會昌廢大中八年文質禪師重建
妙峯寺在縣東七里唐光啓元年蔡郇等於古靈
山寺基建靈山寺大中祥符元年改賜今額
福慶寺在縣東南七十里晉將軍何充宅也世傳
充嘗設大會有一僧形容甚醜齋畢擲鉢騰
空而去且曰此當爲寺號靈嘉充遂捨爲靈

嘉寺唐會昌五年廢晉天福七年重建大中祥符六年改賜今額

隆慶院在縣東北二十里晉元嘉三年建號長樂寺會昌廢建隆元年重建號興福院大中祥符元年改賜今額

資壽院在縣東南七十里晉開運四年阮羅建乾德二年吳越號資國院大中祥符元年改賜今額

護聖院在縣東四十里周顯德元年建院有塼塔因號千佛塔院大中祥符元年七月改今額

廣愛院在縣東南一百里漢乾祐三年於古寶安
寺基上建號德政院大中祥符元年七月改
賜今額
崇仁院在縣東南一百里唐龍紀二年建號相國
永泰禪院晉天福四年吳越改瑞峯院大中
祥符元年改賜今額
資聖院在縣東四十里漢乾祐元年建號證福院
大中祥符元年七月改賜今額乾道九年改
爲禪院
普濟院在縣東北八十里孔浦後唐長興四年建

號興福禪院大中祥符元年改賜今額

福聖院在縣東北八十五里蔡風浦周廣順元年建顯德五年吴越給延壽院額大中祥符元年改賜今額

慶恩院在縣東南九十里晉天福七年建周顯德元年吴越給報恩院額治平元年改賜今額

靈峯院在縣南二十二里開寶九年觀察使錢儀建號三峯院治平元年改賜今額

普濟院在縣東四十里乾德元年盧文朗建即晉鴻明禪師誦經之地将軍何充累詣聽經故

號何山院乾德三年改雲濟院治平二年改
賜今額
淨勝院在縣南二十里唐中和三年齊肇以其祖
丞相杭書堂建號雲水塔院治平二年改賜
今額
渚修院在縣南一十八里周顯德五年集惠大師
建號福清塔院治平二年改賜今額
妙智院在縣東南二十五里晉開運二年建觀音
尼院今爲僧院治平二年改賜今額
淨住院在縣東北四十里齊永明二年建號靜念

寺會昌廢漢乾祐三年陸君泰重建治平三
年九月改賜今額
廣教寺在縣東二十五里晉開運四年建號善訢
寺治平三年二月改賜今額
澄心院在縣東六十里唐景福二年吳越武肅王
建周顯德五年改水心院治平三年二月改
賜今額
華嚴院在縣東南七十五里咸通九年賜今額寺
久廢後移五雲鄉今方廣院乃其子院爾
鷲峯院在縣東南七十里唐大中五年建天祐六

年賜號金峯院治平三年二月改賜今額
延安院在縣東南七十里建隆元年建號護國保
安院治平三年二月改賜今額
崇勝院在縣東南九十里晉天福七年建號保安
院治平三年改賜今額
九蓮院在縣東南七十五里建隆三年建號蓮花
院治平三年二月改賜今額
佛果院在縣東南八十里乾德二年建號保福院
治平三年正月改賜今額
清修院在縣東南八十里晉開運三年建號清泰

院治平六年九月改賜今額

寶林院在縣南一百里元豐元年州以三界鎮接待院奏請賜今額

化城院在縣東南四十里周顯德二年於古皇城院基建

石佛妙相寺在縣東五里唐大和九年建號南崇寺會昌廢晉天福中僧行欽於廢寺前水中得石佛遂重建治平三年賜今額石佛今在寺中高財二尺餘背有銘曰齊永明六年太歲戊辰於吳郡敬造維衛尊像凡十有八字

筆法亦工按會稽未嘗號吳郡在隋嘗名吳州然在此後百餘年此石佛既得之水中又一人可負之而趨者安知非吳郡所造而遷徙在會稽耶按天衣有維衛銅像雲門雍熙又嘗犂地得銅像亦維衛也蓋古多作此像者

稱心資德寺在縣東北四十五里梁大同三年建會昌中廢大中五年觀察使李褒奏重建稱心在唐爲名山與雲門天衣埒宋考功之問守會稽時有遊稱心寺詩曰步陟招提宮北極山海觀千巖遞縈遶萬壑殊悠漫喬木傳

夕陽文軒劉清與洫雲多表裏驚湖每昏旦問予金門客何事滄州畔謬以三署資來刺百城半人隱尚不弭歲華豈兼玩東山芝桂芳明發坐盈歎兮功詩名冠冕一代李適以爲自康樂以後死爲絕唱此詩尤高絕信乎其似康樂也又有唐律二篇見集中雲門天衣至今遊會稽山水者必至焉惟稱心在海隅獨以僻遠寺又蕪茀故詩人騷客有終不一到者名亦晦而不彰豈獨人材有不遇哉

明覺院在縣東三十六里刺浮山唐開元十八年

建會昌毀廢晉天福八年復建號大明院治平二年改今額有千歲和尚塔亦有碑而其說荒怪不可攷所然院頗幽絶可愛院門下數諸峯如柳柳州所謂林立四野者入門石壁屹立盛夏爽然如秋

隆德崇善寺在縣南二十五里昌源故　皇叔祖信王琥功德寺慶元四年賜今額

崇福院在縣南二十五里

興福院在縣南一里二百步晉天福五年觀察使錢偁建號錢湖院大中祥符元年改賜今額今廢

山陰縣

天章寺在縣西南二十五里蘭亭至道二年十二月内侍高班内品裴愈奏昨到越州見晉王羲之蘭亭曲水及書堂舊基等處得僧子謙狀乞賜 御書收掌於書堂上建一寺舍焚修崇奉 宸翰特賜天章寺額淳熙十年重建御書閣奉安

仁宗皇帝天聖四年六月十二日 宣賜

御書篆文天章之寺鐫刻四字牌額又紹興八年三月壬寅除到

高宗皇帝御書蘭亭序石刻一本賜浙東安
撫使孫近有近題跋勒石蘭亭曲水右軍書
堂及畫像至今皆在或謂
仁宗書此額時本書
眞宗御集閣爲天章之閣四字既成
聖意未愜再書之前本遂不用有内侍奏
章獻明肅皇太后言越州天章寺天下名山
今欲乞
皇帝更書一寺字易閣字以賜越州
太后與

上皆欣然許之此四字是也故老所傳如此

天衣寺在縣南三十里晉義熙十三年高僧曇翼結菴誦法華經多靈異内史孟顗請置法華寺至梁惠舉禪師亦隱此山武帝徵之不至有翼公所頂戴紫檀十二面觀音及梁昭明太子統遺舉公金縷木蘭袈裟紅銀澡瓶紅瑠璃鉢至今具在又有金銅維衛佛像本西域阿育王所鑄浮海而至梁武以施山中儀相甚偉今奉於西序宣和初 詔改僧爲德士寺院爲宫觀銅鐃銅像期以十日盡輸官

俄復命惟輸鐃而銅像悉獲存故維衛像至
今嚴奉焉寺有十峯堂以山之十峯爲堂名
山下又有雙澗故曾文清公詩云布韈青鞋
躅欲無看山看水未成蹤十峯雙澗尤奇處
萬壑千巖總不如淳熙七年　詔以　皇子
魏惠憲王薨櫕于山中設置衛守且歲時加
恩澤有差云

法雲寺在縣西北八里本名王舍城寺久廢吴越
王時有大校巡警見其地有光景乃復興葺
開寶七年改名寶城寺中允陸公仁旺及弟

大卿　捨園地以益之大中祥符中改額法雲建中靖國元年大卿之孫拜左丞請爲功德院三歲度僧一人建炎初金虜入寇有三騎至寺主僧道亨不勝憤閉寺門擊殺之尸諸門虜後騎至遂焚寺道亨婺州人在法雲四十年度弟子三十二人寺焚復營葺不少挫未成而卒其後自修契彛繼之乃成道澤又建觀音殿鐘樓經藏往時有重喜者不知何郡人爲童子時擁篲掃廊忽渙然有省遂能詩有傑句元豐中居法雲甞作詩曰地爐

無火客囊空雪似楊花落歲窮拾得斷麻縫
破衲不知身在寂寥中

本覺寺在縣西北一十五里梅山後唐清泰三年
節度經略副使謝思恭捨宅建號靜明寺寺
有雲峯堂以曾文清公詩得名亦有曾公手
書行記寺後有適南亭可以望海郡牧程給
事建陸左丞作記又有子真泉

智度寺在縣西北九十五里後唐天成三年建周
顯德元年吳越改旃檀寺大中祥符元年七
月改賜今額

靈祕寺在縣北五十里梁大同十年將軍毛寶捨
宅建會昌毀廢大中五年重建
寶壽院在縣西三十五里唐大順二年建天禧三
年造殿號清化院景德二年改賜今額
寶嚴院在縣西一百二十五里晉開運二年建純
一禪師壽塔漢乾祐元年吳越給清化純一
塔院額大中祥符元年七月改賜今額
奉聖院在縣南二十五里唐開元十六年建爲玄
儼律師度僧戒壇院會昌毀廢漢乾祐二年
吳越重建改明恩院大中祥符元年七月改

賜令額

延福院在縣西六十里新安鄉牛頭山之麓晉天福三年置開寶六年錢氏給安國院額大中祥符元年七月改賜令額建炎中廢于火紹興五年重建乾道五年始畢工有石菴惑禪師安禪之地景德初贈太傅陸公軫與鄉士數人肄業於此嘗遇大雪絕食累日陸公禱山神明日獲二麂焉聞者歎異及陸公直集賢院來守鄉邦遺衙校致祭書堂在寺之西北隅今寺僧猶能識其處牛頭山産石可作

假山其小碎者取爲盆山尤宜草木皆葱蒨
耐久與崑山所出相埒東坡先生所謂盆山
不見日草木自蒼然是也

寶壽院在縣西一百二十里唐貞元三年建周廣
順三年吴越給永豐院額大中祥符元年改
賜今額

長壽院在縣東北二十五里晉天福六年鄒彦超
建周廣順二年吴越給願果院額大中祥符
元年七月改賜今額

廣濟院在縣西北五十五里晉天福六年於古福

壽院基上建號聖壽院開運元年改嘉宥院大中祥符元年七月改賜今額

報恩院在縣西一百二十三里乾德四年竇珎捨地建號彌陁院大中祥符元年七月改賜今額

廣利院在縣西一百二十里清化山開寶九年柳公訓捨宅建吳越給清化西塔院額大中祥符元年七月改賜今額

慈恩院在縣西一百二十二里後唐長興二年謝君彥捨地建晉天福七年吳越給永安院額

大中祥符元年七月改賜今額

延壽院在縣西八十二里後唐天成四年建號普安院大中祥符元年改賜今額

等慈院在縣西一百十二里晉天福三年僧道山建號天長院大中祥符元年七月改賜今額

資教院在縣西一百二十一里晉天福七年建漢乾祐元年吳越給城山院額大中祥符元年七月改賜今額

慶壽院在縣西六十五里開寶七年釋仁造捨山建號烏石院大中祥符元年七月改賜今額

集善院在縣西北二十五里太平興國元年建

上方院在縣西北九十二里晉天福二年建

香林院在縣西四十五里漢乾祐三年建號寶林
院治平三年二月改今額

青蓮院在縣西南七十里唐乾符元年建號蓮華
院治平三年二月改賜今額

報恩院在縣西三十五里唐乾符三年建崇寧五
年重建

華藏院在縣西南二十五里唐咸通四年觀察使
王龜建號華嚴院治平三年改賜今額

安康院在縣西北九十三里後唐長興元年建
福安院在縣西北九十二里後唐長興元年於古
棲隱寺基上建號資福院治平元年改賜今
額
保安院在縣西北五十一里晉開運元年建號休
寧院治平三年改賜今額
安隱院在縣西北一十里隋開皇十三年建唐武
德中重修會昌毁廢後唐清泰元年高伯輿
等重建號安養院治平三年改賜今額
崇教院在縣西九十里梁大同元年建尋廢周顯

德五年鎮海軍都指揮使薛溫重建號新興塔院治平三年改賜今額院東一百步有越王城

普香教院在縣西北五十三里乾德三年於古靈隱寺基上建開寶三年吳越給觀音普聞院額開寶六年改賜今額

鷲臺院在縣西四十五里晉乾祐三年建號重臺院治平三年二月改賜今額

資壽院在縣西一百四十里晉開運二年建號延壽院治平三年改賜今額

明因院在縣西南一百里晉開運元年建號遇明院治平三年改賜今額

壽量院在縣北九十七里後唐長興元年陳司空捨宅建

永興院在縣西北四十五里晉天福八年建

崇福院在縣西北五十里建隆三年衢州刺史朱仁幹建號浴室院乾德二年改法水院大中祥符八年十二月改賜今額

興教院在縣東南一十五里晉天福四年建號道林院即烏窠禪師道場治平二年改賜今額

興教院在縣西一百一十六里晉天福五年建號興善院治平三年改賜今額

惠悟院在縣西一百二十里周廣順元年建號全悟院治平三年改賜今額

顯慈資慶禪院在縣西三十里蘭亭皇祐五年樞密副使孫威敏公奏乞建墳寺賜額

廣福院在縣西三十五里初僧思純造香林寮治平四年賜壽聖院額紹興三十二年例改今額

靈祕院在縣西三十里柯橋館之旁紹興中僧智

性創柯橋接待院初惟蘧蒢一廈日益增葺請于府移江北安昌鄉靈祕廢院額智性年九十餘精神不衰猶能領院事淳熙十六年九月準尚書禮部符甲乙住持

龍興寺宋太始元年建號香嚴寺唐神龍元年改爲中興寺神龍二年改爲龍興寺初五王既誅張昌宗兄弟中宗反正復唐室稱中興故寺觀有名中興者已而武三思用事五王及禍遂以爲母子相繼不得言中興凡名號有中興者皆改易如此寺是也然他郡猶有至

今謂之中興寺者婺之東陽是也或是初不曾用後詔或是[illegible]宗以後復中興之名不可知也會昌五年毀廢大中二年僧契眞重建今廢爲提舉司

大慶尼寺在府城南三里二百步隷山陰西晉永康元年有諸葛姥日投錢井中一日錢溢井外遂置靈寶寺會昌[illegible]毀廢大中元年觀察使李褒重建改今額及廢顯教院又併其尼入焉西偏別爲教院用十方規制選名行尼主焉頗習經學勵行業郡人稱之顯教院本名保越

尼皆以織羅爲業所謂寶揩羅是也乾道中
以其院舍忠順官而徙其徒於大慶又有善
法尼院晉天福七年吳越所建名永寧大中
祥符元年改額熙寧八年知州趙清獻公以
其幽迥非尼可居徙尼於大慶而院爲僧坊
又有觀音尼院在縣東南二十五里晉開運
二年建今爲妙智院亦僧居之山陰有寶積
尼寺在縣北五里乾德四年觀察使錢儀建
名執慈寺大中祥符元年改額又有崇尼教
院在縣西北五里二十步周廣順二年吳越

武肅王建名惠清院大中祥符元年改額今
並廢

會稽志卷第七

嘉泰會稽志

2

紹興大典

史部

中華書局

會稽志卷第八

寺院

嵊縣

惠安寺在縣西一百五十步剡山之下晉義熙二年南天竺國有高僧二人入金華師道深弟子竺法友授阿毗譚論一百二十卷甫一宿而誦通道深遂讃法友曰釋迦重興今先授記遂往剡東卬山（東卬山今屬新昌縣）復於剡山立般若臺寺獵士陳惠度射鹿此山鹿孕而傷既產以舌舐子身乾而後母死惠度弃弓矢投

寺出家後爲名僧鹿死之處生草號鹿胎草
會昌廢咸通八年重建改法華臺寺天祐四
年吴越武肅王改奥邑寺大中祥符元年改
賜今額
宣妙寺在縣西四十五里宋元嘉二年建號崇明
寺會昌廢晉天福四年重建治平三年改賜
今額
安福寺在縣南六十里梁永明二年置唐會昌五
年廢景福元年重建
上鹿苑寺在縣西四十五里寺山旨太白山來宋

元嘉七年姚聖姑於西白山造寺賜披雲院
額會昌廢咸通七年重建改咸通披雲院晉
天福七年吳越改披雲寺

下鹿苑寺在縣西四十五里寺山亦自太白山來
其土即披雲寺宋元嘉二年建號靈鷲寺會
昌廢咸通十四年重建山有瀑布及龍潭寺
治平元年改賜今額

明覺寺在縣南二十里梁大通元年智遠法師建
號禪林寺會昌廢晉天福元年重建大中祥
符元年改賜今額

禪惠寺在縣西二十里傳者以爲齊景明元年安南將軍黄僧成家天雨錢拾以造寺號錢房院梁天監中改禪房寺會昌毀廢咸通二年重建後改賜今額

福感寺在縣東二十五里晉天福四年建號報恩寺大中祥符元年改賜今額

實性院在縣西二百五十步唐乾元中建號清泰院會昌廢晉天福七年重建大中祥符元年改賜今額

寶積院在縣北三十里後唐長興四年建號德興

院大中祥符元年改賜今額

龍藏寺在縣北四十五里梁天監二年建號龍宮院會昌廢咸通十四年重建浙東觀察使李紳少年寓此肄業有紳所爲碑存大中祥符元年改賜今額

普惠寺在縣西四十里齊永明二年建號安養法華院會昌廢乾符六年重建治平三年改賜今額

普安院在縣東二十五里宋元嘉二年建會昌廢後唐清泰二年重建

戒德院在縣西四十里齊永明三年建號光德院
會昌廢晉天福七年重建治平二年改賜今
額

定林院在縣西四十五里宋元嘉二年建號松山
院會昌廢晉天福八年重建有響巖龍潭治
平三年改賜今額

圓超院在縣西二百五十步院山與剡山相連舊
曰靈岫菴晉天福六年建奉國院有觀音靈
異祈禱必應西廡有亭臨雙溪之上溪山勝
絕政和閒衢人盧駿元天驥為提點刑獄行

部至此命其亭曰挾溪題詩云孤亭瞰平野
雙溪分兩腋野闊春風香溪晴照人碧駿元
工詩能書札仕至吏部侍郎寺前松嶺之側
有俯山堂下瞰城邑前對羣山昔人留題甚
多邑士傳誦一聯云近離城市不多地高壓
樓臺無限家莫知誰氏作也今堂廢久矣

眞如院在縣西四十里周顯德三年建號寶壽院
大中祥符元年改賜今額

尊勝院在縣東四十里宋元嘉二年建號阜山院
會昌廢咸通十一年重建久之又廢晉天福

六年重建治平三年改賜今額

天竺院在縣西二十里晉天福七年建號西明院

大中祥符元年改賜今額

靈巖院在縣西七十里唐乾符三年於茹蘭禪師

伏虎歇食巖下古石門寺基上建有石門龍

潭

法祥院在縣東七十里宋元嘉二年建號延福院

會昌廢後唐清泰二年重建大中祥符元年

改法朗後以犯

聖祖諱改今額

超化院在縣北二百步晉天福七年建號水陸院大中祥符元年改賜今額

瑞像院在縣東二百步唐景福元年吳越武肅王建

法華院在縣東二百步唐龍紀元年建

南巖廨院在縣東二百步唐龍紀元年建

清隱院在縣東七十里唐大中七年建號三峯院院後有山三峯故曰三峯治平三年改賜今額

大明院在縣西三十里晉天福七年建號資國大

明院大中祥符元年改賜今額

證道院在縣西四十里晉開運元年建號五龍院後改今額院晉高僧白道猷道場山有龍潭

華藏院在縣東四十五里晉開運二年建號雲峯院大中祥符元年改賜今額

皇覺院在縣西六十里漢乾祐三年建號仙巖院大中祥符元年改賜今額葛仙翁釣臺石梯在其傍

顯淨寺在縣西二十里齊永明三年建號青林寺會昌廢後唐長興元年重建大中祥符元年

攺賜今額

報恩院在縣西二十里唐乾寧元年建號報德院

大中祥符元年攺賜今額

資福院在縣東二十里晉天福八年建號增福院

大中祥符元年攺賜今額

空相院在縣南四十里太平興國元年建號開明

院大中祥符元年攺賜今額

悟空寺在縣西三十里周廣順元年於古烏流寺

基上建號保安院治平二年攺賜今額

安國院在縣西六十五里晉天福七年建號太平

院治平三年改賜今額

明心院在縣北二里建隆二年陳鄴捨宅建號黃

土塔院大中祥符元年改賜今額

諸暨縣

大雄寺在縣西一里梁普通六年大智禪師建號

法樂寺會昌廢大中二年重建改報國寺後

改賜今額

咸通保壽寺在縣西南一十一里唐大中八年僧

神智建號大中聖壽寺咸通十年改賜今額

寺牌實唐人書

永壽寺在縣南二里梁大同二年左僕射吴文寵
捨宅建號延壽寺會昌廢咸通十年重建後
唐天成三年改長壽寺後改今額
化城寺在縣東北八十五里晉天福七年建周顯
德二年吴越給靈根寺額大中祥符元年改
賜今額
青蓮院在縣西一十八里天福四年建號碧泉院
至道二年改賜今額
三學禪院在縣西六十里唐元和三年曹溪第四
代靈黙禪師建咸通六年賜五洩永安禪院

額天祐三年改應乾禪院後改今額自夾巖
山峯并五洩溪至響鐵嶺盡屬之

寶乘院在縣北二十里後唐同光二年吳越武肅
王建號石佛院大中祥符元年改賜今額

永慶院在縣北五里唐天祐元年建號五峯院

法海院在縣南三里二百步唐大中八年僧神智
建號保壽廨院大中祥符元年改賜今額

慈氏院在縣西北一十八里晉天福七年建號玉
泉院大中祥符元年改賜今額

彰聖院在縣東南七十里唐咸通十四年建號[illegible]

靈院大中祥符元年改賜今額

香杜院在縣南三十里隋樓世幹捨宅建會昌廢大中元年重建院有連理木咸通元年賜木連院額後改今額

雲峯院在縣西南五十里唐中和二年長老可伏於蔣洞穴建大順中賜靈洞翠峯院額後改今額洞名白雲

安隱院在縣東北六十里唐咸通十二年建廣明二年賜國慶院額後改今額

靈峯院在縣北六十五里後唐長興二年建號溪

山院後改今額

淨觀寺在縣西一里唐天祐元年建乾德三年吳越給翠峯院額後改今額有范蠡祠相傳云范蠡宅也山上有鴟夷井寺有

仁宗朝賜經三藏又有范文正公題詩石刻

修惠院在縣東北七十五里後唐長興五年於古資聖院基上建太平興國元年改精進院後改今額

三德院在縣北七十里唐貞元十四年智藏禪師建惠操禪師後復居此咸通八年賜額

智度院在縣北一里五十步唐景福二年建號香
積院大中祥符元年改賜今額
保福院在縣東北八十里唐咸通八年建乾符二
年號保唐禹泉禪院又改保錢院後改今額
崇壽院在縣西南二十里乾德二年建號寶泉院
大中祥符元年改賜今額
崇勝院在縣東南四十五里唐貞觀十五年千歲
禪師開巖建會昌廢大中重建咸平二年改
華嚴般若院後改今額
延慶院在縣東南七十里唐貞觀元年建有千歲

禪師修行于此因號道場院會昌廢咸通八年重建又號溪山院周顯德五年改興福永安院大中祥符元年改賜今額

法善院在縣西二十五里唐文德元年建號普廣院大中祥符元年改賜今額

道林院在縣北七十里唐天祐元年於古寶華院基上建周顯德四年吳越給洩巖院額大中祥符元年改賜今額

鍾山院在縣南五十里梁普通中伏虎禪師住持之地唐咸通八年建

法藏院在縣東南八十里周顯德二年建號官田
院大中祥符元年改賜今額
延祥院在縣東北四十里晉天福七年建號清福
院大中祥符元年改賜今額
咸通西岳院在縣東北六十里本丁令威鍊丹之
地丹井存焉梁朝僧法成建咸通八年賜額
藥師院在縣西四十里唐咸通四年建廣明元年
賜額
薦福院在縣東七十里開寶四年建號報恩院大
中祥符元年改賜今額

上普潤院在縣東南二十五里本千歲和尚所居有小石巖上有文殊普賢像晉天福七年建號醴泉院後改今額

下普潤院在縣東北二十五里太平興國元年於古靈瑞院基上建號石井院後改今額

明教院在縣西南六十里晉天福七年建號仁豐院大中祥符元年七月改通教院天聖初以章獻明肅太后家諱避通字如改通進司爲承進司通州爲達州諸州通判爲同判通事舍人爲宣事舍人之類是也餘至

仁宗皇帝親政皆復故惟通州遂爲達州至
今不復改如明教院額亦是也
淨土院在縣北五里唐天祐元年法雲大師建號
五峯塔院大中祥符元年改賜今額
永慶院在縣南五十里周顯德元年建號永光塔
院大中祥符元年改賜今額
法雲院在縣東五十里晉開運二年建號龍安院
化城院在縣東五十二里梁大同二年建會昌廢
開寶四年重建號紫巖院後改今額
慈光院在縣東四十里梁靈智禪師結庵之地唐

咸通五年建號通化院後改今額

崇法院在縣西一里本唐白鶴觀基開寶四年建號水陸院大中祥符元年改賜今額

顯教院在縣西南七十里本唐忠國師道場晉開運四年建號忠山院大中祥符元年改賜今額

離相院在縣東南九十里晉天福四年於歸一禪師塔院基上建號福田院後改今額

永福院在縣東南二十五里因梁武帝書堂基建號應國禪院有硯水井會昌廢晉天福七年

重建改今額有米元章禮部所書二碑
淨住院在縣南六十五里唐永貞二年建號龍潭
禪院會昌廢建隆三年重建改安福院大中
祥符元年改賜今額
崇教院在縣南六十五里唐貞觀元年建玄寂禪
師塔院會昌廢周廣順元年重建高松院後
改今額
清涼院在縣東南九十里漢乾祐二年建號上林
院後改今額
薦巖院在縣北五十里唐咸通八年建號香嚴院

後改今額院有台州刺史康希銑碑趙州刺
史徐嶠書
明覺院在縣東五十五里周顯德四年建號靈峯
院後改今額
栖巖院在縣西南五十里唐景福元年建號高峯
院後改今額
淨隱院在縣東南一百里晉開運三年建號崇化
院後改今額
正覺院在縣東六十里晉開運元年建號菩提院
後改今額

歸寂院在縣西五十里唐天祐五年建號歸寂塔
院後改今額
宣妙院在縣北七十里唐咸通二年建號妙興院
後改今額
香林院在縣西南二十五里漢乾祐三年建號松
林院後改今額
雲就院在縣北七十里晉天福五年建
梵惠院在縣西南四十里乾德四年建號淨福院
後改今額
廣福院在縣南六十里周顯德三年建號鴻福院

後改今額

資聖院在縣西二十五里唐天祐三年建號應乾

禪院皇祐元年改賜今額

普濟院在縣北七十里乾德五年建號通濟院天

聖元年閏九月改明濟治平三年改賜今額

天曹院在縣西四十里開寶五年建

寶林院在縣南六十里晉天福四年於玄寂禪院

基上建

雲居院在縣南四十五里唐天祐六年鑒眞大師

建貞明四年賜越山禪院額治平三年改賜

今額

解空院在縣東南九十里建隆二年建號法詩院後改今額

四果院在縣東北七十里晉天福三年吳越文穆王建號保安羅漢院大中祥符元年改賜今額

大曆廣福院在縣南四十五里本唐大曆院紹興三年僧道雄重建仍以大曆壽聖爲額三十二年改賜今額

嘉福院在縣南六十五里乾德五年於懷靜禪師

院基上建號嘉善院後改額今廢

蕭山縣

祇園寺在縣西北一百步東晉咸和六年許詢捨山陰永興二宅建寺號崇化穆帝降制云山陰舊宅名曰祇園永興新宅號曰崇化會昌廢建隆元年重建寺有閣藏仁宗皇帝御書後歸寶文閣治平三年改賜今額

覺苑寺在縣東北一百三十步齊建元二年江淹子昭玄捨宅建會昌廢大中二年重建賜名

昭玄寺祥符中避

聖祖名改今額寺有大悲閣熈寧元年沈眘

達遼爲之記又作八分書寺額四字筆意極

簡古閣後壁有毗陵戚舜臣水戚氏以畫水

名家此壁尤爲識者所貴并眘達文及書謂

之三絶或詆戚氏以爲似印版水紙過矣

廣化寺在縣南四十里梁大通二年建號法興寺

會昌廢咸通十三年重建治平三年改賜今

額

覺海寺在縣南四十里唐會昌元年建號政信寺

五年廢晉天福四年重建祥符元年改賜今額

慈雲寺在縣西南四十里梁天監十二年僧寶誌於許玄度宅基上建號開善資寶寺會昌廢晉天福三年重建祥符元年改賜今額

惠濟院在縣東北一百五十步晉天福五年悟眞師於古崇寺基上建號資國看經院太平興國七年改惠通院治平三年改賜今額

淨土院在縣西一里唐開寶五年於古善明寺基上建號彌陀院太平興國七年改賜今額

正覺院在縣東五十步後唐天成元年吳越武肅王建號十善院院有浴室王絲父衮建謝絳爲銘祥符元年改賜今額

廣慈禪院在縣南七十里梁大同二年建號安禪寺隋大業十三年廢晉天福七年重建吳越改保安禪院景德二年改今額寺多勝槩范希文葉道卿元厚之沈存中施正臣唐彦猷晁美叔吳伯固皆留題其中又有柳郎中永題會景亭有分得天一角織成山四圍之句永以樂府得名此詩雖不高亦不失爲工也

眞濟院在縣南三十八里唐武德七年建會昌廢
晉天福六年重建吳越文穆王給興國禪院
額太平興國七年改賜今額
和慶院在縣南六十五里唐天祐十六年建號龍
門院祥符元年改賜今額
明化院在縣西一十二里後唐長興三年吳越文
穆王建號化度院景德三年改今額
開善院在縣東四十里晉天福元年建號資化院
祥符元年改賜今額
淨惠院在縣南三十五里晉天福八年建號妙緣

院祥符元年改賜今額
廣法院在縣西一十二里後唐天成元年建號六
通救苦禪院祥符元年改賜今額
廣福院在縣西南七十里後唐同光元年建號龍
門護國院毀於建炎紹興二十九年僧妙通
重建輦大監湘爲記祥符元年改賜今額
資教院在縣東一十四里晉開運三年建號崇眞
院祥符元年改賜今額
興法院在縣東四十里梁大同三年建號大翔寺
隋大業十三年廢晉天福八年重建吳越改

寶乘院祥符元年改賜今額

淨土院在縣南八十里梁大同二年白敏將軍捨宅建號白墅寺會昌廢咸通九年重建祥符元年改賜今額

資福院在縣西一十二里周廣順元年建號妙福院祥符元年改賜今額

重興院在縣西九十里本晉許徵君巖下寺會昌廢咸通十四年重建改賜今額

顯教院在縣南一十五里乾德二年建號崇福院舊有閣面衆山曰環翠爲士夫登覽之所者

僧猷庸鄙客數至乃易爲諸天閣與山相背無復舊觀治平三年改賜今額

興教院在縣南一百里唐天祐二年建號靈峯院祥符元年改賜今額

普惠院在縣南八十里唐天祐二年建號華嚴院祥符元年改賜今額

聖果院在縣西南四十五里唐咸通九年建號靈峯萬壽院治平三年改賜今額

資利院在縣東三十里舊係白鶴接待院紹興十五年僧請于府乞以迴向資利院舊額歸焉

栖眞院在縣南七十里漢乾祐二年建號福安院

治平三年改賜今額

興善院在縣東五十里晉天福三年建號新興院

治平三年改賜今額

靈峯院在縣南八十里周顯德六年建號鄣峯院

治平三年改賜今額

法印院在縣南九十里周顯德二年建號法華院

治平三年改賜今額

六和院在縣南六十里漢乾祐元年建號六通興福院治平三年改賜今額

崇因院在縣南六十里漢乾祐二年建號崇明院
治平三年改賜今額
隆興寺在縣西一里舊係接待院乾道五年僧請
于府乞以隆興寺舊額歸焉
餘姚縣
龍泉寺在縣西二百步東晉咸康二年建唐會昌
五年廢火中五年重建咸通二年改今額龍
泉在寺山王荆公有絶句所謂四海蒼生待
霖雨不如龍向此中蟠今有大字刻於泉旁
葢後人倣公書爲之非真筆也

高宗皇帝巡幸時泊御舟於亭前江中寺又有碑乃虞世南撰武后天授中布衣董尋書世南止曰虞南蓋避太宗諱按太宗在位時羣臣皆不避其名如虞世南蘇世長李世勣等是也世勣至高宗初乃去世字止曰李勣猶用古禮卒哭乃諱之文世南卒於太宗時未嘗單名南此碑蓋書人追去之也

九功寺在縣西一十五里齊建元中越州刺史荣頵捨宅建號休光寺會昌廢大中十二年重建周顯德五年吳越武肅王修改今額

圓智寺在縣南一里齊永明元年建號禪房寺唐
天寶四年改大法寺會昌廢咸通元年重建
大中祥符元年改賜今額
建初寺在縣南二百步晉大和元年建號平元寺
會昌廢周顯德四年重建吳越改興元寺大
中祥符元年改賜今額
普滿寺在縣東北一十五里周顯德六年建號靈
瑞塔寺大中祥符元年改賜今額
廣安寺在縣西北五十五里唐乾寧三年建號報
恩寺尋廢漢乾祐二年重建大中祥符元年

改賜今額
長慶院在縣東北三十五里唐長慶四年建號柯
城道場院會昌廢大中二年重建天祐六年
吳越改今額
羅漢院在縣東一里三十步梁大同元年建號棲
閑院會昌廢周顯德四年高景淮重建改賜
今額
應天鎮國禪院在縣西一里龍泉山之上唐大中
五年何延竦等建號聖德禪院咸通十五年
改賜今額

悟法院在縣西南六十里梁天監元年建會昌廢大中元年重建號四明寺天祐八年吴越改東明禪院大中祥符元年改賜今額

普濟院在縣東北六十里唐大中元年建號上林院大中祥符元年改賜今額在上林湖山之西麓俗謂之西寺山勢回抱地學者多稱之以爲可亞四明之天童山陳康肅公爲漕案行窐所嘗來遊有詩云山遠峯峯碧林疎葉葉紅凭欄對僧語如在畫圖中今刻石寺中

隆慶院在縣東北六十里梁大同元年建號上林

院唐文德元年改仙居院大中祥符元年改賜今額俗謂之東寺山有仙人跡深寸又有淨聖泉大旱不枯謝師厚景初題詩邑中頗多其上林湖山詩云山水有奇秀何必耳目親茲地世未知偶游良可珍平湖瞰其中翠巘圍四垠青松千萬植落瀑如懸巾佛廟聳殿塔裝點繪畫新清谿與斷崖水石聲磷磷峯巔見滄海日出常先晨花草時節異寧問秋夏春陵谷千萬古豈無稱道人得微言不信又恐遠故堙樽酒且樂我醉來事事均題

觀仙居山瀑布云落泉下峭壁斗絶千萬丈濺急雪片飛望若匹練廣曲嶺隔青林三里已聞響其旁有巨石平潤可俯仰愚俗所不道我輩偶來賞須期秋色清攀蘿將爾上師厚希深之子一代名士詩尤得名歐陽文忠公梅聖俞王文公皆推之黄魯直娶其女自言從謝公得句法

如意院在縣東北三十五里晉天福六年建號保安院大中祥符元年改賜今額

寶積院在縣西三十五里晉天福六年建號保安

院大中祥符元年改賜今額

廣教院在縣西北四十五里晉天福六年建開山僧於土中得石佛五尊奏請賜號瑞明大中祥符元年改賜今額

西福昌院在縣東北三十五里周廣順元年建號烏山資福院大中祥符元年改永安院政和元年以寺犯陵名改賜今額

普明院在縣西北三十五里漢乾祐元年建號松山報恩院大中祥符元年改賜今額

東福昌院在縣東北七十里唐長慶四年建會昌

廢大中二年重建吳越給永壽院額大中祥
符元年改賜今額
建福院在縣西北三十五里梁天監元年建號天
香院隋大業元年毀周顯德二年重建改天
華院大中祥符元年改覺朗院崇寧元年改
賜今額
普圓院在縣南三十五里後唐清泰元年建號化
安院大中祥符元年改賜今額
法性院在縣東二百三十步晉天福七年邑人於
古大寧寺基上建有大士像隨潮而至父老

迎眞于院改觀音院大中祥符元年改賜今
額
靜凝教忠寺在縣西北五十里本號姜山院祠一
女子曰孟姜不知何世人也俗傳繆妄可笑
會昌廢晉天福二年重建改報國興福院大
中祥符元年改靜凝院隆興元年李莊簡公
家請爲功德院增教忠二字
清果院在縣東北七十里晉天福七年建號鹿田
院治平三年改賜今額
禪慧院在縣東北七十里晉天福七年建號精進

院治平三年改賜今額
明眞院在縣南三十里靈源山後唐長興元年建
號四明院治平三年改賜今額
雙林院在縣東南四十里唐天祐元年建號雙桐
院治平二年改賜今額
正覺院在縣南二十五里唐天祐元年邑民邵詧
捨山建會高麗僧永乾遊方至此乃請居焉
爲開山祖晉天福中吳越文穆王給昭覺院
額治平三年改賜今額
極樂院在縣南一里漢乾祐元年建號彌陁院治

平三年改賜今額

超果院在縣西南一十五里唐天祐元年建號越安院治平三年改賜今額

普安院在縣南一十五里晉開運二年建號興安院治平三年改賜今額

慈聖院在縣南七十里晉開運二年建號白雲院治平三年改賜今額

嘉福院在縣東北四十里

報先院在縣南五十里紹興二十一年主奉吳王祠事乞移東京報先院額建

勝果院在縣東北三十里紹興十七年右從事郎張昉乞移應天府勝果院額建昉文定公曾孫

地藏尼院在縣西南一里

上虞縣

等慈寺在縣東一里梁天監二年建始曰化民院後改上福禪院會昌毀廢咸通元年重建後唐長興四年改上福寺祥符元年又改等慈後廢于火長老智策台州人道譽甚盛自號塗毒巖主既至等慈首創三門極於閎壯

長慶寺在縣北四十里咸通二年建號永壽寺大

中祥符元年改賜今額

興教禪院在縣西南四十里唐乾符六年建號建福院天祐三年吴越改象田禪院太平興國九年改賜今額

戒德院在縣西北五十里唐大中十年建咸通九年賜名義讓寺治平二年改賜今額

上乘院在縣西南七十里在唐爲林光寺大善道場嘉猷禪師奏建會昌毁廢大中五年三白和尚道全重建咸通九年更爲大興善禪院越州觀察使李郢書額治平三年改賜今額

智果院在縣東十里後唐清泰元年建號建福院
大中祥符元年改賜今額

國慶禪院在縣西南五十四里唐元和四年安禪
師建咸通九年賜今額即謝太傅故宅也

明教院在縣西北二十里後唐清泰元年建號仙
壽院大中祥符元年改賜今額

重明院在縣西北四十里唐大順二年於古興善
寺基改建尋賜機證禪院額其額用綃素書
今存同光四年吳越改給今額

普淨院在縣西北七十里晉天福七年號報恩院

大中祥符元年改賜今額
法果院在縣西南五十里晉天福六年建號含珠
院初閩僧從契栖隱于此邑人馮實爲創禪
齋焉大中祥符元年改賜今額
棲禪院在縣南三十五里唐開成三年建號錢溪
院會昌廢光化元年重建天復三年吳越改
錢溪羅漢院大中祥符元年改賜今額
咸通寶泉院在縣南五十里唐大中七年建咸通
六年賜額
智度院在縣西南三十里晉天福七年建號光相

院舊寺在黄茆嶺下和尚山之巔遺址宛然
寺之未遷也鐘磬之聲與今寺之山相應後
乃遷此大中祥符元年改賜今額
諸林院在縣東南七里後唐長興三年建漢乾祐
二年吳越給額
勝因院在縣南六十里晉天福七年建號永清院
大中祥符元年改賜今額
澄照院在縣南四十里晉天福二年建號涼泉院
大中祥符元年改賜今額
東資聖院在縣東南十五里晉天福八年建號聖

壽院大中祥符元年改賜今額

法界院在縣北一十里唐咸通二年建後唐同光二年吳越給利濟院額大中祥符元年改賜今額

栖仁院在縣南三十五里唐天復三年僧行先建晉天福七年吳越給額

太岳院在縣南五十里本晉白道猷結菴之地後唐清泰元年陳師益等建

乾符報恩院在縣南四十里唐乾符三年建

明因院在縣東南一十里晉天福五年建開運四

年吴越給福泉院額治平三年攺賜今額
瑞像院在縣西南一十五里晉天福六年於古南
源院基上建開運四年吴越給額
西資聖院在縣南五里唐咸通七年姜進思捨地
建八年給額
海惠院在縣東南十五里晉天福七年建漢乾祐
二年吴越給仙鳳院額治平三年攺賜今額
化度院在縣東南一十里晉天福五年建號雲溪
院大中祥符五年攺賜今額
廣教院在縣西四十里開寶四年有僧築菴山下

鎮國軍節度使■事治因建爲寺易名保安
治平三年賜今額國初嘗置官窑三十六所
於此有官院故址尚存
奉國報恩院在縣西南二十五里唐元啓二年建
廣明寶蓋禪院在縣南五十里唐廣明二年建
淨衆院在縣西北五十里晉天福四年建賜名見
明院治平二年改賜今額
福祈禪院在縣西北三十五里晉天福四年建
福仙院在縣西北三十里唐咸通八年建
湧泉院在縣南二十里漢乾祐二年建

新昌縣

寶相寺在縣西南一十里齊永明中僧護鑿石造彌勒像建寺號石城至梁天監十二年像始成身高百尺劉勰作記唐會昌五年建三層閣改寺曰瑞像閣大中祥符元年賜今額以歲久傾圮淳熙元年僧智高一新之漢嘉所謂大佛者高千尺過此殆十倍黎陽大佛者又加大焉嘗云盜數人捕不可得久之乃於佛耳中獲之

雲居寺在縣東北三十里宋元嘉二年建會昌毀

廢晉天福九年吳越重建號石門寺大中祥符元年改賜今額

大明寺在縣東北二十五里昔沙門法乾支道林白道猷下築東岇山晉隆和元年賜號東岇寺會昌毀廢後唐同光元年重建後徙高碑大中祥符元年改賜今額

七寶院在縣西南五里舊號元華寺齊永明中孟蘭法師建會昌廢晉開運三年趙仁奕見巖龕有石佛千身重建院宇改千佛院大中祥符元年改賜今額

福聖院在縣北八十步周顯德元年僧昭度建五年吴越給無礙浴院額大中祥符元年改賜今額

寶嚴院在縣西九十步晉開運二年趙仁奭建漢乾祐二年吴越給釋天院額大中祥符元年改賜今額

慧雲院在縣東南六十里唐會昌六年僧師祐建後唐清泰二年吴越給九巖院額大中祥符元年賜今額東廡有水出石罅間名蒙泉

興善院在縣西南四十里晉太康十一年西域僧

幽閑卜築於此號新建寺會昌廢大中元年
重建廣明元年賜號興國禪院治平三年改
賜今額
祖印院在縣西南二十里宋元嘉中建號南巖院
會昌廢咸通八年重建大中祥符元年改賜
今額
廣福院在縣東南六十里周廣順元年大寂禪師
德韶建號天姥院至道三年改賜今額
沃洲真覺院在縣東四十里方新昌未爲縣時在
剡縣南三十里居沃洲之陽天姥之陰南對

天台山之華頂赤城北對四明山之金庭石皷西北有支遁養馬坡放鶴峯東南有石橋溪溪源出天台石橋故以爲名晉白道猷竺法潜支道林乾興淵支道開威藴崇實光識斐藏濟度逞印皆嘗居焉會昌廢大中二年有頭陀白寂然來遊戀戀不能去廉使元微之始爲卜築白樂天爲作記以爲東南山水越爲首剡爲面沃洲天姥爲眉目其稱之如此舊名眞封寺不知其始治平三年賜今額

列翠院在縣西南二十里宋元嘉二年建唐咸通

八年賜額

鷲峯院在縣東南六十里本號靈巖院唐天寶三載建會昌廢後唐清泰二年重建嘉祐七年改賜今額

天宮院在縣東北三十里本號靈居院梁普通元年建會昌廢大順元年重建治平三年改賜今額

華藏院在縣東南六十里本號龍巖院唐龍紀元年僧文肅建治平三年改賜今額

昌法院在縣東四十里本號靈慶院周廣順元年

建治平三年改賜今額
保福院在縣東一十五里本號遵德保安院周顯
德三年建治平三年改賜今額
香林院在縣東北三十里本號梅林院周顯德四
年建
普閏院在縣西三十五里晉天福六年建號華嚴
院後改清潭院治平三年改賜今額
普門院在縣東三十里本號觀音院晉天福八年
建治平三年改賜今額
方廣院在縣東北一十五里元號華嚴院乾德六

年建治平三年改賜今額

戒壇

開元寺昭慶戒壇咸平四年寺僧曉原立浮屠之法必受戒二百五十乃成爲桑門不然雖已祝髮或巳說法爲人師猶謂之沙彌而巳所謂高沙彌者是也戒壇舉天下財二三所往往行數千里受戒其後寖多今處處有之會稽戒壇在開元寺賜額曰昭慶遇

聖節則開以傳度其徒以爲盛舉有臨壇僧二十餘皆推擇有行業者府爲給帖初戒壇

四面皆爲天王及日月星宿之象而僧踐其
上宣和初　詔禁之皆毀去然近歲創者亦
復有之矣
尼戒壇在大慶寺大殿之後
道戒壇每年　聖節就天慶觀三清玉帝大殿
接待
會稽樊江接待院
平水石碑頭接待院承節郎馬正卿造
太平山接待院本謝敷舊隱從事郎錢筠年於進
士鍾邦俊所捨基内葢造法堂庫堂三門仍

買田辦供邦俊又自葢造僧堂及買田并柴
山
山陰虹橋接待院紹興五年僧法宥師覺募緣葢
佛殿及建藏
三江玉山觀音堂接待
嵊縣黃沙接待院
諸暨中浦接待院紹興初臨安府靈芝大智律師
元照創立慶元元年監左藏西庫呂昭亮買
田辦供又募衆葢造佛殿法華懺堂三門浴
室廚庫等

紫巖岳廟接待院
新昌開嶺接待院
餘姚西横河接待院
仙亭接待院
施水
稽山門施水坊
櫕宫步觀音懺堂施水
昌源施水坊
常喜門外跨湖橋施水坊
沉釀堰施水坊

梅市貞隱施水坊

九里施水坊

會稽志卷第八

會稽志卷第九

山

府城

卧龍山府治據其東麓隸山陰舊經云種山一名
重山越大夫種所葬處太平御覽種山之
名因大夫種以語訛成重也寰宇記隋開
皇十一年越國公楊素於種山築城自隋
汔唐即山爲州宅吳越備史云遜王倧於
卧龍山西寢後置園亭栽植花竹周徧高
下旦暮登臨汔于四時倧能爲歌詩亭榭

間紀録皆滿臥龍山名始見於此
國朝康定初范文正公撰清白堂記云會
稽府署據臥龍山之北足上有蓬萊閣嘉
祐末刁景純撰望海亭記云越冠浙江東
號都督府府據臥龍山爲形勝山之南亘
東西鑑湖也山之北連屬江與海也周連
數里盤屈於江湖上狀臥龍也龍之腹府
宅也龍之口府東門也龍之尾西園也龍
之脊望海亭也先是越句踐剏飛翼樓取
象天門東南伏漏石竇以象地戶陵門四

達以象八風因山勢畚築爲城一千一百二十步至唐人以堞侒址爲望海亭其後亭閣崢嶸踵起相望與其山川暎帶號稱仙居元微之夸州宅示白樂天詩云謫居擔得小蓬萊樂天荅云大夸州宅似仙居微之題望海亭云湖山四面爭氣色曠望不與人間同東坡詩云臥龍盤屈半東州秦少游詩云共躡丹梯上臥龍佺詩多不悉載山西北幽徑蔽虧傍皆叢篁灌木其地鈌齾不整傳云大夫種墓曩因潮水穴山後失其尸也前太守申約束止樵採務在封殖以爲軍府芘暎然百年喬木成章者可數園林竹樹雖數

榮擢秀大抵多比。咸所植也地出佳茗以山泉烹瀹爲宜景祐中蔣吏部堂閲山亭云府山一名臥龍爲一境形勝予視亭之明日見其竹樹零悴僅有半在問吏曰爲昔人剪伐使然自謂非予手土比山殆將童矣於是申約束止樵採作閲山詩云東南巨群山形氣或斷續茲山窮薪絶孤峙越之腹呼吏對泉石申禁護林麓熙寧十年程給事公闢植松千餘章於山上秦少游撰樂安公唱和詩序云昔樂安蔣公以山冨草木樵蘇所採令於公府止之湖地沃衍田於豪奪爲表於朝廷復之又廢山西濬祠引湖流爲流觴曲水文山永閣棹歌之詩至今稱焉程公能述樂安公之志狂枝惡蔓斬薙以時秀甲玲芽無得輒取春秋往日開池築具舟輿民共遊而樂之隆興二年吳給事

臥龍山草木記云越城八山蜿蜒奇秀臥龍山也山之陽州宅據其下是宜林

叢茂乃大不然驅斂下卒葦糞壤除播翳種竹萬竿桃李千本方將蓺茶於秋栽松於冬植花卉於春以盡復舊觀而予還朝矣飭吏枚數竹之數公所植外凡得七百餘根併列于碑陰大夫種墓舊云其處輿地志云種山西缺處是也范公清白堂記云山巖之下莽蒦廢井視其泉清而白色味之甚甘以建溪日鑄臥龍雲門之茗試之甘滑華滋說人襟靈張伯玉蓬萊閣詩自注臥龍山茶冠吳越

山南舊傳白樓亭今遺址無所考山巔城隍祠其西南越王臺下爲威果營營有烏龍井連營居民櫛比爲臥龍坊舊經引孔曄會稽記云種山南有白樓亭江夏太守宋輔於此立學教授沛國豆儀避地至會稽聞陳業賢往候之不見臨去入交州留書繫白樓亭柱而別世說

又云許玄度孫興公共於此商略古今賢達支道林聞之云二公故自有才情注白樓亭在山陰臨流映壑十道志云白樓山飛翼樓山南頭也白樓一作百樓蓋種山之南先有白樓亭故山亦以此名信如志言飛翼樓山南頭今望海亭即其地也或云自山西百餘步出常喜門今尚有白樓樞云自吳越以後山以卧龍著故他名寖泯

龜山在府東南二里二百七十二步隸山陰一名飛來一名寶林一名怪山舊經云山遠望似龜形故名越絶云龜山句踐所起遊臺也東南司馬門因以灼龜又仰望天氣觀天怪也臺高四十六丈周五百三十步具越春秋二

城既成瑯琊東武海中山一夕自來故名怪山寰宇記又云龜山下有東武里即瑯琊東武山一夕移於此東武人因徙此故里不動山巔有巨人迹錫杖痕靈鰻井多寶塔遊臺一名觀臺唐徐季海詩云茲山昔飛來遠自琅耶臺孤岫龜形在深泉鰻井開李公垂詩云一峯凝黛當明鏡千仞喬松倚翠屏元微之詩云一峯墺伏東武小兩峯鬭立秦望雄自郡齋南望屹然相對其浮圖侵雲漢張伯玉有清思堂雪霽望飛來山詩云隱几高堂

上坐對飛來峯梵塔倚天半樓臺出雲中又題寺壁云一峯來海上高塔起天心秦少游録寶林事實云越城凡三山能與秦望山爲主客者卧龍寶林蕺山也其城南左右數十里疾馳屹立皆屬於秦望又率其左右之山囬鑑水謁于越城卧龍爲郡守所治蕺山少東不能正受秦望之謁葢越之形勢自卧龍而下未有如寶林者今寺名報恩光孝禅寺

紹興初以

濮安懿王園廟寓焉

山舊傳有聖母閣州龜公冢許玄度書堂
迹皆泯以井有畫鰻一名靈鰻岫昔有老
僧且暮鑿是山鐫鑿不絶又加以火灼醋
淬巖崖幾盡故薛吏部堂詩云聞之有炎
刕歲久苦刓刻鑿聲響深崖火爐淬層壁
平爲土木基蔑有蒼翠色金粟千億身窣
堵百餘尺

戢山在府西北六里一百七步隸山陰舊經云越
王嗜戢採於此山故名晉王右軍羲之故居
也按羲之傳甞在戢山見一老姥持六角竹
扇賣之羲之書其扇各五字姥初有慍色因
謂姥曰但言是王右軍書以求百錢姥如其
言人競買之佗日姥又持扇來羲之笑而不

荅今山下有題扇橋墨池鵝池戒珠寺寺有右軍祠堂唐衢州刺史趙璘直寺碑云句踐故城東北三里有山曰蕺蕺蔬類也傳云昔越君所嗜常採於此遂用名之

火珠山在卧龍山隅小而圜絶類龍頷之珠為浙東提刑廨上有稽山閣西有識舟亭今廢

陽堂山在府南二里二百四步隷山陰一名鮑郎山山西有鮑郎祠舊經云鮑郎東漢人名蓋生好獵死葬於此兒忽夢郎更生急開棺視之尸儼然但無氣爾人事之頗有靈驗事見郡國記寰宇記

蛾眉山在府東二百九步隷山陰

白馬山在府東北三里三百一十六步隷會稽
彭山在府北三里三百一十六步隷會稽舊經云
昔彭祖隱居之城也有助海侯廟
會稽縣
會稽山在縣東南一十二里周禮揚州之鎮山曰
會稽山海經云會稽之山四方上多金玉下
多砆石勺水出焉史記云禹會江南計功而
崩因葬焉命曰會稽會稽者會計也注禹到
大越上苗山爵有德封有功因更名曰會稽
吴越春秋禹還大越登茅山以朝四方羣臣

乃大會計治國之道內美釜山別鎮之功外演聖德以應天心遂更名茅山曰會稽之山輿地志云會稽山一名衡山其山有石狀如覆鬴亦謂之覆鬴山十道志云會稽山本名茅山一名苗山一名塗山禹行天下會稽名山因地爲名吳夫差入越王以甲楯五千保會稽山太平御覽會稽之山古防山也亦名茅山又曰棟山越絶云棟猶鎮也即揚州之鎮山三國志虞翻曰南山攸居實爲州鎮隋開皇十四年詔會稽等山並就山立祠唐開

元十四年封四鎮山爲公會稽南鎮曰永興公唐地里志會稽縣有南鎮永興公祠即此山也自經史地志所著曰苗山曰茅山曰衡山曰釜山曰防山曰覆甑又曰棟山亦曰南山實一山也東北接觀嶺其上有磐石屹立曰降仙臺一曰苗龍仙人臺永興公祠之側有茗隝淘沙徑思古亭遺址山南別峯曰石傘峯之下有唐齊抗書堂蓮蠶養魚池山西北五里即禹井禹廟今爲告成觀又西百餘步有大禹寺菲飲泉山與宛委相接宛委山即禹穴號陽明洞天按

舊經引吳越春秋東南天柱號宛委乃禹藏
書處在會稽山南三里則宛委別一山也又舊
經云會稽山周回三百五十里蓋總言東南
諸山之隸會稽郡者如晉王彪之刻石山賛
云會稽刻石山宋何太祖諱得云居會稽秦望
山然則刻石秦皇皆可以會稽山名之泊宅
編云會稽東南巨鎮對秦梅李尖山謂之筆
案其周回六十里此又兼言賓山也然則會
稽云者諸山
之通稱爾

秦望山在縣東南四十里舊經云衆嶺最高者輿
地廣記云秦望在州城南爲衆峯之傑秦始
皇登之以望東海宋何太祖廟諱居會稽秦望山
山有飛泉西起學舍即林成援因巖爲堵別
爲小閣室寢處其中又於山側營田二頃講

隙從生徒游之太平御覽云山在州城正南涉境便見秦始皇帝登山以望南海自平地取山頂七里懸磴孤危峭路險絶攀蘿捫葛然後得至山上無甚高木當由地迥多風所致山南有譙峴中有大城王無餘之舊都也苟踐語范蠡曰先君無餘國在南山之陽社稷宗廟在湖之南山有三巨石屹立如筍龍池冬夏不竭俗號聖水傍有崇福侯廟山在府城南與今府治屹對謂之南山爲宜今人以南鎮公祠在會稽山南即以唐所封鎮山遂爲南山又爲會稽山也吳越春秋云越王無餘國在南山之陽太平御覽以越王無餘之舊

都繫之秦望山此爲有證咸平中陸參撰法華山碑云夏后氏巡付越山方名會稽後世分而爲秦望鑿而爲雲門法華其實一山然則秦望亦可以會稽名之自秦始皇登此山以望南海又陟天柱之高峯以望秦中始有秦望望秦之名而秦望最著十道志秦始皇登秦望山使李斯刻石其碑尚存姚令威叢語云予嘗上會稽東山自秦望山之巔並黄茅無樹木山側有三石筍有水一泓別無它石筍上並無字以此訂之始皇所刻石不在此山明矣舊經會稽之別峯曰茅峴此山之南亦有譙峴茅譙音近似疑傳之訛也

望秦山在縣東南三十二里舊經云秦始皇與羣臣登此以望秦中也一名天柱峯一名卓筆峯葢會稽山之別峯下有錢遜王倧墓或疑望秦山一名天柱峯即宛委山之一峯也然舊經以望秦山列秦望山之次今因之元微之望海亭

詩云兩峯闕立秦望雄自注兩峯謂秦望望秦二山王龜齡賦亦云山有秦望而望秦

宛委山在縣東南一十五里舊經云山上有石簣壁立干雲升者累梯而至十道志石匱山一名宛委一名玉笥有懸崖之險亦名天柱山昔禹治水歌功未成乃齋於此得金簡玉字因知山河體勢水經云玉笥竹林雲門天柱精舍並疎山爲基築林栽宇割澗延流盡泉石之好太平御覽云會稽石匱山上有金簡玉字之書夏禹發之得百川之理山下有棲神館唐改爲懷仙館今爲龍瑞宫道書云陽明洞天一云極玄太玄

之天山巔有飛來石其下葛仙翁丹井山南葉

天師龍見壇太史公上會稽探禹穴史記注云禹至會稽因葬焉上有孔穴民云禹入此穴自舊經諸書皆以禹穴繫之會稽宛委山里人以陽明洞爲禹穴今無所攷惟唐鄭魴書禹穴二大字元微之銘而魴序之然昌黎送惠師云甞聞禹穴奇東去穿甌閩越俗不好古流傳失其眞則禹穴不可定名久矣舊經引遁甲開山圖云禹治水至會稽宿衡嶺宛委之神奏玉匱書十二卷禹開宛委山得赤珪如日碧珪如月各長一尺二寸吳越春秋引黃帝中經云東南天柱曰宛委赤帝在闕其巖之巔承以文玉覆以磐石其書金簡玉字編以白銀皆瑑其文及禹巡衡岳血白馬而祭之夢見赤繡衣男子自稱玄夷使者聞帝使命于斯故來候之倚歌覆鬴之山顧謂禹曰欲得我神書者齋於黃帝皇岳之下三月庚子登宛委山發金簡之書按金簡玉字得通治水之理上說不經姑録之

射的山在縣南一十五里舊經云山西石室乃仙人射堂也東峯上有射的遥望山壁有白點如射侯土人常以占穀貴賤語曰射的白米斛百射的玄米斛千其石室深可二丈遥望類師子口俗謂之師子巖太平御覽云射的山半石室之東高巖臨潭有石的岫形甚圓明視之如鏡唐李白詩云仙人居射的道士住山陰

白鶴山在縣南一十五里一名箭羽山孔靈符會稽記云射的山西南水中有白鶴山此鶴常

爲仙人取箭曾刮　尋索遂成此山漢鄭弘少貧賤採薪爲業嘗於山中得一遺箭羽鏃異常心恠之頃之有人覓箭弘以還之後遂得朝南風暮北風也鄭弘南北風事見樵風涇注

石帆山在縣東一十五里舊經引夏侯曾先地志云射的山北石壁高數十丈中央少紆狀如張帆下有文石如鷄一名石帆十道志云山遥望如張帆臨水謝惠連汎南湖至石帆詩云連漪繁波綠參差層峯峙南湖即今鏡湖也宋之問詩云石帆來海上天鏡出湖中

赤堇山在縣東三十里舊經云歐冶子爲越王鑄劒之所越絶云赤堇之山破而出錫若耶之溪涸而出銅吳越春秋薛燭曰赤堇之山已合無雲文選張景陽七命云耶溪之鋌赤山之精赤山即此一名鑄浦山

若蕡山在縣東十二里舊經云秦皇東遊於此供芻草俗呼遶門山

寶山在縣東南三十里一名上皐山今櫕宫山也東接紫雲山昔有龍憇山上紫雲乘之旁聯錫山産錫之所南抵下皐富盛山

西北接龍尾若賁諸山山崦有趙家嶴一名趙樂嶴西塘裏城今禁圍內陵兆所宅乃其地也山巔號白鹿尖新婦尖雞籠山五峯嶺其對案曰梅李尖自寶山東七里有巨石中圓竅深可一尺廣可四尺號鳳皇窠昔鳳生雙雛從此翔去今山下有上凰村下凰村亦名鳳林方勺泊宅編云會稽山爲東南巨鎮周回六十里下瞰鏡湖有山横抱如几案案外尖峯曰梅李尖地理家謂之筆案當勺所著在宣和建炎中尚未卜

宮陵也剏十餘里間憇龍雛鳳産錫蓄寶

儲慶錫羡於今日豈偶也哉自龍尾山五峯嶺青山等名皆舊經所不著上皋山即寶山也龔頤正稽古録紹興府　攢宮號寶山是也

紫雲山在縣東南五十里舊經云昔有遊龍憇此山中常有紫雲起故以爲名

富盛山在縣東四十里

下皋山在縣東三十里

錫山在縣東五十里舊經云越王採錫於此舊傳山出鉛銀或坯鑿取之忽山嘯摧壓數十丈今迹存焉其後里人無敢採者此山去寶山不遠意寶山之名或取此

白鹿山在縣東南二十九里越絶云在大亭山南

若耶山在縣東南四十四里舊經云葛玄學道於此山晉謝敷傳後還南山若耶中宋何（太祖廟諱）居若耶山山發洪水樹石漂拔其室獨存山下有潭潭上有石號葛仙石（舊經云葛玄所隱桐几化成白鹿三足共行兩頭各更食十道志云葛玄於此山升仙所服白桐几化爲兩頭鹿一頭食草一頭望人）

何山在縣東南四十七里即何（太祖廟諱）所居

雞山在縣東南五十里俗稱雞籠山越絶云雞山在錫山之南句踐蓄雞於此將伐吴以食士

也
鶴鳴山在縣東南五十七里　郡國志云山上時有
鶴鳴
洞浦山在縣東南二十四里舊經云即湖南龍尾
山西南之趾
陶宴嶺在縣東南四十四里舊經云陶弘景隱於
此山有巨石高數丈傳云昔爲任公釣磯
日鑄嶺在縣東南五十五里地産茶最佳歐陽文
忠歸田録草茶盛於兩浙兩浙之品日鑄第
一黄氏青箱記云日鑄茶江南第一華初平

云日鑄山茗天眞清烈有類龍焙昔甌冶子鑄五劒采金銅之精於山下時溪涸而無雲千載之遠佳氣不泄蒸於草芽發爲英榮淳味幽香爲人資養也

葛山在縣東一十里越絕云句踐罷呉種葛使越女治葛布獻呉王夫差也呉越春秋云句踐種葛於此採葛人歌曰嘗膽不苦味甘飴今我採葛以作絲

銅牛山在縣東南五十八里夏侯曾先志云射的山南銅牛山即越王鑄冶處舊經云昔銅牛見於靈汜橋人

逐之奔入此山掘地視之悉銅胷也又云有黄牛於此山噉草樵人見之謂是民家放牧或驅之失所在太平御覽云事出孔曄會稽志

嶸山在縣東七十里舊經云漢駱夫人學道於此昇仙有石室石井丹竈存焉嶸音豪上虞縣嶸山名同今兩存之

雲門山在縣南三十里舊經云晉義熙二年中書令王子敬居此有五色祥雲見詔建寺號雲門今爲淳化寺雍熙顯聖廣福唐孟東野詩云碧嶂幾千繞清源萬餘流蓬瀛若彷佛四野多泛浮杜子美詩云若耶溪雲門寺青鞋布

禨從此始山有謝敷宅何公井好泉亭王子敬山亭永禪師臨書閣

土城山在縣東六里吳越春秋越王使相者求美女於國中得之苧羅山鬻薪之女西施鄭旦飾以羅縠教以行步習於土城教於都巷三年學服而獻吳王舊經引州僚記云越王作土城以貯西施即此山下有浣沙石

犬亭山在縣東南三十里舊經云越王畜犬獵南山白鹿即此越絶云句踐畜犬獵南山白鹿欲得獻吳故曰犬山其上高爲犬亭

稱山在縣東北六十里舊經云越王稱炭鑄劍於此越絶云句踐時采錫於山爲炭稱炭聚載從炭瀆練塘各因事名之俗呼稱心山

鄭弘山在縣東南三十里弘仕後漢爲太尉

鹿池山在縣東南八里鏡湖中舊經云山中昔有白鹿故名一云越王養鹿於此俗呼鹿墅山

刻石山在縣西南七十里一名鵝鼻山自諸暨入會稽此山爲最高晉王彪之會稽刻石山詩云隆山嵳峩崇巒嶕嶢傍覿滄洲仰拂玄霄文命遠會風淳道遼秦皇遐巡邁茲英豪宅靈

基可銘跡峻嶠蓋秦皇刻石頌德宜在此山姚令威叢語云自秦望行小徑至一山俗名鵝鼻山頂有石如一屋插碑其中文皆爲風土所剥隱約就碑可見闕畫如禹廟没字碑之類不知此石果岑石歟或云大篆小篆皆不可攷重見碑類叢語又云鵝鼻山險絕人罕至者得一採藥引之方至山西北屬山陰界

太平山在縣東南七十八里晉謝敷隱居太平山中十餘年以母老還南山若耶中太平山有三一在會稽一在餘姚一在上虞上虞之太平山一名傘山惟餘姚之山最著謝敷所隱屬會稽或

上虞未詳今繫於此從舊經也

儲山在縣東南一百四十里周處風土記云供儲在此又云張瑶種田立簷倉於山名之俗稱粟山

六山在縣北一十四里一名句踐山越絶書云句踐鑄劒銅不鑠埋之東坂其上生馬箠句踐遣使者種六山飾治爲馬箠獻吴王即此地舊經云唐天寶六年改爲句踐山今從越絶曰六山

脊山在縣南四十三里

姥山在縣東南一十五里山南二里又有姥嶺

大白山在縣東南七十五里

小白山在縣東南八十里

茅峴在縣東南一十五里茅君隱於此一名玉笥出美玉其形如笥山陽一峯狀如香爐又謂之香爐峯茅峴與會稽山接舊經會稽山一名苗山亦名茅山疑只此山然舊經茅峴有香爐峯蓋會稽山之別峯也今因之

稷山在縣東五十三里舊經穖山一名稷山越王種菜於此後漢謝夷吾爲穖鄉嗇夫即此越絶玄稷山句踐齋戒臺也十道志云一名稯山隋書會稽郡有稷山重山山會稽山葢稷山山之著者

幹山舊經云山南有許詢宅十道志許詢宅側許
公巖之南有落星石

陰山舊經云秦始皇移在會稽山之北有陰山之
稱

橫山在縣東三十四里舊經云山有草莖赤葉青
人死覆之更活寰宇記載同一云神異經東
方朔云

少微山在縣東一十二里職方郎齊公唐居也顧
內翰臨亭職方集云鑑湖東北有山巋然公
親率箕畚栽培其上而闢其下為寢疏泉為

沼植花卉果蔬爲圃與湖之西南會稽山禹祠相望爲山水奇偉之觀自名其山曰少微山

方干島在縣東南五里唐方干别墅也干咸通中居越中有詩云沙邉賈客喧漁市島上潛夫醉笋莊鄭谷題方干别墅云野岫分閑逕漁家並掩扉今鏡湖中小山是已

尚書隖在縣東南三十三里寰宇記云孔稚圭之山園也稚圭字德璋會稽人仕宋爲都官尚書

縠來嶺十道志云舜耕於此天降嘉縠之處嶺以

此名

刺涪山在雲門南山不甚高而登其上則見雲門陶宴諸山林立在下又山頂有池大旱不涸

山陰縣

塗山在縣西北四十五里舊經云禹會萬國之所按史記國語禹會諸侯於會稽執玉帛者萬國防風氏後至禹誅之史載仲尼之言曰越人得其骨節專車書曰禹娶於塗山注塗山國名左傳禹會諸侯於塗山杜預注在壽春縣東北說者云今濠州也蘇鶚演義云塗山

有四一會稽二渝州巴南舊江州三濠州四
當塗縣又引文字音義云嵞山音塗古國
名旣爲古國禹娶之宜矣自越絕　吴書皆云
禹娶于會稽塗山應劭曰在永興北永興今
蕭山縣也吳越春秋又兼載塗山之歌其說
不經大氐渝濠宣越之塗山皆有禹迹蓋禹之
濬川雖嘗徧歷海内其會諸侯於會稽則信而
有徵至娶婦處則好事者傳會於此非其實也
又柳子厚山銘東坡廟詩乃在渝濠非此之謂

侯山在縣西四里舊經云南湖侯山逈在湖中俗

名九里山葢昔時去縣之數也孔愉少棲此山後官至車騎封侯論者以愉致侯之兆見於此晉孔愉傳愉山陰人爲會稽内史在郡三年乃營山陰湖南侯山下數畝地爲宅草屋數間便棄官居之山有孔太守廟

蘭渚山在縣西南二十七里王右軍修禊序云此地有崇山峻領茂林脩竹

陳音山在縣西南四里一百五十步舊經引吳越春秋云范蠡進善射者陳音楚人也王曰善子之道願子悉以教吾國人音曰道出於天

事在於人人之所習無有不神於是乃使音教士習射於北郊之外三月軍士皆能用弓弩之巧音死王傷之葬於國西號其葬所曰陳音之山其冢悉畫騎射之形今對塘頭亭南湖中一山首北望者是也寰宇記以陳音山屬上虞縣非也

亭山在縣西南一十二里舊經云晉司空何無忌爲郡置亭於山上

蜀阜山在縣北三十五里舊經云自蜀飛來帶兒婦二十餘人隨山而至善織美錦自言家在

西蜀令忽至此或云句踐將伐吴置婦婦於
山以邀軍士後人以婦訛爲阜也十道志云
句踐以寡婦居此令軍人遊焉一名獨婦山
法華山在縣西南二十五里舊經云義熙十三年
僧曇翼誦法華經感普賢應現因置寺今爲
天衣禪院山有十峯咸平中裴使君莊各命
以名一法華二衣盂三積翠四朝陽五雲門
六倚秦七天女八猿嘯九起雲十月嶺山下
二溪東北流冬夏不竭唐李邕碑云其峯五
連其溪雙帶蓋謂此也萬齊融碑云雙鳥所

以示光今尚翔鳴舊經云山有雙鳥雛長則送出之舊經法華山在會稽縣南四十里後正之

容山在縣西南二十七里

羊石山在縣西三十六里山有石如羊

柯山在縣西三十一里

人安山在縣北四十六里舊經云舊馬鞍山以形似馬鞍也天寶七年改爲人安山

鎚頭山在縣北四十一里以形似故名

巫山在縣北一十八里舊經巫山一名梅山越絕書云巫山者越䰠神之官死葬其上朱育對

濮陽興曰越王翳遜位逃於巫山之穴越人
薰而出之陸左丞農師適南亭記云梅山昔
子眞之所居也其少西有里曰梅市其事應
史山西南有永覺寺梅子眞泉適南亭竹徑
茶隖

石匱山在縣東南一十五里舊經云山形如匱禹
治水畢藏書於此

五峯山在縣南三十二里

西余山在縣西北四十二里

烏風山在縣西北四十九里

聖女山在縣西二十九里

茅巖山在縣西南三十三里

石城山在縣東北三十里吳越備史乾寧三年錢鏐討董昌攻石城去越三十里即此今山下有石城里

檀宴山在縣東十道志云謝靈運游宴處今人往往聞簫筦之音

下馬山在縣北二十七里舊經云秦始皇息駕於此一名蝦蟆山按此山四面皆水非息駕之所疑其音訛爲下馬遂有息駕之說

梅里尖山其陰爲梅仙隖多桃李梨梅来禽以梅

福里得名自隖度一小嶺有異境煙水直至

郡城與卧龍相直

碓山有石泉在竹樹陰中甘寒可瀹茗山形如碓

故得名

六峰山有溪出山麓産楊梅居民百餘户

項里山有溪清澈居民二百餘户産楊梅與六峰

埒其號何塔者尤奇

戴於山遠望若兩山其實一也居民二百户或云

舊有戴於二姓居之

何山有塔久廢近復營之頗增湖山之麗

玉架山三峯如筆格故得名秀麗可畫

花涇山多桃李及柳望之如錦繡包絡山谷

直步山多薛梅亦產楊梅下有溪入鏡湖

徐山姚嶼皆小山財如岡阜多桑竹在鏡湖中

彈丸山以其狀名下有方鴟渡

甔山兩山相類正如兩酒榼

海山多桑竹下有居民三四十户以漁釣爲業

蜀山爾雅曰獨山謂之蜀山郡境多此名古語也

鳳凰山在梅市鄉至小而具山形嘗有鳳集焉

玉山在縣北三十三里舊經云唐貞元元年浙東觀察使皇甫政鑿此山爲斗門八間泄水入江按唐書地志山陰縣北三十里有越王山堰皇甫政鑿山以畜泄水利與舊經相合即此舊經山陰縣北二十八里又一玉山乃重複今删之

琵琶山在縣南五里

烏土山在縣西南四里

三山在縣西九里地里家以爲與卧龍岡勢相連今陸氏居之嘗發地得吴永安晉太康古甎疑昔人嘗十築或嘗爲寺觀云

嵊縣

剡山在縣北一里縣治處其坳山下園圃亭館白樂天沃洲記云東南山水越爲首剡爲面其山巔屹起小峯號白塔俗傳秦始皇東遊使人斸此山以泄氣今土坑深千餘丈號剡坑山北有戴顒墓

大白山在縣西六十里舊經云此山峻極崔嵬吐雲含景與小白山接乃趙廣信煉九華丹登仙之處有白猿赤玃又有鳥似雞文彩五色口吐綠綬長數尺號吐綬鳥雙石笋各長五

六丈對立如闕瀑泉飛下號瀑布嶺土人亦稱西白山按宋書褚伯玉隱身求志居剡縣瀑布山三十餘載揚州辟議曹從事皆不就意瀑布山之在剡即此華初平瀑布嶺詩序云在嵊縣西六十里福善所集蔚有靈氣昔產仙茗寰宇記瀑布嶺屬餘姚縣葢此山聯接餘姚縣界

小白山在縣西六十里眞誥云趙廣信陽城人魏末渡江來此山師李一成服氣又授師左君守中之道徹視五藏或入城市賣藥莫知其年歲後白日升天山有丹井今存

刻石山在縣南三十里十道志云一名穿山相傳以刻石爲名不知文字所在昇明末縣人倪

襲祖行獵見山上有文凡三處苔生其上刮苔視之其大石文曰黃天皇蕭字道成得賢師天下太平舊經云或言衛夫人碑隱此中因以爲名唐寶曆元年觀察使元稹使人訪碑不獲山半有井井有蛟

丹池山在縣東七十二里舊桐栢山唐天寶六載改爲丹池道經云上有桐栢合生下有丹池赤水南岳眞人云越有桐栢金庭與四明天台相連神仙之宮也眞誥曰桐栢山高一萬五千丈周回八百里四面視之如一其一頭

在會稽東海際其一頭入海中是金庭不死之鄉在桐栢之中方四十里上有黃雲覆之樹則蘇紆珠碧泉則石髓金精其山臺盡五色金也經丹水而行有洞天從中過在剡臨海二縣之境按桐栢山在天台金庭山在剡書又以金庭爲桐栢然眞誥所道一頭在會稽東海頭一頭謂入海蓋其山巃嵸屬故爾

石鼓山在縣東五十里有石鼓神祠白樂天沃洲記云北對四明而金庭石鼓介焉諸暨縣有石鼓山名同名存之

簞山在縣東三十一里有白巖神祠并龍潭祈禱

有驗舊經云山遥望之如鋪簟

動石山在縣東北五十里下臨溪有石數百天欵雨石必先動

嶀山在縣北四十四里舊經引輿地志云自上七十里至溪口從溪口隨江上數十里兩岸峻壁乘高臨水深林茂竹表裏輝爲嶀嵊奔瀨迅湍以至剡也水經云嶀嵊山接其間傾澗懷煙泉溪引霧吹畦觸岫延賞王元琳謂之神明境事見謝山居記水經注又云嶀山有成功嶠嶠

臨江欹路峻狹不得併行行者牽木稍進不敢俯視嶠西有一孤峯飛禽罕至山頂樹下有十二方石地甚光潔嘗有採藥者泝山見通蹊至此還復更尋遂迷前路

車騎山在縣東四十七里舊經云晉車騎將軍謝玄爲會稽内史嘗於此山立樓居止後人因以爲名水經云嶀山東北太康湖謝玄舊居右濵長江左傍連山平陵脩通澄湖遠鏡於江曲起樓樓側悉是桐梓森聳可愛號桐亭樓山中有三精舍高甍凌虚垂簷帶空俯眺

平烟杳然在下水陸寧晏足爲避地之鄉江有琵琶圻圻有古冢隨水毁有隱起字云筮吉龜凶八百年落江中謝靈運取甓詣京師咸傳觀焉舊經引謝靈運經此有詩云曩趾即先築故也不更穿果木有舊行窶石無遠運按此詩康樂還舊園作贈顔延年自注即始寧園也始寧今上虞縣有西莊別墅存焉然舊經載於此未詳

嵊山在縣東三十四里水經云山下有亭亭帶山臨江松嶺森鬱

了山在縣東北一十二里南有餘糧岤其地產禹餘糧

榆樹山在縣西北八十里
梃山在縣西七十五里
子周山在縣西北七十里
葛峴山在縣西北二十里

諸暨縣

長山在縣西一里夏侯曾先地志云山高五十餘
丈其頂平博有石室可坐百人南范蠡壇閫
朱公廟東法樂寺
苧羅山在縣南五里輿地志云諸暨縣苧羅山西
施鄭旦所居其方石乃曬紗處十道志句踐

索美女以獻吴王得之諸曁苧羅山賣薪女西施山下有浣沙石太平御覽云羅山今名苧羅山山足有王羲之墓孫興公文王獻之書碑今不存苧羅山一在蕭山縣今並存之

衡山在縣西南二十里舊傳有彌勒佛古迹

覆斗山在縣南五十里

東白山在縣東九十里一名太白峯連跨三邑其在剡曰西白在東陽曰北白

櫧山在縣西一十八里山多櫧木一名諸山

金鵝山在縣南五十里舊經云昔有金鵝自此山

飛入吴郡

烏帶山在縣東北四十五里山出紫石英舊經云晉謝敷夜夢神人語曰當以珍寶相贈至明視床下有異石而瑩乃紫石英也舊名烏笪山梁武帝遣烏笪採石英終於此後人立廟祠之帶笪聲近蓋俗之誤也

杭烏山在縣北七十五里舊經云疊嶂七十二有石冢大石爲門其平如削傍有杭烏刺史廟一峯特高風雨晦冥常聞樂聲號鼓吹峯又有湫或時龍見

句乘山在縣南五十里舊經云句踐所都也國語云越臣於吳吳更封趙南至句乘即此地其山九層亦名九乘山南有句乘亭

浮塘山在縣南四十五里

九江山在縣北二十五里舊經云山有石室幽邃其四壁刻石爲女人號靈女臺

石鼓山在縣南五十里山下盤石如鼓扣之有聲多黃精白术竹箭嵊縣有石鼓山名同各存之

黃蘗山在縣東南九十五里以山多黃蘗故名

大巖山在縣北九十里

巖崖山在縣北五十里

雞冠山在縣西五十里山形如雞冠出奇石其紋若星月花獸山有玉女冢一名高冢

細辛隴山在縣南九十八里山多細辛

五泄山在縣西五十里自山五級泄水以至溪山川最爲秀絶

寶掌巖在縣東南四十五里寶掌禪師所居也一名千歲巖禪師不知名氏自云生於周末嘗魏晉間由西域入蜀貞觀十五年開巖於此周顯德二年正月遷化壽一千七十二歲眞

儀在半巖去地四十九尺石室可容百餘人洞内石版數片如削傳云里人沐浴之所禪師種貝多木一枝亦數百年矣

金雞山在縣南五里

壯禪師巖在縣南四十五里寶掌巖側

范公巖在縣南九里陶朱公所遊歷也巖有洞

蕭山縣

蕭山在縣西一里西漢地志云蕭山潘水所出東入海舊經云許詢嘗登其山憑林築室蕭然自致乃名蕭山

北幹山在縣北一里舊經云晉許詢家於此山之陽其詩云蕭條北幹園

翠嶂山在縣西二十五里一名夏駕山舊經云山出菰草織以爲席甚細密多接者爲精山在夏駕湖湖去海止數里舊經上虞縣夏蓋山一名夏駕山亦去海數里疑與此同今俱存之

萑山在縣東北一十一里舊經云越王種萑於此

黄竹山在縣東三十三里舊經云范蠡遺鞭於此山生笋爲林竹色微黄狀如刀削

洛思山在縣東四十三里輿地志云永興縣洛思

山先是洛下人隨朱儁來會稽三年不得返乃登山北顧而歎或云儁遭母喪止葬此山請洛下圖墓師相地師去鄉既久目極千里北望洛京號呼而絶因葬山頂故以爲名寰宇記太平御覽所載略同

乾薑山在縣西四十里舊經云山北有泉冬夏不竭清白於餘水越王用此水造薑

擧烏山在縣南二十里舊經引東方朔神異記此山是亞父割斷蕭山南嶺將擧於烏江也江東以擲爲擧

航烏山在縣西四十七里舊經云句踐之航也三百石長負卒七十人渡之一曰舸烏里

連山在縣西一十二里舊經云連山長岡九里西北至定山秦始皇欲置石橋渡浙江石柱數十列於江際其傍別有小山號石井山

吹樓山在縣東四十里一名樓山一名岾市山

螺山在縣東二十里舊經云山似螺故名有會稽內史夏靜墓

菊山在縣西三里山多菊故名唐永泰中縣令李蕚尉丘丹登北山因名菊山

茗山在縣西三里山多茗下有二塘

臨江山在縣東南二十里舊牛頭山天寶中改此名諺云牛頭𦶜羅一日三過謂舟行信宿猶經舊處也山南有石室

去虎山在縣北五里山有猛虎常傷人一夕負子渡江西去縣令社守一以名其山時景德四年六月晦也

三臺山在縣南五十里山有臺三所故名

𦶜羅山在縣南三十里有西子廟一在諸暨縣今兩存之

龕山在縣東五十里

慈孤山在縣東四十里
石巖山在縣西南一十五里
東蜀山在縣東一十里
西蜀山在縣南一十五里
峽山在縣南六十里其山八面皆向江有雞籠石石有紅影略如雞形故諺云金雞影山也
許元度巖在縣西南八十里晉許詢所居也

餘姚縣

祕圖山在縣北六十七步舊經云上有石匱夏禹所藏靈祕圖之所舊號方山天寶六年改今

名上有嚴公堂高風閣皆以子陵而名此山舊爲壽聖觀北縣治在其南麓觀既廢於建炎兵火遂以弓手營地爲廣福觀易之以廣縣治

四明山在縣南一百十里高二百一十丈周回二百一十里山四傍皆虛明玲瓏如牖故名孫綽天台賦云涉海則有方丈蓬萊登陸則有四明天台今奉化鄞山皆此山之脉也唐皮日休詩云穴開自眞宰四達見蒼崖山有九題石窻過雲雲南雲北鹿亭樊榭潺湲洞青櫺子鞠侯是也日休與陸龜蒙俱有詩山與上虞

竹山在縣東南五里按舊經上虞縣有四明山今日之

羅壁山在縣南一十八里舊經引孔曄記云山有虞國墅襟帶山溪表裏疇苑洛陽人來云巖圍天勢具體金谷鄰太宰遍游諸境棲情此地每至良辰携子弟遊憩後以司空臨郡遂卜居之

懸泥山在縣北六十里孤峙海中其上多橘下有湧泉冬夏不竭

靈緒山在縣西一里一名嶼山孔曄記云山有三

足白鹿昔虞龢嘗登此山望四郭誡子孫曰可留江北居後世祿位當過於我聲名不及爾然相繼代興居江南必不昌今諸虞氏由此悉居江北也山巔有葛仙翁井及山胥有徵泉未嘗竭名龍泉在龍泉寺中王荆公少時隱居讀書於此題二絶句説者謂其有公輔之器元章簡公絳赴郡晚泊題云江上潮聲送落暉江邊倦客拂塵衣勞生俗事何時了不送山雲自在飛

渚山在縣西三十里舊經云秦始皇飲馬於此

姚丘山在縣西北六十里舊經云舜毋握登感虹生舜之地又引周處風土記以爲證　三朝國史云餘姚縣有姚丘山

虞山在縣西三十里舊經嘗引太康地志云舜避丹朱於此與史不合

吴女山在縣西三十八里周七十里舊名娥眉山天寶六載改今名

鳴山在縣西南一十二里舊經云支道林居剡每名辰遠來鳴山或問之荅曰謝安石昔來見就輒移旬日今觸情舉目不覺欣想後病甚

遂移來隝中僧史云支遁嘗經餘姚隝信宿彌日不去或問其意曰昔安石相從未嘗不移旬令觸情是愁耳乃移隝中永和元年閏四月四日没葬於隝中支道林葬處今泯世説云永和元年支終於剡之石城山戴逵過其墓曰德音未遠拱木已積僧史載其語繫之隝山未詳姑兩存之

太平山在縣東南七十里輿地志云餘姚縣有太平山山形似繖四角各生一種木不雜他木一角摻一角純梓一角純椎有道士舊築居山上穢身者來輙飛倒自非潔齋不敢至焉

藝文類聚餘姚江源出太平山東至陜江口入于海孔稚圭詩云陰澗落春榮寒巖留夏雪即此太平山有三一在會稽一在上虞一在餘姚而餘姚之山最著謝敷居太平山不著何所但云會稽人故繫之會稽然敷所居或恐即此梁杜京產居日門山陶弘景有太平山日門館碑云吳郡徵杜君栖宇太平之東菁山之北爰以幽奇別就基址栖集有道多歷世年蓋京產所居日門亦太平山之别名也

太小黄山在縣東二里

九里山在縣東九里

西石頭山在縣西二里社稷壇在其左

童山在縣西三里

大小雷山在縣南二十里

殿山在縣南十五里

屯山在縣北十五里

松山在縣北二十五里

栢山在縣北三十里

眉山在縣北三十五里海中望之如脩眉故名

廟山在縣北五十里

白山在縣東南五

化安山在縣東南二十里

白水山在縣東南六十里

歷山在縣西北八十里舊經云在會稽縣東南昔舜耕所也又云越有歷山舜井象田者以舜之餘族所封舜姚姓故曰餘姚葢其子孫思舜鄉取像於此亦猶漢新豐之義葢此山雖非舜之耕所亦因舜而得名也王介甫歷山賦序云餘姚縣人與季父爭田予爲直之將歸閔然望歷山而賦之歷山在上虞界中按此山實屬餘姚介甫謂在上虞界中誤矣蘇鶚演義云歷山有四一河中二齊州三冀州四濮州雷澤又其二不聞又云耕之與漁宜皆在雷澤史記注云歷山在河東漁澤今屬山陰然則舜之所耕不在明矣演義云歷山其

二不聞豈比山乃其一耶梁江文通題巫山
詩云愁生白露日思起秋風年落葉下楚水
別鶴噪吳田嶂氣陰不極日色虧半天酒至
情蕭瑟憑尊還惆然文通會稽永興人所門
乃曲
山也

大蘭山在縣東南八十里傳云劉樊夫婦於此山
仙去

靈源山在縣西南三十里有泉曰靈源故名

烏膽山在縣西南四十里山與上虞縣接於上虞互見

風山在縣西北一十里廣四十里十道志云山少
木多石通于始寧及剡

東明山在縣西南五十里

白雲山在縣西南六十里

冶山在縣東北二里傳云歐冶子鑄劒之所會稽縣赤堇山鑄浦皆傳歐冶子鑄劒處今並存之

陳山在縣東北一十五里有嚴子陵墓靈瑞塔山下泉名華清

石匱山在縣東六十里傳云禹藏書於此山有大石礧磈其形如匱會稽縣宛委山一名石匱山陰縣西亦有石匱山今並存之

安山在縣東北一十里

石人山在縣東北四十五里山下有洞

破山在縣東北六十里一名三山

嶼山在縣東北三十里

仙居山在縣東北六十里一名栲老山

聖龜山在縣西北二里一名打石山

鏌鋣山在縣西北四十里

烏山在縣西北二十里

姜山在縣西北五十里袤十里山有五峯曰金雞曰蛾眉曰積翠曰凌雲曰白馬山下有姜女泉精舍

熨斗山在縣西北二十五里

何山在縣西北四十里

上虞縣

傘山在縣南五里一名太平山舊經云形如傘也吳道士干吉築館於此山巔平衍有良疇數十頃橫塘溉之無水旱太平山有三一在會稽一在餘姚一傘山亦名太平山舊經云此山在餘姚縣西南一百一十里驗之的然

上申山在縣南四十里

界相山在縣南三十五里山巔瀑布號白水

蘭穹山在縣西北二十五里一名蘭風舊經云葛洪嘗棲隱於此有石井丹竈山多石少木四

望迢遥有形勢自東西眺之則正方寰宇記云琅邪王弘之垂釣之地宋王弘之傳性好釣上虞江有三石頭弘之常垂綸於此人問得魚賣否荅曰釣自不得得亦不賣

東山在縣西南四十五里晉太傅謝安所居也一名謝安山巋然特立於衆峯間拱揖蔽虧如鸞鶴飛舞其巔有謝公調馬路白雲明月二堂址千嶂林立下視滄海天水相接蓋絶景也下山出微徑爲國慶寺乃太傅之故宅傍有薔薇洞俗傳太傅携妓女游宴之所又山

西一里始寧園乃謝　靈運別墅一曰西莊按謝安傳云寓居會稽與王羲之許詢支遁遊出則漁獵山水入則言詠屬文後雖受朝寄然東山之志始末不渝靈運傳云父祖並葬始寧山中并有故宅及墅遂移籍會稽故其詩云偶與張邴合久欲還東山又云分離別西川迴景歸東山注謂會稽靈運之所居也蓋太傅始居此及出鎮新城欲造泛海之裝自海道還東雅志未就而没後卒葬焉今山西有太傅墓靈運自移籍會稽多在始寧其

著山居賦云南北兩居水通涯阻注云兩居謂南北兩處南山是開創卜居之處傳云修營別業傍山帶江盡幽居之美今山半有洗屐池東西二眺亭雖後人好事爲之然舊園别墅迹不可泯又舊經云梁徵士魏道微修道得仙於謝安山南史杜京産與顧歡開舍授學於東山下今距山一二里有杜浦顧墅

舊經云東山在縣西北三十里非也東山因太傅而名者三一在臨安山中按傳云嘗坐石室臨濬谷悠然歎曰此與伯夷何遠東坡詩云謝公含推量世運屬艱難獨携縹緲人來上東西山今臨安縣東西巖石室存焉一在金陵按列傳云及登台輔於土山營墅樓

館林竹甚盛每携中外子姪往來遊集建康
志云謝安太、居會稽東山後入朝乃於此營
築以儗之山無巖石故名土山是二山雖太
傅平生之所游歷非故居之東山也惟始寧
東山乃其故居其證明甚世說王羲之語劉
倓曰若安石東山志立當與天下共推之注
引續晉陽秋曰安石家於會稽上虞縣優游
山林六七年間徵召不至雖彈奏相屬繼以
禁錮晏然不屑也自咸康初辟召不起高臥
歷年所以放情丘壑正在此山自東漢末析
上虞之始寧鄉爲始寧縣至東晉有上虞始
寧二邑陽秋所載得其實矣王性之著東山
記言東山之在會稽其證有七獨不援此爲
説豈偶遺之耶然晉宋諸賢居會稽剡中例
稱東山阮裕居剡中有肥遁之志其在東山
久之蕭然無事常內足於懷戴逵厲操東山
王脩齡在東山甚貧乏道一道人從都下還
東山支遁好鶴住東峁山宋何太祖廟諱以會稽
山多靈異居若耶山雲門世號太祖廟諱爲小山
亦曰東山又何子朗等六人於東山受學梁

虞寄領會稽郡掾致書陳寶應自稱東山虞寄然則會稽剡中若耶雲門皆可稱東山也今阮戴支遁遺迹在嵊縣何胤諱所居在雲門東峁山蜀新昌縣凡山之處東皆可稱東山但不若此山固太傅而著爾王性之記云安石與戴逵同寓此東山恐別有據大氏晉宋人指會稽剡中皆曰東如太傅傳云棲遲東山又云海道還東是也

檀燕山在縣西南五十里舊經云神仙讌集之所上有旃檀香氣襲人樵者或時聞管簫聲太平御覽山頂有十二方石悉如坐席許大皆作行列仙靈之所讌集也

釣臺山在縣西南七里舊經云山有槎大十圍昔陶公嘗乘此垂釣公既去槎墜於潭底不復

浮矣

㠓山在縣西南四十二里舊經云漢東陽駱夫人於此上昇儼有井竈歲久蕪沒今山崖南有二白石土人號日月石會稽縣東七十里有㠓山云駱夫人學道之所各存之舊經作駱大夫誤

指石山在縣西南四十五里舊經云上虞縣有立石所謂指石者俗呼爲公嶄言舜登此石

夏蓋山在縣北五十里舊經云山形如蓋因以爲名引輿地志云上虞縣北有夏駕山在湖中湖即名夏駕出菰草土人織以爲席甚細密

多接者爲精識書云夏駕山浮可避甲申水災湖北去海數里山北對海塩岸盖一作駕盖駕音近傳之訛耳舊經蕭山縣翠嶂山一名夏駕山在縣西二十五里有夏盖湖湖北去海數里山北對海塩岸餘並同

握登山在縣西南四十里山有握登聖毋廟

象田山在縣西南四十里周四十餘里山平衍俗呼小天台南有舜井

大雷尖山在縣南一十里十道志云一名百樓山山腰有平地數十丈漢魏伯陽嘗築居於此

石壁山在縣西南四十五里十道志其南小山山

形方正如樓號鼓吹樓寰宇記云山有飛景

樓謝靈運題石壁精舍詩云披拂趨南徑愉

悅偃東扉注云精舍讀書齋也

龍山在縣西二十五里

佛跡山在縣西北四十五里有石迹尺許深一寸

如巨人足迹

長者山在縣南二里

蔡墓山在縣西一十二里或云以爲蔡邕墓山也按

蔡邕傳邕陳留圉人亡命遠迹吳會文選伏

滔笛賦云邕避難江南宿於柯亭之館取椽

爲笛又傳云邕過吳讀曹娥碑則邕嘗至會稽郡然有墓於此未詳

裏嶼山在縣西南三十里

龍塘山在縣西南四十里一名鵝鼻山山有上下三潭上潭泉脉不竭下潭多枯歲旱禱於此有驗里人結屋以覆之

崑崙山在縣西南四十里有神祠

羅巖山在縣北七里

羅壁山在縣北十里餘姚縣南十八里山周今並存之

雙碁山在縣西南五十里俗傳三仙者沐訖對坐

於此

四明山在縣南四十里南史梁孔祐隱四明山見山谷中有錢數百斛視之如瓦石采樵者競取之入手即成沙礫有鹿中矢來投祐祐爲豢之瘡愈而後去太平御覽李汾上虞人嘗入四明山讀書餘姚縣南一百二十里山名同今並存之

銅山在縣南二十五里

烏膽山在縣東一十五里

大雷山在縣西南六十五里

鳳凰山在縣西南六十里山有鳳穴

含珠山在縣西南五十里

鳳山在縣北三十五里山形如鳳

白道猷嶺在縣南五十里晉天竺僧白道猷卓菴
於此

孝聞嶺在縣北十里昔嶺下有包全居之以孝聞

新昌縣

南明山在縣南五里一名石城一名隱岳初晉僧
曇光棲跡於此自號隱巖支道林昔葬此山
下齊僧護夜宿聞笙磬仙樂之聲梁天監中
建安王始造彌勒石佛像劉勰撰碑其文存

焉山有錢鏐所造三層閣寶相寺白雲莊白蓮菴齊顗井白鷴鴿石縫梅皆勝迹也支道林葬處今泯按世說戴逵過林法師墓曰德音未遠拱木已積注云永和元年支遁終於剡之石城山因葬焉今不知何所王珣詩序云予以寧康三年命駕之剡石城山即法師之丘也高墳鬱爲荒楚丘隴化爲宿莽遺迹未滅而其人已遠感想平昔觸物悽懷其爲時賢所恃如此僧史云道林葬餘姚鴿山未詳今兩存之

東岇山在縣東四十里晉僧法深支遁皆隱居此

世說支道林好鶴住剡東岇山有人遺其雙鶴養成翮便使飛去又嘗就深公買岇山深公曰未聞巢由買山而隱

沃洲山在縣東三十二里晉白道猷法深支遁皆居之戴許王謝十八人與之遊號爲勝會景白蓮社之比也唐白樂天山院記云東南山水剡爲面沃洲天姥爲眉目唐韋應物權德輿送靈澈歸沃洲有詩序傳焉山有靈澈杖錫泉西南養馬坡放鶴峯皆因支道林得名吳虎臣漫録云沃州天姥號山水奇絕處自異僧白道猷來自西天竺賦詩云連峯數十里脩林帶平津茅茨隱不見雞鳴知有人晉宋之世隱逸之爲多寰宇記以沃洲山屬嵊縣今從正之

天姥山在縣東南五十里東接天台華頂峯西北聯沃洲山上有楓千餘丈寰宇記云登此山者或聞天姥歌謠之響道藏經云沃洲天姥福地也謝靈運詩云暝投剡中宿明登天姥岑李白詩云辭君向天姥拂石臥秋霜又夢遊天姥歌云天姥連天向天横勢拔五嶽連赤城天台四萬五千丈對此欲倒西南傾杜少陵壯遊云剡溪蘊秀異欲罷不能忘歸帆拂天姥中歲貢舊鄉時少陵將辭剡西入長安也或云自剡至天姥山八十里歸帆拂之非也詩人之辭要當以意逆志大槪言此山之高而已

南巖在縣西南二十里世傳任公子釣魚之所莊

子任公子以五十犗爲餌蹲於會稽投竿東海經年而得巨魚唐齊顗題南巖云南巖寺本滄海任公釣臺今尚在巖側有任公釣車石棺蜕骨存焉人掘其地有螺蚌殼云巖下乃海門也

穿巖在縣西南五十里有十九峯排列如圖畫中峯有一圓竅東西通故名穿巖巖有石室廣二十餘丈

鼓山在縣西四里山形如鼓

天嶽在縣西南七里

劉門山在縣東南三十里傳云劉晨阮肇自剡採藥至此山有劉阮祠山亭採藥逕山下居民多劉姓者

石牛山在縣西三里

黄罕嶺在縣三十里唐咸通中賊裘甫寇浙東王式曰惟黄罕嶺可入剡然卒亦成擒甫果自嶺入剡兵遂敗

會稽志卷第九

會稽志卷第十

水

府城

府河在城南二里屬會稽縣河東南流經府市北出
定清門入運河又西北流由蕭山達于浙江
箪醪河在府西二百步一名投醪河舊經云越王句
踐投醪之所或又名勞（去聲）師澤水經越王栖
會稽有酒投江民飲其流戰氣百倍所投醪
即浙江也華安仁考古云句踐謀覇栖存國
人與共甘苦師行之日有獻壺槳跪受之覆

流水上士卒承流而飲之人百其勇一戰而

有吳國也唐大和六年觀察使陸亘重浚華安

仁云府東大河也然俗以府學前西河爲是或又以新河北匯水爲之經云投醪即浙江蓋自府河東西諸流皆達于浙江也

運河在府西一里屬山陰縣自會稽東流縣界五十餘里入蕭山縣舊經云晉司徒賀循臨郡鑿此以溉田

新河在府城西北二里唐元和十年觀察使孟簡所浚

會稽縣

海在縣北二十里海水北流入嘉興府海鹽縣史記秦始皇上會稽望于南海二世並海南至會稽西漢地里志南江從會稽吳縣南入海中江從丹陽蕪湖縣西東至會稽陽羨東入海北江從會稽毗陵縣北東入海蓋漢會稽地廣綿亘數千里凡三江皆繇此以達于海也水經云江水奇分謂之三江口又東會稽東入于海又云浙江水出三天子都北過餘杭東入于海三江之說不同至江流入于海則古今論者不能易也釋名云海者晦也主引穢濁其水黑而晦博物

志云天地四方皆海水相通地在其中蓋無幾四海之内皆復有海也初學記云凡四海通謂之裨海之外復有大瀛海環之曰百谷王一曰朝夕池一曰天池一云大壑海神曰海若海中山曰島海中洲曰嶼水經餘姚故城背巨海王粲海賦云翼鷲風而長驅集會稽而一睨隋書志開皇十四年詔東海於會稽縣界並海立祠取側近巫一人主洒掃

曹娥江在縣東南七十里源出上虞縣經縣界四十里北入海會稽典錄云曹娥上虞人父盱漢安二年迎伍君神泝濤而上爲水所溺娥年十四自投江而死江因娥得名也世說晉陽秋曹娥父盱溺不得尸娥投衣於江祝曰父屍在此衣當沉旬有七日衣偶沉娥遂投江而

死縣長度尚悲憐其義爲之葬且命邯鄲子禮作碑蔡邕聞之來觀夜闇以手摸其文而讀之題云黄絹幼婦外孫齏臼二百年後碑當墮當墮不墮逢王叵魏武過曹娥碑下讀碑陰八字謂楊脩曰解否荅曰解魏武曰卿未可言待我思之行三十里魏武乃曰吾已得之令脩别記所知脩曰黄絹色絲也幼婦少女也外孫女子也齏臼受辛所謂絶妙好辭魏武亦記之與脩同乃嘆曰我才不及卿乃較三十里異苑云蔡邕過吴讀曹娥碑旁

作八字魏武見而不能解有婦人浣於汾渚曰第四車乃解既而悟曰禰正平也衡即以離合義解之此婦人即娥靈也二説不同世説亦兩存之廟碑晉夏統曰曹娥父子喪尸後乃俱出國人哀其孝義爲歌河女之章潘逍遥題詩云曹娥廟前秋草平曹娥廟裏秋月明扁舟一夜炯無寐近聽潮聲似哭聲

若邪溪在縣南二十五里溪北流與鏡湖合越絶云若邪之溪涸而出銅吴越春秋云赤堇之山已合無雲若邪之溪深而莫測戰國策云涸

若邪而取銅破堇山而取錫溪涸即赤堇山也後漢劉寵爲會稽太守去郡若耶父老人齎百錢相送爲受一大錢十道志云後人因此名劉寵溪唐徐季海嘗遊溪因歎曰曾子不居勝母之閭吾豈遊若耶之溪遂改爲五雲溪李白詩云若邪溪邊採蓮女笑隔荷花共人語李公垂詩云傾國佳人妖艷遠鑿山良冶鑄爐深自注云若邪溪乃西子採蓮歐冶鑄劒之所

樵風涇在縣東南二十五里舊經云漢鄭弘少時採

新得一遺箭頃之有人覔箭問弘何所欲弘識其神人也荅曰常患若邪溪載薪爲難願朝南風暮北風後果然世號樵風水經云鄭弘少以清節自居恒躬采伐用貿糧膳每出入溪津常感神風送之憑舟自運無仗節之勞村人貪藉風勢常依隨往還有淹留者徒輩相謂曰汝不欲及鄭風耶其感致如此宋之問詩云歸舟何慮遠日莫使樵風劉長卿詩云仙客常因一箭贈樵風長到五雲間涇去聲齊祖之鑄浦涇詩云掃拂漁蓬出浮來自注越人謂永道爲涇

鑄浦在縣東南三十里與若耶溪接一名錫浦浦
有橫梁人家聚落歐冶祠齊祖之家山記事
云昔歐冶子鑄神劒之所今爲里俗所祠

沉釀埭在縣南二十五里若耶溪東十道志云鄭弘
舉送赴洛親友餞於此以錢投水依價量水
飲之各醉而去一名沉釀川寰宇記云太尉泉一名沉釀埭
按太尉泉即鄭公泉弘自飲此水愈疾以埭
爲泉非也蘇鶚演義云鄭弘官京洛未至宿
一埭名沉釀弘投錢水中勸酬飲盡多酣暢
皆得大醉更名爲沉釀泉與十道志所載不
同

浪港在縣東南二十里樵風涇之北天無風亦常有

浪港北循山逕一巨石頭嵗里人因開逕得
石鑪鐵鉾恐爲仙人煉丹之所
炭浦在縣東六十里舊經云句踐運炭於此越絶書
句踐稱炭聚載從炭瀆出炭瀆鍊塘各因事
而名吴越春秋云吴封地百里於越東至炭
瀆
篆風浦在縣東六十五里
石瀆在縣東四十八里
小舜江在縣東南九十里源出浦陽江東北流至湯
浦以至于江

消苦溪在縣東三十五里一名栱山源出台州寧海北流入縣界溉田三百餘頃

了溪在縣東北一十五里源出了山合縣南溪流以入于剡溪舊經云禹跡了溪人方宅土華安仁作趙仲淵傳云安道采眞於了水安道戴逝也以了水通剡故云

平水在縣東二十五里鏡湖所受三十六源水平水其一也唐元微之撰長慶集序云嘗出遊平水市中見村校諸童競習詩召問之曰先生教我樂天微之詩也水南有村市橋渡皆以平水名

翁洲在縣東舊經云徐偃王居翁洲即此王龜齡賦云翁洲訪偃王之廬槩溝思夫差之封十道志翁洲一名翁山在海中徐偃王所居隸慶元

范蠡洲舊經云句踐平吳蠡泛五湖後人思之名其洲也

山陰縣

西江在縣西四十五里源出諸暨縣界五十里西北流入蕭山江闊一里餘湖高至八尺

蘭渚在縣西南二十五里舊經云山陰縣西蘭渚有亭王右軍所置曲水賦詩作序於此水經注

云蘭亭一曰蘭上里太守王羲之謝安兄弟數往造焉王廙之移亭在水中晉司空何無忌臨郡起亭於山椒極高盡眺亭宇雖壞基陛尚存世說以蘭亭敘爲臨河序賦詩者二十六人不能賦罰酒者一十五人天章寺碑云羲之謝安謝萬孫綽徐豐之孫統王彬之王凝之王肅之王徽之袁嶠之郗曇王豐之華茂庾友虞說魏滂謝繹庾蘊孫嗣曹茂之曹華平柏偉王玄之王蘊之王渙之各賦詩合二十六人謝瑰卞迪丘髦王獻之羊模孔

熾劉密虞谷勞夷后綿華耆謝藤任儗吕系
吕本曹禮詩不成罰三觥合十六人世説以
謝藤作謝勝餘杭令作餘姚令何延之蘭亭
記云四十一人有許詢支道林晉書列傳又
有李充當以碑爲正渚旁有曲水清流激湍
暎帶左右汔今猶然晉王羲之列傳云初渡浙江便有終焉志會稽佳山水名士多居之謝安未仕時亦居焉孫綽李充許詢支遁與羲之同好甞燕集山陰之蘭亭羊欣筆陣圖云羲之年二十三書蘭亭叙王師乾撰右軍祠堂碑云右軍自内史後峻誓墳塋捐弃龜組曲永蘭亭自為之序黄長睿東觀餘論云永和十年右軍年三十八時已去會稽郡矣何延之蘭亭記云永和九年暮春宦游山陰修祓禊禮所記右軍出

處年歲皆不同晉書列傳云羲之初渡浙江
有終焉志會稽佳山水名士多居之嘗與同
志燕集山陰之蘭亭爲之序以申其志信如
列傳則蘭亭之遊乃右軍隱居之日也按通
鑑云永和四年殷浩以江州刺史王羲之爲
護軍八年王羲之遺殷浩書諫北伐十年以
前會稽太守王述爲揚州刺史又晉書列傳
羲之自護軍右將軍會稽内史實代王述及
述刺揚州臨發一別而去後王述檢察會稽
郡疲於蘭對稱疾去郡於墓前自誓時永和
十一年之三月也以此推之歲在癸丑爲永
和九年其時爲會稽内史無可疑者晉傳旣
脫畧羊欣王師乾輩所記皆舛黄長睿號該
洽嘗跋右軍破范帖去永和十二年去會稽
郡已歲餘此語良是至東觀餘論則自相牴
語有不可解列傳又言右軍享壽五十有九
按右軍生於惠帝大安二年癸亥沒於穆帝
五年辛酉以此推之右軍蘭亭之遊時年五
十有一當是時謝太傅隱居東山遂同此集
稗署瑯琊王友謝安是也葛常之韻語去一

死生為虛誕齊彭殤為妄作蓋用謝安一時之語或者又疑義之傳為會稽內史日與尚書僕射謝安書云按謝志傳以升平四年為亘宣武司馬後十餘年始當國為僕射而永和八年為尚書僕射者謝尚也以尚為安乃列傳之誤

上淺溪在縣西五十二里

餘支溪在縣西四十七里舊經云溪有二源一溫一涼匯於此其溫涼不雜其實亦鏡湖之别流也故名餘支

官瀆在縣西北一十里越絶云句踐工官也

射瀆在縣南五里舊經云越陳音教射之所越絶云射浦句踐所教習兵處也射率陳音死葬浦

西五里今人或稱射浦

麻溪在縣東八十里水經麻溪溪之下爲潭

雙澗在縣西南三十里法華山唐李公垂詩云十峯排碧落雙澗合清漣自注法華寺前後有十峯迴繞雙澗合流于良史宿天衣詩云掬水月在手弄花香滿衣掬水疑即謂此澗水也曾文清詩亦及此見天衣寺

紀家匯在縣西七十里乾道八年諸暨縣陳請開浚湖道水利得旨浚紀家匯導蕭山新江以達諸暨知蕭山縣謝暉言山陰沿江皆山也諸暨蕭山地勢低下小江舊以導諸暨之水也今浚新江其底石堅不可鑿徒費民力紀家匯一開則上流衝突而蕭

山縣之挑源苧羅許賢新義來蘇崇化昭明
凡七鄉皆被巨浸力疏其不便上之議遂寢
三邑民皆感其
惠馮詢爲作碑

嵊縣

剡溪在縣南一百五十步溪有二源一出天台一出
婺之武義西南流至東陽入縣一百四十里
東北流入上虞縣界以達于江晉王子猷居
山陰夜雪初霽四望皓然獨酌酒詠左思招
隱詩忽憶戴逵時在剡便乘小舟詣之造門
不前而返曰本乘興而行興盡而返何必見
安道耶今人稱爲戴溪又曰雪溪皆以此邑

中亦有戴溪亭云李太白詩云試問剡溪道東南指越鄉舟從廣陵去水入會稽長杜子美昔遊云剡溪蘊秀異又曰歸帆拂天姥皆謂此地也

嶀浦在縣西南四十五里水經云嶀山成工嶠以北有嶀浦浦口有廟甚靈行人及樵採者皆先致敬若相盜竊必爲虵虎所傷浦北即嶀山與嵊山接二山雖異縣而峯嶺相連潘逍遥晚泊詩云晚泛剡溪水晚見剡溪山漁唱深潭上鳥啼高樹間嶀浦與石欄干相連皆溪

山奇絶之地紹興中有方士李季憇道傍遇異人自石欄干下揖季曰君來何爲季曰秦太師遣往祠柏設醮請福其人太息曰秦今死矣張浚劉錡皆當起爲將相秦豈得存耶季大駭亟去比至天台則秦之薨問至矣蓋天下名山宜有神仙往來云

臨溪在縣東北五十里

諸暨縣

湫水在縣西七十里源出富陽經縣永泰鄉入于江

槩浦在縣北十九里吳王闔閭弟之子夫槩所封因

以爲名

浣江在縣東南一里俗傳西子浣沙之所一名浣浦又名浣渚元微之詩云浣浦逢新艷蘭亭詫舊題

五洩溪在縣西五十里輿地志云山峻而有五級故以爲名下洩垂三十丈廣十丈中三洩不可踰度登他山望始見之上洩垂百餘丈聲如震霆水經云浦陽浙江東逕諸暨縣與洩溪合溪廣數丈中道有兩高山夾溪造雲壁立凡有三洩水勢高急聲震水外上洩高二百

餘丈望若雲垂此是瀑布土人號爲油爾嘉
祐中刁景純詩云西源窮底到東源直住層
崖五磴泉

石瀆溪在縣西南六十二里上下源各有二石井相
聯合流如瀆故以爲名

上桑溪在縣東四十里

黄壇溪在縣東北五十里源出黄檀嶺

烏石溪在縣北四十八里溪多烏石故名

開化溪在縣南二里

瀨溪在縣南六十里一名堰溪

雙橋溪在縣東北十四里源出烏石溪北流入高湖

櫟溪在縣東北四十里源出白崖山北流入秘浦湖

干溪在縣東北六十二里以吳干吉故居於此故名
俗呼乾溪非也

靈泉溪在縣西二十五里源出范蠡潭山其流溉民
田甚廣他鄉多求穀種於此俗呼稻種泉

山遐浦在縣東八十里舊經云山遐斷高公湖爲浦
取漁所集千艘後人思之號山遐浦按遐字
彥林建元初爲餘姚長爲官出豪彊所藏二
千戶境內肅然衆共驅之令不得安席後至

東陽太守出晉書本傳

蕭山縣

浙江在縣西二十五里源自西東來由富陽經縣一百五十里轉北流入臨安府鹽官縣出海經云浙江西北入海注云今錢塘有浙江也說文云別流爲汜至山陰會爲浙江顧野王地志云浙江發源東陽新安。不與岷山接。至錢塘江有浙山。正居江中。潮水衝山。即回入海。故曰浙江。亦曰定山是也漢地志云浙江水出丹陽黟縣南蠻中北逕其縣南又云穀水自太末連北至錢塘入浙江史記秦始皇三十六年臨浙江水

波惡乃從狹中渡蓋捨此而渡餘杭矣莊子云淛河之水水經漸江水出三天子都即淛江也唐盧肇海潮賦云淛者折也蓋取其潮出折而倒流也

浦陽江在縣東源出婺州浦江北流一百二十里入諸暨縣溪又東北流由峽山直入臨浦灣以至海俗名小江一名錢清江酈道元水經注云浦陽江導源烏傷縣東逕諸暨與泄溪合東回北轉逕剡縣縣開東門向江江廣一百餘步又云柯水東北逕永興東與浙江合謂之浦陽江引漢地里志蕭山縣潘水所出又疑潚陽江之別名自外無水以應之謝惠連

西陵遇風詩云昨發浦陽汭今宿浙江湄韻譜云水之相入爲汭又云水北曰汭自浦陽江北流入浙江二水參錯其名曰汭宜矣灑溪屬諸暨縣所謂東回北轉蓋由山陰會稽匯曹娥江由上虞以入剡溪也道元又云浦陽江東北逕始寧縣嶀山其北即嶀浦又云東逕上虞縣南至王莽之會稽地名虞賓又云餘暨之南餘姚西北浙江與浦陽江同歸海又引闞駰十三州志云江水至會稽與浙江合自臨浦南通浦陽江其說不一與文

自相抵牾葢始寧今上虞縣嶀浦嶀山皆屬
嵊縣虞賓屬上虞又接餘姚江臨平湖在浙
江以西其源殊别餘暨即諸暨距餘姚二百
餘里謂餘姚西北浙江入海非也葢此江東北
流自山陰會稽泝曹娥江始至上虞餘姚嵊
縣謂東回北轉入上虞嵊縣斯可矣道元之
論又曰東南地甲萬流所湊故川舊瀆難以
取悉此未必一皆得其實葢道元未嘗身履
浙江以東故其誤如此後人因襲遂認此江
爲上虞江其失則寖遠矣漢志去蕭山縣潘

水所出水經云柯水東北逕水與東與浙江合今山陰縣二十里有柯橋其下爲柯水然則浦陽江與柯水一源由蕭山以達于浙江古今益不易也十道志婺州浦江一名浦陽江益江之導源實出於此禹貢三江既入震澤底定韋昭云三江者松江錢塘江浦陽江益江之名尚矣越絶云浦陽者越三句踐兵敗衆潰於此故曰浦陽去山陰五十里唐書志越州會稽縣有府一曰浦陽今土人以錢清爲古浦陽也孔延之松吳集云越之通道有四西接錢塘口浙江城西四十五里曰錢清江州之東七十里曰曹娥江餘姚縣曰姚江舊經云會稽縣東南九十里爲小江津然則錢清江小江津皆浦陽江之别名也今以地里放之自浦陽江至曹娥百餘里鄙道元誤以曹娥爲浦陽江豈當時曹娥江之名未著亦名浦陽耶或陵谷遷變

舊流不循其故道耶十道志去浦陽江有琵琶圻岸有曹娥碑信此則曹娥江即浦陽爾五臣文選注云浦陽汭經上虞至會稽山陰爲浙江謝康樂山居賦注云浦陽江自嵊山東北逕太康湖其說皆誤蓋自道元有東逕嵊縣又逕上虞之說有以誤之爾梁褚淡之爲會稽太守孫法亮叛淡之遣隊主陳穎議曹虞道納二軍過浦陽江與賊戰柯亭破之

漁浦在縣西三十里十道志云漁浦舜漁處也梁丘希範旦發漁浦詩云漁潭霧未開赤亭風已颺謝靈運詩云宵濟漁浦潭錢起詩云漁浦浪花搖素壁西陵木色入秌窻

祖瀆水經云浙江又東逕祖塘謂之祖瀆昔太守王朗拒孫策數戰不利孫靜果說策曰朗負阻

守難可卒拔祖瀆是道要也君從此出攻其無備破之必矣策從之破朗於固陵

餘姚縣

餘姚江在縣南一十步源出上虞縣通明堰東流十餘里經縣江東入于海江闊四十丈潮上下二百餘里雖通海而水不鹹

菁江在縣四十五里源出四明山北流匯餘姚江以達菁江王荊公題詩云丹樓碧閣無處所惟有江山照眼明

湖塘浦在縣東西十里水經云餘姚水東逕穴湖塘

水決其一縣並爲良疇

上虞縣

上虞江在縣西二十八里源出剡縣東北流入江分二道一出曹娥江一自龍山下出舜江又北流至三江口入于海初學記云凡江帶郡縣以爲名則有會稽江山陰江上虞江是也

運河在縣南二百二十步源出七里湖漁門浦自阜李湖皆匯于河西抵梁湖堰東之通堰各三十五里

通明江在縣東十里源出餘姚江其西自運河入于

江

有堰曰通明堰蔡舍人肇明州謝上表云三江重複百怪垂涎七堰相望萬牛回首蓋自杭經越至明凡三絶江七度堰此其一也

五夫河在縣北三十五里源出夏蓋湖曰驛亭堰凡三十里東流入餘姚縣之靑江

夏湖溪在縣東南二十五里源出黑龍潭冬夏不竭由下管寳泉至浦口入溪流注五十餘里

李家溪在縣南六十里源出白龍潭由上山鄉寳泉浦口入溪

杜浦在縣西南四十里梁杜京產之居也按京產專

在始寧東山開舍授學州辟從事稱疾去自
浦之東山一里許其山舍下臨此浦也

顧墅灘在縣西南四十里杜京產與同郡顧歡同契
在東山開舍授學世傳顧歡家墅於此一作
故墅

石溪在縣南三十五里

思湖浦在縣西北六十里東通海西抵錢塘其對岸
即海鹽縣俗呼爲風門海口

飲牛溪在縣南五十里自道猷巖下石有繫牛足迹
溪以此名邑人江公虎詩云好是道人巖畔

月夜深清照飲牛溪

姚家浦在縣西北六十里一名謝浦

陳家浦在縣西北六十里

槎浦在縣西六十里

達浦在縣西北六十里

簟浦在縣五十里

省河在縣東一十里說者云舊有運河距梁湖通明二堰各三十餘里積雨閉壅民有墊溺者異時邑令浚此河欲以殺運河水勢然兩河止隔一小隄溺風濤上下撞擊其土易竭運河一決如建瓴水下流尤被害此河之浚益未見其利也

釣川在縣西南七里陶隱居乘槎垂釣於此華安仁

云仙馭不返沉槎無迹謂此

新昌縣

東溪在縣東一里其源東南來自天台石橋瀑布水北逕石笥出青檀別一源東南出南州北逕小將與青檀別一源東南出南州北逕小將與青檀水合流入羽林又一源南出黃柱北逕天姥山出羽林令流入縣至虎隊支派入蛟湖入縣南流西溉田一萬二千畝其巨派從北流過縣後西北流爲三溪出嵊縣爲剡溪唐咸通元年浙東賊裘甫陷剡縣衆數千人觀察使鄭祇德將沈君縱張公署李珪

擊之甫設伏於三洪北壅溪上流使可涉既
戰陽敗走官軍追之半涉壅水大至官軍敗
三將死之後甫由黃
罕嶺入剡兵遂潰

王宅溪在縣北三十里源出四明奉化由沙溪西南入剡轉北至杜潭別一源出台州寧海由三坑西逕唐家洲紆繞三十六渡北流匯杜潭水出嵊縣浦口

查浦在縣北水經云浦東流二百餘里與句章接浦周六里其夾浦居民五百家門皆面水昔嘗過之今尚如水經所言可避世如桃源也

石筍溪在縣東八里一名石溪

柘溪在縣東南二十五里源出天姥山

石牛溪在縣西二里源出天台山瀑布

沃洲在縣東七十里晉支道林白道猷隱居於此唐朱放詩云月在沃洲山上人歸剡縣江邊劉長卿詩云何人住沃洲魏鄭公留題云何代沃洲今夜興倚闌干聽赤城鍾

放馬澗在縣東三十二里支道林放馬之所世說或譏道林養馬不韻答曰貧道但賞其神駿自此之沃洲天姥皆有道林遺迹

湖

會稽縣

回涌湖在縣東四里一作回踵舊經云漢馬臻所築以防若邪溪溪水暴至以塘灣回故曰洄涌南史謝靈運傳會稽東郭有回踵湖靈運決以爲田太祖令州郡履行此湖去郭近水物所出百姓惜之太守孟顗執不與初學記山陰有回浦湖蓋舊屬山陰縣界

鏡湖在縣東二里故南湖也一名長湖又名大湖通典云東溪永和五年太守馬臻始築塘立湖周三百十里漑田九千餘頃人獲其利王逸少有云山陰路上行如在鏡中游鏡湖之得名以此輿地志

山陰南湖縈帶郊郭白水翠巖互相映發若鏡若圖任昉述異記云軒轅氏鑄鏡湖邊因得名故又云黄帝獲寳鏡於此也酈道元注水經云浙江東北得長湖口北寫大江又大湖石帆山下水深不測傳與海通然則長湖大湖之名蓋又出鏡湖之先矣湖[illegible]屬山陰[illegible]其[illegible]實出會稽之五雲鄉也水經云湖五百里溉田萬頃與通典不合

浮湖在縣東

石浦湖

范家湖在縣東南四十里

錢湖在縣東一里湖上僧菴號興福院今爲圓通寺

山陰縣

天照湖在縣東三里

茭塘湖在縣西五十五里新安鄉以塘湖多茭葑故名

諸暨縣

古放生湖在縣西南一里舊經云唐大曆中使程希賓往諸道放生遂以此湖放生禁採捕并浦陽江等凡五所俱置後改建於縣東二里爲今放生池

縣湖在縣西北三里淳熙改元知縣事何僑重浚仍

置二閘以漲涸爲啓閉邑人便之

必浦湖在縣北七十里周四十里俗訛爲祕浦其傍横港曲灣以百數多採捕者

朱公湖在縣北六十里昔朱氏浚此湖

鯉湖在縣南二十里湖多鯉故名或云范蠡養魚之地今世傳范蠡養魚經有養鯉魚法甚詳

高公湖在縣東二十里昔高氏浚此湖

蕭山縣

湘湖在縣西二里周八十里溉田數千頃湖生蓴絲最美水利所及者九鄉以畋漁爲生業不可

數計初崇化由化夏孝昭明長興安養新義來蘇八鄉皆仰食湖利乾道中知縣顧冲以許賢一鄉距湖水雖差遠亦可溉及乃合舊約益以許賢爲九鄉均其利刻石示衆曰均水約束云

白馬湖在縣西一十四里周二十五里溉田百餘頃

一名石姥湖紹興中民沈琮以湖田三千畝獻入寧壽觀有旨兩浙漕臣驗視不可田議遂寢

爪歷湖在縣東二十五里周五里舊號臨江湖溉田

二十頃

梓湖在縣西三十五里

落星湖在縣西二十五里周二十里溉田百餘頃舊

經云後漢漢安二年落星湖中故名湖地今五千九百二十五畝三角熙寧中以湖地高者爲田爲三千八百一十一畝置十九圍其低者不圍乾道二年撥田九百畝賜歸正官大周仁之妻張氏議復以湖利還民淳熙十一年言者以爲請有旨下所屬開掘故湖之爲田者復以予民自邑以西逐歲得水利田者得以資灌溉之利慶元六年臨安府龍華寺僧寶華陳乞撥賜爲田今湖利遂廢

詹家湖在縣西二十五里

女陂湖在縣南二十里周四里

淨林湖在縣西二十六里周一十里俗稱杜湖

清霖湖在縣南二十二里

馬社湖在縣東二十五里邑人馬社所築

後山湖在縣東南二十七里周三里

徐安正湖在縣西四十里周一十五里以浚湖人得名

戚家湖在縣西三里與湘湖接一名摏湖

周家湖在縣南二十里

桃湖在縣南六十里

大小湖在縣[illegible]

厲市湖在縣南十二里

童湖在縣東四十里

牧馬湖在縣東四十里

湖在縣六十里

餘姚縣

桐下湖在縣東一十一里周十五里西北有大門

穴湖在縣東一十二里舊經引夏侯曾先地志云吳時望氣者鑿斷此山故以名湖周六里西有土門

燭溪湖在縣東北一十八里舊經云昔人迷失道忽有二人執燭夾溪而行因得路故名燭溪一名明塘湖俗號淡水海周一百五十里深二丈漑田千餘頃東西各有石閘其西閘中間

易爲土門奔流湍激旋即廢慶元五年知縣事施宿始復其舊更鑿山骨闢令廣每放湖水勢不扼人皆便之十道志云湖中有燭傳云昔人入山遠感昏暗四塞悲泣山中忽有雙燭照之與舊經略合

梅澳湖在縣東北一十八里東即燭溪湖此其澳曲也舊經云昔有梅樹吳時採爲蘇臺梁湖側猶多梅木俗傳水底梅梁根也今巨木湛臥湖心雖旱不涸不露脉八月或有聲如鼉吼震撤數里土人謂之湖謠十道志吳起建鄴宮使匠人伐材庄明塘谿口梅下餓見樹長堪爲梁伐材還都梁已足更別無用梁一夜飛還土人異之號

曰梅君此村今在漢中水旱則自浮沉一云用爲禹廟梁是也舊經云梁時修廟惟欠一梁忽風雨漂一木至乃梅梁也今梅梁以二鐵絙繫之絙間相傳此物歲久待爲神異云

鱧子湖在縣東北二十五里周八里有土門

桐木湖在縣東北四十里周八里傍多桐木故名湖內有田七百四十五畝

上林湖在縣東北六十里周五十八頃有奇有石閘

上澳湖在縣東北七十里周三頃有奇有石閘堨各一所

寺湖在縣東北五十里周八十餘畝北有土門

烏戎湖在縣二十里周三十餘畝有土門

黃山湖在縣北二十五里周二十八里溉田一百頃有土門

獨姥湖在縣北四十里周八里西有土門上有獨姥祠

附子湖在縣北三十里周二十五里

勞家湖在縣北三十五里周一百五十餘丈

松陽湖在縣東南一十五里周九十畝東有土門

檀湖在縣東南一十八里周五十畝東北有土門

東泉湖在縣南一十五里周十畝

西泉湖在縣西南一十五里周七里

莫家湖在縣西南一十五里周三百畝東有土門
前溪湖在縣西南一十七里周百畝北有土門
鴨蕩湖在縣西南二十里周百畝北有土門
蒲陽湖在縣西南二十五里周十二里北有土門
趙蘭湖在縣西南二十七里周百五十畝北有土門
樂安湖在縣西二十里周二十九頃有土門
臧墅湖在縣西三十里周四里
小櫨湖在縣西三十七里周一十七里南有土門
牟山湖在縣西北三十五里周三十里東北有土門
汝仇湖在縣西北四十里周三十里有土門六所湖

內籍田七百餘畝湖南先有田數多紹興二年得旨復廢爲湖詳見上虞縣夏益湖注

餘支湖在縣西北五十里周二十里有上門七所湖內籍田三百餘畝

千金湖在縣西北六十里周十五里西有土門

漁浦湖在縣西北六十里一名白馬湖舊經引夏侯曾先志云驛亭埭南有漁浦湖深處可二丈漢周舉乘白馬遊而不出時人以爲地仙白馬湖之名由此水經云漁浦湖中有大獨小獨二山唐貞元中置湖門三所别於北門置

放水塘四百步

上虞縣

西溪湖在縣西南三里舊七里湖舊經云縣令戴延興立周七里故以爲名溉田二百頃

阜李湖在縣西北五里周一十五里

謝陂湖在縣北三十五里舊經云謝靈運莊也自湖至謝氏西莊一十餘里

大楂湖在縣東北一十里周九里三十步湖中小阜號龜山

破岡湖在縣北二十五里舊經云吳時望氣者鑿斷

山岡因名

任嶼湖在縣西北二十七里舊經云寶曆二年縣令金堯恭開置溉田二百頃

夏葢湖在縣西南四十里湖内三十六溝其岸北二斗門依山有神祠湖東北則夏葢山也一作夏葢夏駕又作夏架水經云西陵湖西有湖城山東有夏架山湖水上承妖皐溪而下逕浙江古語云夏駕山浮葢山屹立於湖中不爲湖水之漲涸也紹興二年上虞縣令趙不揺言縣所管夏葢湖等一十三處爲田不便吏部侍郎李光奏一方利害無甚於湖田乞比較興湖爲田以來所失常賦孰多孰少自政和以來以湖爲田者乞復爲湖得旨張守具經久利害以聞限三日知越州張守言上虞縣夏葢湖改爲田者一百三十一頃二十四

畝餘姚縣汝仇湖等湖一十三所改爲田八
十一頃四十九畝二年內諳失米四千二百
三十六石八斗有零民間所失當復數倍乞
復廢爲湖自此兩縣可望全熟委是經久有
害無利奉
聖旨依仍自三年正月爲始
給事傅公崧卿守鄉郡時侍郎陳槖入幙上
公利便槖竊惟執事作鎮鄉郡必思所以興
利除害爲此邦悠久之福槖亦嘗蚤夜籌慮
期有獻於左右其間非無利害之大者復念
吾君遷播未有定居戎羯憑陵疆圉弗固乃
欲於此時陳利害之說是猶疾病之人邪氣
未除而遽議調補亦似乎不知務也故事非

迫切於今日者皆未敢輒有言前日因至上虞境内過夏蓋湖而備究湖田之爲害實吾民今日倒懸之苦有不得不言者古人設陂湖以備旱歲王仲薿建請以爲田乃引鑑湖自然淤澱已成田陸爲說又有不妨民間水利之語其欺罔甚矣然佃户占請之初各有畝數不敢侵冒當時湖之爲田者纔十二三佃户止於高仰處作埁未敢涸湖以自便民田尚被其利但瀦水不如曩日之多故諸鄉之田歲歲有旱處比年以來冒佔不已今則

湖盡爲田矣以夏蓋湖推之諸處可以類見橐所知者止上虞餘姚其它四邑皆不及知新昌嵊縣無上虞餘姚所管陂湖三十餘所而夏蓋湖最大周迴一百五里自來蔭注上虞縣新興等五鄉及餘姚縣蘭風鄉此六鄉皆瀕海土平而水易洩田以畝計無慮數十萬唯藉一湖灌溉之利今既涸之爲田若雨不時降則拱手以視禾稼之焦枯耳其它諸湖所灌注皆不下數百頃植利人户倚以爲命而乃盡奪之一遇旱暵非唯赤子飢餓僵踣道

路而計司常賦虧失尤多雖盡得湖田租課十不補其三四又況每遇旱歲湖田亦隨例申訴官中檢放與民田等昨見上虞丞言曾蒙上司差委相度湖田利害因點對靖康元年建炎元年湖田租課除檢放外兩年共納五千四百餘石而民田緣失陂湖之利無處不旱兩年計檢放秋米二萬二千五百餘石只上虞一縣如此以此論之其得其失豈不較然民間所損又可見矣但當時以湖田租課歸 御前則與省計自分兩家雖得湖田百

斛而常賦虧萬斛發倖之臣猶將曰此百斛者　御前所得也不琢湖田何以有此省計虧羨我何知哉今湖田租課既充經費則漕臺郡守固當計其得失之多寡而辨其利害夫公上之與民一體也有損於公有益於民猶當爲之況公私俱受其害可不思所以革之耶槩得之父老云本州之湖其自然可以爲田者唯有鑑湖高仰去處蓋不失水利兼與民田亦無相妨其它皆隨湖廣狹以定植利之頃畝尋常湖水平堤旱歲尚憂不足頃

見李宣州言此利害甚詳而明必曾與執事
熟論況執事越人也想前已洞達於胸中君
子懷濟民利物之志每恨不得行耳然則解
斯人之倒懸顧不在今日乎稟愚意欲望執
事斷以不疑除鑑湖外諸縣湖田悉罷之以
便民誠不貲之利也然儻俟奏報則湖田皆
在四月上旬插種之後若行罷廢似非人情
不廢則失今夏瀦水之利故稟必冀左右以
權宜即日施行一面具利害聞　奏仍上章
待罪如　四聰嘉納則粒米狼戾之慶可坐

而致或俞音尚閼則湖已瀦水今歲不得爲田足以寬嗷嗷之衆秋間果得一稔則疲氓可蘇盜賊可息人樂其生無思亂之意執事雖以此得罪亦無愧於心矣此事唯在斷而行之雖謀之上客謀之益友愚恐少有肯贊高明以必行者執事試召所親信三數人詢之必有二三之論非其智識有不逮也其勢然耳爲　國計者必曰湖田歲入幾萬斛正今日經費所賴而遽罷之則緩急何以濟爲左右計者必曰　行在咫尺公爲守臣豈可

不待奏報而專罷行之事此皆知其一而不知其二也又或以謂未必然者亦人情之常稟若非前日親見雖它人以誠相告亦未盡信蓋稟聞湖田之害熟矣向雖在幙府未嘗言及今播種迫期方獻言於左右誠以親究其害耳執事儻以稟之言爲信不畀身臨而目覩也恐或以謂湖田行之累年矣縱不便於民未應疾苦若此其甚豈可未聞於朝一旦驟欲罷廢待報而行未爲晚也稟謂此特拘攣守常者之言非惻怛愛民者之言

也吾民困苦極矣前此怨嗟叫號爲其父母
者恬不聞知流害滋深以至今日今執事將
自比於拘攣守常之徒乎抑以世之重自任
耶又事有大可慮者頃年雖有豐有凶然富
民薄有儲畜兼它邦轉糴可以相補故小民
幸免於溝壑今虜騎所過之地穀粟皆被焚
爇屈指聚落之間有餘糧者無幾且無它邦
轉糴之望而官兵支費又將取給於民父子
兄弟不相聊矣然猶竭力耕種以覬秋穫雨
澤在天不可必也陂湖之與奪在人幸未至

於後時可不任其責哉失此機會歲事或虧湖田之租常賦之額兩無所得元元艱食流離道路強者爲盜弱者爲丐嘯聚弄兵豈不由此執事當自見之知稟不爲過論也建炎一年春邑民嘗訴湖田之害於撫諭使者使者下其狀於州縣上虞令陳休錫遂悉罷境内之湖田翟帥以未得 朝廷旨揮數窘之陳不爲變是歲越境大旱如諸暨新嵊赤地數百里農夫無事於銍艾獨上虞大熟餘姚次之餘姚七鄉通江潮蔭注兼有燭溪湖等數處不可作田不曾廢故亦熟而

上虞新興等五鄉被夏蓋湖之利尤爲倍收其冬新嵊之民糴於上虞餘姚者屬路不絶向使陳令行之不果則邑民救死不暇況他境乎夫以一縣令尚能爲之槖之所望於左右宜如何聞陳令見在會稽敢望呼召訪以利害槖既知利害之詳令或不言槖則有罪遂敢不避僭易仰瀆聽覽不任悚懼更有數項鄙見條具于後

此事如蒙采擇須在三月盡文字到諸縣設或遲緩不可過四月初二三也蓋此時湖田插種者尚少兼植利人户須於梅雨

前脩築堤塘兩作之後難以施工也

槖三月廿一日舟行湖中詢田夫云已種二十之一至月末可種十之一若罷湖田所插之秧當爲棄物興大利不可恤小害也左右果欲施行不可先使衆人知恐刻木得以爲市

租湖田人有願種者亦有不願者往往相半蓋王仲嶷多抑勒等第人租佃或插種不及即空納租課如此之類皆不願者緣湖田不罷不敢推還官中年年以爲患亦

有請數畝爲名而侵佔蔓延至百十畝如此之類皆願種者此湖之所以盡爲田也前此累有論訴官中差人打量只是爲刻本及牙人乞免租課只仍元額未嘗增也擅湖利者皆鄉村豪强之人中間上司體量利害此輩行賄至千餘緡令來或罷田當有訴牒紛然並至必以已種爲詞亦有乞俟收成罷廢者此乃緩官中行遣至期官吏移易又復寢矣惟在台嚴少加懲戒毋爲浮言所惑幸甚

似聞鑑湖所入居一郡湖田課額之半可
望台旨令案吏具數亦可簽貼稟聞
朝廷若存鑑湖田止減其半而民田免旱
涸常賦無虧減亦　朝廷所樂聞也
上虞陂湖之爲田者共一十四所共管納
租米四千餘石其西溪湖等十三所共納
二千餘石而夏蓋湖獨管納二千餘石可
以見夏蓋湖之廣闊係上虞餘姚兩縣六
鄉二萬餘户植利所繫非輕蓋六鄉皆邊
海彌望盡是平陸非如衢婺諸郡間有池

塘可以蔭注自興湖曰無歲不旱大旱之歲至檢放秋米一萬餘石逮建炎二年陳令罷湖田獨此一鄉無一户訴旱其利害甚明前年陳令爲新昌丞素備聞其語恐台意以謂方朝廷多故又總鄉邦帥權慮事涉太專未欲盡罷不識可先罷夏蓋湖田否蓋其他諸湖比之爲狹縱失其利未爲大害雖州郡行遣不當分彼此然一時權宜救民之所甚急於理無礙此亦侯雍齒之意民間曉然皆知惠之將及我也此已涉第二義恐思其上者而

不得故謾及之

此項如蒙垂聽須當出榜述夏蓋湖利害及先罷之因并言已一面具奏付下植利張挂仍令本縣告示佃户即時罷種若止行下本府而不出榜恐刻木特遲其事必致後時榜文既到必不敢匿

槀令所言儻不蒙鄙斥更當審詢利害條具呈以備

回鑾時論列

稾恐安撫龍圖爲事已迫期不暇草
奏敢乞只以稾令所言録白繳　進其間
不急之語乞賜刪去苟利於民稾雖死不恨

梨湖在縣西北二十里唐縣令金堯恭開置

皮湖在縣西北三十里

廟門湖在縣北一十二里周三里

潛湖在縣西南四十二里並湖民多潛姓故以名

高公湖在縣西南一十二里周二百餘畝

隱嶺湖在縣西北二十五里周二百畝

小樝湖在縣東北一十五里周七里湖與餘姚縣雲樓鄉接蓋此湖

雖屬縣而灌溉之利乃及於雲樓鄉以水勢東傾而就下也湖今漸田一十六頃四十畝

光嚴湖在縣西南四十二里

孔家湖在縣西南四十二里

章汀湖在縣西南四十二里周三百六十畝

高境湖在縣西南四十里周四十餘畝

錢家湖在縣西南三十里

圖湖在縣西南四十二里

上湖在縣西南四十里

圓湖在縣西南四十里周八十畝

姥山湖在縣西南四十五里周四里

江湖在縣西南五十里昔有尼寺一夕陷於湖有寺鐘墮水底有見之頃歲旱涸車注垂竭忽見鐘鼻鄉人共挽出之俄傾雷雨暴至鐘復沒

菱湖在縣西南四十五里

馬家湖在縣西南五十里

鍾湖在縣西南五十里周二百二十畝一名鍾家湖

大湖在縣西南五十里湖雖闊其水利止及近田

伶仃湖在縣西南五十里

赤峴湖在縣西南五十里

池湖在縣西南五十里周七十餘畝

主山湖在縣南四十里

銅山湖在縣南二十五里唐元和二年邑民業再榮率其里人開創始再榮語於人曰銅山之北谷嶺之陽有泉滔滔不竭可瀦之以備歲旱余鼎黄定童雲悉力助成之鄉貢進士張岳記

瀦湖在縣南五十里

周家湖在縣南四十里

尚湖在縣西南三十里

旱湖在縣西南四十里

韓湖在縣西南四十里

白馬湖在縣西南四十里在夏蓋湖南水經云白馬潭深無底創湖之始邊塘婁崩百姓以白馬祭之因以名其湖焉白馬湖有三一在蕭山或名石姥湖一在餘姚或名漁浦湖惟此湖無別名

黃灣湖在縣西南四十里

雙湖在縣西南四十里

四角湖在縣西南五十里

雙碁湖在縣西南五十里

沭憩湖在縣西南五十里

前厲湖在縣南四十里

蚌湖在縣南四十里

葛糧湖在縣南三十里

李家湖在縣南四十里

隄塘

會稽縣

稱浦塘在縣東四十里唐地里志云會稽東北四十里有防海塘自上虞江抵山陰百餘里以蓄水溉田開元十年令李俊之增修大曆十年觀察使皇甫温大和六年令李左次又增修之隆興中吳給事芾重加浚疊李益謙譔記

云府城北水行四十里有塘曰防海自李俊之皇甫政李左次躬自修之莫原所始皇朝改隸巫山威鳳二鄉適直其地爲因八百頃前志謂畜水以利灌溉今泯然無跡而海水冒田獨爲民病塘之外不能尋尺其役始以紹興三十二年十月成以隆興二年十月云

錬塘在縣東五十七里舊經云越王鑄劒於此越絶云句踐炭瀆錬塘各因事而名水經銅牛山北湖下有錬塘里句踐錬冶之處

稱心海塘在縣東北五十里
菁江石塘在縣東六十里俗稱石塘越絶云石塘越
所害軍船也塘廣六十五步長一百五十三
步淳熙九年令楊寔重築加甃塘岸一里餘
北塘在縣東北八十里北抵平江府大澤
刑塘在縣北一十五里舊經引賀循記云防風氏身
三丈刑者不及乃築高塘臨之故曰刑塘張
伯玉會稽山詩云防風獨殭梁後至行趦趄
天威不可捨敗骨盈高車至今憔悴煙慘淡
藏封隅華安仁刑塘詩云汪芒後至知何罪

敗骨空專一素車

夾塘俗傳漢太守馬臻所築夾鏡湖而爲塘也

康家塘自塘以外即鏡湖一名東隄

傖塘在縣東五十里舊經云昔傖楚共築此塘堰水漑田營居室於此故名

杜塘在縣東十五里少微山下嘉祐中兩浙漕杜公所築齊祖之詩云新築隄成號杜塘結茅深穩佔湖光

山陰縣

古塘在縣西南二十五里晉太守謝輶築

運道塘在縣西北一十里唐地里志云元和十年觀

察使孟簡築

冨中大塘越絶云句踐治以爲義田肥饒故謂之冨

中也十道志句踐以田肥美故冨中都文選

吴都賦冨中之甿貨殖之選舊經云冨中里

界塘在縣西四十七里唐垂拱二年始築爲隄五十

里闊九尺與蕭山縣分界故曰界塘

石塘在縣西北四十里越絕云越所害軍船也塘廣六十五步高一丈五十二步

下塘在縣西南一百二十里

支塘在縣西南一百里

嵊縣

漢塘在縣北二十五里

新塘在縣西三十里

廣利塘在縣西三十里

蕭山縣

捍海塘在縣東四十里長五百餘丈闊九尺

荻涇塘在縣南二十里

柳塘在縣西三十里茗山下

餘姚縣

東部塘在縣北四十里慶曆中謝景初董役編塘詩云五行交相陵海水不潤下處處壞隄防自浪高於馬董衆完築塞跋履涉曠野自塘以西爲長隄詳見海隄

謝家塘在縣北四十里

王家塘在縣北四十一里

和尚塘在縣北四十二里

上虞縣

上塘在縣南水經云江南有上塘陽中二里隔在湖南常有水患太守孔靈符遏蜂山前湖以爲埭下開瀆直指南津又作水埭二所以會北江得無淹漬之患

橫塘在縣南三十里

新昌縣

泄塘在縣西南七里長廣三十畝

新塘在縣東三里

夾溪塘在縣南里僧顯忠詩云南溪北溪深橫塘截

流過

池

會稽縣

放生池在府東南一十里天寶二年祕書監賀知章表乞永周湖數頃爲放生池詔許之明年春以黄冠歸故鄉賜鑑湖剡中一曲敕永周湖爲放生池府有池放生始見於此先是梁元帝時荆州州請立放生湖其碑文見藝文類聚唐初州縣未有其制自唐天寶後李憕於襄州置放生江顔真卿於昇州采石及湖州各

置放生池至乾元元年沿江諸州自池至洋
八十一州各置池一所其敕書有云所以宣
皇恩廣慈愛也
國朝天禧元年詔江浙淮南荆湖路諸州舊
有放生池廢者悉興之元無處沿江淮州軍
近城上下五里並禁採捕天聖三年詔諸郡
縣未置者於附郭三里浚之紹興十三年
勑有司以時省視網罟入者以盜論自永周
歲久湮浸更爲民田舊池寖廢歲遇
壽節放生無定所隆興二年

田二百七十頃以爲放生池奏聞

詔從之又於池側置咸若亭曾文清公撰記

謝公池在縣南五里

王右軍洗硯池在縣南五里白馬山下舊經云王右

軍洗硯處今人指蕺山漬汙爲池非也

鵝池在縣南二里蕺山戒珠寺前舊經云王右軍養

鵝之所華安仁坟古云逸少旣善筆札性復

好鵝所在穿池滌墨其傍必有牧鵝之所此

池是也

亓千池在縣東十里澄波坊唐方處士所居華安仁

攷古云雄飛門巷雖改故池未湮即此池也千字雄飛以詩名號雲菴處士門人私謚玄英

日月池在縣東北一里池二所俗傳錢武肅王所浚王有目疾故浚此二池云

山陰縣

王公池在西園皇祐五年知越州王逵始置齊祖之撰記云方錢氏仗鉞為後庭棹謳鳬鴈之樂邦人不與其觀

聖朝受圖籍建守宰且百年前治越者始新

西園及公始命邦人無小大得恣樂其中故
王公池非新也由王公名之也
南池在縣東南二十六里會稽山池有上下二所舊
經云范蠡養魚於此又云句踐栖會稽謂范
蠡曰孤在高山上不享魚肉之味久矣蠡曰
臣聞水居不乏乾熇之物陸居不絕深澗之
寶會稽山有魚池於是修之三年致魚三萬
今上破塘村乃上池
蘭亭古池在縣西南二十五里王右軍修禊處唐大
曆中鮑防嚴維呂渭而次三十七人聯句於

此云曲水追歡處遺芳尚宛然名從右軍出
山在古人前賞是文辭會歡同癸丑年
王右軍墨池在縣西南二十五里蘭亭橋東華鎮記
云聞右軍上巳日修禊處在天章寺有墨池
池皆遺迹池不甚深廣引溪為源每　朝廷
恩命至池墨必先見皇祐中忽三日連發未
幾　御書至趙清獻公親到池上與僧約曰
池墨見即當為請之既爇香致禱須臾響應
墨光黑色倍常時因貯之於甕以獻于
朝任屯田布罷任游山以香酒祭池倏忽墨

會稽志卷十

見留詩云田曹郎吏何多幸親見池中墨水生復齋漫録載臨川王右軍墨池每貢士之歲或見墨汁點滴如豆出水面則必有登第者此池靈異亦其比也

右軍鵝池在縣西南二十五里華鎮記云聞鵝池有白魚長數尺有捕者騰躍而起鬣如銀下前池而去後復見於池中蓋異物也

琴瑟池在縣西二里以池水潴蓄故名錢公輔小隱山記云山堂因山之名凡一景一趣無不為之稱有琴瑟池

龍賁池在縣西一里酒務前

西禪池在縣北五里

龜山魚池在縣西一百步龜山下唐元微之留題云勸爾諸僧好護持不須垂釣引青絲雲山莫厭看經坐便是浮生得道時李公垂詩云汲水添池活白蓮十千仿佛盡生天凡庸不識慈悲意自葬江魚入九泉後有題云微之詩戒僧以護生之意及公垂見而笑之未幾果有寺僧罟於池中者故公垂因形之於詩云

嵊縣

放生池在縣東三里

右軍墨池在縣南十五里金庭洞晉王右軍所居也

唐裴通記云金庭洞天在縣之東南循山趾

而右得小香爐峯即洞天之北門常聞異香

時值仙人從古不死真天下之絕境也瑯邪

王羲之家于此山其書樓墨池舊制猶在通

以元和二年二月来遊登書樓臨墨池但見

其山水之異

諸暨縣

放生池在縣東二里周四十里一名放生湖唐天寶

中縣令郭密之築隄塘溉田二十餘頃池心

有小山狀如龜號龜山其東有虹梁扁放生

橋

餘姚縣

放生池在縣南以東西各一百五十步立石為界隆興改元知縣事王度始置朱待制翌撰記

鴈池在縣東雙鴈里水經曰南太守虞國舊宅號西虞即雙鴈送歸處華鎮詩云南國使君歸故里霜鴻飛舞送朱輪

項家池在縣南一十里

洪家池在縣南一十五里

阮家池在縣西南三十五里

上虞縣

放生池在縣南二百步

朱公洗硯池在縣西北四十里池側有學堂云朱買臣讀書堂其西有朱侍中廟

謝公洗屐池在縣西北三十里東山傍俗傳康樂遺迹以其登山躡屐也然華安仁攷古詩云謝公白首秉軒地長記滄波洗屐時又指言謝文靖爾

潭

會稽縣

孤潭在縣東南舊經云若耶溪側潭深而清孤石聳出潭上有大櫟木謝靈運與惠連聯句刻於樹側水經云麻溪下孤潭周數畝甚清深有孤石臨潭乘崖俯視猨狖驚心寒木被潭森沉駭觀麻潭下注若耶溪水至清照衆山倒影窺之若畫唐人徵故事聯句云古寺思王令孤潭憶謝公

賀精潭在縣東南

少微潭在縣少微山下

龍潭在縣東南

嫡耳潭在縣東一作的耳

鹿迹潭在縣東南

山陰縣

射的潭在縣南仙人石室下潭深叵測

破潭在縣東廣八十畝

聣潭在縣南

包家潭在縣西北

蘇家潭在縣南

月潭在三山之西廣袤數畝於觀月為宜然不知其

得名之始

壽家潭又在月潭之西差小於月潭

嵊縣

下鹿苑潭在縣西鹿苑寺西源出山巔二小穴石湧流至葛仙翁祠下出二石甕間又一里許石崖壁立瀑布十餘丈下瀦為潭頃歲旱投簡潭内劃有聲俄頃水盡黑雷自潭發雨驟至如響

三懸潭在貴門山下有龍祠號普濟禜禱有應

簟山潭在縣東水經云東有簟山山下衆流前導滿

石汎激浮溢四注

五龍潭在烏猪山巔潭有五龍故名

響嚴潭在細嶺

靈嚴潭在子周山

石門潭在縣西

動石潭在縣東北

餘姚縣

竹山潭在縣東

泉潭在縣東南

鬼爾潭在上林山坳人迹罕到傍有龍王祠禜禱有

應

上虞縣

彈潭在昇相山之巔垂瀑百餘丈匯於潭潭上巨石
隱隱有足迹號仙人迹

黒龍潭在縣南俗呼其山曰潭山山之上下凡三潭
山巔人迹罕至最下潭居山椒傳云嘗有黒
龍見

白馬潭在縣東水經云白馬潭深無底創湖之始邊
塘婁崩百姓以白馬祭之用以名

白龍潭在縣南山頂有三潭凡請禱者挽樓而上僅

至下潭已目眩股栗不可留傳云昔有白龍見故名

新昌縣

長潭在縣西南其源西南自東陽北出夾溪過穿巖別一源南自天台出嵳門溪東轉韓峯逕西與穿巖水合流入于潭又西北流入剡西門唐方干詩波濤漫撼長潭月謂此

百丈潭在縣東潭有三所皆神龍所窟

海隄

餘姚海隄縣東北八鄉其袤百四十里慶曆中縣令謝

景初治隄事始築二萬八千尺王文公安石記之厥後增築視舊倍蓰隄或觧弊不堅受潮之齧頹圯摧陊甚則蕩析田疇漂溺室廬於是歲起役夫六千人人為役二十日卒於農隙董治脩築吏或苟且不經意隨築輒壞隄蓋未嘗固也慶元二年令施宿始因歲役革具就實旣竣事則圖所以永其存蓋東之為雲柯梅川上林在承平時嘗有年祕丞斵石為隄歲久隄移石亦湮沒命立求諸淤淖而具得之爰相舊規創意疊甃旣壯其東偏矣

西之為蘭風東山特當濤勢衝突徒恃土隄
懼不能久則又計工採石鼎新改築蓋為費
者八千緡而西偏石隄復立焉深惟厥終俾
民蠲役經營海塗開墾曠土總之得田千六
百畝有奇廼建置海隄莊用其租入隨時補
葺力不困下而隄益固自是歲省民夫十有
二萬提舉常平劉誠之以事請于
上報可而顯謨門學士樓鑰為海隄後記

會稽志卷第十

會稽志卷第十一

泉

府城

清白泉在府西清白堂側范文正記云西巖下獲廢井泉甘色白淵然丈餘引不可竭王十朋賦云啜茗於清白之堂漱齒於清白之泉

三汲泉在臥龍山麓泉甚淺不過有水數斗然汲盡已復滿未嘗竭也舊在陸左丞園内今析爲二其一歸陸參議静之其一歸司馬監丞倬

會稽縣

子真泉在梅山本覺寺泉味甘寒廉博士布嘗爲書子真泉三大字或疑子真隱吴市門不應在會稽然子真方避禍去妻子變姓名豈常在吴市門者故今會稽多有子真遺迹

鄭公泉在縣五雲鄉去葛仙翁釣磯爲近以鄭弘得名水經云在若耶溪東方數丈冬温夏涼輿地志云若耶鄭弘所居之側有鄭公泉弘雖居台輔常思故居曾病困思得泉水家人馳取飲少許便差泉有二脉滴瀝出石罅味極甘宜茶石之上爲行路而泉注溪中非山僧

野叟不能知其處

雲門泉在雲門山唐僧靈一詩云泉源新湧出洞澈映纖雲范文正公詩云林無惡獸住山有好泉來

菲飲泉在大禹寺側王龜齡詩云梵王宮近夏王宮一水清涵節儉風越俗不知王好惡泉名恰在酒名中

眞珠泉在少微山齊祖之家山十詠泉其一也

苦竹泉在秦望山側曾文清墓林多苦竹泉出其下泓潔宜茶

傅公泉在射的山給事中傅公[崧卿]先墓因地坎甃鑿池瀦水每上冢以煎茗浣祭器池縱五尺衡六尺深半衡之數泓潔甘美遇旱不涸士夫咸謂可以方公清德遂目之曰傅公泉

山陰縣

半月泉在法華山天衣寺側唐公垂詩云殿湧全身塔池開半月泉姚氏叢語云泉隱巖下雖月圓池中只見其半㝡爲佳處紹興初僧法聰鑿開巖上名曰滿月甚可惜也

嵊縣

偃公泉在明心院側院僧仁偃甃水於此得名王龜齡詩云泉自何時得得名從偃公誰能繼長陸爲載水經中

沸泉在溪坑一穴周二三尺常如湯沸自下衮起四時不竭

餘姚縣

姜女泉在姜山泉流清洌常有木葉蔽其上或去葉泉濁

華清泉在縣北陳山元豐中楊景謨顧臨來遊酌泉賦詩於此

龍泉在靈緒山龍泉寺上王荊公絶句所謂天下蒼生待霖雨不知龍向此中蟠也有大字刻泉傍葢後人倣公書非眞筆高宗皇帝巡幸時嘗泊御舟於寺前江中識者以爲龍蟠之讖

白水泉在縣西南四明鄉山壁環繞峭立上有溪流四十二條自絶頂投空而下冬夏水聲不絶

新昌縣

象泉在慧雲寺姚淞云飲鹿花開壯此山遊人多作慧泉看

杖錫泉在縣東沃洲山下唐僧靈澈之故迹

井

府城

鰻井在寶林山舊經云井有靈鰻一或時出現墨客揮犀云越州應天寺鰻井一在磐石上其高數丈井纔方數寸乃一石竅唐徐浩詩云深泉鰻井開即謂此鰻時出遊人取之置懷袖間了無驚猜如鰻而有鱗兩耳甚大尾有刃迹相傳黃巢嘗以劒刺之凡鰻出遊越中必有水旱疫癘之災鄉人嘗以此候之華安仁

攷古云飛來山下石井大如盆盂無耗溢有二鰻文采煥爛世言下徹滄海好事者以絲綫懸錢探之極兩絁不得其所止

錢王井井凡數十大抵多在五雲稽山門外以石甃水高於地霖潦不溢大旱不涸方暑時行路甚以爲恵傳以爲吳越王時所浚蓋不可攷然至今俗謂之錢王井

葛仙丹井在雲門淳化寺佛殿西廡之外僧房中泉味甘寒冠一山唐顔況詩云野人愛向山中宿況在葛洪丹財西門前有箇長松樹半夜

子規來上啼即此井也松已槁死六十年前故老猶有見之者唐詩人又有句曰月在山中葛洪井鼂文元公愛賞之今有松偃蹇夭矯如龍正覆井上若護此泉者眞可異也但僧輩頗戕其小枝爲可惜耳

陸太傅丹井在法雲寺佛殿前少東太傅昔以直集賢院守鄉邦晚謝事居寺東舊墟故廬辟穀煉丹專汲此井用之辟穀十餘年容鬢氣力皆不衰丹已八轉忽變化飛去太傅乃洗爐缽水飲之數日不爽而逝又以餘水分諸孫

飲者三人中大父年八十六祠部傳年九十

承奉倚年八十三

方井在通判北廳卧龍山足齊祖之有新井詩今名

卧龍泉

會稽縣

禹井在縣東南會稽山山海經注會稽郡山陰縣南

山上有禹井水經云山南有硎去廟七里謂

之禹井

葛仙翁井在縣東南禹穴側宋之問詩云著書惟太

史鍊藥有仙翁華安仁攷古云葛稚川煉丹

於宛委山下有遺井大如盆盂其深尺許清泉湛然

歐冶井在劒浦山齋唐録鑄浦事云歐冶子始鑄神劒之所有淬劒大井存焉

山陰縣

何公井在雲門山西梁何廟諱所居也宋之問詩云樵逕謝村北學井何巖東

嵊縣

蛟井舊傳井有三蛟故名

蛟井在縣南穿山下井有蛟故名近井有鎮市居民

煙火數百家

趙廣信井在縣西小白山仙人趙廣信鍊九華丹於此

諸暨縣

鴟夷井在淨觀院側嘉祐中吳處厚廟碑云陶朱公俗傳諸暨人今淨觀院其故居也鄉曰陶朱井曰鴟夷皆以公得名

丁令威井在縣東北咸通寺側

硯水井在永福寺梁武帝讀書堂井尚存

蕭山縣

金泉井在縣西今爲居民徐氏園每縣務醞酒取汲於此士大夫家釀亦多用之故縣多名酒所謂釀泉爲酒泉香而酒洌者信有之

潘井在縣西南七里井高於路數尺其水可掬寒暑未嘗竭漢地里志注云蕭山潘水所出東入海意水源或出於此寰宇記云疑浦陽江之別名

上虞縣

舜井在縣西北三十五里興教寺傍有象田或者以爲的對

金罍井在縣南一里天慶觀東廡晉大康中獲金罍於上虞縣即此井也

焦家井舊經云昔焦贛卜地穿此井水味甚甘

柴家井在縣西一十里

蕭家井在縣東一里等慈寺本梁蕭氏所捨宅也

龍頭山井在縣東小崖間水經云石井冬夏常洌清泉南帶長江北連上陂

新昌縣

石井在縣東天姥山下

齊公井在縣南五里南明山之東麓俗云齊相井唐

齊顗所居山中有十五題井其一也按齊顗不爲捐俗傳誤也

洞

會稽縣

陽明洞天在宛委山龍瑞宮舊經云三十六洞天之十一洞也一名極玄太元之天唐觀察使元稹以春分日投金簡於此詩云偶因投秘簡聊得泛平湖穴爲探符坼潭因失箭劉白樂天和云去爲投金簡來因挈玉壺洞外飛來石下爲禹穴傳云禹藏書處一云禹得玉匱金書於此史記司馬遷探禹穴注云禹巡狩

至會稽因葬焉上有孔穴民間云禹入此穴水經云山東有硎深不見底東游者多探其穴今無所攷詳見宛委山

風洞在剡石山遇陰雨聞皷樂聲

玉洞在剡浦山齊祖之詩云白石洞間路吾家在其中琴窻與書閣一半是雲封

嵊縣

金庭洞天在縣東南天台華頂之東門也道經云越有金庭桐栢與四明天台相連神仙之宮也唐裴通記云剡中山水之奇麗金庭洞天為

寂其洞即道門所謂赤城丹霞第六洞天也
桉上清經洞天在天台桐栢山中辟方四十
里其北門在此小香爐峯頂人莫見之又云
晉王右軍家于此山書樓墨池舊制仍在南
齊道士褚伯玉於此置金庭觀乃右軍之家
也通留詩云寂寂金庭洞清香發桂枝魚吞
左慈釣鵝踏右軍池華云周王子晉善吹笙
爲鳳凰聲從浮丘登嵩高而羽化緱山去後
主治天台華頂號白雲先生往來金庭風月
之夕山中有聞吹笙者

諸暨縣

玉京洞在洞巖吳處厚詩云秉燭携筇步步前玉京迢遞訪神仙四時自有壺中景一鋳都迷物外天時刁景純同遊

仙巖洞在五泄山宋禧留題云翠巖仙洞白雲深躡石捫蘿一訪尋縣令劉述禱雨於此亟應有詩云英英洞口雲觸石纔一縷須臾徧空山霈然作靈雨

餘姚縣

潺湲洞在四明山陸龜蒙皮日休有唱和

石人洞在縣東北石人山洞北向高廣各六尺許甞若埽漑其石壁如粉昔有浮屠褁糧持炬而入越信宿出洞中邃杳不可窮其底聞艣聲而迴

吳山洞在縣東北吳山洞而滄海巨浪激撞巖石嵌空旁産牡蠣

上虞縣

薔薇洞在東山李白詩云不到東山久薔薇幾度花白雲他自散明月落誰家我舍攜謝妓長嘯謝人羣欲報山東去開關臥白雲王性之記

云謝文靖携妓游戲之地雖草莽蒙塞然古色不改宛有六朝氣象

仙姑洞在縣東南一名鳳鳴洞昔有仙女乘鸞鶴來下後人立廟祠之號鳳鳴洞主洞闊丈餘周數十步高十餘丈雙崖峭立懸石如磬飛瀑濺沫常若風雨歲祈禱有驗

新昌縣

眞溪洞在縣東洞高四尺闊三尺深不知其底有持炬入者僅數十步風自洞出疾甚炬滅竟不得入匝洞舊植碧桃花時可愛今桃蹊寖廢

石

會稽縣

窆石在禹祠舊經云禹葬於會稽山取此石爲窆後人覆以亭屋有古隸不可讀宣和中楊時有題名秦少游禹廟詩云一代衣冠埋窆石千年風雨鏁梅梁

葛仙石在縣東若耶溪葛稚川嘗投竿坐憩於此謝康樂兄弟皆嘗遊每至此酬唱忘歸華安仁詩云聞說風流謝客兒鴒原相應日忘歸仙翁遺迹雲深處携手行吟送落暉

秦始皇坐石在會稽山南輿地志云方石數丈是始皇坐其兩邊方石八所是丞相斯已下坐益俗傳云爾

酒甕石在射的山足三石品峙其狀如甕舊經云巨石三在鏡湖東時人謂之秦皇酒甕石齊祖之鑄浦録云絶湖而濟巖壑相望雙石若瓿號秦皇酒甕華安仁攷古集云若耶溪傍雙石如甕而大世言始皇之所遺也今甕石實有三與齊華二公所記不合以舊經爲正

西施石在若耶溪一名西子浣沙石唐王軒詩云嶺上千峯碧江邊細草春今逢浣沙石不見

浣沙人宋之問云越女顏如花越王聞浣沙國微不自寵獻作吳官娃一行霸句踐再笑傾夫差一朝還舊都艷粧驚若耶杜牧詩云西子下姑蘇一舸逐鴟夷東坡詞云五湖聞道扁舟歸去仍携西子姚令威叢語云嘗以此問王性之性之云西子自下姑蘇一舸自逐鴟夷不可云范蠡將西子去也吳越春秋云吳亡西子被殺如宋之問卜詩所述則西子平吳後還會稽也說不同俱存之雲溪友議郭素儗王軒事怪僻今不取

苧石在刻石山越絶云秦始皇三十七年以正月中戍到大越取浙江苧石長丈四尺南北面廣六尺三寸東南廣四尺西廣尺六寸刻石於

東山上其道九曲去越二十一里

落星石在曹娥江高七八尺每江潮至石輙不沒舊傳云星隕而結石也

舊經落星石有二一在會稽一在餘姚皆星隕所化也按曹娥江乃二邑接境此石居江之中流屬會稽縣今繫於此歐陽文忠嘗得吳越國封落星石爲寶石山其制一冊寶正六年知其嘗改元也然落星石吳越地間有之其制所封石未詳

石傘在會稽山之別峯唐顧況銘云亭亭石傘有物有名如蓋君傾如芝一莖石傘山東山銜日宮石傘山西山銜月宮南巒北阜首出屹雄齊抗於峯下置書堂後爲精廬今壽聖院有

齊相書堂遺址存焉元和初揚於陵與其屬來遊賦詩刻石熙寧初元厚之留題奇峯如傘見遥青玉笥山頭地有靈三逕荒涼丞相隱一篇清絶放夫銘抗齋孫應有石傘書堂詩見少微集

飛來石在禹穴側石上有唐宋名賢題名碑鄉去賀知章題名在龍瑞宮此石所鐫者

研朱石在宛委山側華初平去葛稚川既仙去遺朱研於玉笥山得丹砂之力歲久彌大今爲一巨峯

鳳凰窠石在寶山西石有一圓竅深一尺廣四尺俗
　傳鳳毓二雛自此而能翔傍有上鳳村下凰
　村

新婦石在縣東南會稽山巔

石旗在白鶴山側山有石屋砥平可容數十人建炎
　中士大夫避地於此多得全形如張旗故名

胡孫石在射的山下臨樵風涇涇水漲石常不没里
　人以此候水之分寸

蝦蟆石在宛委山與龍瑞宫對昔宫廪失粟蹤跡莫
　知盜者有方士言竊食者朝山之異物也羽

流信之命工鑿石口果驗

山陰縣

羊石在縣西吳越備史光啓二年錢鏐使遊奕崔則守羊石

磨鏡石在鏡湖任昉述異記云鏡湖世傳軒轅氏鑄鏡湖邊因得名今軒轅磨鏡石尚存石畔常潔不生蔓草吳虎臣漫録云湖以鏡名恐不然蓋鏡湖之水平如鏡面唐人詩中謂之天鏡者是也湖之上源地名平水亦此義

石城在石城里吳越備史乾寧三年錢鏐討董昌攻

石城去越三十里即此

嵊縣

石床在縣北謝靈運垂釣於此

馬蹄石在縣東北傳云秦始皇東廵經此馬蹄所踐迹也

諸暨縣

石屏在五泄山嘉祐中丁寶臣題云天作錦屏環十里僧開朱屋面千峯

石皷在五泄山巔狀如皷擊之有聲

石門在縣西僧咸潤詩云雙峯起雲際彷彿五侯門

浣沙石在紵羅山下一名西施石寰宇記山下有石
迹本西施浣沙之所今浣沙石猶在舊經引
輿地志苧羅山西施所居有方石乃曬沙處
十道志句踐索美女以獻吴王得諸暨苧羅
山賣薪女西施山邊有浣沙石又云苧羅乃
所居處沙蓋布沙非紗帛之紗也

寰宇記十道志及舊經所載西子居諸暨苧羅山輿地廣記云越人西施出於蕭山蓋蕭山昔永興縣吴嘗改諸暨為永興而二邑疆界昭接苧羅山二邑皆有之諸云牛頭苧羅一日三過今牛頭山亦屬蕭山也寰宇記諸暨縣巫里句踐得西施之所至今有西施家東施家以舊經諸志所載則西子家宜在諸暨故今繫之

餘姚縣

石窻在四明山虛明如牖唐陸龜蒙詩云石窻何處見萬仞倚晴虛皮日休詩云樞中空吐月扉際不扃霞

盤羅石在上林湖仙居山其平若掌可坐數人石旁有丈大有峭壁旁產長生草掇之着几案間者久而乾枯沃之以水則榮翠如初

石龜在縣獨鳳亭其地多生古苔梅

上虞縣

雙笋石在釣臺山通澤廟側石雙立各數百尺其巔

有異花若人立而晃者每杜鵑花開爛若霞錦里人競觀之齊唐亭贊　國朝　祖宗三后登格皇穹花枯瘁者各三今復韡如俗以爲神華安仁詩序云廣利侯祠宇得山中之勝前有雙石筍對峙溪上花時爛若霞錦照映山谷

蘭峯石太平御覽云上虞縣龍頭山上有蘭峯頂盤石廣丈餘葛洪嘗坐其上

葛仙馬跡石在縣西南石在道傍迹如馬蹄其一蹄常有泉脉不竭

藥臼石在縣西南石窟凡五小者受一二升大者受
一斗許俗云葛仙翁藥臼石也傍有三石鼎
峙昔仙翁嘗滌藥於此水底石如碎丹砂流
去復生他水皆受穢惟此溪澄澈纖塵不棲
亦一異也
銚架石即藥臼石傍王不也形如銚架故名
煉丹石在太平山巔石有三圓竅深各一尺許俗傳
云葛稚川煉丹於此
葛稚川石室在太平山室廣數丈高丈餘其室析爲
二俗傳葛稚川所居也傍有菴址吳道士干

吉卜築於此

新昌縣

石猊在南明山二石對峙如異獸嘉祐中僧顯忠詩云亭除兩猊猊一仰復一俯世傳智顗死二獸來瞻覩逡巡化爲石埋没在深土事怪因難詰但見形可取

津渡

會稽縣

豐山渡在縣東六十五里

曹娥渡在縣東七十二里

杜浦渡在縣東七十里
東小江渡在縣東南九十里
舊渡在縣東三十里
新渡在縣東三十里
傖塘渡在縣東五十里
冨盛渡在縣東四十里
上竈渡在縣東南三十里
延德江渡在縣東南八十里
本憩渡在縣東一百里
田家渡在縣東五十里

水江渡在縣東一百里

山陰縣

蘭亭渡在縣南二十五里

離渚渡在縣西南三十里

嵊縣

東津渡在縣東一里

西津渡在縣西南二里

南津渡在縣南一百五十步

胡塍津渡在縣南一十五里

餘姚縣

陸家渡在縣東四里
邵家渡在縣東一十里
鄒家渡在縣西一里
啞兒渡在縣西五里
霍家渡在縣西七里
方家渡在縣西十里
徐家渡在縣西一十二里
吳家渡在縣西一十五里
邵家渡在縣西二十里
郭家渡在縣西三十里

沈家渡在縣西三十五里

燭溪渡在縣東北二十里

黄沙渡在縣東北三十里

上虞縣

百官渡在縣三十里

梁湖渡在縣二十五里

趙村渡在縣六十里

横汀渡在縣四十里

羅家渡在縣四十里

指石山渡在縣四十里

⿰山豪渡在縣三十五里

浦口渡在縣四十里

蔡山渡在縣三十五里

華家渡在縣一十里

虞大渡在縣一十二里

方家渡在縣二十二里

姚家渡在縣一十五里

安家渡在縣一十五里

新昌縣

三溪渡在縣東一里

橋梁

府城

府橋在府門東蓬萊館前舊東亭橋

通泰橋在府城東北今名新橋

府西橋在府城東北市會稽縣西

甲子橋在府城東南舊開元宫甲子眞君堂址與其

坊名偕存

集商橋在府城東

馬坊橋在府城東南

羅紋橋在府城東教場後

蓮河橋在城東天慶觀後

都亭橋在城東禮遜坊傍有廢井侍云蒯子訓賣藥之所也越絕古秦始皇東遊之會稽以甲戌到大越舍都亭都亭之名始此蕭山縣亦有都亭未知孰是

吴伯橋在城東鍾離坊内

鍾離橋在城東東漢鍾離意山陰人仕至尚書僕射此其所居至唐鍾離牧意七世孫

竹園橋在禮遜坊昔紀伯與陳嚻鄰修藩籬侵其地嚻不較又益與之伯慙亦退避號義里此其地也

紡車橋在城東觀音寺側

鏡水橋在城東趙處士仲微所居事見隱逸

斜橋在城東北其下多客邸四明舟楫往來所集

小江橋在城東北

昌安橋在城東北吳越備史乾寧三年錢鏐攻昌安門橋因門而名

長橋在城東北支鹽倉側西

東雙橋在府城東

開元寺前橋在城東一名坊口橋

落星橋在府城東祥符寺前

辭雲橋在府城東南

越仙橋在府城東北

潘師橋在府城東廣陵坊

濟川橋在府城東

望星橋在府城東南

五接橋在府城東南

落碧橋在府城東

大夫橋在東郭唐張志和居也詳見玄眞子宅

廣寧橋在長橋東漕河至此頗廣民居鮮少獨士人

數家在焉紹興中有鄉先生韓有功復禹爲

士子領袖暑夜多與諸生納涼橋上有功没
有朱虁封亢宗追懷風度作詩云河梁風月
故時秋不見先生曳杖遊萬疊遠青愁對起
一川漲緑淚爭流蓋橋上正見城南諸山也
虁封亦修絜士云

題扇橋在蕺山下王右軍爲老姥題六角竹扇人競
買之事見山頹然今郡人但謂之蒲扇橋華
安仁攷古云舊橋在解愠坊

大慶橋在城東南以傍有大慶寺故名

景明橋在城東南

大雲橋在府城東南舊大雲寺前

南堰橋在府城南

廟橋在府城南錢武肅王廟側

捨子橋在府城東南龜山下

南店橋在府城東南

市門橋在府城東

龍興橋在府城東南以龍興寺故名

通市橋在府城東俗名鵝鴨橋

清道橋在南市

觀橋在城東開元宮側

蕙蘭橋在府城東

獅子橋在府城東北

西雙橋在府城東北

水澄橋在府城東北

新河橋在府城東北

江橋在城東北寰宇記引山陰記云江橋乃宋江彪所居之地因以名焉今郡人乃以爲[illegible]文通故居

謝公橋在新河坊以太守謝公　所置故名

官海橋在城東北

光相橋在城西北

北海橋在城西北俗傳唐李邕寓居之地

火珠橋在火珠山下

新營橋在府城東北

拜王橋在獅子街舊傳以爲吳越武肅王平董昌郡人拜謁於此橋故以爲名

平橋在山陰縣側

斗門橋在府城

耕心橋在府城

望城橋在府城

鐵魚橋在府城西北

錦鱗橋在府城西北

教場橋在府城東南

倉橋在府城東北

萬安橋在新河蜀馮氏居於河之北築園於河之南

作橋以通往來

酒務橋在府城東南

大善橋在府城東北

車水橋在府城南

蓮花橋在府城南司理院前

清泠橋在府城西南西園門口
章家橋在府城東南
暗橋在府城東南
黄涇橋在府城東南
塔子橋在府城東南
馬五橋在府城東南鍾離巷口
犬郎橋在府城西南
石灰橋在府城東北
滑橋在府城東北
香橋在府城東北俗謂朱買臣還鄉始作此橋故名

鄉橋其說附會不足取

黃甕橋在府城東

望花橋在府學前其傍地名上原多以藝花爲業橋

蓋以此得名

禹跡寺橋在府城東南

圓通寺橋在府城東南

顧家橋在府城南

鹹酸橋在府城東南

八字橋在府城東南兩橋相對而斜狀如八字故得

名

藕梗橋在府城東南

九節橋在府城東南光孝觀前

八仙橋在府城[redacted]

朱家橋在府城東南

小虹橋在府城[redacted]

草貌橋在府城東舊傳此地在州城外俗謂征稅之
所爲貌此以在郊故名草貌

黃鐵頭橋在府城東北

鮑家橋在府城東南狀元坊裏

安寧橋在府城東北

繫錦橋在府城

張斗橋在府城東南

草子橋在府城

馮家橋在府城

會稽縣

靈氾橋在縣東二里石橋二相去各十步輿地志云山陰城東有橋名靈氾吳越春秋句踐領功於靈氾漢書山陰有靈文園此園之橋也自前代已有之氾一作圯唐李公垂詩云靈氾橋邊多感傷水分湖泒達回塘元微之詩云

靈汜橋前百里鏡石帆山峹五雲溪尚書故實辨才靈汜橋嚴遷家赴齋蕭翼遂取蘭亭俗呼爲靈橋

皐步橋在縣東一十五里自橋東趣上下皐步

東城橋在縣東六十里

塔橋在縣東五十五里

三橋在縣東南五里有橋三其中橋有亭扁通濟今鏡湖分東西以此橋爲限然以地勢言之恐亦非古

五雲橋在縣東二十六里有亭溪山奇麗舊跨溪今

在平陸矣

平水橋在縣東二十五里其南爲平水市二小橋通諸暨嵊縣

雲門橋在縣東南三十五里若耶溪南傍有仙翁釣磯宋考功之問詩云鴈塔鶱金地虹橋轉翠屏謂此自橋東百餘步又有小石橋架亭其上扁麗句亭

寒溪橋在縣東四十里

董家橋在縣東一十五里

大淩橋在縣東七里

小凌橋在縣東七里

馬山橋在縣東北二十里

樊江橋在縣東二十五里

梁湖橋在縣東六十里

丁家橋在縣東六十里

俞家橋在縣東六十里

石旗、中興橋在縣東一十八里一百步

洞亭橋在縣東一十五里陽明洞前架小亭其上自橋東數十步又有鬬牛觀山二橋入龍瑞宫

告成橋在縣東一十里橋東禹祠

千秋橋在縣東六里橋側千秋觀
拗馬橋在縣東六里
阮家石橋在縣東北八十里
孫家橋在縣東北八十里
石新橋在縣東北八十里
丁橋在縣東北八十里
和尚橋在縣東北八十里
賣家橋在縣東三十五里
富盛橋在縣東四十里
鳳凰橋在縣東六十里

壽寧橋在縣東六十里

二鄉橋在縣東六十里

植利橋在縣東六十里

山陰縣

瓜咸橋在縣西九里

西跨湖橋在縣西六里上有亭傍有浮圖

跨河橋在縣西北八里

官瀆橋在縣西北九里

杜浦橋在縣西北一十一里漕河傍自此而南爗水

無際鷗鷺翔集過三山遂自湖桑埭入鑑湖

黄城東橋在縣西北一十三里

黄城西橋在縣西北一十五里

柯橋在縣西北二十五里文選伏滔長笛賦序云蔡邕避難江南宿柯亭之館取屋椽爲笛注柯亭在會稽郡宋褚淡之爲會稽太守孫法亮等攻沒郡縣淡之破之於柯亭賊遂走永興柯亭即此地也漢地志上虞縣仇亭柯水東入海然俗傳柯水即此

會墟橋在縣西北一十三里南爲漕河北抵水鄉如三山吉澤南莊之屬又北復爲漕河漕河之

北復爲水鄉渺然抵海謂之九水鄉葢大澤
也曾文清詩云談誇水鄉勝謂不減吳松即
此是也

梅市橋在縣西北二十里唐趙嘏贈山陰叟詩云住
近梅橋市嘗稱魯國人

蘭亭橋在縣南二十五里晉王右軍修禊處橋下細
石淺瀨水聲晝夜不絕跨橋爲含暉亭吳長
文題詩云秦望奇峯北天章古寺東石橋跨
驚瀨雲屋麗層穹

阮社橋在縣西北三十里

餘支橋在縣西北四十五里
板橋在縣西北四十五里
賔舍橋在縣西北六十六里
錢清橋在縣西北五十里
廣溪橋在縣西北五十二里
宣橋在縣西北五十五里
西小江浮橋在縣西北五十五里
高橋在縣南二十五里
亭山橋在縣南二十五里
横塘橋在縣南二十五里

大洪橋在縣南四十里
稽山橋在縣南一十五里
上横橋在縣西南二十七里
虹橋在縣西七里迎恩門外
萬家橋在縣西四里
大驛橋在縣西五十六里
嵊縣
廣陵橋在縣北一里
謝公橋在縣西一里俗傳因康樂得名三大字乃
後人所題額橋下㳂溪斗門

楊公橋在縣北一里

直瀆橋在縣東一十五里

蕕岸橋在縣西一十五里

十五板橋在縣西一十三里

新官橋在縣西一十五里

和尚橋在縣東一十三里

浦橋在縣西一十里

高古橋在縣西一十二里

望仙橋在縣北四十里

諸暨縣

通遠橋在縣南六十步唐大曆中建
放生橋在縣南三里
義津橋在縣南二百步唐天寶中縣令郭密之建後
人改扁今名
豐江橋在縣南六十五里
雙橋在縣東北一十四里
跨江橋在縣東一十里
苦李橋在縣東二十六里
櫟橋在縣東四十里
楓橋在縣東北五十里

干溪橋在縣東北六十二里傳以爲吴方士干吉所居
竹橋在縣北一十里
觀湖橋在縣西北一十五里
下黄橋在縣西南三十里
蕭山縣
夢筆橋在縣東北一里天監四年葉道緇記云初齊建元中左衛江公捨所居宅爲六福田斯橋之興與寺偕始天聖紀號之二年李君以廷尉評宰是邑創橋表寺自橋三丈步至昭玄

寺今覺苑寺是也

眞濟橋在縣北一百步舊都亭橋

新橋在縣西北一里

雙峯橋在縣東四十五里運河上一名方家橋

白鶴橋在縣東三十五里

小江橋在縣東四十里

倉橋在縣西一十二里

望峯橋在縣北一里今廢

高遷橋十道志云董襲見孫權於此寰宇記云吴志孫策入郡郡人迎于高遷注永興有高遷橋

今廢

餘姚縣

德惠橋在縣南一十步舊曰虹橋崇寧五年邑人莫若鼎始剏橋大江無柱高數丈其傍有碑云海船過而風帆不解其高大可見也建炎末兵火遂壞至紹興初重建雖稍不逮昔尚爲壯觀淳熙戊戌王司業逨捐已帑新之

祕圖橋在縣北一百步

小祕橋在縣北一百一十步

永濟橋在縣東二里二百步舊黄山橋一名善政橋

蘭墅橋在縣西南二里
楊溪橋在縣南一百三十步
後清橋在縣北一里
客星橋在縣北一十里舊安山橋以近嚴子陵墓故
　易今名
孫埭橋在縣西一十五步舊孫浦橋
陸浦橋在縣西一里二百步
白鶴橋在縣西二里
休光橋在縣西一十五里
石牌橋在縣東八里

大川橋在縣東一里
汪姥橋在縣東
黄橋在縣西二百步水經云江東逕黄橋下注黄昌宅橋也
明星橋在縣南
戰場橋在縣南四里宣和中縣率兵戍此以拒魔寇故名
隱鶴橋在縣東南一十五里
赤石橋在縣東一十二里

上虞縣

通利橋在縣東南一百步舊通村橋紹興間王吏部
義朝重建
虹橋在縣東南一百五十步
清河橋在縣東南一里
等慈寺橋在縣東一里
浴堂橋在縣東一百七十步
東黃浦橋在縣東二里
西黃浦橋在縣西二里
姜家橋在縣西五十步橋南有則水牌
新橋在縣西二十里

百官橋在縣西北三十五里寰宇記云越州餘姚舜橋避丹朱於此百官候之故亦名百官橋晉太康地記云舜避丹朱於此故名縣百官從之故縣北有橋縣此十道志上虞縣百官橋一名舜橋橋雖以舜得名然謂避丹朱於此非也舜生於諸馮遷於負夏卒於鳴條孟子以爲東夷之人史記舜耕歷山漁雷澤陶河濵其地宜皆在冀方也今縣有舜橋百官里以舜支庶封於此故名詳見山類

觀橋在縣南一里東即天慶觀

板橋在縣南八里

楊橋在縣東一百五十步俗傳曹操與楊脩讀書曹
娥碑後脩爲曹操所忌殺之橋因脩得名
學堂橋在縣西北四十里俗傳朱買臣讀書堂也傍
有洗硯池朱侍中廟
大夫橋在縣北三十里
酒務橋在縣東一里
分金橋在縣西六十里傍有義遜院
望稼橋在縣東二里今廢
清通橋在縣東南二里一百步
營老橋在縣東一百五十步

安民橋在縣東五十步
孟宅橋在縣東南一里三十步漢孟嘗所居也華安仁詩云漢上還珠太守家小橋斜跨碧流沙
新昌縣
石牛橋在縣西一里
石橋在縣東七十里舊經引剡江東經石橋廣八丈高四丈下有石井逕七尺橋上方石長七尺廣二丈二尺橋端有盤石可坐三十人溪兩傍悉高山山有石壁二十餘丈溪水攻撞顛嚮外發聲聞數里輿地志云剡東百里有石

橋里人傳云舊路自石筍入天姥今石筍橋下一大井與水經頗合疑今石橋即昔之石筍橋也

司馬悔橋在縣東南四十里一云落馬橋舊傳唐司馬子微隱天台山被徵至此而悔因以爲名竊謂此橋當表而出之足爲處士輕出者之戒

會稽志卷第十一

會稽志卷第十二

八縣

望會稽縣本山陰縣地隋廢山陰更置會稽縣爲會稽郡治唐垂拱二年復分置山陰並在府郭下東西一百六十四里南北一百三十里

東至上虞縣界九十二里以東小江中流爲界自界至上虞縣二十八里

西至山陰縣界六步以運河中流爲界自界至山陰縣五百五十步

南至嵊縣一百五十里以杉木嶺爲界自界至嵊

縣五十五里

北至海二十里過海北岸接嘉興府界

東南到嵊縣界一百四十里

西南到山陰縣界三里一十步

東北到上虞縣界七十五里

西北到山陰縣界三里二步

道路 水路附

東路來自上虞縣界經縣界九十三里西入山陰縣界

南路來自嵊縣界經縣界一百六十里北至海岸

過海入嘉興府界

東南路來自嵊縣界經縣界一百十十里西入山陰縣界

西南路来自山陰縣界經縣界一百五里東北入上虞縣界

曹娥江路南来自上虞縣界經縣界四十里北入海勝五百石舟

若邪溪路南来自縣五雲鄉界經縣界二十五里北入鏡湖勝五十石舟

一十四鄉

坊郭鄉舊名稽峪管里二

待賢里　德政里

鳳林鄉在縣東二里管里三

西施里　鏡水里　石亭里

雷門鄉東西两管在縣東北一十三里管里四

上皐里　皐平里　石瀆里

長樂里

上亭鄉在縣東北二十二里管里三

上許里　靜志里　淳墅里

袞孝鄉在縣東三十五里管里一

通德里

廣孝鄉在縣東四十里管里二

蘇墟里　崇德里

曹娥鄉在縣東北四十五里管里二

福嚴里　箸林里

延德鄉在縣東北八十里管里一

西岑里

富盛鄉在縣東五十里管里一

積下里

千秋鄉在縣東南六十里管里二

稽山里　城南里

太平鄉在縣東南一百里管里四

章汀里　全節里　太平里

蒿山里

德政鄉在縣東南一百一十里管里三

太欽里　赤石里　奉化里

五雲鄉東西兩管在縣東南一十二里管里二

石帆里　西施里

東土鄉在縣東南七十里管里三

美箭里　謝公里　迴潭里

淳熙中有發地得唐阿史那夫人墓誌稱葬會稽縣萬歲里今無此名或謂政和間避萬歲之語故改如京兆萬年改樊川縣之類其實不然按舊經已無此名則不始於政和明矣

城池

縣墻周二里二十步

廨舍

知縣廨在府東一里有寬簡堂知縣事廬陵歐陽伋建

丞廨在縣東大德政坊

主簿廨在縣內西偏

尉廨在縣東七里靈汜橋左

曹娥巡檢廨　監曹娥鹽場廨並在縣東南七十二里

鎮

三界鎮在縣東南一百二十里

東城鎮在縣東六十里今廢

場

曹娥鹽場在縣東南七十二里

望山陰縣本越王句踐之都會稽土地志曰邑在山

陰故以名焉東西九十八里南北一百一十八里
東至會稽縣界一百五十步以運河中流爲界自
界至會稽縣六步
西至蕭山縣界五十三里以西小河中流爲界自
界至蕭山縣五十里
南至諸暨縣界七十里以古博嶺爲界自界至諸
暨縣一百四十三里
北至海一百五十里海北岸即嘉興府界
東南到會稽縣界一百六十六步
西南到蕭山縣界五十八里

東北到會稽縣界五十八里

西北到蕭山縣界四十七里

道路水路附

東路來自會稽縣界經縣界五十四里西入蕭山

縣界八

南路來自諸暨縣界經縣界二百二十里至海岸

過海入嘉興府界

西小江水路東南來自諸暨縣界經縣界五十五

里西北入蕭山縣界勝舟五百石

運河水路東來自會稽縣界經縣界五十三里一

百六十步西入蕭山縣界勝册五百石

一十四鄉

坊郭鄉舊名鏡水管里四

大雲里　市南里　北海里

新河里

迎恩鄉舊名永昌在縣西北二十五里管里四

蘭上里　明福里　會昌里

苦竹里

靈芝鄉東西兩管在縣西北二十五里管里八

袁賓里　賓祐里　萬歲里

禹川里　盡祐里　埭石里

北瀆里　溝瀆里

感鳳鄉在縣東北二十六里管里二

永仁里　玉笥里

巫山鄉在縣東北二十八里管里五

朱尉里　永仁里　鹿山里

塗山里　石城里

温泉鄉東西兩管在縣西北二十八里管里三

懷信里　興德里　崇業里

梅市鄉在縣西北二十九里管里三

梅福里　永新里　寶盆里

旌善鄉在縣西北三十里管里二

敬忠里　周嘉里

承務鄉在縣西南二十七里管里二

洪漸里　道泰里

禹會鄉在縣西北五十里管里一

廣陵里

清風鄉在縣西北八十里管里二

清化里　駱思里

安昌鄉在縣西北八十一里管里二

齊賢里　東林里

新安鄉在縣西南一百里管里一

調山里

天樂鄉在縣西南一百二十里管里四

方山里　馨浦里　斯裏里

刹竿里

城池

縣墻周一里八十步高一丈二尺六寸見舊經今不存

廨舍

知縣廨在府南三里二百步有晝簾堂芋亭俯清

亭候舄亭

丞廨在縣內東偏

簿廨在縣內西偏

尉廨在縣西北八里一百八十步有大雅堂紹興

中尉東陽沈山作記山字魯山本姓陳

登科時爲沈氏復歸姓仕至秘書省正

字

三江巡檢廨在縣東北三十五里

監三江鹽場廨在縣東北二十里

監錢清鎮堰廨監錢清鹽場廨並在縣西北五十

里

鎮

錢清鎮在縣西北五十里

場

錢清鹽場在縣西北五十里

望嵊縣本漢剡縣道書云兩火一刀可以逃言剡多名山可以避灾也宣和三年改今名縣有嵊山水經注嶀山與嵊山峯嶺相連又云東有簟山南有黃山西有西白山為縣之秀峯嵊山在北乃四山為嵊之義在府東南一百八十里東西二百七十六里南北一百七十六里

東至慶元府奉化縣界一百四十里以陸照嶺爲
界自界至奉化縣一百里
西至諸暨縣界一百三十六里以勞嶺爲界自界
至諸暨縣七十三里
南至新昌縣界一十五里以胡墋爲界自界至新
昌縣一十五里
北至會稽縣界五十五里以池湖驛爲界自界至
會稽縣一百四十里
東南到新昌縣界一十五里
西南到婺州東陽縣界九十里

東北到會稽縣界六十二里

西北到會稽縣界六十二里

道路水路附

東路來自慶元府奉化縣界經縣界一百七十六里西入諸暨縣界

南路來自新昌縣界經縣界一百七十六里北入會稽縣界

剡溪路西南來自婺州東陽縣界經縣界一百四十里東北入上虞縣界春夏勝舟一百石

二十七鄉

崇信鄉在縣東二十五里管里五

休祥里　甘泉里　竹山里

懷安里　剡中里

莁節鄉舊經莁音無字書莁荑之字如此本草通作蕪在縣東二十里管里五

灌濤里　昇仙里　馴翟里

思善里　澄江里

靈山鄉在縣東三十里管里五

欽義里　下蘭里　靜安里

守義里　崇孝里

金庭鄉在縣東四十五里管里五

昌化里　善政里　惟新里

永寧里　緣德里

忠節鄉在縣東七十里管里五

三峯里　孝嘉里　石鼓里

忠節里　修仁里

孝嘉鄉在縣東七十里管里五

石皷里　桐栢里　安樂里

忠節里　安義里

孝節鄉在縣西二十里管里五

新豐里　從化里　招賢里

綏安里　方山里

崇仁鄉在縣西二十五里管里五

感化里　霞丘里　靜林里

歸善里　愛敬里

永富鄉在縣西四十里管里五

克遜里　西清里　東閘里

餘風里　禪房里

永安鄉在縣西六十里管里五

澄清里　懷善里　依賢里

化信里　清安里

正順鄉在縣西七十里管里四

長敬里　新安里　溫泉里

慈烏里

清化鄉在縣西三十里管里五

懷善里　開明里　欽賢里

習善里　招賢里

羅松鄉在縣西四十五里管里五

紫巖里　雙璧里　中川里

斷金里　豐樂里

剡源鄉在縣西五十里管里五

尊賢里　澹城里　中和里

光明里　積善里

昇平鄉在縣南一十五里管里五

承霞里　靜豐里　尚賢里

大和里　伍山里

仁德鄉在縣南五里管里五

甘棠里　永樂里　餘糧里

歸仁里　金塘里

方山鄉在縣南一十五里管里五

金節里　永壽里　懷仁里

通山里　光德里

禮遜鄉在縣南一十五里管里五

長安里　仙林里　平樂里

懷忠里　新安里

桃源鄉在縣南三十里管里五

永闌里　白泉里　長樂里

崇信里　安居里

積善鄉在縣南三十里管里五

南巖里　雙璧里　中川里

斷金里　豐樂里

台化鄉在縣南三十五里管里五

馴善里　攀轅里　鳴絃里

戴星里　遷星里

開元鄉在縣南四十里管里五

靜居里　迴鄉里　招仁里

居賢里　冰魚里

太平鄉在縣南六十里管里五

碧潭里　擇賢里　懷仁里

建昌里　懷信里

康樂鄉在縣北三十里管里五

遊謝里　宿剡里　竹山里

康樂里　感化里

遊謝鄉在縣北三十里管里五

康樂里　明登里　宿星里

瞑投里　吹臺里

靈芝鄉在縣北四十五里管里四

石床里　東節里　正錡里

化善里

城池

舊經云縣城周一十二里高一丈二尺厚二丈孔曄記云縣治本在江東吳賀齊爲令始移今縣城蓋齊所創也南臨大溪溪流湍暴至慶元初爲水所齧存者纔二三尺知縣葉蓺累石爲堤百餘丈城賴以全後二年水復東渡堤提舉常平李公大性給千緡創築又明年秋水大至城壞知縣周份增築一百二十餘丈縣門臨江有東渡南渡西渡而南門常闔

不開相傳以爲開即有寇盗之患

官廨

知縣廨在縣城内

丞廨在縣東南七十步

簿廨在縣西三十步

尉廨在縣東南五百步

監酒稅廨在縣東南二百步

倉場

米倉在縣北一十步

驛料庫在知縣廨東一十步今廢

税務在縣東南五十步

酒務在縣西南五十步

鎮

剡鎮在縣東南一百步今廢

按舊經所載如此今遺跡不可復攷近邑民於縣西南惠安寺前池中得片石題贍都鎮下有文云當鎮奉敕旨重開河道闕池子以防火燭闕已丑之歲二闕日開此淨池闕畢功故紀于此後漫不可辨所謂贍都鎮疑即舊

鎮也然以剡爲贍又天慶觀有錢氏時東都公移稱兩都都軍糧帖檢先據贍縣奏云云錢氏僭稱杭爲西都越爲東都號兩都據此則錢氏嘗改剡爲贍矣疑因古語有兩火一刀之説惡其不祥改爲豐贍之贍理或然也宣和中方臘初平宣撫司亦乞改剡爲嵊其意殆亦出於此宣撫使者乃童貫也其意卑陋與錢氏略同方其擅權所請無不從固不獨此也

蛟井鎮在縣西南一十五里

按舊經所載刻石山山下有井井中有蛟因是爲名宣和四年置

望諸暨縣本越王允常所都或言西有櫧山北有槩

浦諸文省暨音近因山浦以爲名也或言無諸舊封夫槩故邑上取諸下取槩因封邑以爲名也在府西南一百四十二里東西一百六十里南北一百六十一里

東至嵊縣界八十三里以茆峴嶺爲界自界至嵊縣一百二十六里

西至臨安府富陽縣界八十一里以黄峴嶺爲界自界至富陽縣一百二十六里

南至婺州浦江縣界七十里以新界官道爲界自界至浦江縣五十里

北至蕭山縣界九十一里以南亭浦爲界自界至

蕭山縣九十二里

東南到婺州東陽縣一百二十里

西南到臨安府富陽縣界五十里二百步

東北到山陰縣界八十一里

西北到蕭山縣界七十里

道路水路附

東路來自嵊縣界經縣界一百六十三里西入臨

安府富陽縣界

南路來自婺州浦江縣界經縣界一百六十里

入蕭山縣界

東南路來自婺州東陽縣界經縣界二百里東北

入山陰縣界

西路來自臨安府富陽縣界經縣界一百二十里

西北入蕭山縣界

浣江路東南來自安俗鄉界經縣界九十一里北

入蕭山縣界勝二百石舟

二十四鄉

陶朱鄉在縣西三步管里四

前應里　茆渚里　長山里

白隅里
安俗鄉在縣東二十步管里五
丁橋里　無潭里　東朱里
砂袋里　烏石里
長泰鄉舊名永泰在縣東北二十五里管里十
望海里　桑溪里　竹熱里
魚魯里　鄭墅里　竹橋里
皂山里　新城里　古塘里
擅隴里
開元鄉在縣西北一十五里管里二

溪丘里　下墅里

花山鄉在縣北二十五里管里五

白門里　像湖里　晚浦里

下浦里　中浦里

靈泉鄉在縣西三十里管里五

後金里　石蟹里　地岸里

高冢里　斗泉里

金興鄉在縣西北二十里管里四

平泉里　稠水里　惠渚里

佳亭里

天稠鄉在縣西南三十里管里四
里湖里　坎頭里　硯石里
高塘里
超越鄉在縣南五十里管里四
乾溪里　同古里　前山里
塘頭里
諸山鄉在縣西南五十里管里三
梅山里　青潭里　野畈里
檕浦鄉在縣西五十里管里六
陳宅里　大馬里　塗塘里

獨山里　婁下里　南安里

義安鄉在縣西北六十里管里六

俞宅里　廻隊里　茹繩里

朱墓里　洩下里　里亭里

長寧舊名永寧鄉在縣東三十五里管里五

步溪里　大坑里　石廢里

馬塘里　黄山里

花亭鄉在縣東南四十里管里五

天林里　白杜里　徐岸里

五竈里　後岸里

長浦鄉在縣南六十里管里二

興樂里　赤岸里

大部鄉在縣東六里管里三

白水里　白豐里　安樂里

長阜鄉舊名永昌鄉在縣東七十里管里二

上劉里　前塘里

西長安鄉在縣東北六十里管里七

杜汪里　銀下里　竹浦里

吴助里　祕浦里　孔胡里

祈祈里

東長安鄉舊名永安鄉在縣東北七十五里管里五

屠里　胡部里　招桂里

杜塢里　烏程里

紫巖鄉在縣北七十五里管里八

黄閣里　盛後里　白曆里

金汀里　樂厨里　牛嵢里

中里　琴塢里

孝義鄉在縣東南七十里管里十

流子里　杜坑里　胡塗里

白水里　程演里　白鬲里

黄碧里　官園里　小際里

錢里

開化鄉在縣東南七十五里管里十

沉坑里　苦竹里　峽山里

岳風里　潭裏里　箬溪里

福田里　演溪里　獨山里

大門里

龍泉鄉在縣南六十里管里四

板橋里　黄擇里　樓子里

黄畈里

同山鄉在縣南七十里管里三

西坑里　東向里　豐江里

城池

縣城周二里四十八步高一丈六尺厚一丈見舊經

唐開元十年令羅元開建東北門天寶中令郭密之建西南門天祐初吴越武肅王嘗遣裨將王永修之今廢

廨舍

知縣廨在縣城内有琴堂

五十步有種學堂清暉閣

簿廨在縣西南三十步嘉泰元年丁君宗重建陸華文游爲作記有逍遥齋與蓮亭亭下舊有池頻歲産異蓮并蔕故以名焉

尉廨在縣東六十步有窺月臺

鎮

南安鎮在縣西五十里今廢

楓橋鎮在縣東北五十里舊爲驛大觀二年升鎮淳熙初爲義安縣尋復爲鎮

倉場務治附

省倉在縣廨東廡之後

常平倉在省倉東

鹽倉在縣西北二十步見舊經

酒務在縣西南一百五十步

税務在縣東南一百五十步

銀冶在縣南六十里今廢

緊蕭山縣本吳王闔閭弟夫槩之邑以縣西蕭山爲名在府西北一百九十步東西六十二里南北九十里

東至山陰縣界五十里以西小江中流爲界自界至山陰縣五十三里

西至臨安府錢塘縣界二十三里以浙江中流爲

界自界至錢塘縣三十里

南至諸暨縣界六十五里以勞嶺爲界自界至諸暨縣六十五里

北至臨安府錢塘縣三十五里以浙江中流爲界自界至縣四十七里

東南到山陰縣界五十一里

西南到臨安府錢塘縣界四十八里

東北到山陰縣界四十九里

西北到臨安府錢塘縣界一十五里

道路

東路来自山陰縣界經縣界六十二里西入臨安
府錢塘縣界
南路来自諸暨縣界經縣界九十里北入臨安府
鹽官縣界
浦陽江路南来自諸暨縣界經縣界一百五十六
里北入山陰縣界勝舟二百石
運河路東来自山陰縣界經縣界六十二里西入
臨安府錢塘縣界勝舟二百石
一十五鄉
昭明鄉在縣東南二百步管里五

縣南里　小鳳里　龔墅里
開明里　社頭里
由化鄉在縣東北二里管里八
趙墅里　永豐里　五里
安射里　賓浦里　秦君里
去虎里　勞湖里
崇化鄉在縣西南五十步管里九
陳村里　徐潭里　百步里
朱村里　黃村里　趙村里
史村里　社壇里　許君里

履仁鄉在縣東一十三里管里七
東京里　下浦里　陳墅里
楊新里　佳浦里　楊東里
楊南里
鳳儀鄉在縣東四十里管里十六
白鶴里　義里　新田里
瓜歷里　章浦里　中義里
園里　龕山里　童市里
路西里　佳浦里　周里
塘頭里　丁里　翔鳳里

長巷里

复孝鄉在縣西十二里管里八

山宅里　范巷里　許村里

斜橋里　杜湖里　寺莊里

城東里　城西里

長興鄉舊名永興在縣西三十五里管里三

雞鳴里　安正里　覂父里

安養鄉在縣西南三十五里管里五

清德里　靜居里　横塘里

羅村里　魚潭里

來蘇鄉在縣南二十里管里二

招蘇里　朱汀里

苧羅鄉在縣南二十二里管里五

安國里　孔湖里　臨浦里

西施里　朱里

許賢鄉在縣西南二十七里管里五

開善里　三基里　謝山里

馬閣里　造里

新義鄉在縣西南三十里管里五

前豪里　莫浦里　峽下里

冗里　河由里

桃源鄉在縣南四十里管里五

通遠里　崇山里　方山里

曹塢里　永福里

孝悌鄉在縣西南七十里管里五

白墅里　香橋里　鄭村里

兎沙里　盛里

長山鄉在縣西南一百二十里管里五

兎沙里　許賢里　高屯里

安神里　高鴟里

城池

縣城周一里二百步高一丈八尺厚一丈一尺見舊經今不存

廨舍

知縣廨在縣城内

丞廨在縣西北一百一十五步

簿廨在縣西三十五步

尉廨在縣北一百步

監務廨在縣西二百一十步

監西興岸使臣廨在縣西一十二里見舊經

監漁浦口使臣廨在縣南三十五里二百步見舊經

鎮

西興鎮在縣西一十二里

漁浦鎮在縣南三十五里

倉場務

省倉在縣南真濟橋北之東

西興受納米倉在縣西一十二里見舊經今爲浙江卒營

稅務在縣西北一里

西興商稅場在縣西一十二里隆興二年以浙江沙漲商旅不復行移置東新林在縣東二十里

漁浦稅場在縣南三十五里

溪口稅場在縣南五十里

林浦稅場在縣南三十里

酒務在縣北一百二十步見舊經

西興酒務在縣西一十二里見舊經

漁浦酒務在縣南三十四里二百三十步見舊經

望餘姚縣周處風土記云舜後支庶所封舜姓姚故曰餘姚在府東北一百四十七里東西六十里南北二百六十里

東至慶元府慈溪縣界一十里以桐下橋爲界自

界至慈溪縣八十里
西至上虞縣界四十五里以新橋爲界自界至上
虞縣二十里
南至嵊縣界一百六十一里以黎州山爲界自界
至嵊縣三百里
北至海三十五里過海北岸接平江府界
東南到慶元府慈溪縣界三十五里
西南到上虞縣界四十五里
東北到慶元府慈溪縣界八十里
西北到上虞縣界六十里

道路水路附

東路來自慶元府慈溪縣界經縣界六十里西入
上虞縣界

南路來自嵊縣界經縣界二百六十里北至海岸
過海入平江府界

餘姚江路西來自上虞縣界經縣界五十五里東
入慶元府慈溪縣界勝舟五百石

一十五鄉

東山鄉在縣西北四十五里管里六

李春里　姚娘里　安僧里

余福里　余支里　蔣德里

蘭風鄉在縣西北五十五里管里六

孫兒里　惠藥里　施金里

馮明里　大悲里　班兒里

四明鄉在縣南六十一里管里四

白雲里　趙余里　梁政里

蔣吴里

雲柯鄉在縣西北三十五里管里五

信天里　承福里　神緑里

天養里　僧保里

孝義鄉在縣西北四十五里管里四
俞成里　王壽里　壽杏里
黃金里
開元鄉在縣西北五十里管里五
汝仇里　宣訓里　閣剩里
成余里　趙猛里
燭溪鄉在縣西一里管里六
峯山里　吉太里　王勝里
王祐里　周班里　周義里
冶山鄉在縣東一里管里四

萬歲里　賈福里　景安里

賀恩里

龍泉鄉在縣北三十里管里六

羅浼里　傳太里　大慶里

王保里　施惠里　駱德里

梅川鄉在縣東北三十五里管里四

劉榮里　長慶里　戴福里

謝芳里

上林鄉在縣東北七十里管里五

石仁里　嚴順里　邵恩里

田熟里　王惠里

通德鄉在縣東南三十五里管里四

仁歸里　再生里　仁德里

多兒里

雙鴈鄉在縣東南一里管里四

中棣里　南雷里　國霸里

王安里

鳳亭鄉在縣南一里管里三

許君里　顧伴里　宋恩里

雲樓鄉在縣西南二十里管里四

九功里　永明里　神護里

王政里

城池

縣城周一里二百五十五步高一丈厚二丈按會稽記云吴將朱然爲令時所築見舊經今不存

廨宇

知縣廨在縣城内負秘圖山有清心堂不欺堂鑒止軒翠賁亭秀野亭高風閣李禥壽重建未備而去後十一年吴興施宿來知縣事始一新之閣據秘圖山之巔前對

南山爲一邑佳處閣之下即有嚴公堂閣後有亭名釣隱嚴光墓在其北翰墨堂舊有芙蓉亭施君刋東坡先生帖甚衆臨印常（褚）繼之盡裒諸帖堂上因以名焉

丞廨在縣東八十步有小室名龜巢

簿廨在縣東五十步

尉廨在縣東一里有二槐堂史丞相（浩）魏丞相（杞）相繼爲尉後入遂因以爲名

監酒稅廨在縣西五十一步（見舊經今不存）

倉場務

米倉在縣西北二十步

税務在縣東一百五十步

賣茶鹽場在縣東一百五十步見舊經今不存

酒務在縣東一百五十步

户部犒賞酒庫二一在蘭風鄉去縣六十里一在雲樓鄉去縣二十里今徙上虞縣五夫鎮

石堰鹽場去縣二十里

望上虞縣十三州志云夏禹與諸侯會計因相虞樂於此地故曰上虞在府東一百二十里東西五十三

里南北一百一十里

東至餘姚縣界二十八里以新橋為界自界至餘姚縣四十五里

西至會稽縣界二十八里以曹娥江中流為界自界至會稽縣九十二里

南至嵊縣界七十里以郁嶺石床鋪為界自界至嵊縣六十里

北至海四十五里過海北岸即嘉興府界

東南到餘姚縣界四十五里

西南到嵊縣界九十里

東北到餘姚縣界二十里
西北到會稽縣界八十七里
道路水路附
東路東來自餘姚縣界經縣界五十三里西入會
稽縣界
南路南來自嵊縣界經縣界一百一十里北至海
岸過海入嘉興府界
上虞江路在縣西二十八里南來自嵊縣界經縣
界一百九十里西入會稽縣界大信潮
勝五百石舟小信潮勝二百石舟

運河路在縣南二百二十二步東來自餘姚縣界經縣界五十三里六十步西入會稽縣界勝二百石舟

一十四鄉

上虞鄉在縣西六里管里一

蘭芎里

上管鄉在縣南一十里管里一舊瑞像上鄉

孝義里

下管鄉在縣東南四十五里管里一舊瑞像下鄉

新安里

寧遠鄉在縣西北六十五里管里一
　夏蓋里
孝義鄉在縣西北六十里管里一
　嵩城里
寶泉鄉在縣南二十五里管里一
　夏湖里
上山鄉在縣南五十里管里一
　南寶里
新興鄉在縣西北七十里管里一
　纂風里

永豐鄉在縣北三十五里管里一

玉祥里

載初鄉在縣西南三十五里管里一

集鋪里

始寧鄉在縣東南二十里管里一

通明里

葛仙鄉在縣西南四十里管里一

蔡碑里

娥眉鄉在縣東二十里管里一

羅巖里

景隆鄉在縣西南五十里管里一

常管里

城池

縣城周一里九十步高一丈七尺厚一丈見舊經

廨舍

知縣廨在縣城内

丞廨在縣樓之西

簿廨在米倉之西

尉廨在縣西五十步

監務廨在縣東南六十步

鎮

五夫鎮在縣北三十里今廢

蔡風鎮在縣西北七十里今廢

倉場務

米倉在縣南二十步

酒税務在縣東南七十步運河之南舊經商税場在縣東一里二百步酒務在縣東南一里二百一十步

五夫税場在縣北三十五里見舊經

竹索場在縣東一里一百五十步見舊經

緊新昌縣本剡縣地唐末錢氏析十三鄉置新昌縣

後併其鄉爲八在府東南二百二十里東西八十里
南北一百五里
東至嵊縣界五十里以孝嘉鄉爲界自界至嵊縣
二十里
西至嵊縣界三十里以烏巖溪爲界自界至嵊縣
二十里
南至台州天台縣界七十五里以祥鸞鄉爲界自
界至天台縣六十四里
北至嵊縣界三十里以王宅後溪爲界自界至嵊
縣二十五里

東南到台州天台縣界八十五里

西南到嵊縣界一十五里

東北到嵊縣界二十五里

西北到嵊縣界一十五里

道路

東路來自嵊縣界經縣界六十里西復入嵊縣界

南路來自台州天台縣界經縣界一百里北入嵊縣界見舊經

東南通台州天台縣一百五里

西北通嵊縣三十里

東小路通慶元府奉化縣一百二十里

西南通婺州東陽縣一百八十里

八鄉 舊經十三鄉後省永壽石順昌化像明遵德石城六鄉而丘僊桂一鄉亢

八鄉

五山鄉在縣郭內外七里管里四

孝行里　孝義里　任巖里

步渚里

豐樂鄉在縣西南管里八

紆胡里　永泰里　美人里

楊谷里　僊巖里　金節里

通義里　懷化里

彩煙鄉在縣東南管里三

松門里　穿巖里　太清里

僊桂鄉在縣東南管里二

思行里　晝錦里

善政鄉在縣東管里二

永寧里　開化里

新昌鄉在縣東管里二

金莖里　新豐里

安仁鄉在縣東北管里二

義順里

守義鄉在縣北管里三

崇賢里　靖安里　惟新里

城池

縣城周一十里高一丈厚一丈二尺見舊經今不存

廨宇

知縣廨在縣城内

丞廨在縣西九十步

簿尉廨在縣西一十六步

倉庫場務

米倉在縣東七步

鹽倉在縣東南五步以下並見舊經

錢庫在知縣廨西五步

驛料庫在知縣廨東五步

税場在縣東南一十九步

出賣茶鹽法物場在縣東南

酒務在縣東五十步

會稽志卷第十二

會稽志卷第十三

鏡湖

按舊經云湖水高平疇丈許築塘以防之開以泄之平疇又高海丈許田若少水則開海而泄湖水足而止若苦水多則開湖而泄田水適而止故山陰界內比畔接疆無荒廢之田無水旱之歲其文雖簡湖之利害盡矣曾子固序鑑湖云刁約謂宜斥湖三之一與民爲田而益隄使高一丈則湖可不開而其利自復以湖水較之高於城中之水或三尺有六寸或二尺有六寸而益隄壅水使高水之敗城郭廬舍可必

也又云壅水使高必敗城郭此議者之已言也以地勢較之濬湖使下然後不失其舊不失其舊然後不失其宜此議者之所未言也又云山陰之石則爲四尺五寸會稽之石則幾倍之壅水使高則會稽得尺山陰得半地之窪隆不並則益隄未爲有補以今考之刁約之說斥湖三之一與民爲田誠不可也益隄高一丈湖可不開而其利自復此則復湖之至論也湖不高於田則不可引以灌溉湖高於田不築隄則水不可畜泄非獨鏡湖而已凡天下畜泄以灌溉者莫不皆然也獨鏡湖乃憂隄決而敗城郭廬舍乎且

天下之水獨黄河有決溢之患以其湍悍善決也捨
黄河之外不聞有自決而敗城郭廬舍者誠使以人
力決之湖下有九千頃之田有江有海水不乗高下
注散漫而去乃敗城郭乎且以隄畜水漢永和以來
有之千歳之久未嘗決也豈今築隄則獨決耶至言
瀦湖使下然後不失其舊此正議湖之大害也自永
和以來考於史策圖志湖之成也未嘗言瀦湖之廢
也未嘗言塞若今復湖必欲瀦則昔之廢湖當運土
以塞之非特無取土之地亦用工殺若干乃得而塞
雖國力不能而謂民之盗耕者能之乎謝靈運從宋

文帝求回踵休嵲湖爲田彼亦決之而已故有夫和
若須運土塞之乃可爲田非惟靈運斷不能爲之亦
不肯爲也且湖之未廢正以隄壅而水高故若耶溪
等諸溝澗皆滿其驗有四唐時太守皆乘舟舫直至
雲門諸寺一也今若耶溪傍草市謂之平水以地理
考之未爲湖以前水不能留有湖則水不亟去津涯
深廣故曰平水二也禹祠有山路度嶺至龍瑞宫謂
之觀嶺來往者皆由此路今不復行湖存則水浸山
麓不可並山而南必由嶺路湖廢而並湖有路三也
平水之南有五雲橋蓋唐時舟舫所經今在陸地矣

四也西北如引涇水漳水之類地遠不可盡質如安豐之芍陂明州之廣德湖則近而可質者芍陂則引渒河注滿陂內高築陂岸廣德湖則築環湖之隄九千一百三十四丈廣一丈八尺高八尺皆見於地志及奏牘碑刻非高爲之隄何由積水隄之下孰無城郭廬舍未聞以決爲急也漢汝南有鴻隙大陂郡以爲饒成帝時關東數水陂溢爲害翟方進爲相以爲決去陂水其地肥美省隄防費而無水憂遂奏罷之王莽時常枯旱郡中追怨方進童謠曰壞陂誰翟子威飯我豆食羹芋魁反乎覆陂當復誰云者兩黃鵠

汝南之陂過成帝大水災異舉山東皆然陂水滿溢而出非可歸罪於陂然亦不聞壞城郭廬舍也方進決去其水使歲常枯旱民怨苦而思陂之復如此亦可見築隄有利無害矣或問■曰馬臻之始爲湖也會稽民數千人詣闕訟之臻得罪死反按見訟者皆已死説者以爲鬼子獨曰不然臻之爲湖不利於豪右故相與訟之而假死者以爲名臻雖坐死湖乃得不廢亦幸而已九千頃之田千餘年無水旱豈偶然哉

起居郎熊克著　中興小暦云紹興二十九年

上因與同知樞密院王綸綸講漑利害云往年宰臣

曾欲盡乾鑑湖云歲可得米十萬石朕荅云若遇歲旱無湖水引灌即所損未必不過之凡慮事須及遠也綸曰貪目前之小利忘經久之遠圖最謀國之深戒克所著當出於日曆則

高宗聖訓固已著於簡冊矣有徐次鐸者著復湖議頗可取今附于後

次鐸竊見會稽山陰兩縣之形勢大抵東南高西北低其東南皆至山而北抵于海故凡水源所出多自西東南今衆流所聚者曰平水溪即古若耶溪也曰上竈溪曰　横宫溪

曰龍瑞宮溪皆在會稽曰蘭亭溪曰南池溪曰離渚溪皆在山陰其他一派一坑所出總之三十六源當其未有湖之時三十六源之水蓋西北流入于江以達于海自東漢永和五年太守馬公臻始築大堤瀦三十六源之水名曰鏡湖堤之在會稽者自五雲門東至于曹娥江凡七十二里在山陰者自常喜門西至于西小江（一名錢清）凡四十五里故湖之形勢亦分爲二而隸兩縣隸會稽曰東湖隸山陰曰西湖東西二湖由稽山門驛路爲界出

稽山門一百步有橋曰三橋橋下有水門以限兩湖湖雖分爲二其實相通凡三百五十有八里灌溉民田九千餘頃湖之勢高於民田民田高於江海故水多則泄民田之水入于江海水少則泄湖之水以溉民田而兩縣湖及湖下之水啓閉又有石牌以則之一在五雲門外小凌橋之東今春夏水則深一尺有七寸秋冬水則深一尺有二寸會稽主之一在常喜門外跨湖橋之南本春夏水則高三尺有五寸秋冬水則高二尺有九寸山陰

主之會稽地形高於山陰故曾南豐述杜杞之說以爲會稽之石水深八尺有五寸山陰之石水深四尺有五寸是會稽水則幾倍山陰今石牌淺深乃相反葢今立石之地與昔不同今會稽石立於瀕隄水淺之處山陰石乃立湖中水深之處是以水則淺深異於曩時其實會稽之水常高於山陰二三尺於三橋閘見之城外之水亦高於城中二三尺於都泗閘見之乃若湖下石牌立於都泗門東會稽山陰接壤之際春季水則高三尺有二

寸夏則三尺有六寸秋冬季皆二尺凡水如
則乃固斗門以蓄之其或過則然後開斗門
以泄之自永和迄我　宋幾千年民蒙其利
祥符以來並湖之民始或侵耕以爲田熙寧
中　朝廷興水利有廬州觀察推官江衍者
被遣至越訪利害衍無遠識不能建議復湖
乃立石牌以分内外牌内者爲田牌外者爲
湖凡曰牌内之田始皆履畝許民租之號曰
湖田政和末郡守方侈進奉復廢牌外之湖
以爲田輸所入於少府自是環湖之民不復

鑑湖之不爲田者無幾矣隆興改元十一
月知府事吳公芾因歲饑請于　朝取江衍
所立石牌之外盜爲田者盡復之凡二百七
十七頃四十四畝二角二十二步計工度廬
先從禹廟後唐賀知章放生池開濬百餘日
訖工每歲期以農隙用工至農務興而罷然
次鐸出入阡陌詢父老面形勢度高卑始知
吳公未得復湖之要領夫爲高必因丘陵爲
下必因川澤豈有作陂湖不因高下之勢而
徒欲資畚鍤以爲功哉焉公惟知地勢之所

趨橫築隄塘障捍三十六源之水故湖不勞而自成歷歲滋久淤泥填塞之處誠或有之然湖所以廢爲田者非直以此也葢以歲月彌遠湖塘既寖壞斗門堰閘諸私小溝固護不時縱閉無節湖水盡入江海而瀕湖之民始得增高益卑盜以爲田使其隄塘固堰閘堅斗門啓閉及時暗溝禁窒不通則湖可坐復民雖欲盜耕爲尺寸田不可得也紹熙五年冬

孝宗皇帝靈駕之行府縣懼漕河淺涸盡塞

諸斗門固護諸堰閘雖當霜降水涸之時不雨者踰月而湖水僅減一二寸湖田被浸者久之訖事決隄開堰放斗門水乃得去是則復湖之要又較然可見者也夫斗門堰閘陰溝之為泄水均也然泄水最多者曰斗門其次曰諸堰若諸陰溝則又次焉今兩湖之為斗門堰閘陰溝之類不可殫舉姑以其著者言之其在會稽者為斗門凡四所一曰瓜山斗門二曰少微斗門三曰曹娥斗門四曰蒿口斗門為閘者凡四所一曰都泗門閘二曰

東郭閘三曰三橋閘四曰小凌橋閘爲堰者
凡十有五所在城内者有二一曰都泗堰二
曰東郭堰在官塘者十有三一曰石堰二曰
大埭堰三曰皇步堰四曰樊家堰五曰正平
堰六曰茆洋堰七曰陶家堰八曰夏家堰九
曰王家堰十曰彭家堰十有一曰曹娥堰十
有二曰許家堰十有三曰樊家堰其在山陰
者爲斗門凡有三所一曰廣陵斗門二曰新
逕斗門三曰西墟斗門爲閘者凡三所一曰
白樓閘二曰三山閘三曰柯山閘爲堰者凡

十有三所一曰陶家堰二曰南堰皆在城内三曰白樓堰四曰中堰五曰石堰六曰胡桑堰七曰沉壤堰八曰蔡家堰九曰葉家堰十曰新堰十有一曰童家堰十有二曰賔舍堰十有三曰抱姑堰皆在官塘兩縣之北又有玉山斗門八間曾南豐所謂朱儲斗門是也去湖最遠去海最近地勢斗下泄水最速其三間隸會稽五間隸山陰若其他民各於田首就掘隄增爲諸小溝洎古諸暗溝及他缺穴之處難徧以疏舉大抵皆走泄湖水處也

吳公釋此不察猥弊弊從事於開濬之末謬
矣故吳公所開湖才數年皆復爲田曁于今
或歲輸所入於官或爲　慈福宮莊田及蕩
地歲輸所入於莊或爲縣公田及蕩地歲輸
賃直於縣爲應辦用度錢或爲告成天長千
秋大禹等寺觀因佃吳給事積土之山而包
佃爲田及蕩地故湖廢塞殆盡而水所流行
僅有從横枝港可通舟行而已每歲田未告
病而湖港已先涸矣昔之湖本爲民田之利
而今之湖反爲民田之害葢春水泛漲之時

民田無所用水而耕湖者懼其害已輙請於官以放斗門官不從相與什伯爲羣決隄縱水入於民田之内是以民常於春時重被水潦之害至夏秋之間雨或愆期又無瀦畜之水爲灌溉之利於是兩縣無歲無水旱監司府縣亦無歲無賑濟利害曉然甚易知也然則湖其可不復乎道聽塗説者方以闕上供失民業爲説是不然夫湖田之上供歲不過五萬餘石兩縣歲一水旱其所損所放賑濟勸分殆不啻十餘萬石其得失多寡蓋已相

絶矣湖之爲田若蕩地者不過餘二千頃耕
湖之民多亦不過數千家之小利而使兩縣
湖下之田九千頃民數萬家歲受水旱饑饉
而弗之恤其利害輕重亦甚相遠況湖未爲
田之時其民豈皆無以自業乎使湖果復舊
水常瀰滿則魚鱉蝦蟹之類不可勝食茭荷
蔆芡之實不可勝用縱民採捕其中其利自
博何失業之足慮哉次鐸論載既畢又有援
執舊說而詰之曰從子之説不必濬湖使深
必須增隄使高且懼隄高壅水萬一決潰必

敗城郭于將爲之柰何是又未知形勢利害者也夫水之湍急者其地或陿不能容於是有衝激決溢之患今湖之水源不過三十六所而湖廣餘三百里以其地容其水裕如也況自水源所出北抵于隄及城遠者四五十里近猶一二十里其水勢固已平緩於衝隄也何有且隄之去漢如此其久是必有虧無增今誠築隄增於高者二三尺計其勢方與昔同昔不慮其決而今顧慮之何哉慶元二年五月中澣　迪功郎會稽縣尉東陽徐次

鐸述

守禦

宣和二年冬睦州青溪縣民方臘起爲盜勢張甚及破杭州與越隔一水越大震官吏往往遁去知州事徽猷閣待制劉韐獨調兵築城固守令民富者出財壯者出力士民皆奮已而盜益熾連陷衢婺二州以三年二月抵越城下衆數萬有酋渠絳衣散髮被重甲而進自號佛母指呼羣盜蟻附攻城會有礟辛爲礟所激墮城中草積上不死具言賊中事公麾衆出直攻其腹心破之擒佛母者賊遂大潰僵尸蔽野不

復敢進明台温賴越覈賊喉牙得以皆全方受圍時
公之子羽年二十四五出入兵間且計且戰得賊
酋躬視行刑於市色不變士卒恃以增氣靖康二年
公死事東都喪歸道出越境父老鮑方等祭之哭泣
甚哀其文曰天地有覆載之德父母有養育之恩若
涸枯骨重肉已死復生兼之者其惟公乎昔公之帥
越也仁恩惠化遐邇蒙福論湖田之弊捐十萬之租
使我民温衣飽食安於里閭則公之德澤在人已淪
肌浹髓矣睦寇竊發全浙披靡破邑屠城無敢當者
公獨晏然不動激厲鼓懦守孤城於兇焰之中獨雄

驅除民卒按堵故當時歌謡曰我公按甲坐鎮門百萬生靈一呼在嗚呼我有父母賴公保之我有妻子賴公蓄之我有室廬賴公全之我有田疇賴公闢之是以越人家有繪像巷有祠宇飲食必祝公至殞身歿齒子子孫孫永不敢忘也嗚呼公今死矣若廼公立朝之德望許國之忠烈四海所共知搢紳所皆言惟是越民感公恩德同於天地過於父母今靈輀來歸道出此境旄倪號赴不約而同悵英魂之莫招覩甘棠之猶在雨泣雷慟天悲日昏公懷我民尚復歆其奠觴察其情至也哉濡血書詞告于靈下乾道中

觀文殿大學士史公浩作公祠堂記曰宣和初忠顯
劉公守會稽迺二年冬青谿盜大起連陷杭睦明年
春衢婺處亦失守於是乘銳四出直擣會稽遙集螘
緣孤堞岌岌賊估其衆意公必嬰城欲以持久困之
而公迺亟開關麾衆出戰賊遂大潰死者相枕于野
自是不敢復東時永嘉臨海四明以會稽爲蔽障卒
賴以全　制書策勳自徽猷閣待制太中大夫拜述
古殿直學士正奉大夫於是天下識與不識皆期公
大用其後雖不幸不至輔相然守封疆死
國難忠貫白日義感異類哀榮之典震耀一時秩宗

奉常玫靖康死事之臣足以配李忠愍者惟公一人故謚曰忠顯浩後五十年来領郡事獲拜公生祠于圓通院邦人肅恭奉祀如公尚存思慕誦説如公始去盛德之容凛然如生望之足以廉貪而起懦嗚呼盛哉惟公無恙時有生祠二南維會稽北維真定皆以禦寇捍難有大功于是邦也會稽之祠葺矣今天子神聖英武将北復趙魏廓清中原則真定之祠行亦汛掃浩雖老尚庶幾見之乾道己丑七月望日句章史浩述

方劉公城守時待制沈公調為士曹掾公慕

民能得賊首一級賞錢二萬沈公聞遽請見以為如是則小人規利或殺平人乞令必生擒乃給賞仍倍其數不閱日郡人俘數十輩以獻帥命沈公覈其實其間附賊者財三四人乃請盡釋其餘劉公從之自後凡有稱得賊者悉付沈公辨證全活殆數千人沈公至太中大夫敷文閣待制知福州年八十餘乃終嗣子繼顯于朝議者以為陰德之報

討賊

建炎二年秋八月一日夜半杭州第三將下卒陳通

林永誘決勝萬全歸遠龍騎指揮嬰城叛因守臣葉
夢得等殺將官田均明日外沙巡檢司越州西興鎮
㳂江巡檢司以狀告浙東安撫兼知越州顯謨閣
學士翟汝文又明日杭州司録范正已適在城外亦
以卒叛事來告翟公聞之乃出次躬治兵凡禁旅弓
手保甲七千有奇命副總管高棟分部伍知山陰縣
王饎集芻糧又分遣官屬率所部六州益發兵翟公
遂禡祭牙神其詞曰嗚呼王室未靖盜多卒徒就安
招携孰克誅鋤維杭叛卒三五其羣戕殺官師持燈
縱焚我司方隅密迩隣寇其忍翫賊不寧往救初順

撫之命取其成狂狡自疑不獲腰領嗟杭之人思拯
禍雲興我戎兵往定亂畧提我萬衆取彼數黠士氣
奮張曾不留行維神鑒衷用相兹役助我師征咸劉
厥敵建牙出境唯敵是求俾我有功象神之休遂出
師次西興耀兵江上遣人賫旗榜入杭州城開示禍
福又奏乞併將浙西諸州兵殘賊有保甲於綝獨冐
兵先登死之翟公親作文祭之曰親以清酌庶羞之
奠致祭于防城保甲忠義死難之士於君之靈嗚呼
哀哉杭卒叛命蕩為賊區我昔治師龔行天誅士衆
稺驕陰與賊圖戰則先遁均為灌蒲尒獨忠義奮然

前驅衆亡被執怒叱賊徒脅使必降誓死不汙皆裂
髮衝氣象自如賊羣束之曹射其軀矢如蝟毛慢罵
如初嗚呼哀哉委身蹈義得死乃趨生氣如在没與
衆殊瞻彼圍城深愧士夫嗚呼哀哉痛尒酷禍慘傷
余膺我實負念致尒不辜招魂于棺歸安泉塗力能
報德哀死字孤魂兮來歸登此喪車嗚呼哀哉翟公
懷慨流涕於是士皆思奮翟公乃先作擒賊露其詞
曰蓋聞古者賜諸侯以弓矢使得專征用公侯爲腹
心欲其守衛所以作扞王室同奬天衷春秋獻俘載
于策命當所身任藩鎮職統戎兵當誅不庭以禦外

侮乃者餘杭逋卒叛命據城奮臂一呼變生肘腋縱
兵夫掠禍及搢紳戕害使人蕩焚城邑至乃捕衣冠
而黥面驅士女以守陴念茲無辜劫以阻亂當所顧
瞻一舍之近傷悼重圍之冤拯溺救焚其忍安視痛
心疾首誓不圖存躬提戈矛率先士衆三軍賈勇悉
勵貔虎之師元惡就擒卒正鯨鯢之戮仰承
天子之威命俯賴將士之協心兵無淹辰市不易肆
已於某月日殺獲陳通等不以賊遺君父已殄凶殘
凢克敵示子孫毋忘勳伐方觀諸將之効首肆命幕
府之上功捷布諸州明曉士庶會朝廷以節制付浙

西提點刑獄高士曈周格格爲賊誘殺士曈亦遯去
惟浙東之師不少剉賊凜然知懼故城中吏民及寓
居士大夫悉賴以全十二月御營使司都統制王淵
遂平杭州翟公猶以不能成功降顯謨閣直學士然
陳通初叛包藏不軌之志陰遣姦人結台州仙居天
台縣魔賊俞道越州新昌縣魔賊盛端才董閏約同
日起事翟公設方略悉捕誅之以故無應者

平亂

建炎三年十月壬辰
車駕駐蹕越州聞金虜數道並入朝論謂恐虜由江

黃間渡江徑趍衢信以迫
行在當分兵守衢信隘路十一月丙申命朝奉郎中
書門下省檢正諸房公事傅公崧卿帶本職爲浙東
防遏使行至衢州有任士安將下潰兵近萬人其爲
首者曰成皐等五人號五朶花方圍婺州傅公單騎
晝夜疾馳至其營未旦朝服趍入叱責之徐諭以禍
福皐等皆俯伏曰惟公命傅公乃爲具奏皆命以官
而納其兵於麾下會得報有統制官闕濟者乘虜妻
會稽去乃以李鄴降虜爲邦人之罪由五雲門入揚
言將屠城脅而求財殺掠縱橫傅公乃先遣防遏司

統制俟延慶步汝霖及成皐等帥師馳入會稽傳公以中軍繼至闕濟窘蹙乃與腹心跳登蕺山絶頂以弓弩自衛其徒閉開元寺堅守俄攻下之又俘闕濟於蕺山傳公數其罪斬於開元寺之西由是一府皆安傳公亦就除知越州兼浙東安撫使方是時李參政光以書勉傳公曰公今大權在手可以有爲非如曩日短檠相對扼腕夜語時也蓋前輩平日常相期以忠義如此故併録之

社倉

社倉一名義倉始於隋開皇中史臣以爲天下義倉

皆充滿由唐以來歷代雖皆不廢然不復能如隋之
盛至
國朝熙寧三年七月己巳御史言齊州科配義倉取
數太多民何以堪大臣亦謂人有餘粟藏之於家有
何所害而固欲使之輸官非良法也遂
詔廢義倉已納者給還然後雖廢置不一多失本謂
矣淳熙八年提舉浙東常平朱秘書熹適當歲歉乃
奏以常平米建社倉付富室斂散每石取息二斗函
歲則蠲其息又以士大夫或舉人有行義者與縣官
同出納俟息米及十倍即以本米還官倉專以息米

斂散每石止收耗米三升士民願以所藏米充入者亦聽之如官米法户部看詳以爲可行而一時議者以爲每石取息二斗乃青苗法紛然攻詆然朝廷卒行之併下諸路諸路既不能皆如詔而府外之六縣亦止報府言一面措置竟不以已立社倉爲言惟會稽山陰二縣至今爲小民之利方朱公爲此時府帥王尚書希吕實左右之慶元二年提舉李少監大性復以常平米一千五百石增置社倉在會稽則若馬山若妙智若資壽若廣教若淨社者凡五處在山陰則有梅山之本覺柯橋之靈秘南

池之興教迎恩稽山之廟菴凡五處又以常平錢糴

慈福宫米一千五百石每倉以三百石爲率又於會

稽姥廟取當來本米二百七十一石有奇立琶山倉共

爲倉十有二所令王公朱公李公民皆立祠以時祀

享雖他善政多可紀社倉尤其著者也

義田

故丞相魏國史公鎮越之明年寔乾道戊子始捐己

帑置良田歲取其贏給助鄉里賢士大夫之後貧無

以喪葬嫁遣者附于學而以義名之爲規畫十許條

劖諸石凡有請而應給與給而舉事多寡遲速皆有

程覈實委之鄉官錢糧屬之縣主簿米斂散則隨鄉俗錢出納則均省計歲稔及給助有餘則就復增置教授學職亦與其事然雖養士不許移用府帥前後繼而成之蓋非一人所以久而不廢也總之會稽山陰餘姚三縣今爲湖水田二千七十一畝有奇地三十六畝有奇山篠地一百一十六畝有奇殯岡六十四畝有奇蕩（越人謂瀦水之地爲蕩）一畝二角五十一步屋一十六間

節序

會稽之俗正旦詣府學少長序拜以齒不以官子弟從父兄之後上元觀燈行街中必相遜避無爭道喧

競城門弛禁率至夜分以便郊居者二月二日始開
西園縱郡人遊觀謂之開龍口謂卧龍山也府帥領客觀
競渡異時競渡有爭進攘奪之患自史魏公爲帥雖
設銀杯綵帛不問勝負均以予之自是爲例兒童歌
青梅聲調宛轉大抵如巴峽竹枝之類三月五日俗
傳禹生之日禹廟遊人最盛無貧富貴賤傾城俱出
士民皆乘畫舫丹堊鮮明酒樽食具甚盛賓主列坐
前設歌舞小民尤相矜尚雖非富饒亦終歲儲蓄以
爲下湖之行下湖蓋鄉語也春欲盡數日遊者益衆千秋觀
前一曲亭亦競渡不減西園郡人謂禹廟爲廟下至千秋爲先賢堂

立夏日止惟丐者乃以是日出亦鮮衣皷笛相娛非此類則以爲耻重五日户户皆以土偶張天師置門額上或以虎或以艾束作人形而以土作天師頭竹作劒木作印七夕立長竹竿於中庭上設蓮花謂之巧竿以酒果餅餌祭牛女蓋乞巧也五月六月觀荷花亦乘畫舫多集於梅山本覺寺同時又遊容山項里六峯觀楊梅重九亦相約登高佩茰泛菊不甚食糕而多食栗糉亦以相餽然是日俗忌不相過必有喪者乃往哭其靈几且致祭焉不知其所始也冬至大畧如正旦而差簡臘日作粥春日作餅與他鄉不

甚異故不備載惟除夕爆竹相聞亦或以硫黄作爆藥聲尤震厲謂之爆仗桃牌書左神荼右鬱壘亦或書他語門左右設之舊又以酒糟漬筆大書于門扉上曰宜入新年大吉利近歲糟書頗廢矣

送迎

吴越春秋有越人相送之辭曰行行各努力兮自古風俗篤厚重於離别如此今西出迎恩門則臨安路有接待院有吕氏莊皆將迎之地院側竹臺因古城遺址巨竹森茂莊亦有亭榭花木可以置酒昔時山陰尉廨門外臨運河亦有亭今廢矣遠則有法雲寺

柯橋館靈祕院皆其所也東出五雲門則明州路有會稽尉廨前亭子石佛院西南出常憙門一名偏門婺州路則有小隱山園其亭榭山林別見遠則有蘭亭天章寺正南出稽山門台州路則有告成觀大禹寺皆禹廟也亦別見西門東門皆舟行南門西南門皆陸行惟北門曰三江門並海路絶會稽之俗篤厚交親迎則敘間闊送則惜睽異觴豆迭進往往竟日餘樽贐多淋漓狼籍舟車結束慘有行色至於僮僕鈴下挽舟將車之人羅拜于前則亦犒以酒食勉往者以勤悴勞歸者之良苦恩意曲盡觀者太息亦風

俗之厚也

義門

平水雲門之間有裘氏自齊梁以來七百餘年無異爨子弟或爲士或爲農鄉黨稱其行大中祥符四年用州奏旌其門閭是時裘氏義居已十有九世闔門三百口其族長曰承詢至嘉泰初又五六世葢二十四五世矣猶如故聚族亦加於昔鄉人謂嘗有餽瓜者族長集小兒十三歲以下者百餘人使自取之各相推遜以長幼持去其習爲廉遜如此至今共一廳尚頗閎壯有孫威敏公題字存焉至和中李待制兑

題詩有云夫何於會稽卓然有裘氏同居六百年相聚三千指昔賢欽義方列奏　聞
天子　詔恩表門閭光華映閭里其後又有族老季光以所藏今昔留題詩刻石傳犯光宗廟諱作序焉所謂旌表門閭者唐以來有聽事步欄前列屛樹烏頭正門閥閱一丈二尺烏頭二柱端冒以瓦桶築雙闕一丈在烏頭門之南三丈七尺夾植槐柳十有五步五代多故不能如故事晉天福中乃敕度地之宜高其外門門施綽楔左右築臺高一丈二尺廣狹方正稱焉堊以白而赤其四角今裘氏葢用此制自平水適

雲門者望其旌表在道旁數十步
祖宗所以崇孝悌勵風化者至矣裘氏旌表之後六
十七年而上虞劉承詔繼之熙寧十年趙清獻公爲
守得上虞縣劉承詔唐襄公德威之裔德威五世孫
愉避黄巢亂自河南徙上虞至承詔十世聚族四百
餘口内外無間言畜犬化之一犬不至羣犬皆不食
號孝義劉家清獻公嘆異以其事聞于
朝有　詔旌表門閭復其徭役清獻公爲之記又故
尚書胡公洴賦詩贈之皆藏其家

園池

謝安石東西二眺亭址在今上虞東山方安石時東山蓋重天下臺榭遺迹當不止此歲久不可攷爾山之國慶院左有小方池草莽被焉甚有古意傳者云此安石洗屐池也王性之遊山記稱山半薔薇洞院上方白雲堂明月堂以爲安石故迹竊亦疑之李白詩云不到東山久薔薇幾度花白雲他自散明月落誰家恐後人緣此詩爲之云

王逸少有書堂在山陰蘭亭鵝池墨池亦在焉當其與羣公祓禊賦詩蓋一時之集爾而遺迹勝槩照映林谷則右軍或嘗居之後人追懷風流於是葺爲流觴曲水此必皆其舊也

王子敬山亭在雲門唐永淳元年春王勃嘗脩禊於此亭今顯聖寺後有子敬筆倉疑距其地不遠也

許詢園在蕭山縣北幹山下圖經云詢家此山之陽故其詩曰蕭條北幹園也

謝康樂始寧園亦在東山事具文選及傳亭觀舊址無復存者康樂過始寧詩云葺宇臨迴江築觀基曾巘其山居賦有去南北兩居水通陸阻南山則夾渠二田周嶺三苑九泉別澗五谷異巘北山二園南山三苑杏壇桼園橘林栗圃桃李多品梨

棗殊所枇杷林檎帶谷映陼其綿亘邐迤包絡上下可謂廣矣而今所可識惟東山爾

孔稚珪山園在山陰縣東三十里曰尚書隝見太平寰宇記所謂隝者因稚珪之園以得名也今園已不可見而尚書隝仍存

賀知章放生池事具本傳知章始求周宫湖數頃詔賜鏡湖剡川一曲者舊謂今東城南望爲賀家湖疑即剡川也其極目浩渺光景澄澈實東州佳觀云

嚴長史園林頗名於唐大歷中有聯句者六人其

宅詩云落木秦山近衡門鏡水通園詩云杖策山
横緑野乗舟水入衡門皆維自句可以想見其處矣
方雄飛别墅在湖中其自爲詩云寒山壓鏡心此
處是家林今禹廟東有寒山或云即其故處
是時有袁秀才林亭雄飛相近數過之故云
經年此地爲吟侶早起尋君日暮迴也
皇甫秀才山亭孟東野嘗賦之其詩云晴湖瀉峯
鏡翠浪開萍蘚平聲往往唐人多因依鏡湖以
爲勝趣惜其不盡傳爾
小隱山園在郡城西南鏡湖中四面皆水舊名侯

山晉孔愉嘗居焉皇祐中太守楊紘始與賓從往遊遊而愜焉問其主王氏山何名對曰有之非佳名也亭有名否則謝不敢迺使以其圖來悉與之名山曰小隱之山堂曰小隱之堂池曰瑟瑟之池命其亭曰勝奕亭曰志歸亭曰湖光亭曰翠麓亭又有探幽徑擷芳徑捫蘿磴百花頂山之外有鑑中亭倒影亭皆楊公所自命名而通判軍州事錢公輔又爲刻石記之後且百年浸廢弗理少師陸公宰嘗得之以爲别墅作賦歸堂大友堂遐觀

堂秀發軒放龜臺蠟屐亭明秀亭挂頰亭撫松亭會公改築之城之東隅今惟賦歸堂蠟屐亭存焉皆少師所扁也有盧贊元襄周秀實芭題詩最傳於世

齊氏家園在城東少微山山甚小而近湖齊祖之分司東歸遂家焉引流爲沼藝花爲圃山之上下有芳華亭脩竹巖眞珠泉石屋嘉遯亭樵風亭禹穴閣應星亭東山亭釣閣其自爲家山十詠陶寫景物語尤閑遠今廢爲神祠無復舊觀惟釣閣故基猶略可識盡湖山登

覽之勝

古第宅

本朝會稽文獻相望然往往不營第宅如杜丞相陸
左丞顧内相陳中書方鼎貴時皆無尺椽之居傅給
事歸北海故廬以鵝換竹種之而已未嘗營葺李參
政罷政歸質新河小宅居之旋即棄去竟無一區所
以示後人簡儉之法至矣故今著于篇者槩古事也

虞國宅

漢日南太守虞國宅舊經云按輿地志餘姚縣西三
里有嶼山山南有虞國宅國在日南愛及民物出有

雙鴈隨軒秩滿還家鴈與偕至宅今爲百官倉

孟嘗宅

漢合浦太守孟嘗宅在上虞縣南二十三步有孟宅
橋又縣東一里有還珠門取合浦還珠之意

陳囂宅

漢太中大夫陳囂宅在今禮遜坊長慶寺竹園巷之
問去會稽縣東二里所囂宅有大竹園至宋永徽中
爲寺猶號竹園寺初囂與紀伯爲鄰伯竊囂藩地以
自益囂見之不言益徙地與之伯慙懼亦歸所侵地
其中乃爲大路鴻嘉二年太守周君刻石旌表號曰

義里長簷路至今鄉人猶號長簷街

江彪宅

江摠傳云摠於會稽龍華寺製修心賦云晉護軍將軍彪昔莅此邦卜居山陰都陽里寺域則宅之舊基左江右湖面山背壑東西連跨南北紆縈寢處風雲憑棲水月太平寰宇記云郭北有江橋即彪所居之地按晉書江虨傳永和中嘗為護軍將軍出補會稽内史疑即彪也

孔車騎宅

孔愉初以討華軼功封餘不亭侯授車騎將軍及為會稽三年營山陰湖南侯山下數畝地為宅草屋數間便

棄官居之山初無名以愉來居故名侯山在縣西南四里

今爲小隱山園別見

謝太傅宅

謝安本傳云安寓居會稽與王羲之及高陽許詢桑門支遁遊處出則漁弋山水入則言詠屬文相傳以爲今國慶寺乃太傅舊居世說注引晉陽秋謝安石家於會稽上虞縣優游山林六七年間徵召不至太傅居東山實二十餘年此云六七年者乃太傅未出時也

許徵士宅

許詢父旼從元帝過江遷會稽內史因居焉詢隱居

不仕召爲朝議郎不就常登永興縣西山築室其上蕭然自致乃號其岫爲蕭山東晉咸和六年捨山陰永興二宅爲寺穆帝時名山陰舊宅曰祇園今爲能仁寺永興新宅曰崇化縣西南四十里有慈雲寺縣西九十里有重興院皆詢嘗所居也舊經云郡國志云會稽山南有許君宅又許君里在會稽縣清風坊按皇甫冉詩云昔聞玄度宅門對會稽峯者謂山陰宅也王勃山亭序云永興新郊許玄度之風月者謂永興宅也

謝車騎宅

酈道元水經云嶀山東北太康湖晉車騎將軍謝玄

舊居所在右濵長江左傍連山平陵脩通澄湖遠鏡於江曲起樓樓側悉是桐梓森聳可愛居民號爲桐亭樓樓兩面臨江盡升眺之處蘆人漁子汎濫滿焉湖中築路東出趣山路甚平直山有三精舍高甍凌虛垂簷帶空俯眺平湖杳然在下水陸寧宴江有琵琶圻臨江有石床名釣魚臺

王右軍宅

王羲之宅在山陰縣東北六里舊傳戒珠寺是也舊經云羲之别業有養鵝池洗硯池題扇橋存焉今寺有右軍祠堂既謂之别業則疑宅不在是或云嵊縣

金庭觀乃右軍舊宅嘗捨讀書樓爲觀在縣東南七十二里孝嘉鄉今觀之東廡有右軍肖像及墨池養鵝池

王中令宅

王獻之宅在會稽縣南三十里舊經云晉義熙三年中書令王子敬居於此有五色祥雲見安帝詔建雲門寺

何驃騎宅

何充宅在會稽縣東南七十里充嘗爲會稽内史居于此今福慶寺乃其舊宅云

郭偉宅

晉驃騎大將軍郭偉宅在會稽縣東南三里五十步

大禹跡寺是也今尚爲壯刹餘地亦廣可想見當時園第之盛

謝敷宅

謝敷宅在會稽縣五雲門外一里所或云在雲門寺東與何（太祖廟諱）宅相近故唐僧靈一詩云春山子敬宅古木謝敷家又宋考功雲門詩云樵徑謝村北學井何巖東是也

戴安道宅

戴公舊居剡中郗超每聞欲高尚隱退者輒爲辦百萬資并爲造立居宇在剡爲戴起宅甚精整戴始往

舊居與所親書曰近至剡如官舍事見世說

謝康樂宅

宋謝靈運宅在始寧山中與太傅宅當不甚遠靈運本傳云父祖並葬始寧有故宅及墅遂移籍會稽脩營別業傍山帶江盡幽居之美作山居賦以自見

孔稚珪宅

宋衡陽王蕭鈞傳云孔稚珪家起園列植桐柳多營山泉殆窮真趣又本傳云稚珪不樂世務居宅盛營山水憑几獨酌傍無雜事門庭之内草萊不翦

江文通宅

梁金紫光祿大夫江淹宅太平寰宇記云江君里在招賢坊又蕭山縣東北一百三十步有江淹故宅今爲覺苑寺寺前有夢筆驛亦以文通得名按文通城中已有宅此殆別墅也

賀季眞宅

唐賀祕監宅在會稽縣東北三里八十步知章晚自號四明狂客天寶初請爲道士還鄉里詔許之以宅爲千秋觀又求周宮湖剡川一曲宅今天長觀是

張玄眞宅

玄眞子張志和隱居在郡之東郭茨以生草椽棟不

加斤斧唐大曆中觀察使陳少游往見焉終日留之
其居曰玄真坊以門隘爲買地大其閎號曰回車巷
其初門阻流水無梁少游爲營之郡人號曰大夫橋

徐浩宅

徐浩宅在會稽縣五雲橋之東髣髴有遺趾存溪山
奇麗過者猶屬目焉

嚴維宅

嚴長史宅大曆中鄭槩裴冕等聯句賦詩與長史凡
六人長史名維以詩著稱其自句云落木秦山近衡
門鏡水通又皇甫冉宿長史冕詩亦云昔聞玄度宅

門對會稽峰君住東湖上清風繼舊蹤以詩攷之可想見其處也

施肩吾宅

施肩吾宅在山陰唐眞人施君肩吾之故居也陳文惠公詩云幽居正想滄霞杳夜久月寒珠露滴千年獨鶴兩三聲飛下巖前一株栢

趙處士宅

本朝趙處士宅在會稽縣東南照水坊華鎮云趙萬宗字仲淵養素丘壑德名上聞祥符中被召不赴獻玻璺龜傳以自諭求爲道士即其宅賜羽衣以遂其志養鶴名丹砂嘗有

金庭觀投龍因持此瓢以進

神女墨漢王朗爲會稽太守其子肅隨在郡住東齋中夜有女子從地中出自稱越王女與肅語盡夕將曉辭別贈墨一丸是時肅方注周易多有凝滯旦用此墨便覺才思開敏

石船石帆鐵履鐵屐郡國志塗山有石船長一丈云禹所乘者十道四蕃志聖姑從海中乘石舟張石帆至此遂立廟廟中有石船船側掘得鐵履一量寰宇記宋元嘉中有人於石船側掘得鐵屐一雙會稽記云東海聖姑乘

石船張石帆至二物見在廟中蓋江北禹廟也

錞于寰宇記聖姑祠又有周時樂器名錞于銅為之形似鍾而有頸映水用芒莖拂之則鳴

古珪青玉印寰宇記宋武修塗山禹廟得古珪梁初又得青玉印

白璧十道四蕃志宋孝武使任延修禹廟土中得白璧三十餘枚明知萬國所執梁初治廟穿得碎珪及璧百餘片

金罍晉太康中上虞鑿井得之井在縣南一里今

詩云斗懸金印心難動屏列春山眼暫開蓋自述也

古器物

五寳劒一曰純鈎二曰湛盧三曰勝邪四曰魚腸五曰巨闕越絶云昔越王勾踐有寳劒五聞於天下今越有鑄浦上竈下竈劒翁嶺說者以爲皆越王鑄劒之地

古銅罍舊經云在州南三里輿地志云勾踐所藏晉太元中謝輶爲郡守掘郡廳柱下深八尺得古銅罍可容數斗題作越王字文甚分明是今隸書餘不可識輶以爲范蠡獻勝之術

遂埋之今不識其處

御史床寰宇記云在州東四里虞翻爲吳長沙欽宗廟諱王禮待特設此床以表賢客翻仕漢至御史梁元帝玄覽賦云御史之床猶在都護之門不修舊經五官省相傳有虞翻床

黄閣銅漏舊經云黄閣有銅漏古制甚精王羲之書陸機漏賦鐫刻於上歷代以爲寶今不復存

雷鼓輿地志云勾踐應門之上有大鼓名之爲雷鼓以威於龍也寰宇記吳作蛇門有蛇象而龍角會稽記曰

雷門上有大鼓圍二丈八尺聲聞洛陽孫恩之亂軍人斫破有雙白鶴飛出後不鳴湘洲記云泉陵山有大石鼓云昔神鶴飛入會稽雷門中鼓因大鳴漢書王尊曰毋持布鼓過雷門

會稽徵命鍾晉書郭璞傳元帝爲晉王使璞筮遇豫之睽璞曰會稽當出鍾以告成功上有勒銘應在人家井泥中得之繇辭所謂先王以作樂崇德殷薦之上帝者也及帝即位太興初會稽剡縣人果於井中得一鍾長七寸二

分口徑四寸半上有古文奇書十八字云會稽徽命餘字時人莫識璞曰蓋王者之作必有靈符塞天人之心與神物合契然後可以言受命矣觀五鐸啓號於晉陵棧鍾告成於會稽瑞不失類出皆以方豈不偉哉

柯亭笛蔡邕避難柯亭仰見椽竹知有奇音取之作笛

許承瓢眞誥曰上虞吳曇拔得許承一瓢贈褚伯玉偊玉仙後留付弟子朱僧標歷代寶之可受一斛唐先天二年勑女眞道士王妙行詣

金庭觀投龍因持此瓢以進

神女墨漢王朗爲會稽太守其子肅隨在郡住東齋中夜有女子從地中出自稱越王女與肅語盡夕將曉辭别贈墨一丸是時肅方注周易多有凝滯且用此墨便覺才思開敏

石船石帆鐵履鐵屐郡國志塗山有石船長一丈云禹所乘者十道四蕃志聖姑從海中乘石舟張石帆至此遂立廟廟中有石船船側掘得鐵履一量寰宇記宋元嘉中有人於石船側掘得鐵屐一雙會稽記云東海聖姑乘

石船張石帆至二物見在廟中蓋江北禹廟也

鎛二篆字記聖姑祠又有周時樂器名鎛于銅爲之形似鍾而有頸映水用芒莖拂之則鳴

古珪青玉印篆字記宋武修塗山禹廟得古珪梁初又得青玉印

白璧十道四蕃志宋孝武使任延修禹廟土中得白璧三十餘枚明知萬國所執梁初治廟穿得碎珪及璧百餘片

金罍晉太康中上虞鑿井得之井在縣南一里今

天慶觀東廡

驅山鐸唐人於越溪獲鐸以問僧一行荅云此秦始皇驅山鐸也

禹劒在禹祠殿几世言禹之所服寸刃出於鞘外瑩無鏽澁而牢不可引孫覓詩云水劒還難問梅梁亦可疑錢倧詩云塵埃共鑠梅梁在星斗仍分劒鞘存

禹珪璋璧珮紹興末得之廟殿前土中去土面財三二尺今在告成觀珪二璋璧各一珮三觀者多疑非古物或謂後世以奉神者其說近

之
漏鼎漏壺漏盤漏權漏鉦太守翟公汝文所製各有銘公之子大宗正丞耆年作鼎篆筆力奇古鼎云公巽父作牧命工浩範金作鼎于觀肆命壺氏司漏時若昏明惟茲邦永用寶其無斁壺云惟建炎戊申三月癸丑公巽友作壺審漏節其永保盤云公巽父作坫司漏節其永保權云公巽父作金漏用衡石其永寶鉦云建炎戊申六月癸亥作鉦永寶
乾道中上皐耕者得古塼有文曰五鳳元年三月

造以獻府牧洪文惠公文惠命鐫以爲硯𥃩
案閒意甚愛之然所著隸釋隸續皆不載豈
以其篆體非隸字耶
淳熙癸卯歲三山陸氏鑿渠泄水得古塼有銘曰
永安五年七月四日造作又一塼曰太康十
年七月造蓋吳及西晉物也今藏陸氏
漏澤園
漏澤園在縣南七里初崇寧三年二月有
詔收葬枯骨凡寺觀旅櫬二十年無親屬及死人之
不知姓名及乞丐或遺骸暴露者令州縣命僧主之

擇高原不毛之土收葬名漏澤園周以墻柵庇以土地所宜易生之木人給地八尺方塼二刻元寄之所知月日鄉里姓名者併刻之暴露者官給轉葬日給寓鏹及祭奠酒食墓上立峰有子孫親屬而願葬園中者許之給地九尺已葬而願改葬他所者亦聽禁無故輒入及畜牧者又立法郡縣官違戾者弛慢者失檢察者皆置之法久之有司奉行頗過至有分爲三園良賤有別又葬日及歲時設齋醮置吏卒護視守園僧以所葬多爲最得度牒及紫衣遂有析骸以應數者久之始 詔裁損自軍興多故遂益弛中興

以來郡縣或自以意廣
朝廷惠澤至今爲利建炎初翟參政汝文爲守時亦
收四郊暴骨葬園中知山陰縣王朝議饎主之得骸
千計内有異骨二皆相鈎連自頂至踵無分寸脫落
釋氏謂之鏁子骨是也亦可異矣與漏澤同時又有
居養院以惠養鰥寡孤獨安濟坊以濟疾病立法皆
甚備居養院最後至有爲屋三十間者初遇寒惟給
紙衣及薪久之冬爲火室給炭夏爲涼棚什器飾以
金漆茵被悉用氊帛婦人小兒置女使及乳母有司
先給居養安濟等用度而兵食顧在其後安濟坊徧

遣諸醫療視月給俸上醫憚行乃共雇一俚醫之無賴者冒名以往多給庫錢治藥吏肆爲姦官稍檢校則監司走馬使者輒以沮敗德政刺劾死於安濟者相踵則又釣奇言端坐而化自言莫報
上恩於是有封廡士者婦人封邑號者已而四方爭
上其事
朝廷悟其欺一切不報居養院人有與編民及卒伍訟雖理曲皆得直去人甚苦之至宣和初
徽宗皇帝察其弊乃　詔居養安濟漏澤之法本以施惠困窮有司奉行失當資給過厚常平所入殆不

能支窮民飽食煖衣猶有餘峙而軍旅之士廩食不繼或致逋逃四方甚非爲政之道可裁立中制自是居養安濟之法寖廢不舉

紹熙五年少監李公大性來爲提舉浙東常平於會稽鎮塢山陰洄湧塘傍各置義冢會稽尉徐次鐸撰記大略云越之流風凡民有喪即議僑寄棺柩所積夙號墓園連歲不登繼以癘疫而民不免於死亡公奉　命東來一意全活饑者振之以粟病者起之以藥死者遺之以棺荒政舉行畢力無倦復有意於埋胔掩骼之舉命

次鐸走近郊枚數寄棺凡三千餘下令申飭曉
告使人人知有送死之義且曰其有徇浮圖火
化者助之緡錢姑從其私乃若無力歸藏請于
官給所費規畫已定復命次鐸度地得二所其
一鎮塢廣四十畝又其一廻湧塘傍十餘畝由
是義冢之規立矣兩隅分峙男女以辨繚以周
墻封其四圍盡圖傳籍備錄分藏閭里姓氏次
第刻著申命緇黄以視墓室丘封廣列尚為後
圖庶幾有以繼於此也自慶元改元夏汔于冬
十月野處之棺官為覆藏者凡千二百九十有

三掾籍可攷至是澤及枯骨矣自今不燎於原
不淪於川不暴於野是則會稽奉孝之志也

會稽志卷第十三

紹興大典

史部

嘉泰會稽志

3

中華書局

會稽志卷第十四

人物

會稽自漢魏晉唐衣冠人物最盛五代之亂錢氏有國私置丞相以下官惟此邦人士恥之多自抑退無爲其國顯仕者至

宋興始相繼而起今取漢以來公卿大夫略掇其事于篇其訪求未備者尚俟它日

漢鄭吉會稽人以從軍爲郎吉爲人彊執習外國事宣帝時吉以侍郎田渠黎積穀因發諸國兵攻破車師遷衛司馬使護鄯善以西南道

神爵乖匈奴乖亂日逐王先賢撣欲降漢使人與吉相聞吉發渠黎龜兹諸國五萬人迎日逐王口萬二千人小王將十二人隨吉詣京師漢封日逐王爲歸德侯吉既破車師降日逐威震西域遂并護車師以西北道故號都護都護之置自吉始焉上嘉其功效迺下詔封吉爲安遠侯食邑千戶吉於是中西域而立莫府治烏壘城漢之號令班西域矣始自張騫而成於鄭吉語在西域傳

嚴光字子陵一名遵會稽餘姚人少有高名與光

武同遊學及光武即位光乃變名姓隱身不見帝思其賢乃令以物色訪之後齊國上言有一男子披羊裘釣澤中帝疑其光乃備安車玄纁遣使聘之三反而後至車駕即日幸其館光臥不起帝即其臥所撫光腹曰咄咄子陵不可相助爲理邪光眠不應良久乃張目熟視曰昔唐堯著德巢父洗耳士故有志何至相迫乎帝曰子陵我竟不能下汝邪於是升輿嘆息而去復引光入論道舊故相對累日帝從容問光曰朕何如昔時對曰陛下

差增於往因共偃臥光以足加帝腹上明日太史奏客星犯御坐甚急帝笑曰朕故人嚴子陵共臥耳除爲諫議大夫不屈乃耕於富春山後人名其釣處爲嚴子陵瀨焉嚴當作莊

賀純字仲真會稽山陰人少爲諸生博極羣藝十辟公府三舉賢良方正五徵皆不就復徵拜議郎數陳災異上便宜數百事多見省納遷江夏太守永和中李固上疏曰陛下初登大位聘會稽賀純策書嗟嘆待以大夫之位是以巖穴幽人智術之士彈冠振衣樂欲爲用

四海欣然歸服聖德

鍾離意字子阿會稽山陰人舉孝廉辟大司徒府

徵爲尚書時交阯太守張恢坐臧千金詔班

賜羣臣意得珠璣而不拜賜帝問其故對曰

此臧穢之寶誠不敢拜帝嗟歎曰清乎尚書

之言乃更以庫錢賜意轉尚書僕射車駕數

幸廣成苑意以爲從禽廢政當車陳諫天子

即時還宫永平中夏旱大起北宫意詣闕免

冠上䟽帝性褊察好以耳目隱發爲明朝廷

爭爲嚴切以避誅責唯意獨敢諫爭數封還

詔書臣下過失輒救解之出爲魯相以愛利
爲化
王充字仲任會稽上虞人少孤鄉里稱孝後受業
太學師事扶風班彪好博覽而不守章句家
貧無書常游洛陽市肆閱所賣書一見輒能
誦憶遂博通衆流百家之言後歸鄉里屏居
教授仕郡爲功曹以數諫爭不合去乃閉門
潛思絶慶弔之禮著論衡八十五篇二十餘
萬言蔡邕入吳始得之恒祕以爲談助王朗
爲會稽守又得其書許下稱其才進或曰不

見異人當得異書又時嫌蔡邕得異書或搜求其帳中果得論衡抱數卷去邕丁寧曰唯我與爾共之

孟嘗字伯周會稽上虞人其先三世爲郡吏並伏節死難少脩操行仕郡爲户曹史有寡婦至孝養姑姑壽終夫女弟先懷嫌忌乃誣婦鴆其母嘗言其枉狀太守不爲理嘗謝病去婦竟冤死自是郡中連旱二年後太守殷丹問故嘗曰昔東海孝婦感天致旱于公一言甘澤時降宜戮訟者以謝冤魂丹從之即刑訟

女而祭婦墓天應澍雨後策孝廉遷合浦太守郡海出珠宰守採求不知紀極珠漸徙交阯郡界於是行旅不至嘗革易前敝去珠復還被徵吏民攀車請之不得進乃夜遁去隱處窮澤士民慕其德就居止者百餘家桓帝時尚書同郡楊喬上書薦嘗安仁弘義耽樂道德清行出俗能幹絶羣而嘗單身謝病躬耕壟次匿景藏采不揚華藻沈淪草莽好爵莫及廊廟之寶弃於溝渠竟不見用卒于家

魏朗字少英會稽上虞人爲兄報讎亡命陳國從

博士郤仲信學春秋圖緯又詣太學受五經
京師長者李膺之徒爭從之初辟司徒府遷
彭城令時中官子弟爲國相多行非法朗與
更相奏幸臣忿疾欲中之會九眞賊起乃共
薦朗爲九眞都尉到官獎厲吏兵討破羣賊
斬首二千級桓帝美其功徵拜議郎遷尚書
屢陳便宜有所補益出爲河內太守政稱三
河表會被黨議免朗性矜嚴閉門整法度家
人不見墮容以黨事急徵自殺著書數篇號
魏子

董昌字聖真會稽餘姚人本出孤微居近學官數
見諸生修庠序之禮遂就經學又曉習文法
仕郡爲決曹刺史行部見昌甚奇之辟從事
後拜宛令政尚嚴猛好發姦伏皆稱神明還
蜀太守訟者七百餘人悉爲斷理宿惡大姦
皆奔走它境後補大司農左轉太中大夫
鄭弘字巨君會稽山陰人弘少爲鄉嗇夫太守第
五倫奇之召署督郵舉孝廉弘師同郡河東
太守焦貺楚王英謀反發覺引貺貺被收道
亡妻子繫詔獄諸生故人皆變名姓以逃其

禍弘獨髡頭負鈇鑕詣闕上章爲晃訟罪顯宗赦其家弘躬送晃喪及妻子還鄉里拜騶令累遷尚書令弘前後所陳有補益王政者皆著之南官以爲故事出爲平原相徵拜侍中遷大司農爲太尉奏尚書張林阿附侍中竇憲而素行臧穢又上洛陽令楊光憲之賓客在官貪殘並不宜處位憲奏弘大臣漏泄密事帝詰讓弘收上印綬弘自詣廷尉詔敕出之乞骸骨歸未許病篤上書陳謝并言竇憲之短帝省章遣醫占弘病臨歿悉還賜物

斂妻子褐巾布衣素棺殯殮以還鄉里

朱儁字公偉會稽上虞人以孝養致名鄉閭敬之舉孝廉除蘭陵令政有異能平交阯賊封都亭侯討潁川南陳國黃巾賊悉破平之遣使持節拜右車騎將軍振旅還京師爲光祿大夫封錢塘侯關東兵起董卓議移都儁輒止卓卓雖憚之然貪其名重乃表拜太僕以自副儁被召不肯受拜因進曰國不宜遷必孤天下望成山東之結臣不見其可也有司詰曰召君受拜而君拒之不問徙事而君陳之

何也儁曰副相國非臣所堪也遷都非計臣之所急也辭所不堪進臣所急臣之所宜也有司曰遷都之事初無此計也就有未露何所受聞儁曰相國董卓爲臣説之臣聞之於相國有司不能屈朝廷稱服焉後爲太尉李傕郭汜相攻劫質天子公卿儁性剛即發病而卒

盛憲字孝章會稽人舉孝廉補尚書郎稍遷吳郡太守以疾去官孫策平定吳會誅其英豪憲素有高名策深忌之初憲與少府孔融善

融憂其不免禍乃與曹公書曰歲月不居時
節如流五十之年忽焉已至公爲始滿融又
過二海内知識零落殆盡惟會稽盛孝章尚
存其人困於孫氏妻孥湮没單子獨立孤危
愁苦若使憂能傷人此子不得復永年矣春
秋傳曰諸侯有相滅亡者欽宗廟諱公不能救則
欽宗廟諱公耻之今孝章實丈夫之雄也天下譚
士依以揚聲而身不免於幽縶命不期於旦
夕是吾祖不當復論損益之友而朱穆所以
絶交也公誠能馳一介之使加咫尺之書則

孝章可致友道可弘也今之少年喜謗前輩或能譏平皮柄反孝章孝章要爲有天下大名九牧之民所共稱嘆燕君市駿馬之骨非欲以騁道里乃當以招絶足也惟公匡復漢室宗社將絶又能正之正之之術實須得賢珠玉無脛而自至者以人好之也況賢者之有足乎昭王築臺以尊郭隗隗雖小才而逢大遇竟能發明主之至心故樂毅自魏往劇辛自趙往鄒衍自齊往嚮使郭隗倒縣而王不解臨溺而王不拯則士亦將高翔遠引莫有

北首燕路者矣凡所稱引自公所知而復有
去者欲公崇篤斯義也因表不悉由是徵爲
騎都尉制命未至爲策所害
吳賀齊字公苗會稽山陰人守剡長縣吏斯從輕俠
爲姦齊立斬之後太末豐浦民反轉守太末
長誅惡養善期月盡平領都尉事齊按兵建
安立都尉府發屬縣兵受齊節度斬賊帥洪
明等凡六千級名帥盡禽拜平東校尉遷威
武中郎將討黟歙賊有功爲新都郡太守加
偏將軍吳郡餘杭賊起齊討破之豫章東部

賊起衆萬餘人齊誅其首惡遷奮武將軍從權征合肥權爲張遼掩襲幾至危殆齊率兵迎權涕泣言曰今日之事幾致禍敗願以此爲終身誡權自前收其淚曰大慚謹以剋心非但書諸紳也鄱陽尤突受曹公印綬爲賊陵陽始安涇縣皆應齊與陸遜討破降之封山陰侯累遷後將軍假節領徐州牧

丁覽字孝連山陰人清身立行用意不茍推財從弟以義讓稱仕郡至功曹守始平長爲人精微潔淨門無雜賓孫權深貴待之未及擢用

會病卒甚見痛惜珠其門戶覽子固字子賤在襁褓中闞澤見而異之曰此兒後必至公輔固少喪父獨與毋居家貧守約色養致敬族弟孤弱與同寒溫虞翻與固同僚書曰丁子賤塞淵好德堂（高宗廟諱）克衷令德之後惟此君嘉耳歷顯位孫晧即位遷司徒晧悖虐固與陸凱孟宗同心憂國年七十六卒

朱育山陰人少好奇字凡所特達依體像類造作異字千名以上仕郡門下書佐與太守濮陽興問對行於世育後仕朝常在臺閣爲東觀

令遥拜清河太守加位侍中推刺占射文藝
多通

虞汜字世洪翻第四子生南海父卒還鄉里永安
初爲散騎中常侍孫綝廢幼主迎立琅邪王
休休未至綝欲入宮圖爲不軌召百官會議
皆惶怖失色唯唯汜對曰明公爲國伊周處
將相之任擅廢立之威將上安宗廟下惠百
姓大小踴躍自以伊霍復見今迎王未至而
欲入宮如是羣下揺蕩衆聽疑惑非所以永
終忠孝揚名後世也綝不懌竟立休以討扶

嚴功拜交州刺史冠軍將軍餘姚侯

虞忠字世方翻第五子貞固幹事好識人物造吳郡陸機於童齓之年稱上虞魏還於無名之初終皆遠致爲著聞之士交同縣王岐於孤宦之族仕進先至宜都太守忠乃代之晉征吳忠與夷道監陸晏晏弟中夏督景堅守不下城潰被害

鍾離牧字子幹會稽山陰人漢魯相意七世孫少與同郡謝贊吳郡顧譚齊名爰居永興躬自墾田稻熟縣民有識認之牧遂以與民縣長

聞之召民繫獄牧爲之請長曰君慕承宫自
行義事僕爲民主何得寢公憲而從君邪牧
曰今以少稻而殺此民何心復留裝還山陰
長爲釋之民慙懼率妻子舂稻得米送還牧
牧閉門不受輸置道旁莫有取者從郎中補
太子輔義都尉遷南海太守後以前將軍假
節領武陵太守卒官家無餘財士民思之始
興太守羊衜與太常滕太祖廟諱書曰鍾離子幹
吾昔知之不熟定見其在南海威恩部伍智
勇分明加操行清純有古人之風其見貴如

此

晉賀循字彦先會稽人父邵字興伯孫皓時仕至中書令領太子太傅皓兇暴驕矜政事日弊邵上䟽諫皓深恨之邵奉公貞正親近所憚乃共譖邵後竟見殺循丁家禍流放海濵吳平乃還鄉里節操高厲童齓不羣言行舉動必以禮讓好學博聞尤善三禮舉秀才除陽羡武康令顧榮陸機陸雲表薦循久之召爲太子舍人除吳國内史不就元皇帝爲晉王以循爲中書令固讓不受轉太常領太子太

傳時朝廷初建動有疑議宗廟制度皆循所定朝野諮詢爲一時儒宗諸所著論並傳於世

孔愉字敬康會稽山陰人與同郡張茂偉康丁潭世康齊名時人號曰會稽三康建興初召爲丞相掾仍參丞相軍事以討華軼功封餘不亭侯元帝爲晉王使長兼中書郎于時刁協劉隗用事王導頗見疎遠愉陳導忠賢有佐命之勳由是不合旨出爲司徒左長史累遷侍中太常蘇峻反愉朝服守宗廟峻平愉往

石頭詣温嶠嶠執手流涕曰天下喪亂忠孝道廢能持古人之節歲寒不凋者唯君一人耳三遷尚書左僕射後以論議守正爲道所銜累乞骸骨不許出爲會稽内史在郡三年乃營山陰湖南侯山下數畝地爲宅草屋數間便棄官居之卒謚曰貞

虞潭字思奥會稽餘姚人翻之孫也清貞有檢操周旋征討賜爵都亭東鄉侯元帝時爲宗正卿以疾告歸會王含沈充等攻逼京都潭於本縣招合宗人及郡中大姓共起義兵萬數

進赴國難至上虞明帝手詔潭爲冠軍將軍領會稽内史潭即受命義衆雲集遣前鋒過浙江追躡而自次西陵爲後繼會充已擒罷兵徵拜尚書成帝即位以討充功進爵零陵縣侯蘇峻反督三吴晉陵宣城義興五郡軍事與郗鑒王舒協同義舉陶侃假潭節監揚州浙江西軍率衆并勢東西掎角峻平轉鎮東將軍吴國内史軍荒饑饉潭出倉米振救又脩滬瀆以防海抄百姓賴之

丁潭字世康會稽山陰人元帝時爲尚書祠部郎

琅邪王裒始受封帝欲引朝賢爲其國上卿將用潭以問賀循循曰郎中令職望清重實宜審授潭清淳貞粹聖明所簡才實宜之成帝時爲散騎常侍蘇峻作亂帝蒙塵於石頭惟潭及鍾雅劉超等隨從不離帝側峻誅賜爵永安伯累遷左光禄祭酒康帝即位乞骸骨詔以光禄還第卒謚曰簡

虞喜字仲寧會稽餘姚人少立操行博學好古郡察孝廉舉秀才司徒辟公車徵拜博士皆不就邑人賀循爲司空先達貴顯每詣喜信宿

志歸自云不能測也太寧中以博士徵復下詔徵皆不行太常華歆舉賢良會國有軍事咸康初内史何充上疏曰臣聞二八舉而四門穆十亂用而天下安伏見前賢良虞喜天挺貞素高尚邈世東脩立德皓首不倦加以傍綜廣深博聞強識高枕柴門怡然自足宜使蒲輪紆衡以旌殊操詔曰尋陽翟湯會稽虞喜耽學守道操擬古人往雖徵命而不降屈政道須賢宜納諸廊廟其並以散騎常侍徵又不起有司議祧廟不能決朝廷遣使就

諸訪焉

虞預字叔寧徵士喜之弟也少好學有文章太守庾琛紀瞻並以爲主簿轉功曹史察孝廉不行諸葛恢庾亮等薦預召爲行參軍除著作佐郎大興中以寇賊未平上疏論爲防之術宜得良將因言壽春無鎮祖逖孤立前有勁虜後無係援宜加獎厲使不顧命累遷散騎常侍領著作以老歸預雅好經史憎疾玄虛其論阮籍裸袒比之伊川被髮所以胡虜遍中國過於襄周之時著晉書會稽典錄等皆

行於世詩賦碑誄論難數十篇

虞駿字思行潭之兄子也機幹不及於潭而素行過之歷吳興太守金紫光祿大夫王導常謂駿曰孔愉有公才而無公望丁潭有公望而無公才兼之者其在卿乎官未達而喪時人惜之

孔羣字敬休有智局志尚不羈蘇峻入石頭時太祖廟諱術有寵於峻羣與從兄愉同行於橫塘遇之愉止與語羣初不視術術怒欲刃之愉下車抱術曰吾弟發狂卿爲我宥之乃免峻平王

導保存術嘗因衆坐令術勸羣酒以釋憾羣荅曰羣非孔子厄同（太祖廟諱）人雖陽和布氣鷹化爲鳩至於識者猶憎其目導有愧色仕至中丞嘗與親舊書云今年田得七百石秫米不足了麴糵事

孔坦字君平愉從子也祖沖丹揚太守父侃大司農坦少方直有雅望善左氏傳解屬文元帝爲晉王以坦爲世子文學東宫建補太子舍人遷尚書郎歸會稽久之除領軍司馬未赴召會王敦反與右衛將軍虞潭俱在會稽起

義而討沈充遷尚書左丞吳興太守封晉安
男加建威將軍卒贈光祿勳謚曰簡
孔嚴字彭祖少仕州郡歷司徒掾尚書殿中郎殷
浩臨揚州請爲别駕遷尚書左丞朝廷崇樹
浩以抗擬欽宗廟諱温温深以不平浩又引接荒
人謀立功於閫外嚴言於浩曰當今時事艱
難可謂百六之運而處任者所至不同所見
各異人口云云無所不至頃來天時人情良
可寒心顧深思廉藺屈申之道平勃相和之
義又觀頃日降附之徒人面獸心貪而無親

難以義感浩深納之哀帝時以侯領尚書多所（太祖廟諱）益拜吳興太守善於牧守甚得人和又甄賞才能之士論者美焉

孔汪字德澤愉之子好學有志行孝武帝時位至侍中時茹千秋以佞媚見幸於會稽王道子汪屢言之於帝帝不納遷尚書太常卿以不合意求出爲假節都督交廣二州諸軍事征虜將軍平越中郎將廣州刺史甚有政績爲嶺表所稱

孔安國字安國愉之子羣從唯安國與汪少厲孤

貧之操汪旣以直亮稱安國亦以儒素顯孝
武帝時甚蒙禮遇仕歷侍中太常再爲會稽
内史領軍將軍安帝隆安中下詔曰領軍將
軍孔安國貞慎清正出内播譽可以本官領
東海王師必能導達津梁依仁游藝後歷尚
書左右僕射

孔沉字德度有美名何充薦沉於王導曰文思通
敏宜登宰門辟丞相司徒掾琅邪王文學並
不就從兄坦以裘遺之辭不受坦曰晏平仲
儉祀其先人豚肩不掩豆猶狐裘數十年卿

復何辭於是受而服之是時沉與魏顗虞球虞存謝奉並爲四族之儁沉子廞位至吴興太守廷尉廞子琳之以草書擅名又爲吴興太守侍中

謝奉字弘道會稽山陰人祖端散騎常侍父鳳丞相主簿奉歷安南將軍廣州刺史吏部尚書後免官還東謝安赴欽宗廟諱公司馬出西相遇破岡既當遠别遂停三日共語安欲慰其失官奉輒引以它端雖信宿中塗竟不言及此事安深恨在心未盡謂同舟曰謝奉故是奇

士奉弟聘字弘遠歷侍中廷尉卿同郡孔嚴
字彭祖有才學簡文帝嘗曰謝安南清令不
如其弟學義不及孔嚴居然自勝

謝安字安石少有重名初辟司徒府又除著作郎
並以疾辭寓居會稽與王羲之及高陽許詢
桑門支遁游處出則漁弋山水入則言詠屬
文無處世意楊州刺史庾冰以安有重名必
欲致之不得已赴召月餘告歸復除尚書郎
琅邪王友並不起吏部尚書范汪舉安爲吏
部郎安以書拒絶之有司奏安被召歷年不

至禁錮終身遂捿遲東土安弟萬爲西中郎將揔藩任之重安雖處衡門其名猶出萬之右自然有公輔之望及萬黜廢安始有仕進志時年已四十餘矣征西大將軍欽宗廟諱温請爲司馬温與言生平懽笑竟日既出温問左右頗嘗見我有如此客不徵拜侍中遷吏部尚書中護軍簡文帝疾篤温上疏薦安宜受顧命詔安揔中書事明帝始親萬機進安中書驃騎將軍録尚書事符堅敗以揔統功進拜太保安雖受朝寄然東山之志始末不逾

每形於言色及鎮新城盡室而行造汎海之裝欲須經略粗定自江道還東雅志未就而卒

謝玄字幼度與從兄朗俱爲叔父安所器重欽宗廟諱温辟爲掾轉征西将軍符堅入寇朝廷求文武良将安以玄應舉郗超嘆曰玄必不負所舉吾嘗見其使才雖履屐間亦得其任於是徵拜建武将軍監江北諸軍事大破符堅遂經略舊都兖青司豫平加玄都督徐兖青司冀幽并七州軍事會翟遼張願反叛玄上疏

送節盡求解所職又以疾辭移鎮東陽轉授散騎常侍左將軍會稽內史玄既輿疾之郡卒葬於始寧初玄移鎮東陽於道疾篤上疏曰臣以常人忽蒙殊遇由恩厚忘軀甘死若生冀憑皇威以塵露報恩然後從亡叔臣安退身東山以道養壽豈謂經略不振自貽斯戾是以奉送章節待罪有司先疾既動便至委頓謹遣兼長史劉濟重奉送節蓋章傳伏願矜其所訴勿令微臣銜恨泉壤表十餘上寢不報

王羲之字逸少司徒導之從子也少有美譽朝廷公卿皆愛其才器爲右軍將軍會稽内史羲之雅好服食養性不樂在京師初渡浙江便有終焉之志會稽有佳山水名士多居之謝安未仕時亦居焉孫綽李充許詢支遁等皆以文義冠世並築室東土與羲之同好嘗與同志宴集於會稽山陰之蘭亭羲之自爲之序以申其志稱病去郡於父母墓前自誓不仕羲之既去官與東土人士盡山水之遊弋釣爲娛又與道士許邁共修服食採藥石不

遠千里徧游東中諸郡窮諸名山泛滄海歎曰我卒當以樂死羲之既優游無事與吏部郎謝萬書曰古之辭世者或被髮陽狂或汚身穢迹可謂艱矣今僕坐而獲逸遂其宿心其爲慶幸豈非天賜頃東游還脩植桑果今盛敷榮率諸子抱弱孫游觀其間有一味之甘割而分之以娛目前雖植德無殊邈猶欲教養子孫以敦厚退讓或有輕薄庶令舉策數馬仿佛萬石之風君謂此何如比當與安石東游山海并行田視地利頤養閑暇衣食之

餘欲與親知時共懽讌雖不能興言高詠銜杯引滿語田里所行故以爲撫掌之資其爲得意可勝言耶常依依陸賈班嗣楊王孫之處世甚欲希風數子老夫志願盡於此也

王徽之字子猷羲之第三子性卓犖不羈爲大司馬欽宗廟諱溫參軍又爲車騎欽宗廟諱冲騎兵參軍嘗居山陰夜雪初霽月色清朗四望皓然獨酌酒詠左思招隱詩忽憶戴逵逵時在剡便夜乘小舟詣之經宿方至造門不前而反人問其故徽之曰本乘興而行興盡而返何必

見安道邪後爲黃門侍郎棄官東歸

王獻之字子敬少有盛名而高邁不羈雖閑居終日容止不怠風流爲一時之冠工草隸善丹青七八歲時學書羲之密從後掣其筆不得嘆曰此兒後當復有大名獻之嘗從山陰道上行語人曰山川自相映發使人應接不暇若秋冬之際尤難爲懷仕至中書令謚曰憲

宋孫處字季高會稽永興人以字行武帝征孫恩季高樂從及平建鄴封新甯縣五等侯盧循之難武帝謂季高曰此賊行破非卿不能傾

其巢窟季高率衆三千汎海襲番禺拔之循父瑕長史孫建之等輕舟奔始興季高分遣振武將軍沈田子等討平始興及南康臨賀始安嶺表諸郡循於左里奔還襲廣州季高又破走之卒追贈南海太守封侯官縣侯武帝念季高功表稱所贈未優重贈交州刺史

孔琳之字彥琳山陰人強正有志力欽宗廟諱玄輔政爲太尉以爲西閤祭酒玄議欲廢錢用穀帛又議復肉刑琳議以爲宜且依舊玄好人附悦而琳之不能順旨是以不見知宋永初中

爲御史中丞奏劾尚書令徐羨之虧違輿憲羨之領揚州刺史弟璩之爲其中從事羨之使解釋琳之琳之不許曰我觸忤宰相政當罪止一身汝少不應從坐自是百寮震肅莫敢犯禁武帝其嘉之行經蘭臺親臨幸焉

虞愿字士恭會稽餘姚人元嘉中爲湘東王國常侍及明帝立以愿儒吏學涉兼蕃國舊恩意遇甚厚除太常丞遷通直散騎侍郎帝以故宅起湘宮寺極奢侈新安太守巢尚之罷郡還見帝帝曰卿至湘宮寺未朕起此寺是大

功德愿在側曰陛下起寺百姓賣兒鬻婦錢

謂功德帝大怒使人馳曳下殿愿徐去無異

容帝好圍碁碁甚拙與第一品王抗對奕抗

饒借帝曰皇帝飛碁臣不能斷帝以爲信然

愿曰堯以此教丹朱非人主所宜好也遷兼

中書郎除後軍將軍褚彥回常詣愿愿不在

見其牀上積塵成寸有書數袠嘆曰虞君之

清至此令人埽地拂牀而去

齊虞玩之字茂瑶會稽餘姚人仕宋爲烏程令路

太后外親朱仁彌犯罪玩之依法案之太后

愬許孝武坐免官元徽中爲尚書右丞齊高帝鎮東府朝廷致敬玩之爲少府猶躡屐造席高帝取屐親視之訛黑斜鋭蔑斷以芒接之帝因咨嗟賜以新屐玩之不受帝問其故荅曰今日之賜恩華俱重但著簪弊席復不可遺還黄門郎及帝即位玩之表言便宜多見采納上表告退許之玩之於人物好臧否孔逷王儉恨之至是東歸儉不出送朝廷無祖餞者中丞劉休與親知書曰虞公散髮海隅同古人之美而東都之送殊不靄靄歸家

數年卒

虞悰字景豫會稽餘姚人少以孝聞仕宋位黄門郎明帝誅山陽王休祐至葬日寒雪厚三尺故人無至者唯悰一人來赴齊武帝時爲太子中庶子遷祠部尚書領右軍明帝立悰稱疾不陪位帝使尚書令王晏賫廢立事示悰以悰舊人引參佐命悰謂晏曰主上聖明公卿戮力寧假朽老以太祖廟諱贊惟新乎因慟不自勝朝議欲糾之僕射徐孝嗣曰此亦古之遺直衆議乃止

孔逷字世遠會稽山陰人好典故學與王儉至交

昇明中爲齊臺尚書儀曹郎屢箴闕禮多見

信納上謂王儉曰逷真所謂儀曹不忝厥職

也儉爲宰相逷常謀議帷帳每及選用頗失

物情儉從容啓上曰臣有孔逷猶陛下之有

臣永明中爲太子家令卒

孔琇之會稽山陰人有吏能仕爲尚書左丞廷尉

卿出爲臨海太守明帝輔政防備諸蕃致密

旨於上佐使便宜從事以琇之爲晉熙王冠

軍長史行郢州事欲令殺晉熙琇之辭不許

欲自引決友人陸閑諫之琇之不從遂不食而死

孔稚珪字德璋會稽山陰人少學涉有美譽齊高帝爲驃騎取爲記室參軍與江淹對掌辭筆歷黄門郎御史中丞建武初爲南郡太守徵侍中不行留本任稚珪風韻清踈好文詠與外兄張融情趣相得又與琅琊王思遠廬江何點點弟太祖廟諱並款交不樂世務居宅盛營山水憑几獨酌傍無雜事門庭之内草萊不翦中有蛙鳴或問之稚珪曰我以此當兩部

鼓吹王晏嘗鳴鼓吹候之聞羣蛙鳴曰此殊聒人耳稚珪曰我聽鼓吹殆不及此晏甚有愧色

梁孔休源字慶緒會稽山陰人梁臺初建爲太學博士武帝嘗問吏部尚書徐勉求有學藝解朝儀者勉曰孔休源識見清通諳練故事自晉宋起居注誦略上口帝亦素聞之即日除尚書儀曹郎遷御史中丞正色直繩無所回避百寮憚之歷都官尚書金紫光祿大夫車駕臨幸常以軍國事委之昭明太子薨有敕

夜召休源入宴居殿參定謀議立晉安王綱爲皇太子自公卿珥貂插筆奏決於前休源怡然無愧及卒帝流涕顧謝舉曰休源居職清忠方欲共康政道奄至殞歿朕甚痛之舉曰此人清介彊直臣亦爲陛下惜謚曰貞子

陳虞荔字山披會稽餘姚人九歲隨從伯闡候太常陸倕倕問五經十事荔對無遺及長博覽墳籍善屬文梁武帝於城西置士林館用爲士林學士遷通直散騎侍郎兼中書舍人時左右之任多參權軸內外機務互有帶掌唯

荔與顧協泊然静退但以文交見知侯景之亂荔率親屬入臺陳文帝時爲太子中庶子領大著作初荔母隨荔入臺卒於臺内尋而城陷情禮不申由是終身蔬食布衣不聽音樂文帝深器之常引左右朝夕顧訪荔性沈密凡所獻替莫有見其際者

虞寄字次安對策高第起家梁宣城王國左常侍大同中甞驟雨殿前往往有雜色寶珠寄因上瑞雨頌武帝謂寄兄荔曰此頌典裁清拔卿之士龍也將如何擢用寄聞之歎曰以申

擊壤之情爾豈負名求仕者乎乃閉門稱疾
侯景之亂寄隨兄荔入臺陳寶應據閩中寄
至晉安爲寶應所得陳武帝除寄中書侍郎
寶應不遣欲引爲僚屬固辭獲免及寶應結
留異潛有逆謀寄微知其意每陳逆順之理
度不可諫乃爲居士服以拒絶之自稱東山
虞寄寶應既禽賓客微有交涉皆誅惟寄以
先識免文帝敕寄還朝衡陽王出閤用爲掌
書記帝曰所以屈卿遊藩非止文翰乃令以
師表相事也後除東中郎建安王諮議寄辭

疾不堪陪列有疑議就決之

唐虞世南餘姚人受學于吳顧野王餘十年精思不懈父荔卒陳文帝召爲建安王法曹時叔寄陷於陳寶應世南雖服除仍衣布飯蔬寄還乃釋布啖肉陳滅與世基入隋俱名重當時議者方晉二陸大業中累至祕書郎十年不徙唐興秦王引爲府參軍記室中舍王踐祚拜弘文館學士遷太子右庶子固辭改祕書監世南抗烈論議持正太宗嘗目朕與世南商略古今有一言失未嘗不悵恨其懇誠

乃如此帝每稱其五絶一曰性行二曰忠直三曰博學四曰文詞五曰書翰致仕授銀青光禄大夫弘文館學士如故卒年八十一詔陪葬昭陵贈禮部尚書謚曰文懿後帝爲詩一篇述古興亡既而嘆曰鍾子期死伯牙不復鼓琴朕此詩將何所示敕褚遂良即其靈坐焚之後數歲夢進讜言若平生翌日下制厚卹其家

賀知章字季真越州永興人性曠夷善譚說與族姑子陸象先善象先嘗謂人曰季真清譚風

流吾一日不見則鄙吝生矣證聖初擢進士超拔羣類科累遷太常博士遷禮部侍郎兼集賢院學士一日併謝宰相源乾曜曰賀公兩命之榮足爲光寵玄宗自爲贊賜之遷太子右庶子充侍讀徙工部肅宗爲太子知章遷賓客授祕書監知章晚節尤誕放遨嬉里巷自號四明狂客及祕書外監天寶初病夢游帝居數日寤乃請爲道士還鄉里以宅爲千秋觀有詔賜鏡湖剡川一曲既行帝賜詩皇太子百官餞送擢其子曾子爲會稽郡司

馬賜緋魚使侍養幼子亦聽為道士卒年八十六

羅珦越州會稽人寳應初詣闕上書授太常寺太祝曹王皐領江西荆襄節度使常署幕府累遷副使皐卒軍亂劫府庫珦取首惡十餘人斬以徇環棘廷中俾投所劫庫物一日皆满乃貰餘黨召為奉天令中官出入係道吏緣以犯禁珦榜笞之雖死不置自是屏息擢廬州刺史民間病者捨醫藥禱淫祀珦下令止之修學官政教簡易有芝草白雀淮南節度

使杜佑上治狀賜金紫服再遷京兆尹請減
平糶半以常賦充之又賴其利以老病求解
徙太子賓客累封襄陽縣男卒謚曰夷

經學

漢趙曅字長君會稽山陰人少嘗爲縣吏奉檄迎
督郵曅恥於廝役遂弃車馬去到犍爲資中
詣杜撫受韓詩究竟其術積二十年絕問不
還家爲發喪制服曅卒業乃歸州召補從事
不就舉有道卒于家曅著吳越春秋詩細歷
神淵蔡邕至會稽讀詩細而嘆息以爲長於

論衡邕還京師傳之學者咸誦習焉

吳虞翻字仲翔會稽餘姚人辟召不就翻聞曹公辟曰盜跖欲以餘才汚良家邪遂拒不受翻與少府孔融書并示以所注易融荅書曰覩吾子之治易乃知東南之美者非徒會稽之竹箭也張紘又與融書曰虞仲翔前頗爲論者所侵美寶爲質彫摩益光後翻以論議忤孫權遠徙交州雖處罪放而講學不倦門徒常數百人又爲老子論語國語訓注皆傳于世

闞澤字德潤會稽山陰人孫權稱尊號以澤爲尚書嘉禾中爲中書令加侍中赤烏五年拜太子太傅領中書如故每朝廷大議經典所疑輒諮訪之以儒學勤勞封都鄉侯虞翻稱澤曰闞生矯傑蓋蜀之楊雄又曰闞子儒術德行亦今之仲舒也

徵崇字子和隱於會稽治易春秋左氏傳兼善內術本姓李遭亂更姓遂躬耕以求其志好尚者從學所教不過數人輒止欲令其業必有成也

晉楊方字公回會稽人少好學有異才初爲郡鈴下威儀公事之暇輒讀五經內史諸葛恢見而奇之賀循虞喜兄弟以儒學立名雅愛方爲之延譽恢嘗遣方爲文薦郡功曹主簿虞預美之送示賀循循報曰不圖偉才如此其文甚有奇分若出胸臆自是一國所推司徒王導辟爲掾轉東安太守在郡積年著五經鈎深及吳越春秋并雜文皆行於世

謝沉字行思會稽山陰人博學多識綜練經史郡命主簿功曹察孝廉內史何充引爲參軍母

老去職不交人事耕耘之暇研精墳籍康帝即位朝議疑七廟迭毀徵爲太學博士以質疑滯除尚書度支郎何充庾氷共稱沉乃遷著作郎沉著毛詩漢書外傳及他詩賦文論其學在虞預之右

梁賀瑒字德璉會稽山陰人齊時舉明經爲太學博士梁天監中初開五館以瑒兼五經博士别詔爲皇太子定禮撰五經義時武帝方創定禮樂瑒所建議多見施行尋領五經博七所著禮易講疏等數百篇卒于館

賀琛字國寶伯父瑒授經業尤精三禮年將三十使事講授初瑒於鄉里受徒四方問業者三千人天監中亡至是咸復集焉武帝召見補王國侍郎累遷尚書左丞詔撰新謚法便即施用加員外散騎常侍每進見帝與語常移晷刻省中語曰上殿不下有賀雅琛容止閑雅故時人呼之後為光祿大夫卒所撰三禮講疏五經滯義及諸儀注凡百餘篇

孔子祛會稽山陰人少孤好學耕耘樵採常懷書自隨明古文尚書為兼國子助教遷西省學

士助賀瑒撰錄累遷中書通事舍人武帝撰五經講疏及孔子正言子袪常攷閱羣書以爲義證又自撰注尚書及尚書義後加散騎侍郎卒官

虞僧誕會稽餘姚人爲國子助教以左氏講授聽者常數百人時博士崔靈恩先習左傳服解不爲江東所行乃改說杜義每文句常申服難杜僧誕最精杜學作申杜難服以荅靈恩世並傳焉

孔僉會稽山陰人少師事何太祖廟諱通五經尤明三

禮孝經論語生徒數百人三爲五經博士太
清亂卒於家子淑玄亦以文學官至太學博
士兄子元素善三禮有盛名
孔子雲會稽人師事吴興沈峻峻始爲國子助教
吏部郎陸倕言於僕射徐勉以爲周官一書
羣經源本學絶不傳已歷年世惟峻獨精宜
即用其人使專此學勉於是奏峻兼五經博
士於館講授子雲實傳峻業官亦至五經博
士焉
唐孔若思山陰人早孤母躬訓教長以博學聞有

遺以褚遂良書者納一卷焉其人曰是書貴
千金何取之廉荅曰審爾此爲多矣擢明經
歷庫部郎中坐右置止水一石明止足意中
宗初敬暉欽宗廟諱彥範當國以若思多識古今
凡大政事必咨質而後行三遷禮部侍郎出
爲衛州刺史累封梁郡公子季詡擢制科終
左補闕

康子元會稽人開元初詔舉能治易老莊者張說
以聞累擢祕書少監兼集賢侍講學士元宗
東之泰山說引子元等商裁封禪儀及還徙

宗正少卿以疾授祕書監致仕

文章

晉孫綽字興公家于會稽與兄統皆博學善屬文綽游放山水十有餘年乃作遂初賦以致其意又嘗著天台山賦辭致甚工初成以示友人范榮期曰卿試擲地當作金石聲也内史王羲之引爲右軍長史遷散騎常侍大司馬欽宗廟諱温欲經緯中國以河南粗平將移都洛陽朝廷畏温不敢爲異綽乃上疏温不悅曰致意興公何不尋君遂初賦知人家國事邪

綽少以文才著稱于時文士綽爲其冠温王郗庾諸公之薨必須綽爲文辭然後刋石焉

宋謝靈運陳郡陽夏人移籍會稽少好學博覽羣書文章之美與顔延之爲江左第一從叔混特加愛襲封康樂公性豪侈車服鮮麗世共宗之咸稱謝康樂也累遷祕書丞出爲臨海太守郡有名山水靈運素所愛好遂肆意游遨徧歷諸縣所至輒爲諷詩以致其意靈運父祖並葬始寧有故宅及墅遂脩營舊業傍山帶江盡幽居之美與隱士王弘之孔淳之

等放蕩爲娱有終焉之志每一首詩至都下貴賤莫不競寫宿昔間士庶皆徧又作山居賦并自註以言其事文帝徵爲秘書監不起命光禄大夫范泰敦獎乃出使撰晋書粗立條例書竟不就靈運詩書皆兼獨絶每文竟手自寫之文帝稱爲二寶云

謝惠連祖沖父方明三世皆居會稽惠連幼有奇才不爲父方明所知族兄靈運加賞之自言每有篇章對惠連輒得佳語嘗於永嘉西堂思詩竟日不就忽夢惠連即得池塘生春草

大以爲工及靈運自永嘉還始寧方明爲會稽靈運造焉謂方明曰阿連才悟如此而尊作常見遇之惠連與東海何長瑜潁川荀雍太山羊璿之以文章賞會共爲山澤之遊靈運登臨海嶠初發彊中以詩與惠連曰可見羊何共和之也嘗辟州主簿不就後爲司徒彭城王法曹作雪賦以高麗見奇焉

隋虞綽字士裕會稽餘姚人博學有俊才尤工草隸陳左衛將軍傅縡有盛名見綽詞賦歎曰虞郎之文無以尚也仕陳爲太學博士永陽

王記室大業初爲秘書學士奉詔撰長洲玉鏡等書十餘部綽所筆削帝未嘗不稱善累遷著作佐郎與虞世南庾自直蔡允恭等四人常居禁中以文翰待詔從征遼東帝舍臨海頓見大鳥異之使綽爲銘帝覽而善之命有司勒於海上其詞賦並行於世

唐賀德仁越州山陰人與從兄德基皆以文辭稱時人爲之語曰學行可師賀德基文質彬彬賀德仁兄弟八人時比漢荀氏始在陳爲吳興王友入隋楊素薦其才授豫章王記室高

祖起兵爲隱太子友遷中舍人以年耆不更吏職徙冼馬爲東宫學士貞觀初遷趙王友卒有集二十卷藏於四庫見藝文志

嚴維字正文越州人爲祕書郎大曆中與鄭槩裴冕徐嶷王綱等宴其園宅聯句賦詩世傳浙東唱和維詩一卷及剡隱居朱放越僧靈澈詩集皆藏祕府先是神龍中越有賀朝萬齊融與同郡賀知章俱以文詞揚名上京朝官止山陰尉齊融崑山令惟知章最貴焉

吳融越州山陰人祖蕃有名大中時賜號文簡先

生融學自力富辭調龍紀初及進士第章昭度討蜀表掌書記累遷御史歷翰林學士中書舍人昭宗反正御南闕羣臣稱賀融最先至于時左右歡駭帝有指授疊十許槀融跪作詔少選而成語當意詳帝咨賞良厚進户部侍郎鳳翔劫遷不得從去客閿鄉召還遷承旨卒

節義

漢戴就字景成會稽上虞人仕郡倉曹掾揚州刺史歐陽參奏太守成公浮臧罪遣部從事薛

安收就於錢塘獄幽囚考掠五毒參至就慷慨直辭顏色不變主者窮竭慘酷無復餘方至臥就覆船下以馬通薰之一夜二日皆謂已死發船視之就方張眼罵曰何不益火而使滅絶主者以白安安呼見就謂曰太守罪穢狼籍受命考實君何故以骨肉拒扞邪就據地荅言太守剖符大臣當以死報國卿雖銜命固宜申斷寃毒奈何誣枉忠良强相掠理令臣謗其君子證其父就考死之日當白於天如蒙生全亦手刃相裂安奇其壯節即

解械表釋郡事浮徵還京師太守劉寵舉就孝廉病卒

吳董襲字元代餘姚人長八尺武力過人曹公出濡須襲從孫權赴之權使襲督五樓船住濡須口夜卒暴風五樓船傾覆左右散走舸乞使襲出襲怒曰受將軍任在此備賊何等委去也敢復言此者斬於是莫敢干其夜船敗襲死權改服臨殯供給甚厚

邵疇字温伯會稽人爲郡太守郭誕功曹孫晧時誕以不白妖言被收惶遽無以自明疇進曰

疇今自在明府何憂遂詣吏吏上疇辭晧忿
猶盛疇慮誕卒不免遂自殺以證之臨亡置
辭曰疇生長邉陲不閑教道得以門資厠身
本郡踰越儕類位極朝右不能贊揚盛化養
之以福令妖訛横興干國亂紀疇以噂喈之
語本非事實雖家誦人詠不足有慮天下至
嚚而匹夫横議疾其醜聲不忍聞見欲含垢
藏疾不彰之翰筆鎮躁歸靜使之自息愚心
勤勤每執斯旨故誕屈其所是默以見從此
之爲愆實由於疇謹不敢逃死歸罪有司惟

乞天鑒特垂清察吏收疇喪得罰以聞皓免
誕大刑送赴建安作船疇亡時年四十皓嘉
疇節義詔郡縣圖形廟堂

鍾離徇山陰人父牧徇領兵爲將拜偏將軍戍西
陵與監軍使者唐盛論地形勢謂宜城信陵
爲建平援若不先城敵將先入盛不然徇計
晉果遣將脩信陵城晉軍平吴徇領水軍督
臨陣戰死

晉張茂字偉康會稽人少有志行爲鄉里所敬信
初起義兵討賊陳斌一郡用全元帝辟爲掾

屬遷太子衛率出補吳國內史沈充反茂與
三子並遇害茂弟盎爲太守周札將軍充討
札盎又死之贈茂太僕
孔祗字承祖車騎將軍愉之弟也太守周札命爲
功曹史札旣爲沈充所害故人賓吏莫敢近
者祗冒刃號哭親行殯禮送喪還義興時人
義之
梁王琳字子珩會稽山陰人授都督廣州刺史元
帝爲魏國所逼徵琳赴援除湘州刺史師次
長沙知魏已平江陵迺爲元帝舉哀三軍縞

素大營樓艦以圖義舉陳武帝受梁禪乃移
湘州軍府就郢城帶甲十萬巡軍而言曰此
可爲勤王之師矣溫太眞何有哉初魏克江
陵永嘉王莊年甫七歲逃匿人家琳迎還湘
中出質于齊請納莊爲梁王齊文宣遣兵援
送冊拜琳梁丞相遂奉莊纂梁祚於郢州琳
兵東下爲陳軍所敗復與莊同入齊齊孝昭
遣琳出合肥鳩合義故更圖進取淮南愴楚
皆願戮力陳將吳明徹寇齊齊遣琳與尉破
胡等出援秦州破胡軍敗琳還至彭城齊令

徑赴壽陽并許召募明徹進兵圍之城陷被殺哭者聲如雷齊贈琳侍中謚曰忠武

張彪亡命若邪山中臨城公大連出牧東揚州以爲中兵參軍侯景將宋子仙攻下東揚州還入若邪山義舉貞陽侯即位以爲東揚州刺史陳文帝入會稽彪擊走之沈泰申進等共叛彪彪敗遂與弟崑崙及妻楊氏還入若邪山一犬名黄蒼在彪前後陳遣章昭達領兵購之并圖其妻劫來者黄蒼便嚙一人中喉死彪映火識之曰卿須我者但可取頭誓不生

見陳蒨謂妻楊呼爲鄉里曰我不忍令鄉里落佗處今當先殺鄉里然後就死楊引頸受刀不辭彪不下刀便相隨下嶺彪謂楊曰從此而訣若見沈泰申進等爲語功名未立猶望鬼道相逢劫即殺彪并其弟首致於昭達遂稱文帝教進兵迎楊楊便改啼爲笑謂昭達殯彪既畢黄蒼俯伏冢間號叫不肯離楊還經彪宅謂昭達曰婦人本在容貌今辛苦日久請蹔過宅莊飾楊入屋遂割髮毁面哀哭慟絶誓不更行文帝聞之嘆息遂許爲尼

彪起於若邪興於若邪終於若邪及妻犬皆爲時所重異

孝行

晉夏方字文正會稽永興人家遭疫癘父母伯叔羣從死者十三人方年十四夜則號哭晝則負土十有七載葬送得畢因廬于墓側種植松栢烏鳥猛獸馴擾其旁吳時拜仁義都尉累遷五官中郎將吳平除高山令百姓有罪應加捶撻輒涕泣向之小大莫敢犯焉

宋賈恩會稽諸暨人少有至行毋亡居喪過禮未

葬爲鄰火所逼恩及妻栢氏號哭奔救鄰近赴助棺櫬得免恩栢俱見燒死有司奏改其里爲孝義里追贈天水郡顯親都尉

郭世道會稽永興人生而失母父更娶世道事父及後母孝道淳備年十四又喪父居喪過禮殆不勝哀母亡負土成墳親戚或共賻助微有所受葬畢傭賃還直仁厚之風行於鄉黨莫有呼其名者元嘉中大使散騎常侍袁愉表其淳行勑表門閭改所居獨楓里爲孝行焉

郭原平字長泰世道子父抱篤疾彌年原平衣不解帶跨積寒暑及亡哭踊慟絶數日方蘇以爲奉終之義情禮自申乃訪邑中有營墓者助人運力經時展勤久乃閑練窀穸之事儉而當禮性無術學因心自然毋終毀瘠彌甚僅乃免喪文帝崩原平號慟日食麥餅一枚如此五日人曰誰非王臣何獨如此原平泣曰吾家見異先朝蒙褒賚之賞不能報恩私心感動耳太守蔡興宗臨郡深加嘆異還都表其殊行舉爲太學博士會興宗薨事不行

何子平世居會稽少有志行見稱於鄉里事母至
孝竭身運力以給供養元嘉中除吳郡海虞
令縣祿惟以養母不及妻子人或疑其儉薄
子平曰希祿本以養親不在爲己母喪去官
哀毀踰禮每至哭踊頓絶方蘇大明末東土
飢荒繼以師旅八年不得營葬晝夜號哭抃
踊不闕俄頃所居屋敗不蔽雨日兄子伯興
採伐茅竹欲爲葺治子平不肯曰我情事未
申天地一罪人爾屋何宜覆子平居喪毀甚
困瘠踰久及至免喪支體殆不相屬幼持操

檢𢒰厲名行雖處闇室如接大賓學義堅明

處之以默好退之士以此貴之

齊杜栖字孟山自父京產居會稽日門山中栖善

清言連辟從事書佐爲國子學士父老歸養

栖肥晳長壯及京產病旬日間便皮骨自支

京產亡水漿不入口晨夜不罷哭朔望節歲

絕而復續嘔血數升何太祖廟諱謝朏並移書勸

譬戒以毀滅至祥禫夢見其父慟哭而絕初

太祖廟諱見黜見栖歎曰卿風韻如此雖獲嘉譽

不永年矣卒時年三十六當時咸嗟惜焉

唐羅讓字景宣以文學蚤有譽舉進士宏辭賢良方正皆高第爲咸陽尉父喪幾毀滅服除布衣糲飯不應辟署十餘年淮南節度使李鄘即所居敦請置幕府除監察御史位給事中累遷福建觀察使兼御史中丞有仁惠名

丁興會稽人家近荒野野火㳂燒興母老病乃濕衣覆母以身障火身死母全

張萬和會稽諸曁人遭父母喪兄弟廬於墓側二十餘年有芝草生甘泉出萬和終其子亦廬於墓所唐孝友傳叙曰唐以孝悌名通朝廷

者多閭巷刺草之民皆得書于史官諸曁張
萬和蕭山李渭許伯會戴恭俞僅皆事親居
喪著至行者天子皆旌表門閭賜粟帛州縣
存問復租稅有授以官者

許伯會蕭山人玄度十二世孫舉孝廉上元中為
衡陽博士遭父喪負土成墳不御絮帛嘗滋
味野火將逮塋樹悲號于天俄而雨火滅歲
旱泉湧廬前靈芝瑞獸生於墓側

戴恭字玄敬蕭山人少居母喪十年廬於墓側生
芝草嘉禾

俞偉蕭山人一門四代兄弟十五人老幼八十餘口並經術貞廉僅遭親喪哀毁骨立爲鄉里所稱觀察使孟簡書于圖經以勵風俗

隱逸

魏嵇康字叔夜其先會稽上虞人恬静寡欲好老莊常脩養性服食之事彈琴詠詩自足於懷著養生論所與神交者惟陳留阮嗣宗河内山巨源豫其流者河内向子期沛國劉伯倫嗣宗兄子仲容琅邪王濬沖遂爲竹林之遊世所謂竹林七賢也常採藥游山澤會其得

意忽焉忘反山巨源將去選官舉康自代康乃與書告絶又撰上古以來高士爲之傳賛欲友其人於千載也

晉阮裕字思曠陳留尉氏人居會稽剡縣有肥遁之志有以問王逸少逸少曰此公近不驚寵辱雖古之沉冥何以過此劉眞長曰我入東正當泊安石渚下耳不敢復近思曠傍在東山終日靜默無所脩綜而物自宗焉裕孫萬齡少知名家在剡縣頗有素情宋永初末自侍中解職東歸

謝敷字慶緒會稽人性澄靖寡欲入太平山十餘年辟命皆不就初月犯少微一名處士星占者以隱士當之譙國戴安道有美才時人憂之俄而敷死會稽人士以嘲吳人云吳中高士求死不得死

戴逵字安道譙國人居會稽剡縣性高潔常以禮度自處深以放達爲非孝武帝時以散騎侍郎國子博士累召辭父疾不就郡縣敦逼不已乃逃于吳會稽内史謝幼度慮其遠遁不反乃上疏請絶其召命帝許之逵復還剡後

召之復不至

夏統字仲御會稽永興人甞詣洛市藥會三月上巳王公巳下並至浮橋士女車服燭路統在船中曝藥並不之顧太尉賈充怪而問之徐荅曰會稽夏仲御也充耀以文武鹵簿鼓吹車乘又使妓女匝繞其船統危坐如故若無所聞充等各散曰此呉兒不人石心也統歸會稽不知所終

宋孔淳之字彥深魯人居剡性好山水每有所游必窮幽峻或旬日忘歸甞遇沙門釋法崇因

留三載與戴顒王弘之王敬弘等共爲人外之游會稽太守謝方明苦要之不能致使謂曰苟不入吾郡何爲入吾鄉淳之笑曰潛游者不識其水巢棲者不辨其林飛沉所至何問其主終不肯往茅室蓬户庭草蕪徑唯床上有數帙書元嘉初徵爲散騎侍郎乃逃于上虞界中家人莫知所在

戴顒字仲若安道子也會稽剡縣多名山故世居剡下與兄並受琴於父父没所傳之聲不忍復奏各造新弄兄製五部顒製十五部顒又

制長弄二部並傳於世桐廬縣又多名山兄弟復共游之因留居止兄卒顒以桐廬僻遠難以養疾乃出居吳下吳下士人共爲築室聚石引水植林開澗少時繁密有若自然乃述莊周大旨著逍遥論禮記中庸篇元嘉中召不就又徙止京口黄鵠山山北竹林精舍宋文帝每欲見之常謂黄門侍郎張敷曰吾東巡之日當宴戴公山下也

朱百年會稽山陰人少有高情攜妻孔氏入會稽南山以伐樵採箬爲業以樵箬置道傍輒爲

行人所取明旦已復如此人稍怪之積久方知是朱隱士所賣須者隨其所堪多少留錢取樵若而去或遇寒雪樵若不售無以自資輒自榜船送妻還孔氏天晴迎之好飲酒頗言玄理時爲詩詠有高勝之言隱迹避人唯與同縣孔顗友善顗亦嗜酒相得輒酣對盡懽顏竣爲東揚州餉百年米五百斛不受後卒山中蔡興宗爲會稽太守餉百年妻米百斛妻遣婢詣郡門奉辭固讓時人美之以比

梁鴻妻

王弘之字方平家在會稽上虞兄敬弘爲左僕射嘗解貂裘與之即著以採藥性好釣上虞江有一處名三石頭弘之常垂綸於此經過者不識之或問漁師得魚賣否弘之曰亦自不得得亦不賣日夕載魚入上虞郭經親故門各以一兩頭置門内而去始寧沃川有佳山水弘之又依巖築室謝靈運顔延之並相欽重靈運與廬陵王義真牋曰會稽既豐山水是以江左嘉遁並多居之至若王弘之拂衣歸耕踰歷三紀孔淳之隱約窮岫自始迄今

阮萬齡辤事就閑纂戎先業既遠同義唐亦激貪厲競若遣一个有以相存眞可謂千載盛美也

孔祐會稽山陰人敬康曾孫也至行通神隱於四明山嘗見山谷中有數百斛錢視之如瓦石不異采樵者競取入手即成沙礫曾有鹿中箭來投祐祐爲之養創愈然後去太守王僧虔欲引爲主簿不可屈祐子道徽與杜景齊友善少厲高行能世其家隱居南山終身不窺都邑齊豫章王嶷爲揚州辟西曹書佐不

至鄉里宗慕之道徵兄子揔有操行遇饑寒不可得衣食縣令丘仲孚薦之除竟陵王侍郎竟不至

齊杜京產字景齊吳郡錢塘人少恬靜絕意榮宦頗涉文義專修黄老會稽孔顗清剛有峻節一見而爲款交與同郡顧歡同契始寧東山開舍授學劉瓛入東與之游曰杜生當今之臺尚也又於會稽日門山聚徒教授建武初徵員外散騎侍郎京產曰莊生持釣豈爲白璧所回不就卒

褚伯玉字元璩錢塘人少有隱操年十八父爲
昏婦入前門伯玉從後門出遂往剡居瀑布
山性耐寒暑三十餘年隔絶人物王僧達爲
吳郡苦禮致之伯玉不得已停郡信宿纔交
數言而退宋孝建二年召聘不就齊高帝即
位手詔吳會二郡以禮迎遣又辭疾上不欲
違其志敕於剡白石山立太平館舍之卒年
八十六伯玉常居一樓上仍葬樓所
梁何太祖廟諱字子季廬江灊人仕齊至中書令貴國
宅欲入東山拜表辭職不待報輒去有詔許

之以會稽山多靈異往游焉歷若邪山雲門
寺初太祖廟諱二兄求點並棲遁求先卒至是太祖廟諱
又隱世號點爲大山太祖廟諱爲小山亦曰東
山世謂何氏三高梁武帝踐祚詔爲特進不
起有敕給白衣尚書禄固辭又敕山陰庫錢
月給五萬不受乃敕何子朗孔壽等六人於
東山受學太祖廟諱以若邪處勢迫隘不容學徒
遂遷秦望山山有飛泉迺起學舍即林成援
因巖爲堵别爲小閣室寢處其中躬自啓閉
僮僕無得至者

唐秦系字公緒越州會稽人北都留守薛兼訓奏
爲右衛率府倉曹參軍不就客泉州南安九
日山大松百餘結廬其上穴石爲研注老子
彌年不出刺史薛播數往見之歲時致羊酒
未嘗至城門張建封聞不可致請就加校書
郎其後東度秣陵既卒南安人思之號其山
爲高士峯
張志和字子同婺州金華人居江湖自稱煙波釣
徒著書號玄眞子亦以自號兄鶴齡恐其遁
世爲築室越州東郭茨以生草椽棟不施斤

斧豹席椶屩每垂釣不設餌志不在魚也觀
察使陳少遊往見爲終日留表其居曰玄眞
坊以門隘爲買地大其閎號回軒巷志和善
圖山水或擊鼓吹笛舐筆輒成嘗撰漁歌憲
宗圖眞求其歌不能致李文饒稱志和隱而
有名顯而無事不窮不達嚴子陵之比云
孔述睿越州山陰人梁侍中休源八世孫少與兄
弟克符克讓篤孝已孤偕隱嵩山而述睿資
嗜學大曆中劉晏薦於代宗召累擢司勳員
外郎史館修撰述睿每一遷即至朝謝俄而

辭疾歸以爲常德宗立拜諫議大夫兼賜第宅固辭乆乃改祕書少監以太子賔客還鄉

方干字雄飛新定人隱於會稽漁於鏡湖蕭然山水間以詩自放咸通中太守王龜知其亢直薦之以諫官召不就而卒門人相與私謚曰元英先生

貞婦烈女

漢曹娥見祠廟門

晉虞潭母孫氏潭山陰人見人物門潭父忠亡遺孤藐爾孫氏雖少誓不改節躬自撫養劬勞備至潭始

自幼童便訓以忠義元嘉末潭爲南康太守
值杜弢叛逆孫氏兒潭以必死之義又傾貲
産以餽戰士潭遂尅捷及蘇峻亂潭守呉興
假節征峻孫氏戒之曰吾聞忠臣出孝子之
門汝當捨生取義勿以吾老爲累于時會稽
内史王舒遣子允之爲督護孫氏又謂潭曰
府君遣兒征賊汝何獨不潭即以子寵爲督
護與允之合勢拜武昌侯太夫人潭立養堂
於家王導以下皆拜謁焉卒謚曰定夫人

張茂妻陸氏 茂會稽人見節義門 茂爲呉郡太守爲沈充所

害陸氏傾家產率茂部曲爲先登以討充充敗陸詣闕爲茂謝不尅之責詔曰茂夫妻忠誠舉門義烈遂追贈茂大僕

王凝之妻謝氏字道韞聰識有才辯凝之爲會稽内史孫恩之亂凝之及諸子已被害道韞命婢肩輿抽刃出門亂兵稍至手殺數人乃被虜外孫劉濤時年數歲賊又欲害之道韞曰事在王門何關佗族必其如此寧先見殺恩雖毒虐爲之改容乃不害濤自爾嫠居會稽家中莫不嚴肅

孫晷妻虞氏初徵士虞喜喜餘姚人見人物門隱居海隅有高世之風晷欽其德名聞喜弟預有女遂聘焉女棄華尚素與晷同志時人號爲梁鴻夫婦

宋吳翼之母丁氏翼之永興人少喪夫不再行年荒分食以貽餓者同里左僑家露四喪無以葬丁爲辦冢椁以仁愛著稱長婦王氏既寡亦執志不嫁州郡上言詔表門閭

齊屠氏女居諸暨東洿里父失明母痼疾女晝樵採夜紡績以供養父母俱卒負土成墳鄉里

多欲娶之女以無兄弟誓守墳墓不嫁

梁張彪妻見節義門

會稽志卷第十四

會稽志卷第十五

相輔

杜衍字世昌山陰人也幼孤及長舉進士爲揚州觀察推官知平遥縣積遷至爲户部副使進天章閣待制出知荆南府徙河北都轉運使遷樞密直學士知天雄軍召拜御史中丞會有詔與三司使副擇吏人能否有揚語於外曰衍奏請盡黜諸吏吏僅千餘人詣衍第諠譁明日入對願窮治即推吏首惡抵于罪衍出知永興軍遷龍圖閣學士知并州又徙

永興以刑部侍郎同知樞密院事遂爲吏部侍郎樞密使范仲淹嘗出衍門下時爲叅知政事數爭事

上前衍無愠色而仲淹益敬服之會契丹壻劉三嘏避罪來歸邊臣欲以官縻之諫官亦有請衍謂不可生事還之四年拜同中書門下平章事兼樞密使集賢殿大學士衍爲相革弊事以脩綱紀尤抑絶僥幸凡内降恩澤者一切不與每積至十數必面納之由是僥幸寖不說衍善决大事初邊將議欲大舉以

擊夏人韓琦亦以爲可舉衍爭以爲不可兵後果不得出契丹與夏人爭銀甕族大戰黄河外而鴈門麟府皆警范仲淹使河東欲以兵從衍以爲契丹必不來兵不可妄出後契丹卒不來其壻蘇舜欽監進奏院祠神爲御史劾奏又集賢校理王益柔作傲歌詈涉指斥欲下御史按罪衍謂羅織獄今起都下矣執不可又諫官孫甫言丁度面求進用請屬吏衍不爲置對又范仲淹富弼借出宣撫言者隨攻之

仁宗欲罷二人而衍又執以爲不可遂疑其
朋黨以尚書左丞出知兖州衍爲相凡百日
而罷去明年以太子少師致仕累遷太子太
師封祁國公卒年八十贈司徒兼侍中謚曰
正獻

孫沔字元規會稽人也中進士補趙州司理參軍
爲人明敏果敢有材稍遷監察御史裏行景
祐元年
章獻皇后服未除而禮官請用冬至日册后
沔奏請俟祥禫別擇日出知衡山縣上書言

時事以切直貶監衡州酒稅移通判知處州
遷監察御史又知楚州召為右正言遷提點
兩浙刑獄陝西轉運使居兩月即以天章閣
待制為都轉運使知慶州遷龍圖閣直學士
又遷樞密直學士知明州移知秦州
仁宗勉以邊事對曰秦州不足憂　陛下當
以南方　為憂明日官軍以敗聞遂以沔為荆
湖江西廣南安撫使未幾副狄青宣撫賊平
遷給事中知杭州召兼樞密副使契丹使請
觀太廟樂沔折之曰廟樂皆歌詠

祖宗功德使人如能留助吾祭乃可觀使遂
不敢復請張貴妃薨追册為皇后命沔讀册
故事正后翰林學士讀册沔旣位右府力辭
之不從及至柩前乃曰此册臣沔讀則可樞
密副使讀則不可置册而退時相取讀之遂
求罷職以資政殿學士知杭州遷大學士移
知青州又遷觀文殿學士知并州沔在杭治
姦僧猾民不少貸怨謗紛起卒以御史彈奏
責寧國軍節度副使復光禄卿分司南京會
恩除知濠州以禮部侍郎致仕韓琦作相薦

之起為資政殿學士知河中府又以為觀文殿學士知延州道卒年七十一贈兵部尚書謚威敏

陸佃字農師山陰人受經於王安石熙寧三年應舉入京適安石當國首問新政佃曰法非不善但推行不能如初意故反病民如青苗是也擢甲科授蔡州推官初置五路學官選為鄆州教授召補國子監直講王雱用事好進者至崇以師禮佃待之如平日以是在太學七年不徙官修定說文得入見

神宗方議大裘佃考禮以對　帝悅用為詳
定郊廟禮文官時同列皆侍從獨以光祿丞
居其間加集賢校理崇政殿說書進講周官
帝稱善始命先一夕進稾同修起居注官制
行擢中書舍人給事中
哲宗立去安石之黨士多諱變所從會安石
死佃率諸生哭而祭之識者嘉其無向背遷
吏部侍郎以修撰
神宗實録徙禮部數與史官范祖禹黃庭堅
爭辨大要多不肯詆安石庭堅曰如公言蓋

倿史也佃曰蓋用君意豈非謗書乎以龍圖閣待制知潁州徙知鄧州江寧府甫至即省安石墓紹聖初治史罪落職知海州復集賢殿修撰移之蔡

徽宗即位復爲吏部侍郎上疏曰人君踐祚要在正始正始之道本於朝廷近時學士大夫相傾競進以善求事爲精神以能訐人爲風采以忠厚爲重遲以靜退爲卑弱相師成風莫之或止正而救之實在今日

神宗延登眞儒立法制治而元祐之際悉肆

紛更紹聖以來又皆稱頌夫善續前人者不必因其所爲否者賡之善者揚焉願咨諏仁賢詢考政事惟其當之爲貴則大中之政也遷吏部尚書拜尚書右丞佃執政持論多近恕每欲參用人才尤惡奔競嘗曰天下多事則須不次用人苟安寧無事時人之才無以大相遠但當以資歷序進少遲緩之則士知自重矣又曰今天下之勢如人大病向愈當以藥餌輔養之須其安平苟爲輕事改作是使之騎射也轉左丞御史論吕希純劉安世

復職太驟請加鐫抑且欲更懲元祐餘黨佃
爲　帝言丐勿窮治乃下詔申諭揭之朝堂
讒者用是詆佃曰佃名在黨籍不欲窮治正
恐自及耳遂罷知亳州數月薨年六十一紹
興初追復資政殿學士佃著書二百餘卷埤
雅禮象諸書今傳於世

陳過庭字賓王山陰人中進士第政和中爲祠部
吏部右司員外郎使遼過庭初名揚庭辭日
徽宗改命焉時或傳遼主苦風痺又箭損一
目過庭歸證其妄且勸帝飭邊備遷太常少

御起居舍人宣和二年進中書舍人纔七日遷禮部侍郎又遷御史中丞兼侍讀睦冠竊發過庭言致寇者蔡京養寇者王黼竄二人則寇自平又朱勔父子本刑餘小人交結權近竊取名器罪惡盈積宜昭正典刑以謝天下由是罷知蘄州旋責海州團練使黄州安置三年得自便

欽宗立以集英殿修撰起知潭州未行以兵部侍郎召在道除中丞初入見　帝諭以國家多難每事當悉意盡言於是節度使范訥

丐歸環衛過庭因言自崇寧以來建㡇鉞者多不由勳績請除宗室及將帥立功者餘並如訥例又乞辨　宣仁后誣謗姚古擁兵不援太原陳其可斬之罪七竄諸嶺表進禮部尚書擢右丞中書侍郎議遣大臣使金人耿南仲以老辭昌以親辭過庭曰主憂臣辱願効死　帝固遣南仲昌及城陷過庭亦行因被留不還建炎初以資政殿大學士提舉太平觀四年六月薨於虜而明年贈開府儀同三司謚曰忠肅

李光字泰發一字泰定上虞人少入太學登崇寧五年進士第調衢州開化縣令知平江府常熟縣朱勔方以花石得幸勢焰薰灼光不爲屈械繫其奴勔怒監司爲移光知吳江以避之光挺挺自若勔亦不能害也宣和二年召爲太常博士五年遷司封員外郎因進對極論時事語及用事大臣黜知桂州陽朔縣明年召爲司勳員外郎遷符寶郎虜犯塞徽宗已有東幸意當國者不知計所出光慨然建白以謂爲今之計惟傳位東宫則虜氣

所沮

欽宗即位擢右司諫光首論宦官譚禎梁方平喪師辱國梁師成締交蔡京王黼表裏蒙蔽罪皆當誅遷侍御史極論蔡攸朱勔姦惡請正典刑有彗出寅艮間議者謂夷狄滅亡之證光言春秋書災異以戒人君不聞歸之夷狄所論尤激切疏奏耿南仲力排之謫汀州監酒税建炎三年

高宗自臨安移蹕建康以宣爲藩屏除知宣州光到郡乃繕城池聚兵糧籍諸縣之鄉兵

謂之義社南陵有水軍叛光遣奇兵啣枚夜
擊之賊潰十一月金人奪馬家渡南牧郡縣
皆不能支光獨力修守備金人不敢入境四
年巨盜戚方破寧國傳城下光設牙帳于南
壁躬撫士卒賊分兵百道來攻光隨宜應之
凡被圍二十八日援兵至解去除徽猷閣待
制知臨安府徙婺州入爲吏部侍郎上踈乞
車駕親征漸圖興復進吏部尚書大將韓世
清本苗傅黨久駐宣城至擅發倉庫招聚逋
逃拒朝命不受光請先其未發除之授淮西

招撫使親受密指遂假道擒世清以歸除端明殿學士知建康府大臣爲都督有所施設光不以爲是大臣方怙權不聽光上疏辨論且請去徙知湖州平江府召爲禮部尚書復以舊職知台州改温州又徙洪州以吏部尚書召遂除叅知政事秦檜新得政藉光舊望以鎮服中外時虜方通和檜欲稍徹淮甸武備光極言立國不可去兵檜以爲害和議爭於上前光毅然不撓因丐去章九上除資政殿學士知紹興府檜嗾言者攻之改提舉臨

安府洞霄宮安置藤州瓊州昌化軍紹興二
十五年內徙郴州二十八年檜死始以南郊
赦恩復官聽自便行至蘄州卒年八十三追
復資政殿學士謚莊簡初光過宋都從劉安
世講學得其精微故於死生禍福之際無所
屈撓初在鄉里聞趙鼎南遷頗戚戚謂鄰人
曰若光得謫命即日青鞵布襪行矣卒蹈其
言及再涉瘴海處之怡然在瓊寓居雙泉蘇
軾所嘗遊也自號轉物居士日講周易一卦
因著易傳十卷行於世子孟博年二十四中

紹興五年進士第三人從光遠謫卒於瓊

姚憲字令則父舜明仕至徽猷閣待制別見兄宏寬皆以博學知名憲以父任補承務郎監臨安府糧料院秀州海鹽縣丞歷衢州龍游宣州宣城縣丞知臨安府仁和縣

車駕駐蹕臨安仁和為赤縣事尤煩劇憲資敏強日未晡吏已散去獄為之久無繫囚秩滿監進奏院知秀州秀之土豪錢安國居大澤中重湖深阻舍匿亡命為姦盜州縣莫敢詰憲至部擒安國及其支黨窮治置于法焚

其巢穴州里遂安浙西大水蘇常爲甚憲請
輸粟萬斛以賑之　上嘉其能賜勑書獎諭
除提舉浙西常平茶鹽公事遷提點刑獄又
以直秘閣知平江府時群盜毛鼎等出沒海
道爲商賈居民之害名捕弗獲　朝命專以
屬憲不數月悉禽之除兩浙轉運判官進直
敷文閣知臨安府再進直顯謨閣入權戶部
侍郎改權工部侍郎兼臨安府少尹兼權給
事中真拜工部侍郎賜同進士出身爲左諫
議大夫御史中丞皆兼侍讀自權工部侍郎

至是皆不出一歲間其超擢如此遂拜端明殿學士簽書樞密院遷中大夫參知政事監修國史俄以端明殿學士提舉江州太平興國宮又落職南康軍居住起提舉江州太平興國宮知太平州未行徙泉州復端明殿學士知江陵府卒年六十三其在江陵前帥頗厲威嚴治盜不少貸憲繼其後嘗語客曰故帥得賊輒殺不復窮竟姦盜屏迹自僕至獲盜必付之有司在法當誅者初未嘗輒貸一人而群盜已稍出矣僕平居雖雛卵不敢妄

殺今寧以疲輭不勝任去安忍濫及無辜哉
人以此益推其長者

侍從

姚勔字輝中山陰人舉進士第歷永康令重親猶
在父母每以榮其親爲言勔乃請納禄以太
子中允致仕遇郊封父母父母請回官封及
勔祖父母特從之元祐初召爲祕書丞太常
丞右正言數日爲左正言奏御史中丞趙君
錫雷同俯仰無所建明遷起居舍人再遷起
居郎試中書舍人改寶文閣待制國子祭酒

請外以本職知明州紹聖初言者論其阿附
呂大防范純仁謫知信州論不已落職以奉
議郎主管杭州洞霄宫再貶水部員外郎分
司南京卒勔以孝行著每省先墓素衣步出
城門且行且霣涕至墓見者爲之感動
顧臨字子敦會稽人中説書科爲國子監直講遷
館閣校勘同知太常禮院受詔編脩經武要
略臨喜論兵
神宗召問兵學臨對兵以仁義爲本出權湖
南轉運判官提舉常平廣惠倉議事戾執政

意罷去尋除同判武學進集賢校理開封府推官出知潁州入爲吏部郎中祕書少監以直龍閣爲河東轉運使元祐二年擢給事中時軍器少監蔡碩得罪臨論其兄確失教確坐貶知安州朝廷事回河拜天章閣待制河北都轉運使知制誥蘇軾等言臨封駁論議有古人風宜留寘左右不報臨至部請因河勢回使東流復召爲給事中遷刑兵吏部三侍郎兼侍讀爲翰林學士紹聖初以龍圖閣學士知定州徙應天河南府中人梁惟簡嘗

祗事　宣仁閤得罪過洛轉運使郭茂恂恂
時宰意刻臨與宴集奪職知歙州尋斥饒州
居住
徽宗即位追復元職臨元祐末覲時事一變
語待制姚勔曰安得還鄉食煑鵝炙鮨子已
而果俱貶人歎其先識
石公弼字國佐新昌人舉進士調衢州司法參軍
連水丞知廣德縣召為宗正寺主簿入見言
朝廷比日所為直詞罕聞頌聲交至未有為
陛下廷事可否者願崇忠正以鋪讜佞通諫

事以除壅蔽
徽宗善之擢監察御史進殿中侍御史大觀
初除右正言遷左司諫公弼初名公輔改賜
今名太史保章正朱汝楫冒俸得罪內侍失
察者皆不坐公弼言是皆矯稱詔旨安得勿
論由是並寘罪遷侍御史言蘇杭造作局盛
請華枝巧稍罷進奉帝納之徙太常少卿起
居郎遂拜御史中丞執政言　國朝未有由
左史為中執法者帝曰公弼嘗為御史矣水
官趙霆開直河議已而決壞鉅鹿法當斬霆善交

結但削一官猶爲太府少卿公弼論爲失刑
乃出霆京西轉運使遂劾蔡京罪惡昭著章
數十上京罷相猶提舉實録公弼復言京盤
旋輦轂無去志願持必斷以銷後悔竟謫京
杭州公弼進兵部尚書兼侍讀尋以樞密直
學士知揚州改襄州京復輔政陷以深文貴
秀州團練副使台州安置遇赦還卒從弟公
揆字道任
高宗時爲侍御史極論樞密使秦檜朋比章
亦十餘上檜再相遂坐廢終于家

傅墨卿字國華山陰人以大父恩補太廟齋郎嘗爲蘄州蘄水揚州江都縣尉歷知池州壽春府入朝爲庫部駕部員外郎實録院修撰徙大理卿將作監擢起居舍人中書舍人遂拜翰林學士給事中宣和四年以禮部尚書持節冊立高麗王楷有功還賜同進士出身進龍圖閣學士靖康元年春爲京城東壁守禦使出知舒州提舉杭州洞霄宮建炎中守正奉大夫致仕嘗奪職至是追復墨卿比凡三至高麗初爲書狀官中爲副最後爲使其爲

使時所過郡縣輒爲守令道
上德意以寛宥爲務罪囚及當死者多得減
釋官吏有責罰編置亦貸除之高麗至今有
廟祠初墨卿尉江都往來山陽深爲節孝處
士徐積所知或問積所爲知墨卿者曰方
欽聖升遐楚之官吏寓客皆集服臨郡庭下
惟傳尉容稱其服吾是以賢之
姚舜明字廷輝嵊縣人舉進士爲相州臨漳主簿
登州平牟令知平江府崑山秀州華亭二縣
後爲河東經略安撫司幹辦公事宣和二年

冬盜發睦州青谿連陷杭睦衢婺處歙六州
以舜明通判婺州遂權州事招集流亡兵數
千人穿賊境以入郛晨登義烏門治城壁飛
矢雨集舜明親率從兵以石擊賊既而引兵
出戰賊遂大潰又賊帥洪載衆四十萬據處
州不下舜明訪得其母妻令載所厚范淵往
諭禍福載即解甲來降平賊之功於時爲冠
除直祕閣提點兩浙刑獄又爲福建路提舉
茶事
欽宗即位擢監察御史僞楚之變舜明挺節

不汚

高宗初除知衢州尋爲提點江南東路刑獄公事建炎三年冬有　旨與防遏司措置盜賊屯于信州除知江州兼本路安撫制置使李成擁衆三十萬至城下舜明布列將士召募敢死晝夜接戰賊衆蹙踣不可勝計又開門奮擊生擒其將王林等賊攻益急舜明輒以計襲破其營池州安撫大使呂頤浩率楊惟忠王𤫩巨師古欲解圍會師古兵敗援路遂絶經冬及春飢餓枕籍將士至食妻子

終無有降賊意及力益困遂舉兵決戰大破賊寨以出時議謂舜明藐然孤壘制賊橫潰使不轉入東南其功居多頃之召爲右司員外郎除直龍圖閣發運副使還爲左司郎中復以祕閣修撰充江淮荆浙都督府隨軍轉運使除權户部侍郎曹成馬友據湖湘間反側未定命舜明往招撫遂以二賊入朝韓世忠劉光世駐軍江上　朝廷以舜明計臣俾置司建鄴以總經費調發犒賞百須以給總領之置自玆始丏閑除集英殿修撰提舉江

州太平觀進徽猷閣待制卒子宏寬皆博學
強記知名於時著書數百卷暮子憲叅政事
贈舜明太師
張宇發字叔光會稽人舉進士調和州含山主簿
溫州瑞安河南府登封兩縣丞監炒造丹粉
所京東排岸司靖康初元以李綱薦薦召對
除都官員外郎金人冊犯闕詭執和議要大
臣宣諭兩河　上以命聶昌耿南仲皆辭惟
中書侍郎陳過庭請行於是宇發爲副拜徽
猷閣待制已而分過庭往河北而宇發往河

東會虜情中變鑾駕北狩兩人皆已銜命在
道遂縶留異域聲問阻絕紹興十三年前禮
部尚書洪晧還 朝言宇發自蔚州歿於雲
中晧見其櫬旅寄荒寺携至燕山授僕人徐
禹功使葬焉因再疏請褒贈時相秦檜沮抑
事不果行檜薨晧子翰林學士遵言宇發執
節歿身南北隔遠計不及時未蒙贈卹於是
詔贈左朝請大夫職賜如故仍以致仕遺表
恩官其子孫焉
傅崧卿字子駿墨卿從父弟省試第一擢甲科除

辟雍正改婺州州學教授遷國子正充校正
御前文籍以憂去職服除召爲考功員外郎
兼太子舍人方士林靈素得幸造符書號神
霄籙自三公輔臣以下皆從靈素師授崧卿
與曾幾獨不行被譖出爲鄂州蒲圻縣丞
高宗初除知太平州數日罷久之召爲中書
門下省檢正諸房公事　詔問群臣居建康
與趣鄂岳吴越孰便崧卿以建康古建國宜
定基本以濟中興爲對虜渡江
上自越將幸四明崧卿殿得乘障盡死力以

爲浙東及衢信州防遏使明年罷防遏使除
直龍圖閣知越州
上自永嘉還越供億用度崧卿乞悉從蠲減
雖　中旨有不便輙執奏皆　賜可改知婺
州召拜祕書監兼權戶部侍郎尋除宣諭淮
南東路左僕射呂頤浩都督江淮荆浙諸軍
事崧卿以徽猷閣待制充參謀官頤浩還
行在以崧卿管都督事尋權知建康府有言
使淮南日奏事失實降秩提舉洪州玉隆觀
頤浩安撫荆湖南更辟參謀官　詔復集英

殿修撰固辭不拜久之召爲中書舍人 許
以強敵入寇將親撫六帥崧卿入對言留都
管籥旁郡輔翼當及鑾輿未發亟圖之庶無
後慮 上稱善進給事中兼史館御史常同
論其懷姦如王安石罷歸崧卿謂鄉人曰王
公名世大儒言者以僕比之但有媿耳怡然
不少動崧卿自國家多事常慷慨欲以功名
自見與客言及國事輒憤詫或至流涕覽鏡
見齒髮衰浩歎曰吾遂無以報國家而死乎
在 上前論議尤感激未及大用而卒時人

惜之有穛風溪堂集六十卷奏議十五卷西掖制誥三卷又作夏小正傳最行於世

陳槖字德應餘姚人舉進士調寧州州學教授不赴後爲台州工曹攝天台臨海黃巖三縣皆有異政呂頤浩秦檜翟汝文共薦　召對除監察御史出爲江西轉運判官徙知台州丁內艱服除趣　召入對論時政以備邊安民爲先除司勳郎轉右司郎官明年遷左司尋權刑部侍郎　詔侍從言得失槖所陳六事皆切時病金虜比歲入寇不得志遂歸我河

南北請和檜力陳其不可且曰虜情變詐已事之驗也宜嚴守戰之備秦檜方力主和議異己者皆斥檜亦以徽猷閣待制知潁昌府方行虜果渝盟徙知廣州又徙婺州告老遂致仕檜平居簡默宴坐或終日莫能窺其際居鄉自處如布衣遇出謁率以兩夫負一轎無他從者及門手持刺以授閽人云

梁仲敏字元功山陰人宣和初上舍兩優擇揭調秦州海陵主簿淮寧府儀曹改秩授鎮江管內安撫司福建路轉運司幹辦公事通判溫

州紹興三年春　召爲太府丞遷太常丞除
駕部員外郎出知臨江軍移知永州提點福
建路刑獄公事禮部侍郎周葵薦　召對擢
監察御史遷右司諫遂拜右諫議大夫踰年
除敷文閣待制提舉江州太平興國宫遂致
仕贈寶文閣學士仲敏居諫職久所論毫髮
無隱或未聽必反覆開陳以冀聽納方虜入
塞大將有遯者仲敏力請誅之大將坐遠斥
士氣乃奮晚家居尤篤風誼及卒邦人思慕之
胡沂字周伯餘姚人宣和末補太學諸生圍城之

難獨閉戶肆業如故紹興初擢進士甲科調
秀州軍事推官宣州衢州教授末年執政薦
沂醇粹有守　召對除祕書省正字遷校書郎
歷吏部右司郎官　孝宗即位召爲國子司
業擢殿中侍御史龍大淵曾覿除知閤門事
言路多觀望噤默沂與諫議大夫劉度獨極
論乞擯斥不聽即力匄去　上顧沂厚亦終
不許霖雨淹時沂言維夏茲始正陽用事而
陰沴乘之寒未退聽殆陰盛而陽不勝之所
致劉向京房等論雨水川溢皆謂蒙蔽壅塞

憎嫉忠善之應今得無有是上深奬納尋以
直顯謨閣再奉祠　召除宗正少卿踰年擢
起居郎冬靁上疏陳　祖宗納諫任相事願
以爲法言甚懇切明年兼侍講除中書舍人
遷給事中時上銳欲恢復沂每對輒以飭邊
備毋開兵端爲言遷吏部侍郎兼權吏部尚
書請外除徽猷閣待制知處州以疾奉祠召
還拜太子詹事上注意宫寮前已選用王十
朋陳良翰至是沂與周操繼之徙給事中兼
侍講除權禮部尚書仍兼兵部踰年試禮部

尚書外侍讀沂頻歲屢遷其領詹事皆如初
丐閑除龍圖閣學士提舉江州太平興國宮
尋卒沂天資端厚立身有本末尤善知人
孝宗嘗問翰苑闕官誰可沂以汪應辰周必
大龔茂良對曰是皆不徒能文者他所稱引
後多知名謚獻簡

唐閎字進道山陰人少爲學刻苦夜未嘗卧手爲
不勝其冨冩資治通鑑逾歲而畢字皆精楷
舉進士調明州定海主簿揚州州學教授
召對爲勑局刪定定主管官告院徙國子監

主簿遂爲丞頃之除祕書郎屢遷都官司封
司勳員外郎兩浙歲饑 詔以闓爲浙東檢
察賑濟州縣抑配豪右往往閉糴闓奏儲粟
之家宜勿限以價勿討以數則趨利之徒將
傾囷競售不待低昂而價自平民饑不相保
小兒遺棄衢路而法三歲以下迺許異姓收
育闓請雖及十歲權聽民鞠養以爲己子
孝宗皆可之於是所全活甚衆拜國子司業
俄遷起居舍人卒闓年少嗜學至老彌篤通
貫該洽諸儒稱焉尤長於春秋左氏旨微還

國史例以周爲紀列國爲傳又爲表志贊合
五十一卷號左史傳於世

王佐字宣子山陰人十八補太學生二十有一以
南省高選奉廷對爲第一授承事郎簽書平
江軍節度判官廳公事未赴　召爲祕書省
校書郎時秦檜專政其子熺以前執政提舉
祕書省館中或趨附之以爲捷徑佐獨簡默
嚴重未嘗妄交一語嘗語同舍曰三館故事
丞相與赤縣尉均爲學士安得妄自屈哉熺
聞不能平嗾言者論去之檜死熺斥起家拜

祕書郎兼玉牒所檢討官遷尚書吏部員外郎右司郎闕以佐兼領秦檜妻王氏陳乞舊所得恩數之未用者自稱冲真先生佐駁之曰妾婦安得此稱向者誤恩有司不能執爲失職今當追正然王氏封兩國夫人蓋祖宗以寵親王之配及外家尊屬者何可輙引以借秦當併奪之執政不能聽但寢其請而已後王氏死卒奪先生號紹興二十九年二月拜起居郎以臺評罷知永州徙知吉州皆有治聲除直寶文閣逾年徙知明州隆

興初張浚薦除中書門下省檢正諸房公事兼權户部侍郎力辭不允仍兼侍講湯思退以首相領江淮都督請以佐參其軍謀思退去位佐亦罷參謀以直寶文閣知宣州徙知建康府妖人朱端明崔先生挾左道與軍中不逞輩謀不軌共約以春大閱日起事佐得其陰謀一日坐帳中決事命捕爲首者至前略詰數語即責殛狀判斬之而流其徒數人於嶺外餘置不問僚屬方候見於客次無一人知者見佐轡筆乃異之而妖人已誅矣佐

方閣察牘治他事延見賓僚乃退無一毫異
於常曰又徙知平江隆興二府未赴會知上
元縣李允升生賄前事未作巳丐尋醫去而
讒者謂佐縱有罪坐削官居建昌軍讒者去
上察守臣連坐未有佐比且數思其才復官
主管台州崇道觀俄起知饒州又復直寶文
閣知揚州入對留爲宗正少卿兼戶部侍郎
史正志爲發運使坐奏課不實謫併罷佐逾
年主管台州崇道觀起爲福建路轉運判官
徙知潭州連進祕閣修撰集英殿修撰淳熙

六年正月郴州宜章民陳峒竊發俄破道州之江華桂陽之藍山臨武連州之陽山縣旬日有衆數千郴道連永州桂陽軍皆警佐奏乞荆鄂精兵三千未報佐度不可待而見將校無可用者流人馮湛適在州召與語曰君能有功不特雪前罪且遂爲朝廷用北鄉恢復自此始矣湛請行佐曰請行易耳今當不俟奏報以兵相付旣受此命即以群盜授首爲期一有弗任軍法非佐敢貸也遂檄湛帶元官權湖南路兵

馬鈐轄統制軍馬即日令湛自選潭州廂
禁軍及忠義寨凡八百人即衙教場誓師
遣行仍命凡兵之分屯諸州縣者皆聽湛
調發違慢皆立誅又出軍令牌付湛軍士
所過有秋豪擾民及臨敵不用命或既勝
而攘賊金帛使得竄逸者皆必行軍法上
奏以擅遣湛待罪且請亟發荆鄂軍又私
念湛有善戰名賊必遁入廣南思得勁兵
過其衡而廣南非所部未有以爲計會受
命節制討賊軍馬而前一月又奉

詔會合諸路兵乃合二命爲一歸節制會
合諸路兵馬檄廣南推鋒軍兵官黄進張
喜分屯要害賊知湛至而廣南守備已嚴
乃驅載所掠輜重由間道歸宜章轉運司
聞之即移諸州以爲賊已窮蹙自守巢穴
毋以備禦妨農佐得報乃檄轉運司及諸
州以爲賊未嘗敗何謂窮蹙其巢穴旁接
三路七郡林菁深阻出入莫測何謂自守
復奏言遣馮湛之後事方有緒若遽弛備
賊必更猖獗愚民且有附和而起者非細

事也因堅之前所請荆鄂軍從之已而果聞賊方作箭鏃甚盛遣人入谿峒買毒藥之可爲藥箭者佐又奏向者連州受賊首李晞降賞犒備足未幾復亡去爲賊今陳峒之次首領是也以此知不一意討捕容其不死湖廣之憂未艾俊誅賊首而貸脅從未爲晚

上獨是佐策命佐躬至軍前節制佐即日戒行師徒不諱耕隴市肆之人莫有知者既至宜章命濬以四月二十三日移屯何

畢山湛請進兵日不荅惟給以合符曰
符至即行耳一日夜半始發兵符命湛
及鄂州軍統領夏俊明日詰旦分五路
進兵賊初詐降實欲繕治寨柵阻險以
抗官軍佐得其情督兵甚峻及馳入隘
口賊累立寨柵未及成聞官軍至狼狽
出戰既敗又退失所憑乃皆潰走是日奪
空岡寨駐兵十二渡斬陳峒李晞以下誅
獲無遺
詔以佐忠勞備著超拜顯謨閣待制俄

徙知楊州平江府遂知臨安府建　部侍郎兼知臨安府進權工部尚書而尹京猶如故兼侍講父之進侍讀遂權戶部尚書知淳熙十一年貢舉尹京逾三年會子病卒力乞奉祠命以寶文閣直學士出守佐復中前請得提舉江州太平興國宮以歸執母喪服除提舉隆興府玉隆萬壽宮鳳翔府上清太平宮卒贈銀青光祿大夫弟公袞字吉老亦以進士起家盜刼其母墓獄成盜不死公袞手

稷之仕至左司郎中

莫叔光字仲謙山陰人始舉進士調信州永豐縣尉試學官中選歷明州滁州州學教授又中博學宏詞科除勑局删定官徙國子博士召試除祕書省校書郎升祕書郎兼　皇孫平陽郡王教授除著作佐郎光宗初兼權工部員外郎改兼　皇子嘉王府贊讀升著作郎頃之兼權起居舍人明年除起居舍人兼權中書舍人紹熙二年春雷雪交作　詔侍從兩省具闕失先是歸朝官

除節鉞全臺論列不從中司一論樞密使即
譴去叔光奏此最關失大者又言女謁漸行
近習與政等事辭皆剴切人所難言布衣俞
古上書將以指斥被竄叔光請執政白不可
尋有　旨筠州聽讀叔光即繳奏方求言彈
奕異不宜有罪言者之名事竟寢遷起居郎
遂拜中書舍人兼權吏部侍郎外戚李孝純
除閤門宣贊舍人帶御器械叔光言賓贊扈
帶極右列清近之選孝純屢遭譴罰不宜冒居
上即日從之除權吏部侍郎兼祕書監卒叔光外醇

和中實耿介入西掖纔三歲論駮至數十事先是內侍多
自正使轉橫行遥郡非故事也命過叔光悉奏罷之

神仙

越范蠡字少伯徐人也事周師太公望好食桂飲
水爲越大夫佐句踐破吴後乗扁舟入海變
名姓適齊爲鴟夷子皮後百餘年見陶爲陶
梁君財累億萬號朱公後棄之蘭陵賣藥後
人世世識見之云事載劉子政列仙傳

漢梅福字子眞九江壽春人少學長安明尚書穀
梁春秋爲郡文學補南昌尉後去官歸壽春

居家常以讀書養性爲事至元始中王莽顓政一朝棄妻子去九江至今傳以爲仙其後人有見於會稽者變名姓爲吳市門卒去今山陰之地有山曰梅山有鄉曰梅市有里曰梅里圖經載會稽志去吳市門即此也事載前漢書列傳并圖經

魏伯陽會稽上虞人高門之子姓好道術不肯仕修眞潛默養志虛玄博贍文詞通諸緯候入山將弟子三人作神丹丹成知弟子心不盡乃試之曰丹今雖成當先服之入口即死獨

有一弟子曰吾師非凡人也服此而死將有意耳亦乃服丹即復死餘弟子不服乃共出山爲求棺木伯陽即起將服丹弟子而去因逢人入山伐木故作書於鄉里寄謝二弟子作參同契五相類凡三卷其説似解周易實假爻象以論作丹之意事載葛稚川神仙傳

薊子訓不知所由建安中客濟陰宛句有神異之道流名京師士大夫乘風向慕之乃駕驢車詣許下既到公卿以下候之者常數百人皆爲設酒脯終日不匱後因遁去遂不知所止

去之日唯見白雲騰起從旦至暮如是數十處時有百歲翁自說童兒時見子訓賣藥於會稽市顔色不異於今後人復於長安東霸城見之與一老公共摩挲銅人相謂曰適見鑄此已近五百歲矣顧視見人而去猶駕昔所乘驢車也見者呼之曰薊先生小住並行應之視若遲徐而走馬不及於是而絶事載後漢書方術傳

吳劉綱字伯經下邳人初居四明山後爲上虞令師事白君受道歷年道成邀親故會別飲食

畢登大皂莢木上去地十餘丈舉手而別忽然飛入雲中妻樊夫人亦有道術俱昇天今白水觀乃其遺迹云事載葛稚川神仙傳及白水觀碑

趙廣信陽城人魏末渡江入剡小白山受李法成服炁法又受師左君守玄中之道内見五藏徹視法如此七八十年周旋郡國或賣藥出入人間人莫知也多來都下市井作九華丹丹成遂乘雲駕龍白日登天事載眞誥

虞翁生會稽人受仙人介君食日精法以吳時隱狼伍山兼行雲炁回形之道精思積久形體

更少如童子後乘雲昇天事載真誥

晉葛玄字孝先丹陽句容人從左元放受九丹金液仙經常服餌求長生能絕穀連年不饑嘗游會稽有賈人從海中還過神廟廟使主簿語賈人曰令欲因寄一書與葛仙公可爲致之主簿因以函書擲賈人船頭如釘著板拔不可得還達會稽輒以報仙公仙公自往取之即得也語弟子張恭曰吾不得治作大藥今當作尸解去八月十二日日中時當發至期衣冠入室而卧氣色不變弟子等燒香守

之三日三夜夜半中忽大風起發屋折木聲響如雷燭滅良久風止然燭失仙公所在但見衣在而帶不解以其學道得仙故號曰葛仙公今會稽有仙公釣磯及鍊丹井具在事載葛稚川神仙傳及晉書葛稚川傳及舊經

葛洪字稚川仙公從孫以儒學知名性寡慾不好榮利閉門却掃究覽經籍尤好神仙導養之法初仙公以鍊丹秘術授弟子鄭君稚川就鄭君悉得其法咸和初選爲散騎常侍固辭不就聞交阯出丹砂求爲勾漏令乃止羅浮

山鍊丹在山積年優游閑養著述不輟著四外篇凡一百一十六篇自號抱朴子因以名書年八十一卒顏色如玉體柔軟舉尸入棺輕如空衣世以爲尸解得仙輿地志云上虞縣蘭芎山葛稚川所棲隱也今會稽有仙公遺迹至多稚川葢亦嘗至焉事載晉書列傳及舊經

許謐字思玄少知名儒雅清素博學有才章簡文皇帝久垂俗表之顧與時賢多所儔結少仕郡主簿功曹史王茂弘蔡道明辟從事不赴選補太學博士出爲餘姚令入爲尚書郎郡

中正護軍長史雖外混俗務而内修眞學家授教記遵行上道挺分所得乃爲上清眞人少子靜泰父居會稽禹井山頗遵承家法傳受經書云事載眞誥

梁陶弘景字通明丹楊秣陵人十歲得葛稚川神仙傳晝夜研尋便有養生之志齊高帝作相引爲諸王侍讀永明中脱朝服挂神武門上表辭禄許之敕所在月給伏苓五斤白蜜二升以供服餌止于句容之句曲山立館號華陽隱居仙書云眼方者壽千歲弘景晚年一

眼有時而方梁大同二年卒年八十五顏色不變香氣累日謚貞白先生按內傳言先生嘗遐遁東邁改名氏曰王整官稱外兵今會稽陶宴嶺有先生遺迹嶺由此得名又上虞縣釣臺山夏侯曾先地志言先王嘗乘槎釣於山下潭中事載南史隱逸傳及內傳并圖經

嚴青會稽人遇神人授素書一卷曰汝骨應得長生青言我不識書當奈何神人曰不須讀也但以絜器盛之置高處耳并教服石髓法受之無他佳器惟有飲壺乃用以盛所授書即

便見其左右常有數十人侍之治病救患但以所授書到其人家所病便愈百姓尊奉之後斷穀不食一年入小霍山仙矣事載葛稚川神仙傳

不著時代

高僧

竺潛字法深隱剡山晉哀帝兩遣使致之至建業簡文尤師禮之劉惔見於簡文坐中嘲曰道人亦游朱門乎潛曰君自見朱門耳貧道以爲蓬戶還山支遁求買沃州小嶺世說作因人就深公買印山潛曰欲來當給不聞巢由買山而隱也

支遁字道林入剡中謝安守吳興以書抵遁曰山縣閒靜計不減剡幸副積想王羲之在會稽聞遁名見之乃定交遁還剡路由稽山羲之詣遁延住靈嘉寺入沃州小嶺建精舍晚移石城山棲光寺至山陰講維摩許詢爲都講賓主之辨相尋無窮世說又載諸人士及林法師並在會稽西寺講王苟子在焉許掾便往西寺與王論理共決優劣有遺馬者受之有識之者遁曰吾愛其神駿有餉鶴者曰沖天之物寧當爲耳目之玩遂放之世說云支公好鶴住剡東岇山山去會稽二百里嘗經餘姚隖曰謝安石相從至比

未嘗不移旬今觸情是愁耳殁葬塢中
于法開遊石城住元華寺又移白山靈鷲寺與支
公爭色空義弟子法威㝡知名開嘗使威出
都當還山陰世說作使過會稽曰道林正講小品將
無往見之耶威曰諾既至適方捉麈威致難
攻之適曰君乃受人寄載來耶
竺法崇有律學精於法華經居剡之葛峴山茅茨
澗飲孔淳之訪之信宿不去神思傾豁
竺法曠晉興寧中東遊禹穴放情山水至若耶愛
孤潭欲就岩爲廬孝武帝欽其爲人迎至京

師止長千寺以師事之

竺道壹依止虎丘學徒蟻慕若耶山有白道猷者以詩寄之曰連峯數千里脩林帶平津雲過遠山翳風至梗荒榛茅茨隱不見雞鳴知有人開步踐[illegible]徑處處見遺薪始知百世下猶有上皇民壹得詩欣然往訪猷信宿而歸嘗從都下還東山經吴中雪下未甚寒諸道人問在道所經壹公曰風霜固所不論乃先集其慘澹郊邑正自飄瞥林岫便已皓然

釋道慧餘姚人讀遠公傳慕其爲人遊廬山卜居

西林三年王式辨三相義慧詰難之詞句焰顯又就學猛公猛講成實爲張融所難使慧當之挫其鋒氣融大服褚澄謝超宗皆加敬焉

釋慧基自錢塘渡江棲會稽山陰法華寺學者千人元徽初即龜山建寶林寺啓普賢懺法高士周顒劉瓛張融並摳衣問道

釋曇斐會稽剡人少弃家事慧基洞明方等深經善莊老儒墨之書游方攷究經典疑義還鄉居法華臺寺學徒甚盛衡陽孝王元簡廬江

何太祖廟諱昔師事之張融周顒並從其遊同時有
沙門明慶者餘姚人戒行明白多蘊藉

帛僧光或曰曇光永和初至江東石城山下行數
里坐一石坎中夢種種惡三日見山神言移章
安寒石山以宅施光光就樹結廬久而成寺
寺名隱岳

釋弘明會稽山陰人正雲門寺誦法華經瓶水自
滿有童子自天而下供使虎無時入室自卧
起堂有一小兒來聽經明爲說法俄不見又
有山精來指笑明捉得以帶繫之久不得脫

日放我我不敢復來於是釋之後住永興紹
玄寺又住栢林寺
釋法慧持律甚嚴隱禹穴天柱峯誦法華經足不
履人間者三十年爲周顒所師禮王公貴人
得一識面以爲美談
釋曇翼有卓行誦法華經隱秦望西北峯結庵號
法華精舍澗飲三十年同游曇學者亦有奇
操即秦望之地爲庵號樂林精舍又有道敬
者王右軍之後有道學持律甚嚴
釋僧護會稽剡人住石城山隱岳寺寺北有青壁

千餘尺護每至其下輒聞管絃聲或發光怪
即發誓願就青壁鐫十丈佛像以齊建武中
用工經年纔成面像護俄卧疾臨終誓曰再
生當就吾志

釋僧祐剡縣石像祐授準式先是建安王聞始豐
令陸咸剡溪之夢以僧護所造石像奏有詔
祐董其事天監十五年告成舊説祐宣律師
前身也

曇降法流二法師辝恩愛弃妻子輕舉入山外緣
都絶魚肉不入口糞掃必在體人見之絶歎

而法師處之夷然

西京光宅寺慧忠國師諸暨人自受六祖心印居南陽白崖山黨子谷道行聞于帝里唐肅宗徵赴京待以師禮謚大證禪師

大珠慧海禪師姓朱氏依越州大雲寺道智和尚受業初至江西參馬祖於言下自識本心馬祖覽其頓悟入道要門論告衆云越有大珠圓明光透無遮障處也

禹迹寺契眞禪師與潙山祐和尚同在百丈山稟受懷海大師宗旨得全心印後游羅浮有越

人禮請師歸浙東俄屆雷門初住鏡中紫陰
院後住覺嗣寺北廊開元寺西廊兩禪院大
中初重興龍興寺大慶尼寺覺嗣寺皆師之
力勅改覺嗣爲大中禹跡寺令本道移師歸
禹跡聚徒北廊院壽九十七造塔於鏡湖南
岸賜號證明之塔謚大觀禪師

清化全付禪師抵宜春仰山禮南塔涌和尚印
可安福縣爲建禪苑聚徒本道上聞賜名清
化後還故國吴越文穆王特加禮重晉天福
二年錢氏戌將爲師闢雲峯山建院亦以清

化爲名

筠州洞山良价禪師、會稽人、禮五洩山默禪師披剃、游方首謁南泉、次參潙山、既到雲巖、見曇晟禪師、問無情說法、乃述偈呈雲巖、辭去、因問貌得眞、話涉疑、後過水覩影、大悟前旨

越州沙門曇彥見報恩光孝禪寺

千歲和尚寶掌禪師、中印土人、又生周末、當魏晉時自西域居常不食、唯服鈆汞而已、一日示衆曰、吾欲住世千歲、今六百七十三歲矣、因號千歲、和尚唐貞觀中周游二浙、至諸暨里浦

山下遇一老人問欲何之師曰訪地修行吾將老焉老人曰循山之陰林嶂幽聳中有石室名里浦巖盍往居之值中秋師抵巖下見其山秀泉絜月白風清爲頌有行盡支那四百州此中偏稱道人游之句遂結茆以居宴坐十七年一日屈指一千七十二歲矣語其徒惠雲曰吾將謝世以還丹授汝今諸暨有寶掌巖會稽刺浮山明覺寺有千歲和尚塔又有千歲洗骨池

法華寺玄儼律師諸暨人落髮隸懸溜寺從光州

詣受具戒探賾律範遇上京崇福意律師及融濟律師印可徧弘四分著輔篇記羯磨述章光州岸公命弘般若撰金剛義疏即法華寺建置戒壇招集律行傾衣鉢琱鐫僧護僧祐所造石佛像開元二十六年恩制度人採訪使潤州齊澣迎師於丹楊令新度諸僧躬受具戒自廣陵迄于信安緇黃道俗受法者殆出萬人

雲門靈一律師持律甚嚴以清高爲世所推姚郃贈之以詩曰童子病來煙火絶清泉還齒過

齋時亦能詩劉長卿嚴維郎士元皇甫冉皆以詩與之往來

靈澈上人字源澄會稽湯氏子雖受經論尤好篇章從嚴維學詩抵吳興與皎然游皎然以書薦于包（徽宗廟諱）李紓上人之名由是而颺貞元中西游京師名振輦下得罪徙汀州入會稽歸東越吳楚間諸侯多賓禮招延之終于宣州開元寺門人遷之建塔于越之山陰天柱峯有詩二十卷劉禹錫爲序澈自廬山歸沃洲權德輿有序送其行

海慧大師仲休越人精習天台教而禪寂頓悟不接人事李文靖公連以其名上得紫衣海慧之號問作詩不出其勢有山陰天衣十峯詠郡人錢易爲之序

蕭山大眼師晝夜不寐目睛愈光人因以大眼目之

法華從朗法師居蕭山祇園寺年踰百歲門嘗盡掩每誦蓮經衆鳥銜花匝座藩闌一日謁之仍閉門不納闌留詩於門云門掩多年生綠苔想師心地似寒灰勞心擾擾休來此我是

閑人尚不開

咸潤法師上虞人習天台教觀依錢塘會法師講席遂究其旨景德四年邑令裴煥請演教於等慈繼徙隆教永福聽法者動以千數得法成名者二百餘人塔在等慈東廡今會稽永福寺有受業弟子碑師能詩有五泄山三學院十題編于掇英

象田梵卿禪師既受具即入台之東掖山謁法眞大師處咸聽天台教一日論經王義法眞嘆曰子得玄妙於性相之外更衣謁長蘆秀禪

師未契即往投子山謁青禪師居三年青示
寂遂往東林謁照覺揔禪師發露底蘊從容
問荅心凝神釋游鍾山居第一座入室常數
百人結庵徑山菖蒲田住秀之海慧温之靈
峯越之象田象田久廢至師乃復興今爲名
剎得法弟子行持住會稽雍熙四明雪竇護
聖道行一時

佛智端裕禪師蕭山人吴越王遠孫祝髮於大善
寺得法於圜悟禪師克勤勤住京師天寧萬
壽諸方讙言會下有眞師子兒能大哮吼他

日爲叢林標準者指裕言也住丹霞虎丘徑
山育王有語録傳世裕出王家狀貌瓌異鬚
髮不受刀但以小翦去之不然則出血亦異
事也

象田了演禪師少依東山廣化聽秀禪師夜參郎
有省發遍謁諸方宗師俱不契徑趨衡陽投
大慧禪師宗杲一見器許杲謂其徒曰若輩
如針刺窓微見光影耳演乃一踏鴻門兩扇
開者也自臨安崇先移住象田繼移靈隱

伎術

漢謝夷吾字堯卿會稽山陰人少爲郡吏學風角
占候太守第五倫擢爲督郵使收案烏程長
夷吾望閤伏哭而還白倫曰竊以占候知長
當死遊竄假息非刑所加月餘果有驛馬齎
長印綬上言暴卒倫爲司徒令班固爲文薦
夷吾曰推攷星度綜校圖録探賾聖秘觀變
歷徵占天知地與神合契豫尅死日如期果
卒敕其子曰漢末當亂必有發掘露骸之禍
使懸棺下葬墓不起墳
韓説字叔儒會稽山陰人博通五經尤善圖緯之

學舉孝廉數陳災眚光和元年十月詭言於
靈帝云其晦日必食乞百官嚴裝帝從之果
如所言中平二年二月又上封事尅期宫中
有災至日南宫大火
吴吴範字文則會稽上虞人以治歷數知風氣聞
於郡中孫權起東南範委身服事每有災祥
輒推數言狀權欲討黄祖範曰不如明年戊
子劉表亦死明年生禽祖劉表竟死範又曰
歲在甲午劉備當得益州備卒得蜀權與吕
蒙謀襲關羽以問範範曰得之權與魏爲好

範曰宜爲之備盛兵西陵範曰後當和親終

皆如言

介象字元則會稽人有諸方術吳先主聞之徵象到武昌從象學蔽形之術試還後宮及出殿門莫有見者又使象作變化種瓜菜百果皆立生可食先主共論鱠魚何者最美象曰鯔魚爲上先主曰此出海中安可得象乃作方埳汲水滿之垂綸得鯔魚先主曰悵無蜀薑作虀象書一符以著青竹杖中使人閉目騎杖至成都買薑薑到廚切鱠適了先主爲介

起第宅以御帳給之求去不許自言某月日病先主使左右以一梨賜之象便死先主殯埋之發視其棺無尸後弟子見象在蓋竹山中

晉嚴卿會稽人善卜筮鄉人魏序欲暫東行荒年多抄盜令卿筮之卿曰君東行必遭暴害之氣而非劫也宜禳之可索西郭外獨母家白雄狗繫着船前求索止得駮狗卿猶恨其色不純當餘小毒及六畜輩耳序行半路狗忽作聲甚急比視已死其夕序墅上白鵝數頭

無故自死而序家無恙

齊孔靈產會稽山陰人宋泰始中罷晉安太守有隱遁之志於禹井山立館事道精篤頗解星文好術數齊高帝輔政沈攸之起兵靈產白高帝曰攸之兵衆雖強以天時冥數而觀無能為也高帝驗其言擢遷光祿大夫以簏盛靈產上靈臺令其占候餉靈產白羽扇素隱几曰君有古人之風故贈君以古人之服當世榮之

顧歡字景怡隱於剡天台山好服食不與人通每

旦出户山鳥集其掌取食弟子鮑靈綬門前
有樹六十圍上有精魅數見歡叩樹樹即枯
死山陰白石村多邪病村人告訴求哀歡往
村中爲講老子病者皆愈又有病邪者問歡
歡曰家有何書荅曰唯有孝經而已歡曰可
取仲尼居置病人枕邉恭敬之自差也而後
病者果愈齊高帝輔政得爲揚州主簿及踐
祚乃至稱山谷臣進政綱一卷優詔稱美柬
歸賜麈尾素琴年六十四卒於剡山

會稽志卷第十五

會稽志卷苐十六

翰墨

蘭亭敘者晉右將軍會稽内史琅邪王羲之逸少所書詩序也右軍以穆帝永和九年三月三日與太原孫統承公孫綽興公廣漢王彬之道生陳郡謝安安石高平郗曇重熈太原王藴叔仁釋支道林及其子凝之徽之操之等四十有一人修祓禊於山陰之蘭亭酒酣賦詩製序用蠶繭紙鼠須筆書凡二十八行三百二十四字有重者皆（高宗廟諱）別體而之字最

多至二十許字他日更書數十本終無及者右軍亦自愛重留付子孫至七代孫智永爲比丘俗呼永禪師永卒傳書於弟子辯才辯才俗姓袁氏梁司空昂之玄孫唐貞觀中太宗銳意學二王書帖摹搨殆盡惟未得蘭亭凡三召辯才詰之固稱荐經喪亂亡失不知所在後遣監察御史蕭翼微服爲書生以詭辯才始得之命供奉搨書人趙模韓道政馮承素諸葛貞等四人各搨數本以賜皇太子諸王近臣貞觀二十三年高宗奉遺詔以蘭

亭入昭陵惟趙模等所搨者傳於世事見何
延之蘭亭記
蘭亭記凡二千一百餘言秦少游摭取以
載集中此本是也黄長睿東觀餘論跋蘭
亭記云因臨蘭亭閲法書要録見此記文
詞繁瑣戲爲刪潤但筆孏不能好書當俟
它日别寫長睿所刪本不復傳矣
晁無咎跋蘭亭記始予幼時讀太平廣記見唐太
宗遣蕭翼購蘭亭敘事葢譎以出之輒嘆息
曰蘭亭敘若是貴耶至使萬乘之主捐信於

匹夫傳稱子貢詐而全魯曾弦高誕而存鄭遺一言之細建二國之業猶不可以爲常以太宗之賢巍巍乎近古所無奈何溺小者好而輕喪其非常之寶異於得原失信不爲而去矣晚多閒居頗屏世好獨於古人筆墨之遺猶愛而不能置顧甚於少年喜宮爵遲莫營田宅者與前論異矣因誦白居易七德歌曰功成理定何其速速在推心致人腹怨女三千放出宮死囚四百來歸獄復嘆曰太宗以一旅取天下惟信爾夫不吝三千女而放出

官自信也不約四百因而來歸獄人信也晉
捨原何足道哉全魯存鄭利重於譎也愛蘭
亭敘事小於欺也其老而將傳至從其子求
書從葬亦累矣累物鈞病於行若太宗不累
者大累者小則世將曰此何足以論諸信不
信之間士之行已亦若此而已然則此書雖
以石刻傳可寶也崇寧丙戌前冬至五日緡
東皐流憩洞李季良出之晁補之題記

吳傅朋跋閻立本畫蘭亭右圖寫人物一軸九五
輩唐右丞相閻立本筆一書生狀者唐太宗

朝西臺御史蕭翼也一老僧狀者智永嫡孫
會稽比丘辯才也唐太宗雅好法書聞辯才
寶藏其祖智永所蓄晉右將軍王羲之蘭亭
脩稧敘眞蹟遣蕭翼出使求之翼至會稽不
與州郡通變姓名易士服徑詣辯才朝暮還
往情意習洽一日因論右軍筆蹟悉以所携御
府諸帖示辯才相與反復折難眞贋優劣以
激發之辯才廼云老僧有永禪師所寶右軍
蘭亭眞蹟非此可擬藏之梁間不使人知與
君相好因取以相示翼旣見之即出太宗詔

札以字軸寘懷袖間立本所圖葢狀此一段
事蹟書生意氣揚揚有自得之色老僧口張
不呿有失志之態執事二人其一噓氣止沸
者其狀如生非善寫皃馳譽丹青者不能辨
此上有三印其一內合同印其一大章漫滅
難辨皆印以朱其一集賢院圖書印印以墨
朱久則渝以故唐人間以墨印如玉涯小章
李德裕贊皇印皆印以墨此圖江南內庫所
藏簪頂古玉軸猶是故物
太宗皇帝初定江南以兵部外郎楊克下一字犯

濮安懿王諱知昇州時江南內府物封識如故克
遜不敢啓封具以聞
太宗悉以賜之此圖居第一品克遜蔡人寶
此物傳五世以歸其子壻周氏周氏傳再世
其孫縠藏之甚祕梁師成請以禮部度牒易
之不與後經擾攘縠將遠適以與其同郡人
謝伋伋至建康爲郡守趙明誠所借因不歸
紹興元年七月望有携此軸貨于錢塘者郡
人吳說得之後見謝伋言舊有大牙籤後主
親題刻其上云上品畫蕭翼籖今不存此畫

宜歸
太宗御府而久落人間疑非所當寶有者説
記
汝陰王性之銍攷古云劉餗傳記云蘭亭
叙梁亂出在外陳天嘉中爲僧智永所得
至太建中獻之宣帝隋平陳或以獻晉王
即煬帝也帝不之寶後僧果從帝借榻及
登極竟不從索果師死弟子辯才得焉文
皇爲秦王日見榻本驚喜乃貴價市大王
書蘭亭終不至焉及知在辯才處使歐陽

詢求得之以武德二年入秦王府劉餗父
子世爲史官以討論爲已任於是正文字
尤審則辯才之師智果非智永求蘭亭叙
者歐陽詢非蕭翼也此事鄙妄僅同兒戲
太宗始定天下威震萬國尪殘老僧敢靳
一紙書耶儻欲圖之必不狹陋若此况在
秦邸豈能遣臺臣世亦猥信之何耶
按辯才所住永欣寺即古之雲門今號
淳化寺有蕭翼宿雲門東客院留題雲
門二詩當是取蘭亭時也秦晁黄三公

皆耆古於攷訂爲精信而不疑諸家所
跋蘭亭叙多本延之之説吴傅朋跋閻
立本畫畫亡而跋猶存立本太宗時人
蓋亦親見當時事者恐不可盡棄然劉
餗所云亦殊有理當兩存之

宋中書侍郎虞龢論書表云羲之爲會稽獻之爲
吴興故三吴之地偏多遺迹又是末年遒美
之時羲之罷會稽住蕺山下一老嫗捉十許
六角竹扇出市王聊問一枚幾錢云直二十
許右軍取筆書扇扇爲五字嫗大悵惋云舉

家朝食唯仰於此何乃書壞王云但言王右軍書字索一百入市市人競市去姥復以十數扇來請書王笑不荅羲之性好鵝山陰曇礦一作釀村有一道士養好鵝十餘王清旦乘小船故往意大願樂乃告求市易道士不與百方譬說不能得道士乃言性好道久欲寫河上公老子縑素早辦而無人能書府君若能自屈書道德經各兩章便合羣以奉羲之便住半日爲寫畢籠鵝而歸

陶隱居與梁武帝論書啓云逸少自吳興以前諸

書猶爲未稱凡厥好迹皆是向會稽時永和十許年中者從失郡告靈不仕以後畧不復自書皆使此一人世中不能别也見其緩異呼爲末年書今聖旨摽顯足使衆識頓悟於逸少無復末年之譏

逸少黄庭經後題云永和十二年五月二十五日山陰縣寫東方先生畫像贊永和十二年五月十二日書與王敬仁曹娥碑昇平二年八月書皆誓墓不仕在越所書斑斑可攷換鵝乃道德經而李太白送賀季眞詩云山陰道

士如相見應寫 黄庭換白鵝道德經既不傳
獨黄庭至唐太宗時入御府褚遂良於中禁
西堂録出正書目五卷第二乃黄庭經六十
行與山陰道士 武韋之禍古帖散落至玄宗
開元間收綴二 王書黄庭爲第一豈太白在
翰林嘗見之亦 有所據而云耶

十七帖凡二十七條逸少書中龍也張彦遠以爲
王草書中烜赫者名帖信然自昔相傳與周
益州蓋其中問蜀事爲多玩味帖語類多晚
歲所作正在會稽時也第十六條云胡母氏

從妹平安故在永興居去此七十也按吴置永興縣其地爲今之蕭山云

羲之游天台還至會稽值風月清照夕止洞庭毫詠之末題柱爲一飛字有爪之形焉後人因之遂稱龍爪書

羲之爲會稽獻之七八歲學書羲之從後掣其筆不脱歎曰此兒書後當有大名獻之羲之第七子書入神品

羲之爲會稽子敬出戲見北館新白土壁白淨可愛子敬令取埽帚沾泥汁中以書壁爲方丈

二字晻曖斐疊極有勢好日日觀者成市羲之後見嘆其美

僧智永章草題右軍樂毅論云樂毅論者正書第一梁世模出天下珍之陳天嘉中人得以獻文帝帝賜始興王王作牧鏡中即以見示昔聞其妙今觀其眞此書留意運工特盡神妙智永時在雲門永欣寺

謝靈運會稽人模憲小王眞草俱美靈運母劉氏子敬之甥故靈運能書而特多王法隸草入妙

虞松字叔茂會稽人魏中書令大司農竇臮述書賦云名微格高復見叔茂體裁簡約肌骨豐婷如空凝斷雲水泛連鷺

孔琳之山陰人善草行書師於小王稍露筋骨時稱羊眞孔草王僧虔云孔琳之放縱快利筆道流便二王以後略無其比但功夫太少故嘗劣於羊欣隸行草入妙妻謝氏亦善書

謝敷爲會稽山隱士善草隸王僧虔云敷善寫經

入能品

賀道力會稽人善草書尺牘尤美

虞綽字士裕餘姚人官至祕書學士博學有俊材
工草隸

賀朗會稽人陳祕書監書賦云賀氏曰朗雖非動
人不凡筆力猶阻學貧若宦游旅泊衣化風
塵

僧法極字智永會稽人王右軍七代孫號永禪師
與兄子孝賓俱捨家入道孝賓改名惠欣初
落髮時住會稽嘉祥寺即右軍之舊宅後以
每年拜墓便近因移此寺梁武帝以欣永二
人故號所住之寺爲永欣焉今雲門淳化寺常居閣

上臨書几三十年所退筆頭置之大竹簏受一石餘而五簏皆滿人來覓書如市戶限爲之穿穴用鐵裹之人謂之鐵門限後取筆頭瘞之號退筆冢自製其銘又嘗臨寫真草千字文八百餘本淛東諸寺各施一本妙傳家法精力過人隋唐閒工書者鮮不臨學禪師年百歲乃終兄智楷亦工書

智果會稽人師永禪師於永欣寺煬帝甚善之工草書銘石甚爲瘦健嘗謂永師曰和尚得右軍肉智果得其骨

僧辯才俗姓袁氏梁司空昂之玄孫爲永禪師弟子遺書並付與博學工文琴書碁畫皆得其妙每臨禪師書逼眞亂本於方丈梁上鑿闇檻以貯蘭亭年八十餘猶每日於牕下臨學數徧其老而篤好也如此

虞世南字伯施餘姚人其書得大令之宏規同郡智永善學王右軍書世南師焉妙得其體由是聲名籍甚及其暮齒加以遒逸太宗謂世南有出世之才遂兼五絕書翰居一焉隸行草書入妙

孔侃字敬思官大司農愉字敬康官車騎將軍會稽人書賦云敬思敬康二孔殊芳思行則輕利峭峻顇驚虬逸駿康草則古質欝紆如落駭摧枯

謝藻字叔文會稽人官中書侍郎書賦云叔文法鍾繼薄精練用筆雖巧結字未善似漸陸之遵鴻等窺巢之乳燕

丁潭字世康會稽人官散騎常侍書賦云反古不忘吾推世康似無逸步如禀元常猶落大階之蕢莢掇祕府之芸芳

劉歆字季舒會稽人爲光祿大夫書賦云季舒纖
勁循古有禮遇稀難評唯署二啓
賀知章字季眞會稽人善隸草常與張旭遊于人
間凡人家聽館好墻壁及屛障忽志機興發
落筆數行如蟲篆飛走雖古之張索不如也
好事者供其牋翰共傳寶之書賦云湖山降
祉狂客風流落筆精絕芳詞寡仇如春林之
絢彩實一望而寫憂今存草書一帖云湖東
只因種蓮四十步間遂一不生　豈天相宜耶
菓珍紫蕈適我願也知　下稍止赤精服七

八過前後有米元章小楷題識禮部尚書尤
延之刻置天台郡齋政和間祕書郎黄長睿
嘗見張長史帖十字云賀八清鑑風流千載
人也長睿跋云沈吟此語恍若季真在目長
史此帖不獨草聖可賞也
徐浩字季海越州人唐肅宗立繇襄州刺史召授
中書舍人兼尚書右丞四方詔令多出浩手
遺辭贍敏而書尤精帝喜之寵冠一時始浩
父嶠之善書以法授浩益工嘗書四十二幅
屛八體皆備草隸尤工世狀其法曰怒猊抉

石渴驥奔泉浩有論書一篇及古迹記傳于

世

王右軍書家譜在山陰縣王氏越州教授王渙之

以書抵芾具云有此書

王獻之已復此節帖在朝請大夫新昌石元之家

關景仁屢見之嘗模石芾見臨兩本字札精

妙

洪元孝宗廟諱集右軍越州寺碑眞迹在越州僧正子

文處嘗通書許借未果託提刑喬執中攜去

質看亦不肯出欲沿幹至越會家難不果去

要度爲易

虞世南枕卧帖雙鈎唐模在朝奉大夫錢唐闕杞處上有儲氏圖書古印闕嘗謂芾曰昔越州一寺修佛殿于梁棟内龕藏一函古模數十本所可記者王右軍十七帖世南枕卧帖十闕九帖褚遂良奉書寧帖上皆有儲氏圖書字印致功精絶毫髮乾濃畢備闕與僧善購得枕卧十闕九奉書寧三帖

虞世南書經在越州上虞

右自王右軍書家譜以下五條見米禮部

書史寶章待訪録

顔魯公與夫人帖一幅米元章書史云夫人當是其嫂在王詵家後有黄魯直等跋帖破碎過半今在府城故司馬泰州儼家

李陽冰小篆二十四大字在直華文閣陸公游家蓋先少師所藏

李後主與徐鉉帖在王編修銍家凡數紙所謂小字如聚鍼釘者

亞栖書在開元寺僧房亞栖筆法雖前輩或有異論然今閣下所刻

淳熙古帖有之亦晚唐名迹也

碑刻

秦頌德碑丞相李斯小篆史記始皇三十七年上會稽祭大禹望于南海立石刻頌德二世元年春行郡縣至會稽盡刻始皇所立刻石石旁著大臣從者名以彰先世成功盛德其文曰皇帝休烈平一宇内德惠攸板本作脩長三十有七年親廵天下周覽遠方遂登會稽宣省習俗黔首齋莊羣臣頌功本末事迹追首高明秦聖臨國始定刑名顯陳舊章初定法式審別

職任以立（真宗廟諱）常六王專位貪戾傲猛率衆

邦（板本作自）強暴虐恣行負力而驕數動甲兵陰通

間使以事合從行爲辟方内飾詐謀外來侵邊

遂起禍殃義威誅之殄熄暴悖亂賊滅亡聖

德廣密六合之中被澤無疆皇帝幷宇兼聽

萬事遠近畢清運理羣物攷驗事實各載其

名貴賤並通若否陳前靡有隱情飾省宣義

（徐廣曰省一作非）有子而嫁信死不貞防隔内外禁

止淫泆男女潔誠夫爲寄豭殺之無罪男秉

義程妻爲逃嫁子不得母咸化廉清大治濯

俗天下取風蒙被休經皆遵度軌利安敦勉
莫不順令黔首脩潔人樂同則嘉保太平後
敬奉法常治無極輿舟不傾從臣誦烈請刻
此石光垂休銘
越絶云秦皇東遊之會稽以正月甲戌到
大越舍都亭取錢唐岑石長丈四尺南北
面廣六尺三寸東面廣四尺西面廣尺六
寸刻於越東山上其道九曲去越二十一
里水經云秦始皇登稽山刻石紀功尚在
山側梁書竟陵王子良爲會稽太守范雲

爲主簿以山上有始皇石刻三句一韻多
作二句讀之並不得韻又有字皆不詳雲
夜取史記讀之明日登山讀之如流張守
節史記正義云會稽刻李斯書其字四寸
畫如小指圓鐫今文字整頓是小篆也姚
令威叢語云嘗上會稽東山自秦望山之
巔並黄茅無樹木復自小逕別至一山俗
名鵝鼻山山頂有石如屋大插一碑於其
中文皆爲風土所剥隱約就碑可見缺畫
如禹廟沒字碑之類不知此石果秦石歟

非始皇之力不能揷於石中此山險絶
有至也紹興二十八年王詹事十朋爲簽
書判官莫舍人濟教授府學梁寺丞安世
爲會稽尉用令威所記鋭意搜抉三公各
賦三十四韻以紀其事王公詩叙云秦頌
德碑世傳在秦望山莫知所在教授莫子
齊好奇耆古搜訪甚力有言在何山者莫
以語十朋何山見圖經在秦望東南疑其
眞秦望十朋語縣尉梁次張勸其親往梁
慨然而行命工登山梁得之碑石僅存字

磨滅已盡墨片紙而還作詩具記始末因次其韻且記吾三人好事之癖永以示後人莫公詩叙云秦會稽石刻唐人如張守節司馬貞皆嘗援以證史記紹興初舅氏姚令威刪定登山弔古見碑石猶存後二十餘年分教是邦以語簽判王龜齡勉邑尉梁君求之則石已缺字不可見矣以詩記其事龜齡既賡以濟首發其端書以示濟按會稽秦頌德碑凡二百九十六字視秦世泰山之眾諸刻獨此碑字爲最多唐

李嗣眞云斯小篆之精古今妙絶秦望諸山及皇帝玉璽猶千鈞强弩萬碩洪鍾豈徒學之宗匠亦是傳國之遺寶周越法書苑獨載封禪碑數十字而已至歐陽公趙德父集録天下金石遺文殆盡亦不復有秦望山碑姚令威絶鵝鼻山頂石屋所插一碑今石屋故在碑蓋無有梁次張所模片紙指爲秦碑乃在何山其去鵝鼻尤爲隔絶盡記本末以俟後之君子

禹廟窆石遺字直寶文閣王順伯復齋金石録定

爲漢刻

齊石佛像銘十八字曰齊永明六年太歲戊辰於吳郡敬造維衛尊像筆法亦工在會稽石佛妙相寺

桐栢山金庭館碑沈約造見珪之正書永元三年三月石巳亡系地云在嵊縣東七十二里本觀內據記稱永泰中定居桐栢嶺因地名建館曰金庭館命置道士十人而巳爲之首蓋道士自叙之言非約所撰其謂之造者疑如後世立碑之類尓今碑　本朝重刻

隋禹廟碑史陵所書　張懷瓘書斷稱陵書高古猶遂良嘗師焉趙德父金石録謂此碑文字磨滅隱隱可辨筆法精妙不減歐虞姚令威叢語名爲禹廟没字碑吴興施宿來佐此府命工椎拓刮摩垢蝕得二百二十有四字乃爲碑譜刻置祠下

唐虞世南碑訪碑録云虞世南書系地云貞觀二年立在會稽南二十里龜趺猶存碑已亡矣

虞荷碑永興公世南撰釋某書貞觀六年大闕大夫致仕其年卒于會稽縣石不存

越州龍泉寺碑虞世南撰布衣董尋重書沙門好直篆額大周天授二年豎大和八年再脩建碑在餘姚縣今亡矣寺有重刻本

周密州司馬康遂誠墓誌行書小字無書撰人姓名則天長壽三年三月窆於蘇潴山

賀知章三告一延和元年八月加階告四門助教擬宣義郎一開元四年八月起居郎舊在天長觀今徙置府學

龍瑞宮記賀知章撰并正書刻于宮後葛仙公煉丹井側飛來石上漫滅僅存宮內有重刻本

高行先生徐師道碣開元十一年四月姚奕序賀
知章銘子嶠之正書僅餘碎石四片十不一
存陷府治聽壁
香嚴寺碑康希銑撰徐嶠之正書篆額開元十一
年六月立碑在諸暨薦嚴寺
秦望山法華寺碑李邕撰并行書篆額開元二十
三年十二月八日建在天衣寺
孔子弟子賛明皇源乾曜盧從愿李抗元行沖張
嘉貞宋璟陸餘慶姚元崇蘇頲裴漼撰
康珽告徐浩行書天寶十二載三月石不存

太子率更令康君碑

宇文顥山陰述天寶十五載寶公衡記史懷則分書并篆額其略云天寶甲午夏四月宇文顥莅山陰一年而成其佳政二年而號爲樂土

石不存

大理少卿康公夫人河間郡君許氏墓誌王壽撰褚庭誨正書夫人葢康珽之妻祖敬宗以天寶六載葬于蘭亭

休光寺眞法師行業贊寺在餘姚縣今名九功天寶十五載王燧文洪元孝宗廟諱集王右軍行書

石不存

玄儼律師戒壇碑萬齊融撰徐浩正書篆額天寶十五載六月建在天衣寺

徐浩先塋題記大曆九年十月浩正書刻于高行先生徐師道碑陰石不存

山陰縣額三字舊傳徐浩書或謂學王右軍書而工者非浩所及丹陽葛蒙勒石在縣治

康希銑殘碑大曆十二年顔眞卿撰并正書舊在山陰離渚今在府治聽壁通判府事施宿又得二十餘字于民間併陷寘焉

丞相神道殘碑訪碑録云篆額三字遺文一百九十字顔書在山陰縣令皆不存亦莫知丞相爲何人

康府君碑并陰皆不存碑陰上列伯顒貞伯遂誠父德言叔希銑叔闕五人各有官位中列堂兄四人堂弟九人下列男泚液令初令望泳五人德言即率更令有徐浩所書墓碑嗣子珽又有大理少卿康公夫人許氏墓志云有子泚液令初令望泳則此碑葢康珽碑也夫人碑載珽正爲少卿不及送葬府君正碑既

亡所終官不復可攷碑陰拓本猶有存者云
順伯録其碑始得具載本末然遂誠有墓誌
希銑有顔魯公書碑康氏在一時亦盛矣
太子率更令康君碑徐浩正書篆額九字云大唐
故康府君墓誌銘環以十二相屬石在山陰
之離渚紹興間里正病官司拓本之煩斷什
田間
徐浩書經在上虞下蓋山石不存
南鎮會稽山永興公祠堂碣貞元元年四月羊士
諤撰韓杼材書韓方明篆額

大覺禪師國一影堂碑崔元翰撰羊士諤正書貞元九年二月八日石在府城大慶寺碑作嘉祥寺

貞元題名在府治臥龍山磨崖所刻貞元乙巳歲十一月九日

復禹衮冕并脩廟記元和三年十月崔及撰馬積正書篆額十二字在禹廟今名告成觀

薛苹禹廟祈雨唱和詩薛苹及和者崔述等十七人共十八詩豆盧署正書刻於復禹衮冕碑之陰

建南鎮碣記孟簡撰陳高宗廟諱正書元和十年七月

禹廟題名張良祐孟簡等十一人元和十年三月

二十七日祭南鎮謁禹廟畢至寺

崔詞謁禹廟詩杜専正書陳章甫序釋惠通分書

開元二十載孟秋宋之問詩附元和十一年

八月陳翊書

又題名二人去年同遊今年不到張良祐孟存七

人今年續到同遊鄭追元和十一年四月三

日記後又題奉使續到劉茂孫

庚肩吾孟簡禹廟詩謝楚行書元和十一年八月

二十六日

禹穴碑鄭昉撰元稹銘韓杼材行書陸洿篆額寶曆景午秋九月作後有大和元年八月三日中山劉蔚續記二行在龍瑞宮

禹穴碑陰元稹并僚屬十一人官位名氏并拜禹廟詩一首後有章草一行

元威明春分投簡陽明洞天詩王璹分書劉蔚篆額大和三年正月十五日立石龍瑞宮

越州衙前總管杜義墓誌沙門東乂述大和三年四月二十四日葬淳熙壬寅呂氏營葬紹興

府九里得此塼誌携歸諸暨
白居易繼春分投簡陽明洞天詩王璹分書大和
三年八月十五日
故呂后道場寧賁禪師塔銘范的撰并行書沙門
潭鏡八分書額八字大和五年九月建塔在
山陰縣昭福寺
李紳題法華寺詩趙德父金石録云法華寺詩唐
越州刺史李紳撰其後自序題云大和甲寅
歲遊寺刻詩于壁詳自序所言似紳自書然
以端州題名較之字體殊不類甲寅大和八

年也

脩龍宮寺碑浙江東道都團練觀察處置等使中散大夫檢校左散騎常侍兼越州刺史御史中丞李紳撰行書篆額無姓名大和九年四月二十五日建在嵊縣

古羅漢塔記沙門知白述王譯正書開成二年丁巳九月八日咸通七年七月二十日再建立在餘姚縣

戶曹齊鑲墓誌蔣環撰正書無姓名開成三年四月窆于會稽筲山之南原石不知所在

奚奬書尊勝經小字闕多開成四年十二月十七
日建在餘姚龍泉寺
開元觀夏尊師墓誌何得一述正書無姓名尊師
名季昌會昌元年二月分宫于陶朱峰東北
長山之極原屬諸暨縣
奚奬書尊勝經行書序正書經會昌元年六月二
十七日建前昭義軍節度要籍試右監門率
府兵曹參軍上護軍奚奬書在戒珠寺
靈應廟碑前進士呂確書會昌元年辛酉歲建巳
月十五日乙卯記廟在錢清鎮　賜額靈助

近歲脩廟得之土中今寘祠下

京兆阿史那夫人墓志會昌二年十二月山人陳

儉述石在府城

五大夫市新橋記余球述周援行書會昌三年月

屬無射二十有九日建石不存

賜李褒改大中禹跡寺勑無歲月當是大中年間

碑在本寺

勑大中聖壽院額六字又題散騎常侍充集賢殿

學士兼判院事柳公權書十八字於其旁皆

公權書院有刻石本

敕戒珠寺記趙璘撰貝靈該分書并篆額四字咸
通三年正月二十五日
平察微墓誌咸通三年八月窆于陶朱鄉赤山之
崗名闕字察微寔漢相平公之遠裔也石在
諸曁縣
大慶寺衆尼粥田記裴澹述王隋正書咸通三年
十月二十七日後有田段四至
越城劉府君墓志楊珪撰咸通十年己丑歲十一
月窆于易俗鄉山亭諸曁縣
大慶寺復寺記貝靈該分書并篆額咸通十一年

二月二十日刻

王銷書尊勝經咸通十三年八月閩人銖造戒珠寺

王脩巳書尊勝經正書小字咸通十五年歲次甲午三月丁亥禹跡寺

董府君墓誌祝知微撰正書無姓名誌云唐故浙東都團練使右廂兵馬使銀青光禄大夫檢校國子祭酒行處州司馬兼侍御史上柱國濟陰董府君墓誌乾符四年十月二十五日窆石不知所在

平陽霍夫人隴西李氏墓志任遐述乾符六年建
　子月窆于犧溪里楊公山之陽
候官令魏容墓志表闕述中和元年十月辛
景福元年題字在府城天王寺山
王右軍祠堂記從一十代孫師乾撰晉故右將軍
　會稽内史瑯琊王府君祠堂碑銘正書并額
四字系地玄范的書碑無書人姓名歲月趙
德父金石録附唐末在府城蕺山戒珠寺
雲門寺畫華嚴經變相讚馬鴻纂田琦分書碑無
　歲月

吳越忠懿王詩丁未歲仲冬自丹丘歸國由南明川禮瑞像因杼二十八字熙寧己酉刻石

錢忠懿王二書付長老重曜有吳越國印刻石在雲門淨雲庵

求遺書

本朝崇文總目爲書三萬六百六十九卷嘉祐中從左正言祕閣校理吳及之請下 詔購遺書每一卷支絹一疋五百卷與文資自是獻書者甚衆及高麗來朝亦數獻書至宣和中冊府所藏充牣棟宇而禁中藏書尤盛設官校勘謂之

御前書籍中更變故喪亡略盡至
高宗巡幸至吳中雖
祖宗謚號亦亡之但稱廟號建炎三年因攷求字訓
而有司言止有廣韻俟求訪得集韻乃可盡見其散
亡乃至於是紹興十三年始建祕書省於臨安天井
巷之東仍　詔求遺書於天下首命紹興府録朝請
大夫直祕閣陸宰家所藏書來上凡萬三千卷有奇
時置局於班春亭命新信州教授虞仲琳新江東安
撫司准備差遣陸淞等數人校勘書手百餘人再閲
歲乃畢今四庫所藏多其本也先是有布衣諸葛行

仁亦會稽人進所藏書八千五百四十六卷賞以官實紹興五年六月也陸氏書幾倍之時秦檜當國以其嘗爲李光所薦故不復議褒録

藏書

越藏書有三家曰左丞陸氏尚書石氏進士諸葛氏中興祕府始建嘗於陸氏就傳其書而諸葛氏在紹興初頗有獻焉可以知其所蓄之富矣二事見求遺書門尚書則石公公弼也陸氏書特全於放翁家嘗宦兩川出峽不載一物盡買蜀書以歸其編目日益鉅諸葛氏以其書入四明子孫猶能保之而石氏當尚書亡恙時書無

一不有又嘗纂集前代古器為圖記亦無一不具其後頗弗克守而從子大理正邦哲盡以金求得之於是為博古堂博古之所有衆矣其冥搜遠取抑終身不厭者後復散出而諸孫提轄文思院繼曾稍加訪尋間亦獲焉三家圖籍其二氏嘗更廢遷而至今最盛者惟陸氏初荊國王文公臨川入其從諸孫實来暨陽令為直寶文閣厚之平生澹泊無他好獨好聚金石刻甚於嗜慾又特精鑒故所得尤多自三代彝鼎款識秦漢以降碑篆銘碣縣崖斷壁題字紀績收刓補缺整緝漶滅皆大備於所著復齋金石録家世

有右軍蠒紙建安帖尤所寳惜常以自隨其他汗牛充棟矣迨及晩年遂謂無可欲者益愛之専有之又豐世共知之當自為一家云

會稽志卷第十六

會稽志卷第十七

草部

會稽之產稻之美者紫珠便糧穲散黃秈音仙字書云秔稻也今會稽獨有黃秈之名它無以秈名者徽饒之間例謂小米爲秈典此不同秔貫烏黏秔貫越人謂芒爲黏下同其蚤熟曰蚤白稻一名回犁堅烏黏蚤白宣州蚤一名下馬看蚤占城九占城土人皆謂之金成不知何義也一名六十日相傳云唐太宗伐占城國得其種國史祥符五年上以諸路微旱則稻悉不登遂遣使福建取占城稻三萬斛分給江南兩浙三路轉運使令擇民田之高卯者分給蒔之謂之旱稻仍出種法示民其次則曰白婢暴紅婢暴八十日三者亦占城之屬秋初乃熟其收晚於蚤占城八月白紅穲紅蓮子上稈青一名中秋勾赤殼大張九小張九

紅黏白稻秦州紅黃巖硬稈白稉稈白三者亦占城之屬午

内青絲青蝦便撩撒它穀浸近兼旬芽而後撒此一種但浸一夕遽撒之也擂

泥烏冷水烏山鄉地寒處所宜種也下路烏紅占城八月乃刈似婢暴而

晚

葉裏藏謂禾葉挺然出穗之上與它稻異其得霜乃熟曰寒占城

見霜稻狗蟬稻九里香七月始種得霜即熟曰黃稑

後種先熟曰稑說文云稑疾熟也再熟曰魏撩刈稻之後餘稿再熟稉之屬曰

長黏稉一名白稻稉師姑稉黃秈稉高脚稉海漂來稉仙

公稉旱稉陸種如粟光頭稉謂秃芒也光頭白稻稉紅黏稉白

知稉暴之不變非其主不知也定陳稉晚稉一名紅糯稉、汁釅而清、馬駞云、今之宜成會稽稻米清似宜成以爲酒名蓋諧秋爲酒不如稻稉之清也紫珠稉赤殼稉金釵稉粒細多汁赤占城之屬凡五十六種職方氏云揚州荊州其穀宜稻是也山陰會稽山澤所殖大槩如此雖不盡無幾矣若遍屬邑言之當不止此博詢遠攷尚以俟後之君子

穄稷也會稽謂之穄粟、穄非粟也呂氏春秋曰飯之美者有陽山之穄高誘曰關西謂之穈冀州謂之䵖甚見反廣雅云䵖穄也字書云䵖穈也又云穈穄也釋本草者云楚人謂之稷關中謂之穈先儒以爲粟類或言粟之上者其辯疑而未決蓋未始深究耳大抵稷穄穈䵖、一物而四名、各因其俗爲之名爾、况存中筆談云、稷乃今之穄也、齊晉之人謂即積皆曰祭乃其土音無他義也齊民要術精博可愛於此乃置而不辯崔寔曰糜黍之秫熟者一名穄亦非也今吳越澤國唯山鄉高原有種穄者而謂之穄粟以其米頗類粟也蓋嘗攷之今會稽山鄉所種穄其苗類黍其穗如稻殊與粟異米大於粟稃大於指而高詩云黍稷稻粱、禾麻菽麥、是爲八穀、董仲舒云禾是粟苗氾勝之種殖書云禾即是粟說文曰禾嘉穀也粟嘉穀之實也八穀已有禾不應云稷復是粟明矣本草有稷而不載穄亦明稷即是穄也爾雅云粢稷郭璞註云今江東人呼粟爲粢然則郭亦誤意稷爲粟也按周禮疏云爾雅言粢稷者爲稷是五穀長在器曰盛簠盛稻粱簋盛黍稷故曰粢盛揔而言之六穀皆是粢故小宗伯云辨六粢之名物是也豈謂稷爲粟哉又疏云月令中央土食稷與牛五行上爲尊故知稷是五穀長許慎說文亦云稷爲五穀之長韓子曰黍爲五穀之長祭先王以爲上盛它有類此者亦各因其說爲主然以稷名粢當以爾雅爲正

蚕粟二月中種夏熟名蚕黃粟其別曰椎頭蚕粟晚粟五月種秋熟一名丹糠粟皮色微紅稉粟與晚粟

同熟爾雅曰衆秫郭璞注云黏粟也大要稉粟爲秫稻秫爲稉黍稷粟皆曰秫内則有稻醴黍醴粱醴則粱亦有秫本草注云凡黍稷粟秫秔稉是也今越人不復辨秔粟皆謂之稉今從其俗木粟稈大徑寸苗如蘆高丈餘粒比粟殊大皮黑性黏亦是秫爾鄉民但用作餈入秋始熟蓋亦黍屬北方冝黍其高可蔽人畜野獸故北人謂之黍林越人名曰木粟以其似粟而高大也齊民要術所引木稷木禾亦此義也月令孟秋農乃登穀注云黍稷之屬及是始熟疏云鄭司農注先種後熟曰種後種先熟曰稑而不見穀名

後鄭引詩云黍稷種稑意黍稷皆有種稑云百箭粟秋熟似稗而米糲性踈解鄉民以和稉粟作飯取其黏解相濟羊角粟一名章家蚕牛繩稉粟與百箭粟同時椎頭稉粟穗短而大以釀勝它粟白稃粟以稃白得名毛粟如狗尾草色黄米白它粟皆無毛本草惟青粱黄粱白粱有毛陶隱居云凡云粱米皆是粟類唐注云出蜀漢商淅間亦種之然則亦黄粱耳丁鈴粟穗生兩岐狀如丁鈴烟脂稉粟苗稃穗皆赤殆亦丹黍之屬也灰粟樹葉皆如灰藋苗頭如丹高丈許米如莧子或云灰粟即苜蓿漢使採其種西域天

子益種離宮旁者西京雜記曰苜蓿一名懷風或謂光風其花有光彩故名苜蓿懷風覺子粟本草云和竹瀝煑作粥食之極美一名象穀一名米囊一名御米花紅白色似鸖箭頭中有米髙陽子曰其花四葉有淺紅暈子今醫家皆用其殼治滯下之疾而本草於本條內不載烏禾似稗見本草會稽鄉民直謂之稗子歲不熟則民藝之以代糧與黃稑同時其收倍而多熟汜勝之書曰稗既堪水旱種無不熟之時又特滋茂蕪穢良田畝得二三十斛宜備凶年稗米擣取炊食之不減粱米又可釀作酒酒勢美釅尤踰黍秫

魏武使典農種之頃收二千斛斛得米三四斗大儉
可磨食之豐年可飯牛馬漢志曰種穀必雜五種以
備菑害
廣雅曰大麥麰也小麥麳也說文曰麥金也金王而
生火王而死故月令仲秋乃勸種麥孟夏農乃登麥
大麥立夏前熟新穀未登民屑麥作飯賴以濟饑故
月令仲秋乃勸種麥毋或失時鄭玄注云麥者接絶
續乏之穀尤宜重之西漢云士食半菽亦如今之屑
麥飯也曰晚大麥穗長而子多與小麥齊熟曰六稜
麥曰中蚕麥曰紅黏稉麥堪作酒皆大麥之别曰小

麥小滿前熟曰蚤白麥曰松蒲麥秃芒如松房曰娜麥穗如大麥而米則小麥也皆小麥之别曰蕎七月種九月熟然畏霜得霜輒枯秋無霜則蕎大熟凶年民饑有教以寄種蕎者於麥隴間雜下蕎子麥苗未長而蕎已刈是歲霜晚蕎熟民賴以濟然浙東蓺麥晚有至九月者故土人亦或刈蕎而種麥董仲舒曰春秋他穀不書至於麥禾不成則書之以此見聖人於五穀最重麥禾也

楊泉物理論曰粱者黍稷之揔名稻者溉種之揔名菽者衆豆之揔名也先儒曰大豆胡豆也疏本草者

大要指烏豆爲大豆爾生民之詩曰蓺之戎菽戎菽即大豆后稷之所殖也爾雅曰戎菽謂之荏菽豆角謂之莢其葉謂之藿其莖謂之萁今淮潁間謂豆田爲角田蓋以此會稽所産其植者曰烏豆白豆青豆褐豆赤豆菉豆茶蒙豆赤小豆白小豆五月烏豆豌豆七日豆一名毛豆三收豆黑豆之小者廣志云重小豆一歲三熟是也其蔓生曰羊角豆白籥豆黑者曰白眼豆一名鵲豆言班駮似鵲紫花者結實而芽紫曰紫眼豆皆一種爾其莢可烝食蠶豆江豆刀鞘豆莢長尺餘豆顆大於棊子

菰米彫胡也周官云魚宜菰疏云謂同是水物相宜亦其根生臺曰菰菜是也吳中菰米爲多會稽菰菜亦富而米絶少西京雜記云會稽顧循事母至孝母好食彫胡飯循常躬自採擷家近大湖湖中自生彫胡無復餘草

竹本出會稽所謂會稽之竹箭者葢二物也戴凱之竹譜曰竹之別類有六十一焉葢總而言之也今會稽之產曰早筀曰晩筀曰黄筀曰緜筀曰箭筍之別名曰篠箭爲矢材故亦謂矢爲箭爾雅曰箈箭萌音徒哀反周禮有箈菹筍菹鄭康成云竹萌曰筍箭萌

同治音迨曰筋竹曰慈竹酉陽雜俎云筋竹筍未成竹時堪爲弩弦慈竹夏月經雨滴汁下地生蓐似鹿角色白食之已痢曰水竹曰桃枝竹作箋殊韌堪織簟書云箋席䈞純孔安國云蔑桃枝竹也曰石竹桃枝石竹小而密人家多殖之以當籬援謝靈運山居賦云水竹依水生甚細密吳中以爲宅援然水竹大者圍數寸其細密乃不能如桃枝石竹也曰黃苦曰青苦曰白苦曰紫苦是四苦亦出山居賦曰頓地苦堅中可以爲矛曰掉顙苦節踈曰湘簟苦曰油苦曰石班曰烏末曰淡竹曰劫竹今會稽煮以爲紙者皆

此竹也苦竹亦可爲紙但堪作寓錢尔曰湘斑曰金竹一名閃竹曰角竹曰紫竹曰油竹曰木竹堅中曰方竹曰公孫竹高不盈尺可爲几案之玩篠之葉曰箸凡此非土産則不録爾雅曰莽數節桃枝四寸有節粼堅中簢筡中一䟽一數一虛一實亦以見竹之類不一也黄魯直以爲竹種類至多而著爲書如竹譜之類皆不詳欲作竹史一書竟不果成山海經曰竹六十年易根易根必花實而枯死實落土復生六年而成曈了作穗似小麥竹花曰復死曰䈥丈九切唐末龐西民饑相食是年忽山中竹皆放花結子色紅而纖

春治作飯香美珍於秔稻民相挈就食如市或雜章
肉食之輒中毒嘔噦有斃者自此竹皆立枯政宣間
越州竹生花徐州柏生花太師蔡京賀表云獨挺歲
寒之節誕敷朝豔之榮百蕚勻紅耀鶴樓之舊幹七
枝競翠佇鳳實以來儀議者謂竹生花則實而枯非
可賀也竹性亦喜東南引生故古之種法云斸取東
南引根於園角西北種之久之自當滿園語曰西家
種竹東家治地言其滋引而生來也漢書曰齊魯千
畝桑渭川千畝竹此其人皆與千户侯等
莕爾雅曰莕接余亦或謂之鳧葵故會稽人亦謂之

荇菜叢生水中莖如釵股葉在莖端隨水淺深陸璣爾雅疏云接余上青下白鬻其白莖以苦酒浸之脆美可案酒

蘋韓詩曰沈者曰蘋浮者曰薸蓋藻萍類也似槐葉生道旁淺水中與萍雜至秋則紫今會稽謂之馬薸亦呼紫薸

藻水草之有文者生乎水下而不能出水之上孔子曰管仲鏤簋而朱紘山節而藻棁說者以爲藻取其文蓋藻非特爲取其文亦以禳火今屋上覆橑謂之藻井取象於此風俗通曰殿堂宮室象東井形刻作

荷菱所以厭火與此同義

海藻爾雅曰蕁海藻如水藻而大似髮黑色生深海中陳藏器本草以爲爾雅所謂綸似綸組似組東海有之正爲二藻也善療瘤癭夫頸處險而癭今汝洛間多焉而浙右閩廣山嶺重阻人鮮病之者按本草海藻昆布青苔紫菜皆療瘤癭結氣被海之邦食此故能療之也

菱一名芰屈到嗜芰即此是也亦名薢茩說文云楚謂之芰秦謂之薢茩越人謂小者爲刺菱大者爲腰菱今俗但言菱芰諸草木書亦不分别惟武陵記云

四角三角曰芰兩角曰蔆其花紫色晝合宵炕隨月轉移猶葵之隨日也越中所産進羅文蔆最大即所謂腰菱也

虞蓼此即蓼之生水澤者也詩曰其鎛斯趙以薅荼蓼荼陸草也蓼水草也以薅荼蓼則高下無所不治且因暑雨化之則草不復生而地美葢非特去草之害亦以醲其田疇故荼蓼朽止於是黍稷茂止也月令季夏燒薙行水利以殺草如以熱湯可以糞田疇可以美土彊此之謂也詩曰未堪家多難予又集于蓼蓼言辛苦也吳越春秋曰越王念復吳怨臥則切

之以蔘冬則抱冰夏則附火言其刻志如此
芡葉似荷而大生而有芒刺越人云荷華日舒夜歛
芡華晝合宵炕此陰陽之異也方言曰北燕謂之茷
青徐淮泗之間謂之芡南楚江淮之間謂之雞頭或
謂之鴈頭周官籩人加籩之實蔆芡㮚脯所謂籩豆
之實水陸之品也今山陰梅市之雞頭最盛有一户
種及十八里者然亦有數等小白皮最佳大白皮中
白皮其皮頗堅難齧黄嫩又太輭皆不逮也其柄又
可爲菹甚美越人謂之藕梗其實芡柄耳
苹一名蓱無根而浮常與水平故曰苹也會稽謂之

藻言無定性漂流隨風而已周官萍氏掌水禁鄭氏云以不沈溺取名蓋使之幾酒謹酒也月令季春曰蓱始生舊說萍善滋生一夜七子一曰萍浮於流水則不生於止水則一夕生九子故謂之九子萍淮南子曰夫萍樹根於水木樹根於土天地之性也世說楊華入水化爲浮萍不知信否

水僊本名雅蒜元祐間始盛得名黃魯直張文潛皆極稱之魯直初以爲可比梅故曰乞與江梅定等差既而曰但枝不及梅耳故又曰只比江梅無好枝今山陰此花有兩種一曰水僊一曰金盞銀臺金盞銀

臺香既差減格韻亦稍下故徐師川水僊詩曰金盞
銀臺何足比也園丁以爲此花六月并根取出懸之
當風八月復種之則多花或曰多糞之花自多又曰
但勿移三四年數灌漑之而已不必它法也
荷揔名也華葉等名具衆義故以不知爲問謂之荷
也昔人正名百物有是哉故曰萬物有成理而不說
郭璞以爲芙蕖一名芙蓉按說文未發爲菡萏已發
爲芙蓉芙蓉華之號也蓋亦通曰芙蕖毛詩傳云荷
芙蕖也其華菡萏說文以爲其華曰芙蓉其秀曰菡
萏其實曰蓮蓮之茂者曰華今其的中有青爲薏皆

倒生兩牙一成芰荷一藕荷也又生一牙爲華藕荷帖水生藕者也芰荷無藕卷荷也與華偶生出乎水上亭亭如繖是亦謂之伎荷（薏音憶　伎立也）山陰荷最盛其別曰大紅荷小紅荷緋荷白蓮青蓮黃蓮千葉紅蓮千葉白蓮大紅荷多藕小紅荷多實白蓮藕最甘脆多液千葉蓮皆不實但以爲翫耳出偏門至三山多白蓮出三江門至梅山多紅蓮夏夜香風率一二十里不絕非塵境也而遊者多以晝故不盡知

藕爾雅曰其本蔤其根藕葢莖下白蒻在泥中者曰蔤藕偶生又善耕泥引長故藕之文从耦名之亦曰

藕趙辟公雜記曰藕能移鯉能飛龜能守越人謂之七月間藕最佳謂之花下藕又特出羅文在禹廟前它皆不逮其梢纖細者可和芥爲菹甚美

芹詩曰觱沸檻泉言采其芹水菜也一名水英爾雅謂之楚葵列子以爲客有獻芹者鄉豪取而嘗之蜇於口慘於腹也芹實嘉蔬今和芥或以鹽醬和之爲菹絶妙列禦寇之言殆出北方未嘗食芹者爾越城白馬山產芹最美

蓴字一作蒓泮宮曰思樂泮水言采其茆茆即蓴也又食大宜人合鯽魚食之佳尤宜老人葉如荇菜而

紫莖大如箸柔滑可羹齊民要術云蓴性易生水深則莖肥而葉少水淺則葉多而莖瘦陸士衡云吳中有千里蓴羹但未下鹽豉尒然蕭山湘湖之蓴特珍柔滑而腴方春小舟采蓴者滿湖中山陰故多蓴然莫及湘湖者或云温病起者勿食犯之輙死

鞠爾雅曰鞠治蘠今之秋華鞠也月令季秋云鞠有黃華曰有者非其有之時也春秋傳曰有者不宜有也周官后蠶服鞠衣鞠衣色黃象鞠鞠蓋華於陰中其華則又中之色也故鳥獸草木之名孔子欲學者之多識而記禮者以爲衣服在身而不知其名爲陋

也會稽昌安門内朱通直莊有佳菊數十種
劉寄奴治金瘡其詳見宋武帝紀此其得名之始也
本草總云生江南掌禹錫注云出越州日華子注治
心腹痛止霍亂暴下今鄉民每腹痛輒煮飲其汁亦
多驗
馬兜零本草日華子注云越州七八月採
玉芝出陶宴嶺一名鬼臼一名山荷葉一名唐婆鏡
花色正紅生葉下故又名羞天花其根一歲生一臼
取其臼以麪如餛飩皮裹炊熟吞之日三枚可以辟
穀令人精神旺而力不衰蓋仙藥也本草注云亦出

會稽一名九曰
忍冬一名老翁鬚一名金銀藤一名毛藤一名鷺鷥藤一名鴛鴦藤出秦望山鵝鼻山三山及鏡湖中水涯香如荼蘼茉利之屬亦可植園圃軒檻爲架承之治疽瘡解百毒有奇効醫家類能言之故不詳載
蕨爾雅曰蕨虌初生無葉可食狀如大雀拳足黃魯直詩云蕨芽新長小兒拳葢此意齊魯曰虌廣雅曰蕨紫綦非也爾雅曰綦月爾郭璞注云綦即紫綦也似蕨可食郭注亦非也今會稽山間有一種似蕨而毛紫色土人謂之蕨綦亦謂之毛蕨乃不可食鄉人

但以藏蘭及藉楊梅取其性疎而不浥鬱也蕨青而紫故曰紫蕨也今會稽人以蕨配筍爲茹尤珍美東坡詩云慚愧春山筍蕨甜是也

太蓼一名馬蓼莖大而赤生水澤中高丈餘說文云蘢天蘥也詩曰山有扶蘇隰有荷華山有橋松隰有遊龍蓋一名遊龍橋高也遊縱也以縱故謂之龍上聳曰橋山海經曰其上多橋木而鄭讀曰槁誤矣山陰池澤所在有之

葛性柔仞蔓生可衣女事之煩辱者故葛覃引以爲賦蓋知稼穡之艱難則可以爲王矣知女功之勤勞則

可以爲王后矣夫禮后織玄紞今乃親葛事如此者蓋王后親蠶以勸女功之正事親葛以勸女功之餘事絲麻者本事也蘋葛者餘事也葛所以爲絺綌也今五雲門外有葛山焉吳越録曰越王種葛於此其民歌曰嘗膽不苦味如飴令我採葛以作絲是也

蕺蕺山所產最多葉似蕎麥肥地亦能蔓生莖紫赤色多生山谷陰處吳越春秋云越王嘗蕺常採於此故以名山本草云關中謂之菹菜齊民要術亦有蕺菹法然生擷之小有臭氣凶年民斸其根食之諺曰豐年惡爾臭荒年賴爾救

菰菜菰蔣草也江南呼爲茭草秣馬甚肥爾雅云出隧蘧蔬郭璞注云似土菌生菰草中今江東啖之音氈氍毹㲪一名出隧也張揖云氍毹毛席取其音同本草注云生江東池澤菰葑上如菌葑是菰根歲久浮在水上者葑越人讀如諷刺之諷暴乾可供然燒呂氏春秋曰菜之美者越路之菌是也今謂之茭首蓋茭心生臺至秋如小兒臂其白如藕而軟美異常每年移根濯洗極潔種之則無黑脉經年不種則黑脉生矣本草名菰首乃知俗謂之茭首亦有所本

昌蒲今會稽有一種葉有脊如劒謂之鴈蕩昌蒲生

石上節殊密當不止一寸九節也今人多以拳石或
沙中種之爲几案之翫陶貞白言眞昌蒲古人謂之
蘭蓀四月五月亦作小釐花也今東間溪側又有名
溪蓀者根形氣色極似石上昌蒲而葉正如蒲無脊
俗亦呼爲昌蒲誤矣此物但能辟蚤蝨不堪服食即
今之水昌蒲一名白昌一名昌陽韓退之云訾醫師
以昌陽引年是也此物種之易茂但須歲一移種則
根大不然漸小周禮朝事之豆有昌本麋臡說者謂
昌本昌蒲根切之四寸爲菹左傳饗有昌歜白黑形
鹽服氏云昌歜昌本之菹然四寸切之恐非溪蓀之

根不如是之大則通謂之菖蒲可也香草之類大率多異名所謂茝即今之白芷是也蕙今零陵是也芸今七里香是也葉類豌豆作小叢生其花極芬香經秋葉間微白如粉汙辟蠹殊驗

蒲萄盛於西北會稽有㮇水馬腦二種味亦佳魏武有言末夏涉秋尚有餘暑酒醉宿醒掩露而食甘而不飴酸而不酢庾信言北地園種户植接蔭連架今會稽雖富有此果然俗乃謂不利主人果成主多徙去故居室忌種之又俗謂梓芭蕉皆不利主民廬了無一本惟士大夫園宅及僧寺乃時有之

凌霄花天下凌霄藤必依大樹獨西都富韓公園歸政堂前一株不附它木而生高三四丈歲着花數百晁以道寄季申詩云故園多謝凌霄木直到丹霄上上頭蓋指此也今山陰最多有一歲三着花者

三白草出鏡湖澤畔初生不白入夏葉端方白農人候之以蒔田三葉白苗畢秀矣

菘性陵冬不彫四時長見有松之操故其字會意而本草以為交耐霜雪也舊說菘菜北種初年半為蕪菁二年菘種都絕蕪菁南種亦然蓋菘之不生北土猶橘柚之變於淮北蕪菁即蔓菁似菘而小有臺一

名葑一名須爾雅曰須葑蕪也方言曰陳楚之間謂之豐趙魏之郊謂之大芥其紫華者謂之蘆菔一名來菔所謂温菘是也来菔言来麰之所服也今浙西種蕪菁者寖多臨安亦盛惟越土不宜漢桓帝詔曰横水爲災五穀不登令所傷郡國皆種蕪菁以助民食此可以度凶年救饑饉往歳會稽嘗有人種乃不生根久亦变爲菘張右史文潛詩云蔓菁至南皆变菘其美在上根不食是也

韰種法一本率七八支諺曰蔥三韰四言種蔥者三支一科韰即四之支多者科輙圓大故韰本難拔古

以拔韰譬强宗乃取此義爾雅曰韰鴻薈即此是也
葱亦韰屬齊民要術以爲種葱良地三翦薄地再翦
八月止不止則葱無袍而損白蓋葱青謂之袍會稽
園夫藝葱有兩等其小而美者曰太官葱韭者久也
一種永生説文曰一種而久者故謂之韭內則曰膾
春用葱秋用芥豚春用韭秋用蓼葱與芥陰物也韭
與蓼陽物也

瓜性惡香尤忌聞麝麝氣觸之乃至一蔕不收詩曰
綿綿瓜瓞大曰瓜小曰瓞爾雅曰瓜曰華之桃曰膽
之華取譬於華膽取譬於膽禮爲天子削瓜副之巾

以絺爲國君削瓜華之巾以綌蓋華若草木之華副絶而不屬華析而不絶墨子曰甘瓜苦蔕天下物無全美也越有銀瓜握青瓜筭筩瓜握青謂其小可藏握中銀以色名筩以狀名又有蜀阜瓜圖經越有蜀阜山豈以是得名與吳栢王時會稽嘗有五色瓜出述異記

莧有紅莧白莧紫莧三色今會稽園蔬但白莧尔傳曰青泥殺鼈得莧復生今人食鼈忌莧其以此乎紅莧一名馬齒莧本草云節葉間有水銀每莧十斤可得水銀多至十两水銀曰汞會稽謂草芽亦曰汞今

人呼刺莍菜莍之類是也凡草大率多汞故曰莍今夫挺然茂擢者汞使之然也故曰汞貢而上鈆淤而下豈獨草爲然哉

苦蕒即苦藙字書云苦藙江東人呼爲苦蕒野生今會稽市中所賣乃園蔬肥嫩不澁與萵苣不遠然野苦蕒擷五六過則味益甘滑反勝種者舊說云蠶婦忌擷苦蕒手有苦蕒氣令蠶蛾青爛食之者亦忌入蠶室葢苦蕒氣能損蠶令人多不以爲意何也藙音巨亦作苣杜少陵詩序有云苦苣馬齒掩乎嘉蔬則苦苣當非美茹矣

薑字林云薑御濕之菜茈音紫生薑也潘尼云南夷之薑博物志云妊娠不可食薑令子盈指生犍爲川谷及荆揚之土陶弘景云乾薑今唯出臨海章安兩三村解作之蜀漢薑舊美荆州有好薑並不能作乾者今緜州乾薑爲天下第一臨海乃不聞出乾薑豈以緜薑大售故不復作邪薑畏日而喜露故薑棚覆以干干亦茗之屬也葉旁銛利若干戚之干故得名夜冷露零則干卷而薑濡日出晝燠則干舒而蔭濃性與它草木異故越人種薑必覆以干

蒜一名葫取其條上子初年種之成獨子葫明年則

復其本也廣志曰蒜有胡蒜小蒜黃蒜長苗無科王逸曰張騫周流絶域始得大蒜葡萄苜蓿南人或謂之齊葫又有澤蒜齊民要術有種澤蒜法或作齏以噉鱠此物煑羹臛極美足爲饌中之俊陶云不中煑自當是未經試耳本草謂能伏邪惡禮云膳於君有葷桃苅葷菜所以辟凶邪也近世以灸癰疽率得奇效其法切蒜如崇寧錢厚置患處灼艾丸其上痛則易蒜可至百壯初覺即灸蚤灸無不愈者會稽山間又有鹿木治疽神良取根以醇酒煎飲之蘊毒悉解蓋叢灌小木爾葉如水楊而長近花處則葉圓花爲

穗色紫

茄一名落蘇越人乃止謂之落蘇酉陽雜俎云嶺南茄子宿根成樹高五六尺又云花時取葉布行路以灰規之人踐之子必繁謂之嫁茄子四時纂要以十二月晦嫁樹齊民要術以元日及上元日嫁李亦此意也今會稽有水茄亦名銀茄云是新羅種形如雞卵隋大業末名茄子爲崑崙紫瓜出芝田録黄魯直詩云君家水茄白銀色殊勝埧裏紫膨脝蜀人生蔬不下箸吾與北人俱眼明是也

莎釋草云臺夫須可以爲笠又可以爲蓑疏而無溫

詩曰臺笠緇撮又曰南山有臺莎之别種曰侯莎此草易茂歲歲繁滋薙之一日已復生會稽人惡之常苦其不能去然北方以罕有貴之唐河南西士曹有莎廳晏元憲在許亦作庭莎記是也其根亦見本草謂之莎根今俗乃謂之香附子

木部

楸釋木云大而皵楸小而皵榎述異記云越人多橘柚園歲出橘稅謂之橙橘戶中山又有楸戶著名楸籍者也舊説椅即是梓梓即是楸蓋楸之疏理而白色者爲梓梓實桐皮曰椅其實兩木大類同而小别

也傳曰橋者父道也梓者子道也然今越人不喜種
楸云不利人家惟僧居則否十道志云越城多生豫
章樹每風雨時聞鍾鼓聲今無復存豫章即梓也
松其爲木也最壽郭氏玄中記曰松脂淪入地中千
歲爲扶苓枹朴子曰松樹三千歲皮中聚脂如龍形
名曰飛節芝王策記曰千歲之松望之如偃蓋今會
稽惟卧龍及蕺山絶頂僅有數樹爲百年之木爾
穀惡木也而取名於穀者穀善也惡木謂之穀則甘
草謂之大苦類也本草曰楮一名穀陶氏云即今高宗廟諱
木誤矣先賢以爲皮斑者是楮皮白者是穀有辨者

曰楮無辨者曰高宗廟諱古之剡藤名天下今剡中楮紙寖有佳者亦不在徽池之下

桃之品不一上原之金桃御桃擺核桃十月桃廟山之早緋紅桃湖南之大緋紅桃蕭山之水蜜桃唐家桃邵黄桃杏桃川桃晚秋桃孩兒面桃諸暨烏石之鷹嘴桃諸家園中有崑崙桃區桃矮桃之類不可悉數又有碧桃白桃緋桃二色桃皆千葉花不實今鏡湖之西如花逕容山諸處彌望連崗接嶺皆桃李略無雜木方春時花盛發如錦繡裹山谷照水如雲霞慌然異境邦人踏青時競出皆走東湖故有不知者

甘棠釋木云杜甘棠甘棠今之杜棃也又曰杜赤棠白者棠樊光云赤者爲杜白者爲棠市人多烝熟賣之越人目爲棃頭巷其實不如北方之美尔然會稽非棃所出姑舉大槩如桃源之水蜜棃紅靡棃大柵之馮家棃映日紅破塘之青消棃何塔之五朶棃東關之葫蘆棃諸暨烏程之蚤稻棃滿殿香棃廿兩棃孝義之蜜棃雪棃白水之黃匾棃黃靡棃前塘之趙拗棃上金之麻盦棃是也自烏程以下皆諸暨地名

梅一名柟杏類也越州昌原梅最盛實大而美項里容山直步石龜多出古梅尤奇古可愛綠蘚封枝苔

鬚如緑纓蔟花點綴其上夭矯如畫山谷間甚多樹
或蔭數十步好事者移植庭檻縱不槁苔蘚亦輙剥
落蓋非凡物也今江湘二浙四五月之閒梅欲黄落
則水潤土溽礎壁皆汗蒸鬱成雨其霏如霧謂之梅
雨沾衣服皆敗黦故自江以南三月雨謂之迎梅五
月雨謂之送梅轉淮而北則否梅至北方多變而成
杏故人有不識梅者地氣使然也賈思勰曰按梅華
蚤而白杏華晚而紅梅實小而酸杏實大而甜梅可
以調鼎杏則不任此用世人或不能辨言梅杏爲一
物此則北人不識梅也越中又有映水梅其實甚美

而頫紅消梅其實脆而無滓其始傳於花涇李氏故或謂之李家梅越人謂鴨脚子爲杏而謂杏爲杏梅棗棘大者棗小者棘𧇊若酸棗所謂棘也於文重朿爲棗並朿爲棘𧇊棗性喬棘則低矣故其制字如此蕭山縣有白蒲棗水菱棗馬棗亳州棗米棗諸暨有棘子其實圓九花九實謂之九熟棗近城亦有之然不及也

石榴舊說以枯骨置枝間石壓其根則結子繁盛今越中石榴蒲萄斫枝種土中輒生不須種也郡齋舊有海榴亭李公垂有詩宋考功在會稽亦有玩郡齋

海榴詩李義山詩有云山榴海榴枝相交恐海榴各
是一種
橘如柚而小白花赤實葢亦渡淮而變考工記所謂
橘踰淮而北爲枳橙亦橘屬若柚而香物類相感志
曰葉有兩刻缺者是也杜荀鶴送人遊越詩云有園
皆種橘無渚不生蓮
㮚味鹹北方之果也有莱蝟自裏國語曰婦摯不過
棗㮚以告虔也今諸暨孝義有芋㮚榛㮚筆談云茅
則莊子所謂狙公賦茅芧此文相近之誤也或謂諸
暨有三如曰如錦之桑　絲之布如拳之㮚

柿之别亦多今會稽所産有紅柿牛心柿烟脂柿綿紅柿八月白柿重暈柿花柿木柿丁香柿及長紅團紅白紅之名又有緑柿會稽謂之椑故有油椑馬蹄椑文選有梁侯烏椑之柿殆此類歟上虞有蠟柿亦椑之别也古云柿有七絶一壽二多陰三無鳥巢四無蟲五霜葉可翫六嘉實七落葉肥土

楊梅異物志曰楊梅如彈丸味酸甚昔人未識會稽楊梅今出項里何塔六峯塘裏其品之最佳者曰官長梅色深紫香味俱絶曰線梅一名稜梅其實有紋隆隆如線故名色尤紫實大核小亦可亞官長梅也曰

烏漊梅色黑而韻下曰孫家梅色紅而酢越人多漬以餹或鹽以寀酒曰聖僧梅色白曰白蔕梅曰何塔蚤梅曰金家晚梅曰三線梅斯爲下矣方楊梅盛出時好事者多以小舫往遊因置酒舟中高飣楊梅與樽罍相間足爲奇觀婦女以簪髻上丹實緑葉繁麗可愛又以雀眼竹筥盛貯爲遺道路相望不絕識者以爲唐人所稱荔支筐不過如此

李釋木云休無實李言李有美蔭可休則無實可食故道旁之李所以不食者苦也郭璞云休無實李一名趙李痤接慮李今之麥李駮赤李其子赤也西京

雜記曰漢武上林苑有朱李黄李紫李緑李青李綺李青房李車下李顔回李合枝李羌李燕李猴李鄭中記曰華林園有春李冬華春熟廣志有黄建李青皮李馬肝李然則李之屬其品爲多會稽有蠟李麥熟李迎瓜李皺李白淡李紫末李五夫有風山李蠟瓜李諸暨有井亭李餘姚有粉翠李茄李其實類茄七夕後始熟

柰晉起居注嘉柰一蔕十五實或七實生於酒泉西京雜記曰漢上林苑有白柰緑柰武帝内傳有圓丘之紫柰會稽有果名楪亦柰屬也方楪花開時鏡

湖上容山項里間亦數百樹爲園花春特甚亦可喜
也其佳品曰馬面樑林禽與柰絶相似但差小所謂
來禽也吴越時有錢仁俊貶於會稽所居有林禽一
本枯已十年及是茂盛多實已而仁俊果復用
山茶酉陽雜俎云山茶葉如茶樹高丈餘葉大盈寸
色如緋十二月開一説山茶似海石榴出桂州蜀地
亦有然今會稽甚多昌安朱通直莊有樹高三四丈
者蜀地乃絶少成都海雲寺僅有一樹每歲花發則
蜀帥率郡僚開燕賞之邦人競出士女絡繹於路數
日不絶

梔子諸花少六出者唯梔子花六出陶貞白言梔子翦花六出刻房七道芬香特甚相傳即西域薝蔔也今會稽有二種一曰山梔生山谷中花瘦長香尤奇絶水梔生水涯花肥大倍於山梔而香差減近歲有千葉梔六月初始盛韓退之云芭蕉葉大梔子肥蓋謂水梔也藥亦用之然必用山梔

牡丹歐陽公花品序云牡丹出丹州延州東出青州南出越州惟洛陽者天下第一王文公有越人以幕養花詩二首吳越時錢傳瓘爲會稽喜栽植牡丹其盛若菜畦其成叢列樹者顔色葩房率皆絶異時人

號爲花精會稽光孝觀有牡丹亦甚異其大者名醉西施熙寧間程給事公闢鎮越嘗領客賞焉公與坐客皆賦詩刻石觀中詩存而花亡曹娥廟前牡丹二株亦不凡雖單葉而着花至數百苞至今存

杜鵑花以二三月杜鵑鳴時開一名映山紅一名紅躑躅會稽有二種其一先敷葉後着花者色丹如血其一先着花後敷葉者色差淡近時又謂先敷葉後着花者爲石巖以别之然鄉里前輩舊但謂之紅躑躅尚未謂之石巖不知石巖之名起於何年荆公送黄吉父歸臨川詩云亦見舊時紅躑躅爲言春至即

傷心則江西亦謂之紅躑躅也越人多植庭檻間結縛爲盤盂翔鳳之狀惟法華山奉聖寺佛殿前者特異樹高與殿簷等而色尤紅花正發時照耀楹桷牆壁皆赤舊例花苞欲拆時寺僧先期以白郡府守倅率郡僚往燕其下邦人亦競出久之寺僧厭其擾陰戕之今枯已二十年郡齋有杜鵑樓今廢李公垂有詩自注云樓前植杜鵑因以爲名王性之詩云杜宇啼時花正開是也法華雲門諸山皆有之上虞縣南有釣臺山山足二石筍特起五六十尋其顛皆有花春夏照爛望之有若人立而飾其冠冕者自

國朝
太祖
太宗
眞宗遏密之時花枯瘣者皆三載乃復此齊賢良唐
所記也

蟲部

蜂有兩衙應潮其主之所在衆蜂爲之旋繞如衛誅
罰徵令絕嚴有君臣之義一名蠟蜂蠟生於蜜而天
下之味莫甘於蜜莫淡於蠟崖蜜生崖石空中山陰
法雲寺僧云毗村民家墓木空中有蜂集焉歲得蜜

甚多或娕之投燎焚之蜂衛其王不去盡死亦可異
也
螢月令季夏曰腐草爲螢一名挾火一名據火一名
熠燿一說螢非熠燿熠燿行蟲爾今卑濕處有蟲如
蠶蠋尾後載火行而有光俗謂之熠燿越人謂此物
多則有年又謂入人室則有客至
蝶蛺蝶粉翅有鬚一名胡蝶列子曰烏足之根爲蠐
螬其葉爲蝴蝶胡蝶胥也嘗見園蔬其葉有爲蝶者
三分二已蝶矣其一尚葉也又嘗見山陰澤中木葉
化蝶亦如此干寶云稻成蛬麥成蛺蝶豈虛語哉

蠶陽物也惡水淮南子曰蠶食而不飲蟬飲而不食蜉蝣不食不飲再蠶謂之原蠶一名魏蠶以晚葉養之先王禁焉淮南子曰原蠶再登非不利也然王者之法禁之爲其殘桑也鄭云蠶爲龍精月直大火則浴其種是蠶與馬同氣物莫能兩大禁原蠶者爲害馬歟然則原蠶有禁非特欲以護桑又以害馬故也今蠶負馬迹亦其驗歟土人謂之夏蠶亦曰熱蠶亦曰晚蠶自世衰道微先王之禁不行而民間一歲至有三蠶者矣是以桑弱而馬耗也蠶書曰飼蠶勿用雨露濕葉蓋蠶性惡濕大抵春蠶多四眠餘蠶皆三

眠越人謂蠶眠爲幼謂之幼一幼二幼三幼大蠶一死則謂之眠熟故諱之而謂之幼

魚部

鯔色黑如緇衣故曰鯔魚本草云生江海淺水中今會稽瀕海處皆有之魚之最美者故吳王與會稽介象論鱠之美乃陷地置鈎餌果得鯔爲侍中徐景山云獺嗜鯔魚乃不避死餘姚瀕海以桃花時爲絕勝

鱸鏡湖中小者纔數寸許最珍海鱸絕有大者煮熟則鞹淪以沸湯亟取乃肥美可食張季鷹爲齊王東曹掾在洛見秋風起因思吳中菰菜蓴羹鱸魚鱠曰

人生貴適意耳遂命駕歸
鯉今會稽池澤中大者亦十餘斤魚惟鯉最壽有至千歲者故曰詹何之釣千歲之鯉不能避也越人謂鯉之小者爲鯉花鱸之小者爲鱸鞦鯽之小者爲鯽核鱧之小者爲鱧賸鮎之小者爲鮎篦皆莫詳其義
鯽一名鮒吕子曰魚之美者洞庭之鮒鮒小魚也故易曰井谷射鮒莊子曰車轍中有鮒魚焉鏡湖中鯽纔數寸酉陽雜俎云東南海中祖洲鯽長八尺食之宜暑而避風潯陽有青林湖大者亦二尺可止寒熱越人謂鯽喜聚遊鯽言相即鮒言相附蕭山湘湖之

鯽珍美爲越中之冠

鱓舊說是荇苓根所化又云是人髮所化今其腹中自有子不必盡是變化也府學大成殿前池中有鱓其大幾二尺圍歲旱池涸有見之者後漢楊震傳有冠雀銜鱣魚集講堂前注云冠雀鸛也鱣鱓也葢古字多通用

鱨性浮而善飛躍故一曰揚今黃鱨魚是也陸璣曰今黃頰魚燕頭魚身頰骨正黃魚之有力解飛者一名黃揚舊說魚膽春夏近下秋冬近上土人謂之黃

鱨亦曰白鯈魚

鱅鰱鱮也弱鱗而色白北土皆呼白鱮西征賦曰華
魴躍鱗素鱮揚鬐傳曰連行魚屬以其性旅行也上
林賦有鰫魚音常容反注云似鰱而黑然則二物也
六韜曰緡隆餌重則嘉魚食之緡調餌芳則庸魚食
之鱅庸魚也魚之不美者會稽諸曁以南大家多鑿
池養魚爲業每春初江州有販魚苗者買放池中輙
以萬計方爲魚苗時飼以粉稍大飼以糠糟乆則飼
以草明年賣以輸田賦至數十百緡其間多鱅鰱鯉
鯇青魚而已池有僅數十畝者旁築亭榭臨之水光
浩渺鷗鷺鵁鶄之屬自至植以蓮芡菰蒲拒霜如圖

畫然過者爲之鑄䲷漢書曰水居千石魚陂與千戶
侯等蓋謂此也
石首魚本草云和蓴作羹開胃益氣加鹽暴乾食之
名爲鮝鮝音想土俗愛重以爲益人雖乳婦在蓐亦可食
至爲之語曰此養人之魚也炙食之主消瓜成水魚
初出水能鳴夜視有光又野鴨頭中有石云是此魚
所化舊說北人有寓南海者夜視糞筐中有光燭之
但魚頭爾去燭復然以爲不祥及啓食奩窺其餘鱐
亦有光益恐明日詢之土人乃知此海魚之常近歲
舟行蕭山道中晦夕潮汛甚大溢入漕渠鹹水爲船

頭所激爍爍有光以篙擊水迸散如星火嶺表異物志云遇夜陰晦海波如燃水有月即不復見海中魚蝦置暗處則有光又引木玄虛海賦云陰火潛然本草固已言之蔡謨食彭蜞瀕死歎曰讀爾雅不熟幾爲勸學所誤事類於此

春魚似石首而小歲以仲春至豈以此故得名歟鹽浥而乾之名曰含肚見大業拾遺記越人饁耕以含肚鮝爲上饌傭耕者至有置不敢食包裹歸爲親養者或不設則皆不樂

梅魚小於春魚而頭大最先至一日當名麋魚以[illegible]

爛得名

比目魚一名鞋底魚爾雅云東方有比目魚焉不比不行其名謂之鰈音牒說文云音土盍反土人謂之箸魚以其形似箸也上林賦一名魼音去魚反注云比目魚也狀似牛脾細鱗紫色

鮆爾雅云鮤鱴刀注云今之鮆魚也亦呼爲魛魚然有二種魛魚堪鱠亦曰刀鮆說文云飲而不食刀魚也九江有之今當塗建業瀕江所產甚美會稽謂之江鮆其小者謂之海鮆春時子多而肥爲差勝耳

銀魚浙河以北所產大如指此州所有僅如箸末然

軟美過之博物志謂吴餘鱠魚云是孫權食鱠棄其餘水中化爲魚也樵風溪酒甕山下間有之甚大

烏鰂舊説烏鰂有矴遇風則虯前一鬚下矴一名纜風魚風波稍急即以鬚黏石爲纜遇大魚輒噀墨周其波以衛身害若小鰕魚過前即吐墨涎惹之南越志曰烏賊懷墨而知禮其腸名鱁鮧宋明帝好食蜜漬鱁鮧然古所謂鰽蟹如何太祖廟諱嗜鰽蟹鍾岏謂蟹之將鰽躁擾彌甚之類皆謂糟蟹耳當時語如此沈存中以爲蜜漬鱁鮧之比又云北人嗜甘故魚蟹加鰽蜜皆非也好食蜜漬鱁鮧乃宋明帝豈北人耶

淮浙貢酒漬車螯柱謂之蜜丁曾子開有蜜丁詩然實未嘗用蜜也蜜鱁鮧類此史官妄加漬字爾

水母一名蝦蛇閩人直曰蛇大小不等形如覆帽而無口眼今三江斗門海浦潮退人可拾取常有蝦寄其上方其浮泛水上人欲捕之輒歘然而沒乃是蝦有所見耳越絶書曰海鏡蟹爲腹水母蝦爲目也然其性暖能已河魚之疾或以蝦醋如鱠食之最宜亦物類相攝耳

蟹酉陽雜俎云蟹八月腹内有芒真稻芒也長寸許向東輸與海神未輸芒不可食燒其殼能致鼠會稽

往歲有蟹菑小蟹無數相蚪結大如三斗器隨潮入浦散入瀕海諸鄉食稻爲盡螟蝗之害不加於此國語云越王與范蠡謀吳曰今其稻蟹不遺種蓋謂此也

蝦　字書云長髯蟲也海中有鰕髯長二丈海蝦擣潑生食以窯酒殊俊快河蝦殼強可烹食爾越人謂杜鵑曰社豹社豹啼時漁人賣小蝦名社豹蝦又有小蝦大如糠覈曰糠蝦

蝦蟆　背有黑點身小能跳接百蟲善鳴與蟾蜍不類本草云蝦蟆一名蟾蜍非也酉陽雜俎云鸛影抱蝦

蟆聲拘令里俗聞其春鳴謂之聒子其子謂之科斗
大盡先生前足小盡先生後足蟾蜍腹大背黒皮上
多痱磊跳行舒遲其肪塗玉則軟刻削如蠟本草所
謂能合玉石者也今其一種似蝦蟆而長踦瞋目如
怒謂之鼃越王揖怒蛙而武士歸之即此是也周禮
蟈氏注云蟈今御所食蛙也漢書曰丞相擅減宗廟
羔菟鼃此何等物而漢人以供玉食及宗廟之薦耶
然則比人未嘗不喜食之韓文公詩以爲南烹恐或
不然齊會稽孔稚珪不樂世務宅中草沒人春日蛙
鳴僕射王晏鳴笳鼓造之聞蛙聲曰此殊聒人耳荅

曰我聽卿鼓吹殆不及此晏有媿色又有竹蛙春中能升高而鳴吐白沫如斗大懸竹樹間沫中皆小黑子大抵蛙之屬皆吐生也又有蛤蚧亦蛙之屬或名手蛤本草云生嶺南山谷及城牆或大樹間長四五寸尾與身等形如守宫一雄一雌常自呼其名曰蛤蚧最護惜其尾或見人欲取之多自齧斷其尾首如蝦蟆背有細鱗如蠶子土黄色今秦望諸暨山谷間皆有之捕者必以月之上寅日不然則往往藏穴中不出

鳥部

鵲淮南子曰太陰所建蟄蟲首穴而處鵲巢向而爲戶又曰蟄蟲鵲巢皆向天一蓋鵲巢鄉天一而背歲也先儒以爲鵲巢居而知風蟻穴居而知雨歲多風則去喬木巢旁枝故能高而不危也古謂七夕鵲上天河爲橋雖未必然今山陰七夕鵲絶少見

鸛禽經曰鸛俯鳴則陰仰鳴則晴拾遺記曰鸛能聚水巢上故人多聚鸛鳥以攘却火災然往歲會稽市火相去尚遠忽有熛燄如流星獨焚倉西鸛巢鸛飛鳴空中竟不能救又不知何異也

鵝左氏曰鄭翩願爲鸛其御願爲鵝舊說言江淮謂

羣鸛旋飛爲鸛井則鸛善旋飛盤薄霄漢與鵝之成列正異故古人陣法或願爲鵝或願爲鸛也會稽戒珠蘭亭有右軍養鵝池存焉

鶻鳩釋鳥云鶌鳩鶻鵃今江東亦呼鶻鵃左傳曰鶻鳩氏司事先儒云鶻鳩春來秋去故爲司事一名鳴鳩月令所謂鳴鳩拂其羽者是也一名鷽鳩莊子所謂蜩與鷽鳩笑之者是也葢此似山鵲而小釋鳥曰鷽山鵲也故此一名鷽鳩又其短尾青黑色多聲故此一名鳴鳩也陸璣云鶻鳩一名斑鳩似鵓鳩而大

鵓鳩灰色無繡項陰則屏逐其匹晴則呼之語曰天

將雨鳩逐婦者是也斑鳩項有繡文斑然故曰斑鳩則與此鶻鳩全異譏之言非今此鳥喜朝鳴故一曰鶻嘲也凡鳥朝鳴曰嘲夜鳴曰㖃禽經曰林鳥以朝嘲水鳥以夜㖃㖃音夜字見龍龕手鏡

鵜鶘釋鳥云鵜鴮鸅郭璞曰今之鵜鶘也好羣飛沈水食魚故名洿澤鵜形似鶚而大人足其鳴自呼頷下胡大如數升囊因以盛水貯魚一名淘河一名洿澤會稽不常有有輒大水土人占之頗驗

鷓鴣自呼其名常向日而飛飛數隨月蓋甚正月一飛而止畏霜露早晚稀出有時夜飛飛則以木葉自

覆其背臆前有白圓點文多對啼志常南嚮不思北
徂本草曰鷓鴣形似母雞鳴云鉤輈格磔會稽諸暨
山間頗多
鷺一名春鋤步於淺水好自低昂故曰春鋤也方言
鶂鵈謂之獨春與此同意鶂鵈亦其鳴聲如春鷺鷥色
雪白頂上有絲毿毿然長尺餘欲取魚則弭之山陰
瀕水人家多畜之皆馴不去惟白露一日必籠之不
然飛去
鷰之往來避社而嗛土不以戊己箭口布翅枝尾齊
人呼鳦盖取其鳴自呼故曰鳦也一名玄鳥盖取其

脊令釋鳥曰䳭鴒雝渠蓋雀之屬飛則鳴行則摇大如鷃長脚尾腹下白頸下黑如連錢故杜陽人謂之連錢會稽人呼爲雪姑其色蒼白似雪鳴則天當大雪極驗

杜鵑一名子規一名怨鳥夜啼達旦血漬草木凡始鳴皆北嚮啼苦則倒懸於樹說文所謂蜀王望帝化爲子巂今謂之子規是也至今寄巢生子百鳥爲哺其雛尚如君臣云爾雅曰巂周即此鳥也越人謂之謝豹顧況詩云緑樹陰中謝豹啼又名射豹

戴勝釋鳥云鵖鴔戴鵀郭璞曰鵀即頭上勝今亦呼

爲戴勝一名戴鵀頭上有毛花成勝故曰戴勝也三月飛在桑間蓋蠶生之候月令所謂戴勝降于桑是也越人云降桑遇金日主穀賤

烏說文曰烏孝鳥也象形益州耆舊傳曰張霸爲會稽太守舉賢勸講一郡慕化道路但聞誦聲野無遺寇民語曰城上烏鳴哺父母府中諸吏皆孝王子年拾遺錄云越王入國有丹烏夾王而飛故句踐起望烏臺以紀其瑞燕烏釋鳥曰燕白脰烏廣雅云純黑而反哺者謂之烏小而腹下白不反哺者謂之雅烏白項而羣飛者謂之燕烏白脰烏也雅烏鷽也山陰

色之玄故曰玄鳥也一名鷾鴯目之所不宜處不給

視雖落其實棄之而走其畏人也而襲諸人間此燕

安之道也舊說紫胷輕小者謂之越燕胷斑黑聲大

者謂之胡燕胡燕土人謂之社鷗多巢村墟人家門

外其爲巢有極長者山陰人家每候燕多社前到但

不入人屋尒必過玄鳥至之日乃入而營巢

黄鳥黄栗留也一名倉庚一名皇齊人謂之摶黍亦

或謂之黄袍常葚熟時來啄桑閒亦應節趨時之鳥

也凡詩言黄鳥者興也言倉庚者賦也

斵木釋鳥云鴷斵木郭璞曰口如錐長數寸常斵木

食蟲因名云此鳥有大有小有褐有斑褐者是雌斑者是雄又有青黑者頭上有紅毛生山中土人呼爲山斲木大如鵲

鴨鶩也尸子曰野鴨爲鳧家鴨爲鶩不能飛翔如庶人守耕稼而已周官庶人執鶩工商執雞工商欲其知時又上之所畜也故執雞庶人雖亦上之所畜欲其不散遷而已故執鶩說苑曰鶩無佗心故庶人以爲摯物類相感志云雞鶩伏卵忌磨若聞礱磨之聲則不生矣曲禮曰庶人之摯匹匹鶩也今雄雞能鳴其雌不能鳴雌鶩能鳴其雄不能鳴

又有一種名寒鴉比常鴉頗小歲十月自西北來其陣蔽天及春中乃去秦太虛樂府云寒鴉萬點流水繞孤村不至越者殆不知也

獸部

兔口有缺吐而生子故謂之兔兔吐也舊說兔者明月之精視月而孕故楚辭曰顧兔在腹言顧兔居月之腹而天下之兔望焉於是感氣禮曰兔曰明視其以此歟說文無兔字以兔爲兔兔生自口出宜有留難吐而後兔故字又通爲兔

獺似狐而小青黑色膚如伏翼水居食魚自祭其先

記曰獺祭魚然後漁人入澤梁是也獺取鯉於水裔四方陳之進而弗食世謂之祭魚山陰澤居亦時見之

羊禮云羽鳥曰降四足曰漬曰漬者謂死相瀸漬而善耗敗也六畜之死皆善耗敗而羊爲甚禮曰羊曰柔毛柔毛謂其不疾瘯蠡也詩曰羊牛下來先羊後牛者羊性畏露晚出而早歸常先於牛會稽往歲販羊臨安渡浙江置羊艫舨下羊齧船茹舟漏而沉溺者甚衆至今人以爲戒

牛詩曰爾牛來斯其耳濕濕濕濕言潤澤也葢牛之

爲物病則耳燥安則温潤而澤故古之視牛者以耳

舊云牛相壁堂欲闊膺廷欲廣豪筋欲就儁骨欲垂

插頭欲高排肋欲密尾不用至地頭不用多肉角欲

得細身欲得圓眼欲得大口方易飼鼻廣易牽倚欲

如絆馬行欲如羊形欲如卷懸蹄欲如八字亂睫好

觸龍頸突目好跳毛拳角冷有病毛少骨多有力歧

胡有壽常有似鳴有黄戎右曰贊牛耳挑葯牛耳無

竅以鼻聽也盟者聽於人神故執牛耳而正以不聽

爲戒中州烀潼取酥酪以雍酥爲冠今南方亦皆作

而會稽者尤佳會稽諸邑又推諸暨爲冠葢吴中酥

雖絕多大抵味淡不可與會稽班也晉王武子指羊
酥示陸士衡云卿江東何以敵此疑當時南方未有
酥酪也

猫鼠善害苗而猫能捕鼠去苗之害故字從苗記曰
迎猫爲其食田鼠也迎虎爲食田豕也今海州猫最
佳俗云海州猫曹州狗

猴呂子曰狗似玃玃似毋猴毋猴似人猴善候其字
從候白虎通曰猴候也楚人謂之沐猴舊云此獸無
脾以行消食柳子厚云猿好踐稼蔬所過狼籍山之
小草木必陵挫折撓之會稽山間陸種如豆麥胡麻

茅服蔬果竹萌之類多爲殘毀天衣寺僧法聰令捕一老猴被以衣巾多爲細縫使不可脱縱之使去老猴喜得脱跳趨其羣羣望而畏之皆捨去老猴趨之愈急相逐日行數十百里其害遂稍息

藥石部

紫石英本草但云生太山山谷陶貞白云會稽諸暨石形色如石榴子掌禹錫云生太山或會稽十道志云謝敷少時遊諸暨烏帶山夢神語云當以千千萬萬相遺旦至主人林下有異色石乃紫石英主人云出此山敷遂往採掘得其穴所獲甚多元和郡志亦

云烏帶山出紫石英或以爲烏豆山或以爲當讀如
烏堅或以爲字當作笪未知孰是也今諸暨楓橋山
間每雷雨後民競往採之然必祠神而後入山葢用
謝敕故事但土豪爲壟斷民得石多歸之它人未易
得也自此至婺女地産紫石英甚多但不如諸暨之
瑩絜有光彩尔　都下及吳中藥肆所賣紫石英皆
此石也婺州雙林寺輙謂之飯石以神其説

太一餘糧按本草太一餘糧及禹餘糧一物而以精
麤爲名會稽主屋澤潞諸山皆有之嵊縣了溪有餘
糧嶺産禹餘糧故得名

紙

王右軍爲會稽内史謝公（一作桓温）就乞陟釐紙（一作側釐）庫内有九萬枚（一作五十萬）悉與之以知此會稽出紙尚矣剡之藤紙得名最舊其次苔牋然今獨竹紙名天下它方效之莫能彷彿遂掩藤紙矣竹紙上品有三曰姚黄曰學士曰邵公（學士以太守直昭文館陸公軫所製得名邵公以提刑邵公餗所製得名）三等皆又有名展手者其脩如常而廣倍之自王荆公好用小竹紙比今邵公樣尤短小士大夫翕然效之建炎紹興以前書簡往來率多用焉後忽廢書簡而用劄子劄子必以楮紙故賣竹紙者稍不售

惟工書者獨喜之滑一也發墨色二也宜筆鋒三也卷舒雖久墨終不渝四也性不蠹五也東坡先生自海外歸與程德孺書云告爲買杭州程奕筆百枚越州紙二千幅常使及展手各半汪聖錫尚書在成都集故家所藏東坡帖刻爲十卷大抵竹紙居十七八米元章禮部著書史云予嘗硾越州竹光透如金版在由拳上短截作軸入笈番覆一日數十紙學書前輩貴會稽竹紙於此可見會稽竹有宜爲矢者其竹名箭自漢以來乃併謂矢爲箭雖裔夷遠域地不産竹或用柳或用楛爲矢然彼人亦謂矢爲箭則竹矢

之著於天下可知又今樂部笙率以會稽臥龍山竹爲貴漢蔡中郎得柯亭椽竹爲笛亦會稽也會稽之竹其美如此今爲紙者乃自是一種收於筍長未甚成竹時乃可用民家或賴以致饒唐舒元輿有悲剡藤文顧逋翁有剡紙歌近時朱元章薛道祖曾文清皆有越州竹紙詩附于後

舒元輿悲剡藤文　剡溪上縣四五百里多古藤株枿逼土雖春入土脉他植發活獨古藤氣候不覺絶盡生意予以爲本乎地者春到必動此藤亦本於地方春且死色遂問溪上人有道者云谿中多紙工万斧斬伐無時擘剝皮肌以給其業噫藤雖植物者溫而榮寒而枯養而生殘而死亦將似有命於天地間今爲紙工斬伐不得發生是天地氣力爲人中傷致一物疾癘之若此異日過數千百郡泊東雒西雍歷見書文者皆以剡紙相誇予竊襄見剡藤之死職止由

此此過固不在紙工且令九牧士人自事言能見文章户牖者其數典麻竹相多聽其語其自安重皆不啻掘驪龍珠雖苟有曉寤者其倫甚寡不勝衆者皆斂手無語勝衆者果自謂天之文章歸我遂輕傲聖人道使周南召南風骨入於折揚皇華中言偃十子夏文學陷入於淫靡故蕩中比肩握管動盈數千百人數千百人筆下動數千萬言不知其爲謬誤日月以縱自然殘藤命易甚桑葉波波波踏未見止息如此則綺文妄言輩誰非書剡紙者邪工着利曉夜斬藤以鬻之雖舉天下爲剡溪猶不足以給況一剡溪者耶以此恐後之日不復有藤生於剡矣大抵人間費用苟得著其理則不枉之道在則暴耗之過莫由横及於物物之資人亦有其時時其斬代不爲夭閼予謂今之錯爲之文者皆夭閼剡溪藤之流也藤生有涯而錯爲文者無涯無涯之損物不直於剡藤面已予所以取剡藤以寄其悲顧逋翁剡紙歌雲門路上山陰雪中有玉人持玉節宛委山裏禹餘糧石中黄子黄金屑剡溪剡紙生剡藤噴水擣爲蕉葉後欲寫金人金口偈寄與山陰山裏僧手把山中紫羅筆思量點畫龍蛇出正是垂頭搨翼時不免向君求此

物米元章越州竹紙詩越筠萬杵如金版安用杭圖與池繭高壓巴郡烏絲欄平欺澤國清華練老無□物適心目天使殘年司筆硯圖書滿室翰墨香劉輝何時眼中見薛道祖和書便瑩滑如碑扳古來精紙惟聞繭杵成剡竹光凌亂何用區區書素練細分濃淡可評墨副以谿巖難乏硯世間此理誰復知千里同風未相見薛道祖詠筆硯間物研滴須琉璃鎮紙須金虎格筆須白玉研磨須墨古越竹滑如苔更加一萬杵自封翰墨鄉一書當千戶曾文清公竹紙三絶句會稽竹箭東南美來伴陶泓住管城可惜不逢韓吏部相從但說楮先生會稽竹箭東南美化作經黄紙疊層舊日土毛無用處剡中老却一溪藤會稽竹箭東南美研席之間見此君為問溪工底方法殺青書字有前聞

鹽

鹽會稽亭户煎鹽法以海潮沃沙暴日中日將夕刮鹻聚而苫之明日又沃而暴之如是五六日乃淋鹻

取滷然後試以蓮子每用竹筒一枚長二寸取老硬石蓮五枚納滷筒中一二蓮浮或俱不浮則滷薄不堪用謂之退滷蓮子取其浮而直若三蓮浮則滷將成四五蓮浮則滷成可用謂之足蓮滷或謂之頭滷然石蓮試以滷取最後昇者爲足蓮足蓮乃可驗滷有無足蓮者必借人已驗蓮滷較蓮之輕重爲之然後爲審（間中之法以鷄子桃仁試之滷味重即正浮在上滷薄則二物側浮與此相類）編竹爲盤盤中爲百耳以篾懸之塗以石灰纔足受滷燃烈焰中滷不漏而盤不焦灼一盤可煎二十過淋下滷水或以它水雜之但識其舊痕以飯甑蓋之於中

抗去面水至舊處元滷盡在所去者皆它水或以龍
箄隔之亦可以他物則不可分矣孔融論云弊箄不
能救鹽池之滷意蓋指此練化術云飲食過鹹以飯
箄竹數條炙之着其中則汁便淡蓋未易以理推也
元豐中盧秉提點兩浙刑獄會
朝廷議鹽法秉謂自錢塘縣湯村場上流睦歙等州
與越州錢清場等水勢清淡以六分爲額湯村下接
仁和縣湯村場爲七分鹽官場爲八分並海而東爲
越州餘姚縣石堰場明州慈溪縣鳴鶴場皆九分至
岱山昌國又東南爲温州雙穟南天富北天富十分

著爲定數蓋自岱山及二天富皆取海水煉鹽海賦所謂熬波出素者也自鳴鶴西南及湯村則刮鹻以淋滷以分計之十得六七鹽官湯村用鐵盤故鹽色青白而鹽官鹽色或少黑由黴灰故也湯村及錢清場用竹盤故色少黃竹勢不及鐵則黃色爲嫩青白爲上色黑則多滷或有泥石不宜久停若石堰以東雖用竹盤而鹽色尤白以近海水鹹故尓後來法雖少變公私所陳大抵不易盧法鹽之品至多前史所載夷狄間自有十餘種中國所出數十種今公私通行者四種一者末鹽海鹽也河北京東淮南兩浙江

南東西荆湖南北福建廣南東西十一路食之其次顆鹽解州鹽澤及晉絳潞澤所出京畿南京京西陝西河東褒劒等處食之又次井鹽鑿井取之益梓利夔四路食之又次崖鹽生於土崖階成鳳等州食之惟陝西路顆鹽有定額歲爲錢二百三十萬緡自餘盈虛不常大約歲入二千餘萬緡惟末鹽歲自抄三百萬供河北邊糴其他皆給本處經費而已縁糴買仰給於度支者河北則海末鹽河東陝西則顆鹽及蜀茶爲多唐越州有蘭亭監官場五曰會稽東場會稽西場餘姚場懷遠場地心場配課鹽四十萬六千

七十四石一斗今爲鹽場四會稽之三江曹娥山陰之錢清餘姚之石堰是也

日鑄茶

日鑄嶺在會稽縣東南五十五里嶺下有僧寺名資壽其陽坡名油車朝暮常有日産茶絶奇故謂之日鑄然茶之尤者顧渚蜀岡蒙頂皖山寶雲皆見於唐以來記録或詩章中日鑄有名頗晚吴越貢奉中朝土毛畢入亦不聞有日鑄則日鑄之出殆在吴越國除之後歸田録云草茶盛於兩浙兩浙之品日注第一青箱記亦云越州日鑄茶爲江南第一范文正公

汲清白堂西山泉以建溪日鑄臥龍雲門之品試之去甘液華滋悅人襟靈茶經餘姚茶生瀑布嶺昔號仙茗大者殊異與襄州同按今會稽產茶極多佳品惟臥龍一種得名亦盛幾與日鑄相亞臥龍者出臥龍山或謂茶種初亦出日鑄蓋有知茶者謂二山土脈相類及藝成信亦佳品然日鑄芽纖白而長其絕品長至三二寸不過十數株餘雖不逮亦非他產所可望味甘軟而永多啜宜人無停滯酸噎之患臥龍則芽差短色微紫黑類蒙頂紫筍味頗森嚴其滌煩破睡之功則雖日鑄有不能及顧其品終在日鑄下

自頃二者皆或充包貢臥龍則易其名曰瑞龍蓋自近歲始也其次則天衣山之丁堄茶陶宴嶺之高隖茶（一曰金家隩茶）秦望山之小朶茶東土鄉之鴈路茶會稽山之茶山茶蘭亭之花隖茶諸暨之石筧茶餘姚之化安瀑布茶此其梗槩也其餘猶不可殫舉日鑄芒書及土人皆用此鑄字蔡君謨東坡先生詩帖墨迹皆然惟歐陽公著歸田録則書爲日注疑公自有所據其後亦有書作注者葢自歐陽公始也

布帛

葛之細者舊出葛山（屬會稽）當句踐時使國中紅女織

布以獻於吳其歌曰嘗膽不苦味若飴令我采葛以作絲弱於羅兮輕霏霏又曰葛之蔓兮舒長條爲絺爲綌纖且調當暑著是服輕飄飄其精如此而後之葛布頗無聞者梁劉孝綽有謝越布啓曰比納方綃既輕且麗珍邁龍水妙越島夷玆其所稱非葛不足當也以其揔稱越布故不得強名之今越人衣葛出自閩賈然則舊邦機杼或者久不傳矣

苧之精者本出苧羅山屬諸暨下有西子浣沙石蓋俗所謂苧沙者於此浣之以故越苧最爲得名夏侯開國吳都賦曰纖絺細越青箋白紵舊經載諸暨三如有如絲之苧而郡國十道志苧或竹萆縣必有一誤故不載而樂府因是有白紵歌詞今外

諸邑獨暨陽尤能以苧爲布雖不逮舊蓋苧羅遺俗云

白疊布自一種杜子美詩所謂光明白氎巾者也晉令曰士卒百工毋得服越疊蓋舊惟出於越今無之

繭布爾雅云袍襺也禮記玉藻纊爲襺緼爲袍左氏傳曰重襺衣裘其註釋皆謂新緜今諸暨之俗絍緝繭緒纖如絲縷織之成匹蓋狀似絁而密縝過之雖名爲布其實帛也古有繭紙蓋以繭爲之蘭亭亦繭紙書也今非獨無能製者亦不復見矣

山後布頗有名一名皺布亦出於諸暨縣其初緝麻爲縷

織成而精好纖密葢亞於羅然頗須厚價故難售惟貴介之公子厭紈綺者獨喜取之捬製衣潄之以水頃刻成縠紋矣

強口布以麻爲之出於剡機織殊麄而商人販婦往往競取以與吴人爲市強口者去剡十五里其溪水尤紺澈可愛世傳王謝諸人嘗以雪後汎舟至此徘徊不能去曰雖寒強飲一口自是以名其地亦或有之昔曹公以酪示座中而羃其上書合字客莫敢發惟楊脩即發而食之曰公令人一口也則一口亦魏晉人語或曰剡有彊中故此曰強口

越羅最名於唐杜子美詩屢道之繚綾行曰越羅蜀錦金粟尺後出塞曲曰越羅與楚練照耀輿臺軀而地理志所云越貢寶花羅者今尼院中寶街羅是也近時飜出新製如萬壽藤七寶火齊珠雙鳳綬帶紋皆隱起而膚理尤瑩潔精緻寶街不足言矣

綾今出於剡縣昔所謂十樣花紋者今不盡見惟樗蒱綾最盛樗蒱綾者以狀如樗蒱子得名吳興遂寧皆有之

剡出縐紗尤精其絕品以爲暑中燕服如絓冰雪然雖剡之居人亦不能常得矣

縠始見於吳越春秋句踐始得西施鄭旦飾以羅縠是也以故錫貢舊有輕容生縠數十年來縠頗出於蕭山縣雖未臻絶妙然與吳中機工略相當矣

綃舊總稱吳綃今出於諸曁者曰花山曰同山曰板橋其輕匀最宜春服邦人珍之或販鬻頗至杭而止以故聲價亦不遠也

蕭山紗以暑伏織者爲上秋織者爲下冬爲尤下蓋霜燥風烈則絲脆帛地不堅爲衣易弊故貴紗者必曰此夏紗也

會稽志卷第十

會稽志卷第十八

拾遺

山川土宇，志載之所不及，然而不可佚也，作拾遺

桂林山，十道志謝靈運著《山居賦》處。或云：始寧之東山也。一云：餘姚縣有楙林山，即此桂訛爲楙，未詳。

夫山，《越絶》云：夫山大冢，句踐庶子冢也。

獨山，《越絶》云：獨山大冢，句踐自治以爲冢也。

馬嘷山，《越絶》云：吴伐越，逢大風，車敗，失騎士，墮死，疋

馬啼嘷

麻林山，《越絶》云：一名多山，句踐伐吴，種麻以爲弓絃

使齊人守之越謂齊人曰多故曰麻林多山以山下田封功臣

姑中山越絶云越銅官之山也越人謂之銅孤瀆孤一曰姑長二百五十步

白鹿山越絶云在大山之南

豕山越絶云雞山豕山句踐以蓄雞豕將伐吳以食戰士也在民山西渞江以東屬越疑豕山在諸暨界太平御覽有雞豕山

土山越絶云苦竹城句踐封范蠡子其僻居徑六十步因為民治田塘長千五百三十三步其冢名土山

范蠡勤苦功篤故封其子於此

秦伊山越絶云句踐客秦伊喜炤龜者因名其冢爲秦伊山十道志有秦林山疑即此山也

捧里山齊氏少微集云越之捧里山王孫群居於山谷以千數其魁曰洞主爲盜與人剽掠無異居者彊射之王孫知害將及乃登一大樹有小者躍而耳語洞主領之小者登木抄借其勢一躍而出圜人之後有頃火作圜人散而救之王孫整衆而歸無可害

黄山水經剡縣東蓽山南有黄山白石山三山爲縣之秀

覆斗山水經覆斗山周五百里北連鼓吹山

大獨山水經上虞縣江外有漁浦湖湖有大獨山小

獨山又有覆舟山

澤蘭山水經在上虞縣重岫疊嶺參差入雲

東箱山十道志云内有嶋山

蓼山見十道志

靈山十道志云山有石鼓

任巖山見十道志

連山華氏攷古云連山蕭山縣西十二里秦始皇驅

群山於江上置不用

鍾山南史杜京產傳永明中會稽鍾山有人姓蔡隱山中養鼠數千頭呼之即來遣之則去言語狂易時謂之謫仙不知所終

日門山南史杜京產於會稽日門山聚徒教授陶弘景太平山日門館碑云高宗廟諱宇太平之東結架菁山之北意日門館實在菁山太平山之間也

龍頭山水經云崖間有石井

椒山郡國志越州椒山隸會稽縣春秋敗越於夫湫湫椒同史記吳世家夫差選精兵伐越敗之夫椒注云太湖中椒山也按太湖在浙西與此不合

清化山許安世詩云淺淺谿流涵白日微微山路入青雲

青蓮山楊塡詩云撥開瑟瑟青蘿帳尋得磷磷白石梯

上林湖上謝景初題餘姚上林湖山詩云平湖瞰其中翠巘圍四垠

仙居山謝景初觀仙居山瀑布云落泉下峭壁斗絕千萬丈曲嶺隔青林三里已聞響其傍有巨石平潤可俯仰

郎官巖楊塡詩碧玉莫遮千障石黃金難買一溪雲

歌鍾沸地徒誇盛爭似松風竟夕聞
南林舊經南林在山陰縣南吴越春秋范蠡在越處
女出於南林越王聘之問以劒戟之術華氏攷古云
處女善劒隱於南林勾踐招訓戰士遇叟自稱袁公
求較藝以策爲劒而試之技窮投策化爲白猿入林
鳳林華氏攷古云在五雲門外世傳禹受圖籍是時
麟遊其庭鸞結其巢鳳皇鳴飛依于林木
防塢越絶云防塢越所以遏吴軍也
嚴陵塢十道志云子陵避光武聘居此
朱室塢水經云勾踐百里之封西至朱室謂此然又

以爲浙江西岸未詳
太康湖水經云嶀山下爲太康湖今廢
琵琶圻水經云圻有古冢隋水毁有隱起字云筮吉龜凶八百年落江中謝靈運取甓詣京咸傳觀焉
横汀在上虞縣東山側晉謝氏所居
故港在嵊縣遊謝鄉有康樂遺迹自港以東爲康樂鄉港東即四明山東岇山屬餘姚新昌二縣大氏皆古剡中也港傍有高塚曰小相公墓説者云謝氏祖墓也
查瀆吴志王郎攻會稽分軍夜投查瀆道襲高遷屯
南津水經云孔靈符遏蜂山前湖以爲埭埭下開瀆

直指南津又作水楗二所以會北江得無淹潰之害
石馳步述異記云上虞縣石馳步一云水次爲步
呵浦宋虞丘進從高祖征孫恩戍句章城被圍數十
日不戰身被數創至餘姚呵浦遂破賊張驃出南史
本傳
石瀩南史上虞令王晏起兵攻郡孔顗以東西交逼
不知所爲其夕率千餘人聲云東討實趍石瀩
峄嵲湖謝靈運傳會稽東郭有回踵湖求決以爲田
太守孟顗不與又求始寧峄嵲湖爲田顗又堅執遂
爲讎隙

西溪謝靈運山居賦有西溪南谷石埭石滂閔硎黄竹注云上田在下湖之水口名曰田口下湖在田之下處並有名西溪南谷分流谷彰水畎入田口西溪水出始寧縣西谷又云石滂在西溪之東從縣南入九里兩面峻峭水自上飛下北至外溪封墱十數里皆飛流迅激左右石壁緣竹閔硎在石滂之東溪逶迤下注良田黄竹與其南連界蕭中也

錢湖舊有菴熙寧中刱興福院初錢武肅王患目疾夢白衣人療之良愈旬日永嘉郡獻觀音像適符所夢因寘之錢湖院水旱禱輒應葉表嘗識其事趙清

獻公刊之石
狭猻湖鏡湖之别派字書有狭無猻或云猻本猻字傳之訛也
離渚唐康使君所居
舜廟下溪在會稽縣東
照水在會稽縣東南三里舊經云源出五雲鄉經縣界九十里西南入山陰
南嶺北阜謝靈運山居賦云面南嶺建經臺倚北阜築講堂傍危峯立禪室臨浚流列僧房南北兩居水通涯阻

樂瀆村十道志樂野勾踐以此野爲苑吳越春秋勾踐立苑於樂野今有樂瀆村

三風村十道志孝婦孀居姑欲嫁之不肯姑自殺姑女告官官不明殺孝婦後人以婦之孝姑之仁女之罪足爲鑒戒故曰三風村

東土鄉在會稽縣東南七十里謝安傳栖遲東土義或取此鄉有里三其一曰謝公里

雙童吳越備史光啓二年錢鏐以錢奕守雙童宋考功之問詩云溪邊逢五老橋下覓雙童

巫里越絶云勾踐徙羣巫出於一里舊經云在諸暨

縣句踐得西施處
梅福里在山陰縣梅市鄉千道志云梅福爲里監門處也
吳王里在州東南一里輿地志云吳闔閭伐越所次舍也
淮陽里一名淮陽宮舊經引夏侯曾先地志越王之宮范蠡立於淮陽今會稽縣北三里甘滂巷北也越絶云離臺周五百六十步今淮陽里丘未詳
百官里舊經云在上虞縣取舜平章百姓之義
蜂扶里舊經云上虞縣北有漁浦湖傳是舜漁處材

民繞湖亂居故名其地爲蜂扶里其説竝上同

粟里舊經云上虞縣粟里舜供儲在此非也

孝家里太原汪知玄之僑居會稽剡縣居家以孝聞丁憂哀毀而卒宣帝嘉之改所居清苦里爲孝家里

中宿臺在山陰縣越絶書勾踐與樂中宿又云中宿臺馬丘周六百里今高平里丘謝安傳鄉人有罷中宿縣者還詣安問其歸貲荅曰有蒲葵扇五萬安取其中者捉之京師士庶競市價數倍中宿非此之謂殆其名偶同尔

項里在山陰縣西南華氏攷古云項梁與籍居此故得名

富中里舊經云富中大塘勾踐治以爲義田田肥美

故曰冨中也吳中賦 冨中之甿貨殖之選

弘訓里在嵊縣水經 云吳黃門郎楊哀明居弘訓里開瀆作埭埭之西作亭亭埭皆以楊為名

昌園在會稽縣南園有梅萬餘株花時雪色可愛芬香聞數里居民以梅為生業唐陳諫石傘峰序云齊公舊居西偏昌元之精舍園當作元然齊祖之集又作昌源未知孰是毛平仲遊昌園賞梅詩云欲雪盡時携酒去無人知處待花開

桃源在嵊縣南三里舊經劉晨阮肇剡縣人入天台山遇仙此其居也林槩越中詩云繡被歌殘人竟遠

桃花源靜客忘歸

范蠡地國語范蠡曰昔吾先君固周室之不成子也故濵于東海海波環會稽三百里以爲范蠡地史記勾踐賜會稽山以爲范蠡封邑

木客越絶云木客大冢勾踐父允常冢也初從琅邪使樓船卒二千八百人伐松栢以爲桴也一曰勾踐伐善材交刻獻于吳故曰木客十道志勾踐使木客入山求大木三年不得憂思作木客吟一旦神木自生合抱以獻吳王遂作姑蘇臺

禦兒鄉國語云勾踐之地南北至禦兒東至鄞西至

姑蔑注云嘉興縣今有禦兒鄉未詳水經浙江東逕禦兒注引郡國云語兒鄉在南界無餘所生也引萬歲曆云吳黃武六年由拳西鄉有產兒墮地隨便能語云天明何欲清脚折金乃詔為語兒鄉非也禦兒之名遠矣國語云句踐之地北止禦兒是也安得引黃武為證哉蓋無智之徒因藉地名生情穿妄爾郡國志云天明何欲清鵲路注金生與水經小異

古冶在州東南舊經引會稽志銅牛鐵冶越王鑄劍之所以銅滓不生草木

東冶嚴助傳閩王舉兵於冶南注會稽山名也今名

東冶

侯城在會稽縣東五十八里舊經云夏后氏少康封子無餘於越所都即此城也按史記少康庶子無餘封會稽以奉禹之祀文身斷髮披草萊而邑焉後二十餘世至允常舊經作二十餘世蓋誤矣

望烏臺王子年拾遺云越王入吳有丹烏夾王而飛故句踐之霸也起望烏臺以表其瑞

宴臺在城東南舊經云吳王聞越王石臺之游未嘗敢上以為畏法服威也

任公子釣臺在稽山門外華氏攷古云昔海水嘗至臺下今水落而遠爾或云在南巖寺又云在陶宴嶺

詳見南巖注

遊謝鄉在上虞俗傳謝康樂舊遊也紹興初陳子高克詩云

雨裏落帆遊謝鄉寒聲古木共荒涼四山爲我洗蒼玉况

有故人歸上方故人汪彦章也時寓東山國慶院故云

靈女臺在諸暨縣東北

越臺李白詩云東嶺横秦望西陵拱越臺湖清霜鏡

曉濤白雪山來張泊詩云我愛眞人居高臺倚寥沈

陶朱公釣臺十道志云會稽縣南

越王臺舊經云種山東北李公垂詩云伍相廟前多

白浪越王臺上少晴煙竇鞏詩云鷓鴣飛上越王臺

觀臺一名游臺越絶云句踐伐吳徙琅邪起觀臺周七里以望東海水經云越起靈臺於山上作三層樓以望雲物川土明秀號勝地

賀臺水經云長湖山之西嶺有賀臺越入吳還而成之故名

松花壇在雲門唐大曆中嚴維呂渭茶宴於此聯句云幾歲松花下今來草色平遶壇煙樹老入殿雨花輕

千人壇即禹陵也史記正義引會稽舊記云禹葬茅山有聚土平壇人功所作故謂之千人壇

越州學舊址未詳齊賢良唐上成度支書云東南方國禹會爲大歲籍貢舉僅百餘人學校不修生徒挑闥比年二千石未遑斯制誠因農隙考制度庀工徒新先儒之宮東南士子豈不佩執事訓以風鄉黨乎以時攷之成度支悅守越天聖六年以迄九年也賢良前以進士起家首率其里人裒緡錢得二十餘萬欲市書入學以講肄之所未宇故以此書諷之方是時學貢雖不廢其陋已甚慶曆四年　詔諸路州府軍監各立學越大州其奉承詔令宜也今驗諸故府載籍文書則無所見按沈少卿紳撰越帥沈公生祠

記云嘉祐六年吴興沈公大治學教新其宫居而尊勸之又張侍御伯玉撰新學記云始州將渤海刁侯擇地卜築繼以紫微吴興沈侯勇爲之文易地于杭凡三年君侯至而成之今以題名參訂渤海刁侯乃景純也以嘉祐五年到吴興沈侯乃文通也以嘉祐六年到君侯乃章伯鎮也以治平二年到伯玉踵文通後以嘉祐八年到明年徙郡去而伯鎮繼之盖伯玉二年於此經理繕造亦有勞焉第落成不及其在官之日爾又按吴監簿事實云監簿名敎嘉祐治平間捨宅爲學君子以爲賢於賀監一等今學相傳乃

監簿之故居也然則章伯鎮所成之學宫卽監簿所捨宅爾以歲月較之正合伯玉記不自書其功謙也然不及監簿捨宅則闕文爾

孔子殿嘉祐六年建先乎此者未詳沈遘撰永福寺大像贊嘉祐六年長興公來治是州大治學宮取寶積舊殿爲孔子殿按太守題名碑長興公卽沈文通也

壽樂堂在今通判南廳熙寧中簽書判官廳公事太子中舍張次山始建卽簽判舊廨之南堂也東坡詩云張侯眼力覷天奥能遣荆棘化堂宇時東坡倅杭州因寄題爲越帥沈諫議立詩云會稽四面是湖山

亭在湖山勝絶間其全篇見掇英集建炎兵火堂濠

僉判丁君復作新之傅給事崧卿譔記去朽者王承

福種樹郭槖駞以韓柳之傳黄四娘家花以少陵之

詩希元作堂有刻石在甫六十年堂壞石亡非東坡

詩盛行於世亦莫得而知之乃知文辭之行遠不朽

於金石矣次山字希元建鄴人通川志有張次山字東喬海陵人官至承義郎知信州亦嘗歷太子中舍恐此姓名同爾

民事堂王龜齡簽判日始榜龜齡賦六堂名民事記

天語也不才以敗官曠職爲憂所幸十一人甚賢同僚

朝夕講論無非民事之要者因爲賦以志之

范蠡壇在諸暨縣南九里有陶朱公祠

督護門十道志云晉中將軍王愔成帝拜爲督護到郡開此門出入時人貴之因以爲名梁元帝玄覽賦云御史之床猶在督護之門不修督護一作都督

迎恩門唐昭宗乾寧二年董昌僭竊錢鏐率兵至越之迎恩門望樓再拜而諭之蓋此門自唐有之

申光門吳越備史云錢鏐攻亭山及申光門俗傳今常喜門是也

五雲門古雷門也西漢王尊傳毋持布鼓過雷門注云會稽有雷門舊有大鼓聲聞洛陽舊經云雷門句

踐舊門也重闕二層初吳於陵門格南上有蛇象而作龍形越又作此門以勝之名之爲雷去城百餘步十道志云句踐所立以雷能威於龍也門下有鼓長丈八赤聲聞百里孫恩亂爲軍人打破有雙鶴飛去晉傳亦載之唐詩云雷門曾化鶴謂此雷門後改爲五雲門唐書董昌傳嘗閱兵於五雲門吳越備史錢鏐攻五雲門遂平越州實乾寧三年五月也

廣平路治平末程給事師孟守郡喜遊山民爲闢此路因以氏名華氏攷古云在稽山門外一十里

秦稽顏延年和謝靈運還舊園云跂予間衡嶠易月

膳秦稽孟浩然久越中云未能忘魏闕空此滯秦稽

禹會鄉在山陰縣西五十里唐鄭魴龍瑞宮碑云千川萬山皆禹之會注云讀如會稽之會東坡濠山書云樵蘇已入黄熊廟烏鵲猶朝禹會村蓋濠梁亦有一禹會也

姚丘在上虞縣西四十里一名桃丘俗傳舜所生處傍有虞濱嫣石風土記云舜生於姚丘嫣水之内指石之東後人傳會其說非也

虹漾村在上虞縣西南載初鄉有握登聖母祠東西各有二赤岸俗妄指以爲舜生之祥

孟村在始寧以孟嘗所居得名今仍多孟姓者

顧墅在上虞縣江岸俗傳宋顧懽開學之所今訛爲故墅

西莊在上虞西南葛仙鄉傳云謝康樂之別墅也

安石渚世說劉尹爲會稽嘆曰我當泊安石渚下爾不敢復近思曠傍思曠阮裕也劉尹眞長也

諸越漢嚴助傳云會稽東接於海南近諸越北枕大江注謂越種非一故言諸越也春秋哀公十三年於越入吳杜預注云於越發語聲也舊經云周敬王時越王大鐔子允常允常拓土始大稱王春秋貶之號曰於越舊經未審何據當以杜注爲是越絕別傳云

越故治今大越山陰南斗也又云禹到大越山上漢汲黯傳奉使東越江揔脩心賦云喜南斗之分次肇東越之靈祕十道志越州乃東越之地也賈誼云百越晁錯云楊越夏侯勝云駱越劉遷云千越並屬支部越絶別傳又云何謂越絶曰越者國之氏絶者絶也謂句踐時也

橘園李公垂詩云園橘千株欲變金

石橋在五雲寺前蘇子美送張行之云五雲寺下石橋過六月谿風灑面寒今正炎天君獨往松間尋我舊題看或云石橋即靈汜橋未詳

白塔在會稽縣東俗號入仙塚華氏攷古云嵇叔夜過越宿傳舍過古伶官之餽得廣陵散曲終自指其葬處亢今猶存

應天塔今報恩寺浮圖也吳越春秋范蠡謂句踐曰王之築城其應天矣義取此錢參政端禮謀報恩寺塔記云天降相輪故有應天之號恐別有證

苦竹館唐劉長卿晚行次苦竹館詩云故驛花臨道荒村竹映籬

太平館南史褚伯玉居剡中齊高帝敕於剡白石山立太平館居之孔珪從其授道爲於館側立碑

黄閣舊經云黄閣故有銅漏王右軍書陸機漏賦歷代以爲寶今不存

雙闕舊經云城北門外雙木闕夾道闕樓内有築土漢時載長安土以爲闕也

美人宫在府東六里周五百九十步舊經云句踐游於美人謂此

文山水閣秦少游樂安公唱和序云文山永閣棹歌之詩公吏部蔣希魯也

西寺世説許詢王脩克法師並往會稽西寺講説未詳何所俗以光相寺爲西寺

瓜丘越有賀氏瓜丘王氏橘園胡氏梅山

永興市宋劉亮全景文孫超之進次永興市

山陰市梁郭世通嘗於山陰市貨物誤得一千錢追還本主以半直與之委而去會稽太守孟顗察孝廉不就

西陵砦皮光業謨錢武肅廟碑云漢漁浦黿石翼張下營蕭山西陵鱗次列砦

五官廨一云五官省寰宇記云在州東二里舊經云五官省令請白堂南址也十道志云兩廂梁是句踐廳事用者梁宋間以材爲後堂梁俗傳千載之木能

止心痛服之多愈

剡源鄉在嵊縣舊傳戴安道所居也今訛源爲元非是

繼錦鄉在嵊縣以史氏所居得名先是史屯田給登科至其姪中大安民子兵部侍郎叔軻繼以科名顯

瑞室在若耶山何太祖廟諱所居也衡陽王元簡守會稽時太祖廟諱築室若耶山山發洪水漂拔樹木此室獨存元簡令鍾嶸作瑞室頌以旌美之辭甚典麗

石壁精舍十道志云上虞縣石壁山南對小山方正如樓世號鼓吹樓謝靈運有石壁精舍詩

嶀山精舍水經云嶀山東北有太康湖晉車騎將軍謝玄舊居湖中築路趣山山中有三精舍

萬卷堂在新昌縣石溪鄉先達石待旦始剏堂貯書又爲義學三區號上中下書堂使學者迭升之人以此勉勵成名者衆傍又置議善閣占山水之勝俗傳舊有題名碑韓王汝譔記杜祁公而下七十二人皆由此登科今無所攷

石氏山齋晏元獻詩云書仙十閣壯儒宫靈越山川寶勢雄

北館王右軍爲會稽守子敬出戲見北館新壁白淨可愛取帚沾泥汁以爲書壁爲方丈二字觀者成市

見太平廣記
妙喜菴蔣希魯序云閏公越之大士於鑑湖中得唐妙喜菴遺址結茅而居之昔刺史李遜記云雲霞草樹橫在一目即其地也予遂以昔寺名其菴云
辨才香閣唐李褒題雲門香閣院云香閣無塵雪後天齊祖之雍熙寺記云普公歸老于辨才香閣香閣即雍熙之上方
嵊亭十道志云自剡至此谿流湍險商客往來皆以裝束齊張穆爲剡令至嵊亭生子因名曰嵊
鐵限僧坊在雲門辨才禪師所居事見尚書故實華

安仁有僧坊詩東坡詩都人踏破鐵門限黄金白壁
空堆床
光侯亭唐李訥尚書錢崔侍御於此
皇甫秀才山亭孟東野詩云嘉賓在何處置亭春山
巔説者云秀才皇甫冉也
果武亭世傳龜山自東武飛來也因以爲名元微之
醉題亭上云役役閑人事紛紛醉簿書工夫兩衙盡
留滯七年餘李公垂詩云蘭鷁對飛魚棹急彩虹翻
影海旗摇
海榴亭李公垂詩云海榴花早開繁蘂光照晴霞破

碧煙
望雲樓舊經云即句踐遊臺也
杜鵑樓樓前植杜鵑花故名見李公垂詩注
披雲樓齊祖之詩云元和文物盛群賢曾借蓬萊住
列仙畫入簾櫳煙外寺鑑揺臺榭水中天
滿桂樓李公垂詩序云架樓州城西南臨眺於外盡
見湖山别開外扉通杜鵑樓不啓重扃清夜開宴詩
云爲憐湖水通宵望不學樊楊却月樓
五雲亭在卧龍山章伯鎮所創有留題新建五雲亭
詩云卧龍東嶺冠雲霞亭面溪流對若耶

西亭舊經云在州西北五里

東亭在府橋東宋考功夜飲東亭詩云春泉鳴大壑皓月吐層岑

光風亭舊經云在城東北二百里

鏡光亭舊經云在會稽縣界

東齋舊經云漢王朗爲會稽郡守子肅隨在郡於東齋注易沈立越州圖序云刺史之居東齋西園皆燕游之最

志省堂嘉祐五年沈起譔記云余自監察出通判會稽郡所居之署大亭錢氏建者予取廢材隙功治而

完之不逾月而告成

涼堂見范文正清白堂記

井儀堂錢伯通謀記云堂在蓬萊閣之上望海亭之下西樓其左西園其右成於嘉祐六年主人刁公景純也

逍遥堂張伯玉寓興詩云旌麾千騎長風月一堂深

渌波亭向集賢傳式詩一沼開芳鑑雙橋亘采霓

知稼亭在蕭山縣景德中知縣杜守一建傍有嘯雲菴今廢

戴溪亭在嵊縣王龜齡詩云剡水照人碧剡山隨眼

青吾來非雷興甦上戴溪亭相傳邑令姜仲開始建
此亭改興盡今復其故
臨川亭在蕭山縣林樞密希詩云山川圖寫幾時休
再過蕭山歲已周客枕夢東南又北此身大似一虛
舟
會景亭在蕭山溪口寺范文正公題溪口云求取會
稽藏拙處白雲深處亦行春吳處厚詩云會景亭高
石作層
虛懶亭在上虞縣
懷謝軒在上虞縣紹興初邑令張彥聲建李莊簡公

題詩云此日開軒懷謝傳直緣談笑破符堅

三清木寶在禹祠告成觀翟忠惠家傳云公妙於刻塑授法工師於會稽告成觀刻三清玉帝眞武像神氣虗閑如與人接郡人謂之木寶

潯陽公祠堂乃參政翟公也家傳云邦人塑公像於龍瑞宫能仁寺以射孤之日脩梵供户繪其像畫史至摹本之直以售

孔郎祠晉孔愉也初愉隱新安山中改姓孫氏以稼穡爲事信著鄉里後忽捨去皆謂爲神人爲之立祠

和旨樓西溪叢語云紹興府軒亭臨街酒樓翟公遜

為郡日為和旨樓取西漢酒酤在官和旨便人也翟
忠惠家傳云富民諸葛氏即所居為樓歲久為物所
憑公命闢樓為酒肆名曰和旨
梁武帝書堂在諸暨永福院之東華安仁詩云六龍
未入雍州日曾負詩書卧白雲謂此又山陰法華山
亦有武帝遺迹云與惠舉禪師同學也
金堂玉室晉許邁傳邁嘗遺王羲之書云自山陰南
至臨安多有金堂玉室仙人芝草左元放之徒漢末
諸得道者皆在焉東坡九仙山詩云金室玉堂餘漢
士桃花流水失秦人又詩云若逢逸少問金堂應與

嵇康留石髓蓋引用此事

側理紙庫小說王右軍在會稽時亘温求側理紙庫中有五十萬盡付之又百衲琴云王右軍在會稽謝安乞牋紙庫内有九萬枚盡與之亘温云逸少不節東坡云右軍以紙五十萬與亘温何足道此史官之陋而魯直亦云爾何哉側理庫未詳何所以右軍守會稽時事故繫之

望陵祠蘇鶚演義引述異記云會稽山有虞舜巡狩臺下有望陵祠

聖母閣在龜山寶林寺錢遜王詩云有時風掣浪聲到半夜月排山影來

紫陰院傳燈録唐契真禪師到越州雲門初住鏡中紫陰院廉帥裴肅請歸郭內句踐城東覺太祖廟諱寺

智者院太平廣記越州山陰縣智者禪師院有一池師嘗贖生放之有鼉常食其魚師患之取鼉送向禹廟池中至夜復來師祝曰汝勿食我魚則從汝師亡鼉亦不見

上省院在諸暨縣楊次公詩云西軒一泓水瑩淨碧琉璃天人舉目視中有魚龍知不知後人因以琉璃名軒

西巖院在諸暨縣西有丁令威丹井

迎山閣在上虞縣

碧蓮堂在諸暨縣永慶院楊次公飛白書額三大字

逍遥齋在諸暨縣簿治吴處厚譔記并書

雲水院齊祖之詩云獨坐澗邊聽水落却來洞口看雲生

蘸碧軒在鏡湖上今亡其處齊祖之詩云飛棟新成蘸碧軒會稽山脚照湖邊

稽亭唐詩人多用之謂會稽山陰之蘭亭也宋之問三月三日云稽亭追往景睢苑勝前聞劉昚虚得送元曉歸越云重疊稽亭路或云雙林亦有稽亭蓋名偶同爾

句餘水經引謝康樂云山海經浮玉山在句餘東五里便是句餘縣之東山乃應入海具區今在餘姚鳥道西北何山北望具區也酈道元注水經云郭氏於地理甚昧姑録之

水仙家唐人越中寒食云緑楊陰轉畫橋斜舟有笙歌岸有花盡日會稽山色裏蓬萊清淺水仙家可見當時景物略與今同

笋莊方干越中詩云沙邊賈客喧漁市島上潜夫醉笋莊潜夫乃干自謂也又西島言事云歲計有時添橡栗生涯一半在漁舟今人但謂之方干島

白波潭。方干陪五大夫泛鏡湖云「日白波潭上魚龍氣，紅樹林中鷄犬聲」。

鏡亭。白樂天對月懷元微之詩云「思遠鏡亭上，光深書殿裏」。

凝虚館。在上虞縣。石曼卿有寄題蘇簿凝虚館詩，今廢。

會稽志卷第十八

會稽志卷第十九

雜紀

顧長康從會稽還人問山川之美顧云千巖競秀萬壑爭流草木蒙籠其上雲興霞蔚

王逸少作會稽初至支道林在焉孫興公謂王曰支道林拔新領異胷懷所及乃自佳卿欲見不王本自有一往雋氣殊自輕之後孫與支共載往王許王都領域不與交言須臾支退後正值王當行車已在門支語王曰君未可去貧道與君小語因論莊子逍遥遊支作數千言才藻新奇花爛映發王遂披襟解帶

留連不能已
孫綽賦遂初築室畎川自言止足之分綽遂初賦敘稱經始東山建五畝之宅齋前種一株松恒手自壅治之高世遠時亦
隣居世遠高柔字也語孫曰松樹子非不楚楚可憐但永無
棟梁用耳孫曰楓柳雖合抱亦何所施
阮光祿在剡裕字思曠已見曾有好車借者無不給有人葬
母意欲借而不敢言阮後聞之歎曰吾有車而使人
不敢借何以車爲遂焚之
支道林許椽諸人共在會稽
都講道林時講維摩語經支通一義四座

曰風霜固所不論乃先集其慘澹郊邑正自呻便已皓然

王脩齡嘗在東山甚貧乏陶胡奴爲烏程令王胡之字脩齡琅邪臨沂人廙之子胡奴陶範小字也送一船米與之卻不肯取直荅語王脩齡若飢自當就謝仁祖取食不須陶胡奴米

戴安道既厲操東山而其兄欲建式遏之功謝太傅曰卿兄弟志業何其太殊戴曰下官不堪其憂家弟不改其樂

許玄度隱在永興南幽穴中每致四方諸侯之遺或謂許曰嘗聞箕山人飲不爾耳許曰筐篚苞苴故當

輕於天下之寶耳

郗超每聞欲高尚隱退者輒為辦百萬資并為造立居宇在剡為戴公起宅甚精整戴始往舊居與所親書曰近至剡如官舍

謝靈運好戴曲柄笠孔隱士謂曰卿欲希心高遠何不能遺曲蓋之貌孔淳之魯人隱上虞山已見謝曰將不畏影者未能忘懷並世說

太尉賈充問會稽夏統曰卿頗能作卿土地間曲乎統曰先公惟寓稽山朝會萬國授化鄙邦崩殂而葬恩澤雲布聖化猶存百姓感詠遂作慕歌孝女曹娥

年甫十四貞順之德過越梁宋其父墮江不得屍娥仰天哀號中流悲歎便投水而死父子喪屍後乃俱出國人哀其孝義爲歌河女之章伍子胥諫吴王言不納用見戮投海國人痛其忠烈爲作小海唱今欲歌之衆人僉曰善於是以足叩船引聲喉囀清激慷慨大風應至含水漱天雲雨嚮集叱咤讙呼雷電晝暝集氣長嘯沙塵煙起王公以下皆恐止之乃已

會稽郡貴重望計及望孝盛族出身不減祕著宋泰始七年太守蔡興宗欲舉山陰孔仲智子爲望計郭原平次息爲望孝仲智會土高門原平一邦至行欲

以相敵會明帝别敕用人二選並寢 南史

虞寄年數歲客有造其父遇寄於門嘲曰郎中姓虞必當無智寄應聲曰文字不辨豈得非愚客大慙入謂其父此子非常人文舉之對不是過也 南史

隋煬帝幸汴時越土進耀花綾有紋突起特有光彩絲女乘樵風於石帆山下收野蠶繭繅之絲女夜夢神人告曰禹穴三千年一開汝所得野蛾繭即江淹書槖中壁魚化之絲織爲裳必有文彩既織成果有光彩人間不敢服遂進之 南部煙花録

越州秘色磁器世言錢氏有國日作之輒用故云秘色

按陸龜蒙集越器云九秋風露越窯開奪得千峯翠
色來好向中霄盛沆瀣共嵇中散鬭遺杯乃知唐已
有秘色非錢氏爲始今耀州陶器名曰越器
吳筠字貞節華陰人通經誼美文辭舉進士不中去
居南陽倚帝山天寶初召至京師南遊天台觀滄海
與有名士相娛樂文辭傳京師明皇遣使召見大同
殿與語甚悦勑待詔翰林獻玄綱論三篇帝常問道
對曰深於道者無如老子五千言復問神仙治鍊法
對曰此野人事積歲月求之非人主宜留意未幾懇
陽事作乃復東入會稽剡中

唐陳閎會稽人以能寫真人物子女等本道薦之玄宗開元中召入供奉每令寫御容妙絶當時玄宗射豬鹿兎鴈等并按舞圖真容皆受詔寫皃又太清宮肅宗真容匪唯龍顔鳳姿日角月宇之狀而筆力道潤風彩英逸合符應瑞天假其能也國朝閻令公之後一人而已令咸宜觀天尊殿内畫上仙圖及當時供奉道士等真皆其蹤也

李舟好事嘗得柦舍煙竹截以爲笛堅如鐵石以遺李蔂。蔂吹笛天下第一自教坊請假至越州公私更宴以觀其妙時州客舉進士十人同會鏡湖欲邀李生相約各一客會中有一人不邀他請其鄰居有獨孤生年老久處田野人事不知至是遂應命到會李生捧笛一發之後昏曀皆霽髣髴如有鬼神坐客贊歎獨孤生乃無一言李生以為輕己意甚忿之良久又作一曲無不賞駭獨孤生又無言召者甚悔誚責之獨孤生不荅但微笑李生曰公如此是輕薄為復是好手獨孤生乃徐曰公安知僕不會坐客皆驚李生改容謝之獨孤曰公試吹涼州至曲終獨孤生曰亦能妙然聲調雜夷樂得無有龜茲之侶乎李生大駭曰丈人神絕其亦不知本師實龜茲人也又曰第

十三疊入水調足下知之乎李生曰某實不覺獨孤生乃取吹之李生更有一笛拂拭以進獨孤視之曰此都不堪用執者粗通耳乃換之曰此至入破必裂得無悋惜否李生曰不敢遂吹聲發入雲四座震慄至第十三疊歇示李生謬誤之處敬伏將拜及入破笛遂敗裂不復終曲李生再拜衆散明旦李生并會客皆往候之至則唯茅舍尚在見太平廣記出逸史

唐僖宗西幸之年有會稽山處士孫位隨駕止蜀位有道術兼攻書畫皆妙得筆精曾於應天寺門左壁畫天王部從鬼神奇怪斯存筆勢狂縱三十餘年無

有敵者景煥其先亦專書畫嘗與翰林歐陽學士炯迺志形之友一日聯騎同遊兹寺偶畫右壁天王以對之渤海復作歌行一篇有草書僧夢龜後至請書之於壁成天號爲應天三絶

會稽謝玄卿好呼吸延年之術常作東郭先生導引法服仙人五明散年近百歲而精力不衰後採藥至五泄溪偶得一路前有石門夾道皆生桃枝細竹飛泉鳴籟響亮空山可三四里石壁曲轉蒼翠臨雲又數百步值一横溪俯臨峻壁淙湍激溜上有石梁纔可並足乃匍匐而度至前轉寬斑斑若有人路連崖

重嶂略無斷鈌，多生櫻桂高樹，淩霄蒙籠，隱靄披拂
左右，稍聞鍾磬，尋之而去，忽遇神女數人逍遥林下，
被服纖麗，姿艷華穠。玄卿乃前拜之，皆相視而笑，謂
曰：「非謝卿乎？相望久矣。」乃引玄卿登一峻嶺，絶磴危
壁，手相承掩，遂至一處，豁然平敞，玉堂朱閣，炳煥其
中，云此東華夫人所居也。

徐鉉述祖先生墓誌序云：門生彭汭登第，補本郡司
倉掾，嘗與社祭，齋于郡之延慶院，獨處一室。既寢
而精爽不寧，展轉至四鼓乃得寐，夢一白衣書生入
户，謂汭曰：「某嘗述少文詞在此室，司倉當見之也。」汭

前以未見書生曰試爲讀之言訖而去及寤猶四鼓因呼僕秉燭周視牆壁間意謂有留題者而都無所見惟户扇下有石方尺餘塵土蒙之視彷彿有賀監字乃知此是也紀事罷移置廳前以水滌之文字依然即進士許鼎所撰祖先生墓誌也問主僧云十年前院側數十步官置瓦窑掘地得之而掌役者軍吏也不曉其所自但見有文因惜不毀而置此按賀監以天寶三載始得還鄉既而天下多事遂與世絶止於吴越故老亦不能知其所終微彭子之夢則賀監輕舉之迹與祖君高尚之節皆湮没矣墓誌云通和

先生祖君名貫字子元范陽人性寬平州里莫見其喜怒長短頗覽書尤工詩句天才默識少有倫侶蓋修黃老之術初賀監得攝生之妙近數百年不死賀笈賣藥如韓康伯近在天台山升遐徧於人聽元和已亥年先生遇之謂曰子寬中柔外可以語至道也候今歲遇爾於小有乃授斷穀丹經先盟而授之吞一粟則十年不飢一日謂門人曰賀公之期至矣乃沐浴委化

龍圖閣直學士燕肅著海潮論曰觀古今諸家海潮之説多矣或謂天河激湧亦云地機翕張盧肇以日

激水而潮生封演云月周天而潮應挺空入漢山涌
而濤隨析木大梁月行而水大源殊派異無所適從
索隱探微宜伸確論大中祥符九年冬奉　詔按察
嶺外嘗經合浦郡沿南溟而東過海康歷陵水涉恩
平往南海迨由龍川抵潮陽泊出守會稽移蒞句章
是以上諸郡皆沿海濱朝夕觀望潮汐之候者有日
得以求之刻漏究之消息十年用心頗有準的大率
元氣噓吸天隨氣而漲斂溟渤往來潮順天而進退
者也以日者重陽之母陰生於陽故潮附之於日也
月者太陰之精水者陰故潮依之於月也是故隨日

而應月依陰而附陽盈於朔望消於朏魄尾魄於上
下弦息於輝朒故潮有大小焉今起月朔夜半子時
潮平於地之子位四刻一十六分半月離於日在地
之辰次日移三刻七十二分對月到之位以日臨之
次潮必應之過月望復東行潮附日而又西應之至
後朔子時四刻一十六分半日月潮水亦俱復會於
子位於是知潮當附日而右旋以月臨子午潮必平
矣月在卯酉汐必盡矣或遲速消息又小異而進退
盈虚終不失於時期矣或問曰四海潮平來皆有漸
唯浙江濤至則亘如山岳奮如雷霆水岸横飛雪崖

傍射澎騰奔激吁可畏也其可怒之理可得聞乎曰或云夾岸有山南曰龕北曰赭二山相對謂之海門岸狹勢逼湧而爲濤耳若言狹逼則東溟自定海吞餘姚奉化二江侔之浙江尤甚狹逼潮來不聞濤有聲耳今觀浙江之口起自纂風亭（地名屬會稽）北望嘉興大山水闊二百餘里故海商舶船怖於上潬（水中沙爲潬徒旱切）惟泛餘姚小江易舟而浮運河達于杭越矣蓋以下有沙潬南北亘之隔礙洪波蹙遏潮勢夫月離震兌他潮已生惟浙江水未泊月徑潮巽乾來已半濁浪推滯後水益來於是溢於沙潬猛怒頓湧聲勢激

射故起而爲壽耳非江山淺逼使之然也宜哉燕公以大中祥符九年爲廣東提點刑獄又嘗知越州移明州故能攷論其詳如此有海潮圖亦其所作

两浙田税畝三㪷錢氏國除　朝廷遣王贄均两浙雜税方贄悉令畝出一斗使還責擅减税額方贄以謂畝税一斗者天下之通法两浙既已爲王民豈當復循僞國之法　上從其説至今畝税一斗者自方贄始唯江南福建猶循舊額蓋當時無人論列遂爲永式贄尋除右司諫終於京東轉運使有五子皐準覃鞏罕準之子珪爲丞相其他亦多顯者豈惠民之

報敕

紹興元年十一月上虞縣丞婁寅亮上封事先正有言
太祖舍其子而立弟此天下之大公也周王薨
章聖取宗室子育之宮中此天下之大慮也
仁宗皇帝感悟其説制詔
英祖入繼大統文子文孫宜君宜王遭羅變故不斷
如帶今有天下者獨　陛下一人而已恭惟　陛下
克己憂勤備嘗艱難春秋鼎盛自當則百斯男屬者
椒寢未繁前星不耀孤立無助有識寒心天其或者
深惟　陛下追念

祖宗公心長慮之所及乎崇寧以來諛臣進說推
濮王子孫以爲近屬餘皆謂之同姓致使
昌陵之後寂寥無聞奔迸藍縷僅同民庶臣恐祀豐
于昵仰違天鑒
藝祖在上莫肯顧歆此
二聖所以未有回鑾之期黠虜所以未有悔禍之意
中原所以未有息肩之時也欲望　陛下於子行中
遴選
太祖諸孫有賢德者視秩親王使牧九州以待　皇
嗣之生退處藩服更加廣選

宣祖

太宗之裔材武可稱之人升爲南班以備環列庶幾

上慰在天之靈下係人心之望臣老書生白首選

調垂三十年今將告歸不敢終默位卑言高罪當萬

死惟　陛下裁赦寅亮字陟明永嘉人早游上庠有

聲南渡後始爲上虞丞

高宗皇帝車駕駐會稽陟明扣閽抗疏首發大計

上讀之歎寤富直柔時在西府從而薦之即令召對

改官除監察御史未幾會秦檜用事寅亮不能諂附

故不復收用以死

孝宗即位史浩輔政以爲當有褒顯如范鎮故事
上曰此皆出
太上本意豈可論臣下之功遂止
孝宗聖孝如此

王翿者字文輝開封陳留人徙湖之安吉登崇寧五年進士第歷主客員外郎太府少卿方建炎三年冬十一月　車駕東巡海道翿爲浙東提點刑獄李鄴知越州鄴者前參知政事邴之兄當奉使金虜冒虜兵而前矢中其額執政以爲必能死守故留鄴守越以捍虜虜付兵幾萬人府庫亦多留越鄴貪懦比虜至

杭不復為守禦計陰遣人與虜通北虜入境率官奉
迎之翺前揣知其情以巡所部寨柵為名之旁郡北
鄰降虜入會稽久之亦遁去翺乃歸遂權州事有苦
竹溪土豪胡人參與弟木香等聚群盗自稱鄉兵至
近郊翺開東門納之初不能節制郡人因以為憂人
參等肆掠奪翺亦大憂不知所出時以謀於郡人又
不能用人參因逼翺具奏以己力戰勝虜復州城為
功翺不從雖不得已草奏然頗以實言人參遣木香
逼請不已翺竟不可人參怨怒且懼外兵至乃劫請
翺至其所駐禹跡寺東省院欲與俱去翺又不從使

數人曳之出翻堅坐不起遂腰斬之子鎬年二十二奮起搏賊亦見殺皆肆諸寺門將官曹績亦俱死績有子聞變從外馳至伏父尸舐血號慟不止賊白刃交下終不顧遂抱父尸以死翻雖無他才能智略以制羣盜然初自拔去不預李鄴附虜之事及人參劫請奏功若屈從之既可賒死　朝廷方艱難時亦未必深責翻不敢欺卒以實奏豈不知將死猶能如此亦不為無可稱矣事聞翻自朝請郎贈朝請大夫鎬自將仕郎贈文林郎録其孤二人然其後卒不振父子至今槀殯梅山本覺寺亦可哀矣

曾忠中書舍人肇之孫以新通判温州權浙東安撫司主管機宜文字建炎四年金虜入州境安撫使李鄴降虜郡官多遁去其儒者從鄴請降忠獨慷慨誓死不肯下拜被執愈奮起罵虜虜怒併執其妻子喻使降則全其家且富貴之忠罵不止遂死闔門數十口皆死惟一子宻尚幼其乳母於亂尸中救護久乃蘇然亦刀痕被體殆天全其嗣也虜退部使者宋公煇聞于 朝宻以死事孤命官

石景衎字慎思應舉年省試治周禮試官考校義卷兩副一則該博而詞不工疑其爲老儒一則詞義整

齊疑其少年試官僉欲取老者未决夕夢一書生來見絀往反久之覺而與同官言皆笑或不以爲然取卷子衆觀亦如前議是夕試官五人皆同夢異而竟取疑爲少年者榜出即石景術也狀皃乃夢中所見正介甫欲嫁姪女與之吕吉甫聞其事意其當貴遂以女適景術介甫怒由是吉甫罷叅政出知楊州景術曾作祠曹郎官止監司太守後無疾死介甫姪女嫁葉致遠者是也　清尊錄

紹興三年大理評事石邦哲言近僞徐王李敎帝姬阿易之來遣使迓之絡繹于道有以見陛下之親

睦既察其詐付之有司又有以知　陛下之明斷臣聞漢光武之誅王郎雖或者疑其為成帝遺體而猶誅之蓋惡人之惑衆而偽者莫辨也唐代宗之詔母后嘗曰寧被百罔冀得一真蓋懼人之避辠而真者莫至也李敷阿易之事巳播告四方尚恐　皇族有自虜中脫身南歸宜令州縣驗實許以推賞庶得其真以茂本支庚申　詔禮部遍牒諸路　中興小曆

初紹興八年除先為參知政事右從政郎楊煒寓行在聞之曰此吾鄉先生也今得位必盡行所學夂之無所聞時　朝廷方與金人議和煒不以為是以書責

光感其言遂引去二十二年煒為黃巖令有聲蕭
振知合州薦煒改秩俄有縣吏得煒書有詆時相語
以告浙東提刑秦昌時昌時以聞于朝詔送大理
寺獄具煒除名送萬安軍編管兄選人炬亦連坐羈
置邕州振罷仍落徽猷閣待制池州居住中興小曆
畢景儒仲荀言其先人天聖中為會稽稅官夏夜暴
風震霆而無雨空中有人馬聲終夜方息闔城皆聞
之明日禹廟令申州是夜二鼓殿門關鎖忽有掣開
風霆自殿中起直西南去州遣官驗之百里間林木
禾稼皆顛仆

新昌石佛螺髻上有靈芝香聞數十步夜有光煜然何德揚偁言嘗登山遥望見之有大虵環守不可輙近

陸左丞夫人大觀庚寅在京師病累月醫藥莫効雖名醫如石藏用輩皆謂難治一日有老道人狀貌甚古銅冠緋氅一丫髻童子操長柄白紙扇從後過門自言疾無輕重灸立愈延入問其術道人探囊出少艾取一軌灸之夫人方卧忽覺腹間痛甚如火灼道人遂徑去曰九十歲追之疾馳不可及後二十餘年年八十三乃終又二十·年孫提刑洋監三江鹽場偶飲酒於一士人毛氏忽見道人衣冠及童子悉如夫人

平日所言方愕然道人忽自言京師炙甎事言訖還遁去遍尋不可得毛君云其妻病道人爲炙屋柱十餘壯脫然愈方欲謝之不意其去也世或疑神仙以爲渺茫豈不繆哉

會稽天寧觀老何道士喜栽花釀酒以延客居於觀之東廊一日有道人狀貌甚偉款門求見善談論喜作大字何欣然接之留數日乃去未幾有妖人張懷素號張落托者謀亂乃前日道人也何亦坐繫獄以不知謀得釋自是畏客如虎杜門絶往還忽有一道人亦美風表多技術觀之西廊道士曰張若水介之

來謁何大怒曰我坐接無賴道人幾死於囹圄豈敢復見汝耶因大罵闔扉拒之而此道人蓋永嘉人林靈噩也旋得幸貴震一時賜名靈素平日一飯之恩必厚報之若水乘驛赴　闕命以道官至蘂珠殿校籍視殿修撰父贈朝奉大夫毋封宜人而老何以嘗罵之朝夕憂懼若水爲揮解且以書慰之始少安觀中人至今傳以爲笑

老葉道人龍舒人不食五味年八十七八平生未嘗有疾居會稽舜山天將寒必增屋瓦補牆壁使極完因不帷投廉多儲薪炭杜門終日及春乃出弟子曰

小道人極愿慤嘗歸淮南省親至七月望日隣有住菴僧召老葉飯飯已亟辭歸問其故則曰小道人約今日歸矣僧笑曰相去二三千里豈能必如約哉葉杲然此子平日未嘗妄也僧乃送之歸及門小道人已弛擔矣客每訪之拱揖甚謹然不肯多語或默作意欲扣其所得纔入門即引入卧内燒香具道其遇師本末若先知者亦異矣夫

石道叟公轍鄉里名士有朱夷行希言殁於東都朱兄通直昌言字達可聞赴告質産迎其喪不足則貸於閭里未辦方憂不知所爲而道叟已送柩在門矣於

見道叟為太學諸生夷行病瘦　遠客無親黨在都道叟獨謁醫為治療既不起則空　其囊為具棺斂買舟載之歸　初道叟未四十得眼疾　至是舟行遇大熱疾遂劇幾喪明夜夢夷行如平生　曰目疾柰何有爾朱先生藥其效如神覺而異之明目至京口岸濱有二人者自相語曰爾朱何義也公憶昨夢卿叩之其人曰前小街中有賣尔朱先生眼藥者不知所謂耶復諭之耳道叟因相與訪求之不百步已至其處欵門求藥出百許貼皆細如芥子問其直曰貼須三錢爾因盡買之服未數日瞳人如著水舟行至東則視瞻

已清明復初矣其後年八十乎自校書燈下作牛毛
小楷如年少書生豈冥報歟道叟紹興初以特奏名
第一人賜同進士出身仕至大宗正司主管宗室財
用云
王性之讀書真能五行俱下往往它人纔三四行性之
已盡一紙後生有投贄者且觀且捲俄頃即置之以
此人疑其輕薄遂多謗毀其實工拙皆能記也既卒
秦熺方恃其父氣燄熏灼手書移郡將欲取其所藏
書且許以官其子長子仲信名廉清苦學有守號
泣拒之曰願守此書以死不願官也郡將以既福誘

賫之皆不聽熺亦不能奪而止

鄭鼎之字從革事親至孝建炎庚戌虜入會稽鼎之父七十餘卧病不能避去家人奔散鼎之獨衣冠侍父煑粥藥進之賊至即泣訴曰老父病革不能去乞全餘命賊亦爲歔欷捨去至者數輩乃相戒勿入孝子門父子卒皆無恙

王公衮　母墓爲盜所發有司薄其罪公衮手斬盜首詣州自言兄佐　請納所居官以贖其罪時王侍御十朋爲簽幕賦詩以美之云邑子大節孝與忠父母仇讎天不同賢哉會稽王孝子感槩有古烈士風松楸

一夕盜破家親獲鼠輩聞之公有司守法貸其命孝子銜恨無終窮誰謂書生膽如許兒若戹羸中甚武手斬凶人提髑髏請死申寃詣公府君不見齊襄內行世所羞春秋賢之緣復讎又不見子胥鞭尸報父恐太史爲之作佳傳君今枕戈志已伸更須移孝爲忠臣它年當作傳介子誓斬樓蘭雪　國耻

翟參政汝文守會稽以擅放逋賦自顯謨閣學士降為直學士謝表曰敢若秦人坐視越人之瘠既安劉氏固知晁氏之危一時皆傳誦之

綦內相崈禮自會稽奉祠去謝表曰雜宮　錦於漁蓑

敢忘君賜話玉堂於茅舍更覺身榮秩滿再奉祠又表謝曰欲掛衣冠尚低回於末路未先犬馬儻遂近於初心皆傑作也

蘭亭之會自右軍謝安而次四十一人至唐大曆中朱迪呂謂吳均等三十七人經蘭亭故地聯句有賞是文辭會歡同癸丑年之句東坡和陶詩云再遊蘭亭默數永和必有此事 叢語

梁王籍字文海天監中爲湘東王諮議參軍隨府會稽郡至若耶溪賦詩云蟬噪林逾靜鳥鳴山更幽劉孺見之擊節不能已已王荆公以爲兩句意同乃晉

以後人病别取古句風定花猶落對之信爲奇絶也
唐竇庠作于闐鍾歌送靈徹上人歸越序云靈嘉寺
鍾寀越中記此鍾本于闐國寺鍾因風雨失鍾所在
有天竺僧過于闐識此鍾于越靈嘉寺至今鎖在寺
樓靈嘉寺今福慶寺是也詩云海中有國傾神功烹
金化成九乳鍾精氣激射聲冲融護持海底諸魚龍
聲有感神無方連天雲水無津梁不知飛在靈嘉
寺一國之人皆若狂東南之美天下傳瓌文萬狀無
雕鐫有靈飛動不敢懸鎖在危樓五百年有時清秋
日正中繁霜滿地天無風一聲洞澈八音盡萬籟悄

然星漢空徒言允質千鈞重一夫之力能振動大譙小鳴須在君不擊不改終不聞高僧訪古稽山曲終日賞之言不足手提文鋒百鍊成恐剃此鍾無一聲

高騈寄越僧詩云輕堅筇竹杖一枝有九節寄與沃洲僧閑步青山月至今筇杖以九節爲貴

戴叔倫贈秦系詩云北人歸欲盡猶自寓蕭山閉户不曾出詩名滿世間系居蕭山今不知其地矣近時徐師川過上藍莊詩云詩名空復滿世間白鬚蕭蕭今老矣用叔倫語也

越人俚語謂久不得見者曰恰似菖蒲花難見面

按施肩吾詩有古相
花則俚語亦久矣
越漁者楊父一女絶色爲詩不過兩句或問胡不終篇荅曰無奈情思纏繞至兩句即思迷不繼有謝生求娶焉父曰吾女宜配公卿謝曰諺云少女少郎相樂不忘少女老翁苦樂不同且安有少年公卿耶翁曰吾女詞多兩句子能續之稱其意則妻矣示其篇曰珠簾半牀月青竹滿林風謝續曰何事今宵景無人解與同女曰天生吾夫遂偶之後七年春日楊忽題曰春盡花隨盡其如自是花謝曰何故爲不祥句

楊曰吾不久於人間矣謝續曰從來說花意不過此容華楊即瞑目而逝後一年江上煙光溶曳見楊立於江中曰吾本水仙謫居人間後償恩之即復謫下不得爲仙矣

三鄉題云予家本若耶溪東與閨中同志者紉蘭佩蕙趨幽閑人境不得已從人不幸良人已失邈然無依命筆聊書絶句名姓二九子爲父後玉無瑕弁無首荆山石往往有以筆墨非女子之事名姓故隱而不書詩曰昔逐良人西入關良人身没妾東還謝娘衛女不相待爲雨爲雲歸舊山李舒解曰二九十八

也十加八木字子爲父後木下子李字玉無瑕去其點也弁無首存其廾也王下廾弄字也荆山石往往有者荆石多韞玉當是姓李名弄玉也

蕭山王兵部紘嘗發地得小青石版甚薄上刻詩三首八分小字甚工妙詩云揺漾越江春相將采白蘋歸時不覺夜出浦月隨人又曰家寄征河岸征人久遠遊不如潮有信每日到沙頭又曰采晚南湖去參差浪痕前洲在何處孤恨與誰論不知何人詩也

唐默字存中會稽人博極羣書文辭高古陸農師列爲上客爲臨川法掾遊從甚久每愛其詩曰茅屋一

聞雪紙窻宜讀書又曰山林誤採槍旗信却恠枝頭雪未消禱雨云下僚應有隨車喜遥見枝頭少女風送高卒應云莫似君家三十五時來不寄一行書皆奇句也出漁溪叢話

越州應天釋希圓姑蘇人所居琅邪山山下有井井有鰻鱺魚水有盈縮與江潮相應甚多靈恠按爾雅山有穴為岫徐季海詩云孤岫龜形在乃不成語蓋謝玄暉云窻中列遠岫已誤用此字季海承誤耳按楚詞云収恢台之孟夏恢大也台即胎也言夏氣大而育物季海詩云高閣無恢炱直言無暑氣耳似不

合古語爾雅云夏為長嬴嬴即恢台也若言高閣無長嬴可乎能奴登切獸名熊屬足似麋鹿絕有力故有絕人之才者謂之能能奴來切三足鼈也今於來字韻中用法士多壞能乃是僧　似鼈耳然魏晉人作詩多如此借韻至李杜韓退之無復此病耳壯大壯之壯牡牝牡之牡詩中規模稱壯哉必壯字誤書爾魏晉人用字亦多如此蓋取字勢易工不復問字之根源如古人書橋橋直直皆不成字

僧宗昂住會稽能仁寺有故相寓寺中已而復相宗昂被　勑住持郎官馬子約題詩法堂壁上曰十年

衰病卧林泉鵷鷺群飛競刺天黃紙除書猶到汝固知清世不遺賢

義井在府東二里下爲大井裒丈上設三井口以受汲覆以大亭遇旱歲不㓕尤宜染練義者蓋以衆所共汲爲名今世俗置産以給族人曰義莊置學以教鄉曲子弟曰義學設漿於道以飲行旅曰義漿闢地爲叢冢以藏暴骨曰義冢東坡先生謫黃州取諸郡所餉酒者置一器中以觴客曰義樽近時州縣衆力共給役曰義役皆與衆同之意又俚俗有義父母義子孫義兄弟衣加襴曰義襴以髮作髻加首曰義髻

此又不可曉也

雲門僧彥强仲皎皆能詩强且死作詩云一間茅屋元無主付與山頭野火燒放筆而逝皎作送春長短句畢竟年年用着來何似休歸去詩家多許之

雲門僧行持高僧也初住雍熙退院結菴西谷有詩云快活有時無柰向遠菴長嘯兩三聲其高逸如此

雲門雲泉菴僧廣勤字行之能詩廉宣仲布嘗作墨梅贈之勤荅以詩云筆端造化如東君着物不簡亦不繁宣仲大稱之以爲非僧詩也

翟公巽叅政守會稽日命工塑真武像既成熟視曰

不似不似即日毁之別塑一今告成觀西廡小殿立像是也道士賀仲清在傍親見之而不敢問

政和後道士有賜玉方符者其次則金方符長七寸闊四寸面爲符背鑄　御書曰賜其人奉以行教有違天律罪不汝貸結於當心每齋醮則服之會稽天寧萬壽觀有老道士盧浩真者嘗被金符之賜予少時親見之

會稽志卷第十九

會稽志卷第二十

古詩文

會稽古文之傳於世三代以前不可攷越滅吳北與諸侯會盟周室歸胙宜有誥命盟誓之文可傳後世編簡殘闕亦無聞焉惟秦金石刻之在會稽者今具見太史公書斷以爲古文之首

秦德頌 文具碑刻門　李斯

賜嚴助書　漢武帝

制詔會稽太守君厭承明之廬勞侍從之事懷故土出爲郡吏會稽東接於海南近諸越北枕大江間者

闊焉久不聞問具以春秋對毋以蘇秦縱橫

曹娥碑　邯鄲淳

孝女曹娥者上虞曹盱之女也其先與周同祖末冑荒沉爰茲適居盱能撫節按歌婆娑樂神漢安二年五月時迎伍君逆濤而上爲水所淹不得其屍娥時年十四號慕思盱哀吟澤畔旬有七日遂自投江死經五日抱父屍出以漢安迄于永嘉青龍辛卯莫之有表度尚設祭誄之辭曰

伊惟孝女曄曄之姿偏其反而令色孔儀窈窕淑女巧笑倩兮宜其家室在洽之陽大禮未施嗟喪慈父

彼蒼伊何無父孰怙訴神告哀赴江永號視死如歸
是以眇然輕絶投入沙泥翩翩孝女載沈載浮或泊
洲嶼或在中流或趨湍瀨或逐波濤千夫失聲悼痛
萬餘觀者塡道雲集路衢泣淚掩涕驚動國都是以
哀姜哭市杞崩城隅或有剺面引鏡剺耳用刀坐臺
待水抱柱而燒於戲孝女德茂此儔何者大國防禮
自修豈況庶賤露屋草茅不扶自直不斲自雕越梁
過宋比之有殊哀此貞厲千載不渝嗚呼哀哉銘曰
名勒金石　質之乾坤　歲數歷祀
立廟起墳　光于后土　顯昭天人

生賤死貴　利之義門　何悵花落

飄零早分　䏻豔窈窕　永世配神

若堯二女　為湘夫人　時効髣髴

以昭後昆

上巳日會蘭亭曲水詩并序　王羲之

永和九年歲在癸丑暮春之初會于會稽山陰之蘭亭脩禊事也羣賢畢至少長咸集此地有崇山峻領茂林脩竹又有清流激湍映帶左右引以爲流觴曲水列坐其次雖無絲竹管絃之盛一觴一詠亦足以暢叙幽情是日也天朗氣清恵風和暢仰觀宇宙之

大俯察品類之盛所以遊目騁懷極視聽之娛信可樂也夫人之相與俯仰一世或取諸懷抱悟言一室之内或因寄所託放浪形骸之外雖趣舍萬殊靜躁不同當其欣於所遇暫得於己快然自足曾不知老之將至及其所之既倦情隨事遷感慨係之矣向之所欣俛仰之間以爲陳迹然不能不以之興懷況脩短隨化終期於盡古人云死生亦大矣豈不痛哉每覽昔人興感之由若合一契未嘗不臨文嗟悼不能喻之於懷固知一死生爲虛誕齊彭殤爲妄作後之視今亦由今之視昔悲夫故列敘時人録其所述雖

世殊事異所以興懷其致一也後之覽者亦將有感於斯文

四言

代謝鱗次忽焉以周欣此暮春和氣載柔詠彼舞雩異世同流乃攜齊契散懷一丘

五言

仰視碧天際俯瞰淥水濱寥闃無涯觀寓目理自陳大矣造化功萬殊莫不均群籟雖參差適我無非親

四言　　謝安

伊昔先子有懷春遊契茲言執寄傲林丘森森連嶺

茫茫原疇迴霄垂霧凝泉散流

五言

相與欣嘉節率爾同褰裳薄雲羅物景微風翼輕航

醇醪陶丹府兀若遊羲唐萬殊混一象安復覺彭殤

四言　　謝萬

肆眺崇阿寓目高林青蘿翳岫脩竹冠岑谷流清響

條鼓鳴音玄崿吐潤霏霧成陰

五言

司冥卷陰旗句芒舒陽旌靈液被九區光風扇鮮榮

碧林輝翠英紅葩擢新莖翔禽撫翰遊騰鱗躍清泠

四言　孫綽

春詠登臺亦有臨流懷彼伐木肅此良儔脩林陰沼旋瀨縈丘穿池激湍連濫觴舟

五言

流風拂狂渚亭雲蔭九皋鸎羽吟脩竹游鱗戲瀾濤攜筆落雲藻微言剖纖毫時珍豈不甘忘味在聞韶

四言　徐豐之

俯揮素波仰掇芳蘭尚想嘉客希風永歎

五言

清響擬絲竹班荊對綺疏零觴飛曲津歡然朱顏舒

四言　孫統

茫茫大造萬化齊軌罔悟云同競異摽旨平勃運謨
黄綺隱几凡我仰希期山期水

五言

地王觀山水仰尋幽人蹤迴沼激中逵踈竹間脩桐
因流轉輕觴泠風飄落松時禽吟長澗萬籟吹連峯

四言　王彬之

丹崖竦立葩藻映林淥水揚波載浮載沈

五言

鮮葩映林薄遊鱗戲清渠臨川欣投釣得意豈在魚

四言　王凝之

莊浪濠津巢步潁湄冥心眞寄千載同歸

五言

氤氳柔風扇熙怡和氣淳駕言興時遊逍遥映通津

四言　王肅之

在昔暇日味存林嶺今我斯遊神怡心静

五言

嘉會欣時遊豁爾暢心神吟詠曲水瀨淥波轉素鱗

四言

散懷山水蕭然忘羈秀薄粲穎疎松籠崖遊羽扇宵

鱗躍清池歸目寄歎心冥二奇

五言

先師有冥藏安用羈世羅未若保沖眞齊契箕山阿

四言　　袁嶠之

人亦有言意得則歡嘉賓既臻相與遊盤微音送詠

馥焉若蘭苟齊一致遐想揭竿

五言

四眺華林茂俯仰清川渙激泉流芳醪豁爾累心散

遐想逸民軌遺音良可翫古人詠舞雩今也同斯歎

一十五人一篇成

五言　郗曇

温風起東谷和氣振柔條端坐興遠想薄言遊近郊

四言　王豐之

肆眄巖岫臨泉躍趾感興魚鳥安茲幽跱

四言　華茂

林榮其鬱浪激其隈泛泛輕觴載欣載懷

四言　庾友

馳心域表寥寥遠邁理感則一冥然斯會

五言　虞説

神散宇宙內形浪濠梁津寄暢須臾歡尚想味古人

五言　魏滂

三春陶和氣，萬物齊一歡。明后欣時豐，駕言映清瀾。
亹亹德音暢，蕭蕭遺世難。望岩愧脫屣，臨川謝揭竿。

五言　謝繹

縱暢任所適，迴波縈遊鱗。千載同一朝，沐浴陶清塵。

五言　庾蘊

仰想虛舟說，俯歎世上賓。朝榮雖云樂，夕斃理自因。

五言　孫嗣

望巖懷逸許，臨流想奇莊。誰云真風絶，千載挹遺芳。

五言　曹茂之

時來誰不懷寄散山林間尚想方外賓超超有餘閑

五言　曹華平

願與達人遊解結遨濠梁狂吟任所適浪流無何鄉

五言　亘偉

主人雖無懷應物寄有尚宣尼遨沂津蕭然心神王

數子各言志曾生發奇唱今我欣斯遊慍情亦暫暢

五言　王玄之

松竹挺巖崖幽澗激清流蕭散肆情志酣觴豁滯憂

五言　王蘊之

散豁情志暢塵纓忽以捐仰詠挹遺芳怡神味重淵

五言　　王渙之

去來悠悠子披褐良足欽超迹脩獨往眞契齊古今

一十六人詩不成各罰酒三觥

謝瑰　卞迪　丘髦　王獻之

羊模　孔熾　劉密　虞谷

勞夷　后綿　華耆　謝藤

任儗　呂系　呂本　曹禮

後序　　孫綽

古人以水喻性有旨哉非所以渟之則清淆之則濁耶故振轡於朝市則充屈之心生閑步於林野則寥

落之意興仰瞻羲唐邈然遠矣近詠臺閣顧探增懷聊於曖昧之中期平瑩拂之道暮春之始禊于南澗之濱高嶺千尋長湖萬頃乃藉芳草鑑清流覽卉物觀魚鳥具類同榮資生咸暢於是和以醇醪齊以達觀快然兀矣焉復覺鵬鷃之二物哉耀靈促轡急景西邁樂與時去悲亦系之往復推移新故相換今日之迹明復陳矣原詩人之致興諒詠謌之有由文多不載大略如此所賦詩亦裁而綴之如前四言五言焉

桐柏山金庭館碑銘 沈約

夫生靈爲貴有識斯同道天云及終天莫反故仙學

之祕上聖攸尊啓玉芨之幽文貽金壇之妙訣駐景濛谷還光上枝吐吸煙霞變練丹液出没無方升降自已下栖洞室上賓羣帝覲靈岳之驟啓見滄波之屢竭望玄州而駿驅指蓬山而永騖芝蓋三重駕螭龍之蜿蜒雲車萬乘載旗旆之逶迤此蓋栖靈五岳未暨夫三清者也若夫上玄奥遠言象斯絶金簡玉字之書玄霜絳雪之寶俗士所不能窺學徒不敢輕慕且禁誓嚴重志業艱劬自非天禀上才未易可擬自惟凡劣識鑒鮮方徒抱出俗之願而無致遠之力早尚幽栖屏棄情累留愛巖壑託分魚鳥塗愈遠而

靡倦年既老而不衰高宗明皇帝以上聖之德結宗玄之念忘其菲薄曲賜提引未自夏汭回乞還山權憩汝南縣境固非息心之地聖主纘歷復蒙縶維永泰元年方遂初願遂遠出天台定居茲嶺所憩之山實惟桐柏實靈聖之下都五縣之餘地仰出星河上參倒景高崖萬沓邃澗千迴因高建壇憑巖考室餝降神之宇置朝禮之地桐柏所在厥號金庭事昺靈圖因以名館聖上曲降幽情留信彌密置道士十人用祈嘉祉越以不才首膺斯任永棄人羣竄景窮麓結懇志於玄都望霄容於雲路仰宣國靈介茲景福

延吉祥於清廟納萬壽於神躬又願道無不懷澤無不至幽荒屈膝戎貊稽顙息鼓輟烽守在海外因此自勉兼遂微誠日久勤劬自強不已翹心屬念晚卧晨興飡正陽於停午念孔神於中夜將三芝而延佇飛九丹而宴息乘鳧輕舉留舄忘歸以兹丹款表之玄極無曰在上日鑒非遠銘石靈館以旌厥心其辭曰

道無不在若存若亡於惟上學理妙羣方用之日損言則非常儵焉靈化欻變蜆裳九重嶤岏三山璀璨日爲車馬芝成宮觀虹於拂月龍輴漸漢萬春方華

千齡始旦伊余菲薄竊慕隱淪尋師請道結友問津
東採震澤西遊漢濱依俙靈春髣髴幽人帝明紹歷
惟皇纂位屬心鼎湖脫屣神器降命凡底仰祈靈祕
瞻彼高山興言覆簣啓基桐柏厥號金庭喬峯迥峭
擘漢分星臨雲置墠雋缶開櫺綢塗蹇產林祈葱青
誰謂應遠神道微密慶集宮闈祥流罕畢其久如地
其恒如日壽同南山與天無卒史生變煉外示無功
少君飛轉密與神通因資假力輕舉騰空靡憑嘉誘
永濟微躬

會稽山贊　郭璞

禹徂會稽爰朝群臣不虔是討乃戮長人王匱表夏玄石勒秦

太平山銘　　孫綽

隗峩太平峻踰華霍秀嶺樊縕奇峰挺崿上干翠霞下籠丹壑有士冥遊默往奇託肅形枯林映心幽漠亦既覿止涣焉融滯懸棟翠微飛宇雲際重巒蹇產迴溪縈帶被以青松灑以素瀨流風佇芳翔雲停藹

祭禹廟文　　謝惠連

謹遣左曹掾奉水土之羞前薦夏帝之靈咨聖繼天載誕英徽克明克哲知章知微運此宏謨卹彼民憂

身勞五岳形瘦九州呱呱弗顧屢屢是欽物貴尺璧我重寸陰乃錫玄圭以告成功厥數既攷夏德乃隆臨朝總政巡國觀風淹留稽嶺乃祖行宮恭司皇役敬属暉融神息略薦乃耶其志

北山移文　孔稚珪

鍾山之英草堂之靈馳煙驛路勒移山庭夫以耿介拔俗之標蕭灑出塵之想度白雪以方絜干青雲而直上吾方知之矣若其亭亭物表皎皎霞外芥千金而不眄屣萬乘其如脫聞鳳吹於洛浦值薪歌於延瀨固亦有焉豈有終始參差蒼黄翻覆淚翟子之悲

慟朱公之哭乍迴跡以心染或先貞而後黷何其謬哉嗚呼尚生不存仲氏既往山阿寂寥千載誰賞世有周子雋俗之士周顒字彥倫元徽中出爲剡令建元中爲山陰令既文既博亦玄亦史然而學遁東魯習隱南郭竊吹草堂濫巾北岳誘我松桂欺我雲壑雖假容於江皋乃纓情於好爵其始至也將欲排巢父拉許由傲百氏蔑王侯風情張日霜氣橫秋或歎幽人長往或怨王孫不游談空空於釋部覈玄玄於道流務光何足比涓子不能儔及其鳴騶入谷鶴書赴隴形馳魄散志變神動爾乃眉軒席次袂聳筵上焚芰製而裂荷衣抗塵

容而走俗狀風雲悽其帶憤石泉咽而下愴望林巒而有失顧草木而如喪至其細金章綰墨綬跨屬城之雄冠百里之首張英風於海甸馳妙譽於浙右字書曰江水東至會稽山陰爲浙右道帙長殯法筵久埋敲扑諠囂犯其慮牒訴倥偬裝其懷琴歌既斷酒賦無續常綢繆於結課每紛綸於折獄籠張趙於往圖架卓魯於前籙希蹤三轉輔豪馳聲九州牧使我高霞孤映明月獨舉青松落蔭白雲誰侶澗户摧絶無與歸石逕荒涼徒延佇至於還飈入幕寫霧出楹蕙帳空兮夜鶴怨山人去兮曉猨驚昔聞投簪逸海岸今見解蘭縛塵

纓於是南嶽獻嘲北隴騰笑列壑爭譏攢峯竦誚慨游子之我欺悲無人以赴弔故其林慚無盡澗愧不歇秋桂遣風春蘿罷月騁西山之逸議馳東皐之素謁今又促裝下邑銑曰下邑謂山陰也言山陰秩滿因向京而過山也浪栧上京雖情投於魏闕或假步於山扃豈可使芳杜厚顔薜荔無恥碧嶺再辱丹崖重滓塵游躅於蕙路汙淥池以洗耳宜扃岫幌掩雲關斂輕霧藏鳴湍截來轅於谷口杜妄轡於郊端於是叢條瞋膽疊穎怒魄或飛柯以折輪乍低枝而掃迹請迴俗士駕爲君謝逋客

何徵君墓誌　梁簡文帝

先生履玉燭之（仁宗廟諱）氣應大賢之一期實生而知機撫
塵斯賡敬非習起孝乃因心聚徒教習學侶成群輿
沛國劉瓛汝南周顒盛爲友陸璉賀瑒之徒更道北面
不明中王文憲儉受詔撰禮未竟而卒屬在司徒文
宣王王以讓先生因廣加刋緝後以舍文燕居說六典
五恩之義或齊侯所不鎮孟嘉所未知皆折茲大物
成此良教小人道長每諷考槃之詩君子道消便執
天山之筮乃毀車掛冠拂衣東嶺始居若耶來從秦
望今上經綸天地權輿鼎業始徵爲軍謀祭酒實允
文君之舉且光彥先之選又徵時進右光祿大夫高

尚其事確乎不拔玄纁徒往束帛虛歸而給白衣尚書禄固辭不受卒窆乎其山正衾在殯唫鏤器與王衣堯典入棺恥密章及圭綬知與不知並懷愴感以人忘素楷禮墜文音乎洙泗頹經扶風罷學關西疑聖之德自此長淪高蹤引風之氣於茲永息余昔在殊方函杖翰跡欽風味道迄淹歲時既而位阻桂宮途乖咫尺不獲擁經步至問春卿之痾徐輪三反入杜戭之舍痛祥雲之滅采悲列曜之晞暉追勒高鄉乃爲銘曰

文範高世　玄晏絕倫　復有令德　遠之與均

誰與坊此　嗚呼哲人　第五肥遁　餘飢尚遵
司空開學　其風不泯　傳茲孝敬　曰悌且仁
氣高瓊岳　心虛盡神　括羽儒圍　舟輿席珍
既遊慧水　兼引法輪　談扇猶在　鳴琴尚陳
如何不憖　德素長淪　寂寥巖穴　荒涼渭濱
橋曰隻雞　徐稱酹素　余歎夫子　風期夙著
蓄思含毫　傳芳寫轝　沉礎雖貞　玄泉無曙

朱育對

孫亮時有山陰朱育少好奇字凡所特達依體像類造作異字千名以上仕郡門下書佐太守濮陽興正

且宴見掾吏言次問太守昔聞朱頴川問士於鄭召
公韓吳郡問士於劉聖博王景興問士於虞仲翔嘗
見鄭劉二荅而未覩仲翔對也欽聞國賢思覩盛美
有日矣書佐寧識之乎育對曰往過習之昔初平末
年王府君以淵妙之才超遷臨郡思賢嘉善樂采名
俊問功曹虞翻曰聞玉出崑山珠生南海遠方異域
各生珍寶且曾聞士人歎美貴邦舊多英俊徒以遠
於京畿含香未越耳功曹雅好博古寧識其人邪翻
對曰夫會稽上應牽牛之宿下當少陽之位東漸巨
海西通五湖南暢無垠北渚浙江南山攸居實爲州

鎮昔禹會群臣因以命之山有金木鳥獸之殷水有魚鹽珠蚌之饒海嶽精液善主俊異是以忠臣係踵孝子連閭下及賢女靡不育焉王府君笑曰地勢然矣士女之名可悉聞乎翻對曰不敢及遠畧言其近者耳往者孝子句章董黯盡心色養喪致其哀單身林野鳥獸歸懷怨親之辱白日報讎海内聞名昭然光著太中大夫山陰陳囂漁則化盜居則讓鄰感侵退藩遂成義里攝養車嫗行足厲俗自楊子雲等上書薦之粲然傳世太尉山陰鄭公清亮質直不畏彊禦魯相山陰鍾離意禀殊特之姿孝家忠朝宰縣相

國所在遺惠故取養有君子之耆魯國有冊書之信
及陳宮費齊皆上契天心功德治狀記在漢籍有道
山陰趙曄徵士上虞王充各洪才淵懿學究道源著
書垂藻駱驛百篇釋經傳之宿疑解當世之槃結或
上窮陰陽之奧祕下攄人情之歸極交阯刺史上虞
縣綦毋俊拔濟一郡讓爵土之封決曹掾上虞孟英
三世死義主簿句章梁宏功曹史餘姚駟勳主簿句
章鄭雲皆敦終始之義引罪免居門下督盜賊餘姚
伍隆賀（莫侯反）主簿任光章安小吏黃他身當白刃濟
君於難楊州從事句章王脩委身授命垂聲來世河

内太守上虞魏少英遭世屯蹇忘家憂國列在八俊爲世英彦尚書烏傷楊喬欽宗廟諱帝妻以公主辭疾不納近故太尉上虞朱公天姿聰亮欽明神武策無失謀征無遺慮是以天下義兵思以爲首上虞女子曹娥父溺江流投水而死立石碑紀炳然著顯王府君曰既然矣潁川有巢許之逸軌吳有太伯之三讓貴郡雖士人紛紜於此足矣翻對曰故先言其近者耳若乃引上世之事及抗節之士亦有其人昔越王翳讓位逃於巫山之穴越人薰而出之斯非太伯之儔邪且太伯外來之君非其地人也若以外來言之則大

禹方巡於此而葬之矣鄞大里黄公絜己暴秦之世高祖即阼不能一致惠帝恭讓出則濟難徵士餘姚嚴遵王莽數聘抗節不行光武中興然後俯就矯手不拜志陵雲日皆著於傳籍較然彰明豈如巢許流俗遺譚不見經傳者哉王府君笑曰善哉話言也賢矣非君不著太守未之前聞也濮陽府君曰御史所云既聞其人亞斯已下書佐寧識之乎育曰瞻仰景行敢不識之近者太守上虞陳業絜身清行志懷霜雪貞亮之信同操柳下遭漢中微委官棄祿遁迹黟歙以求其志高邈妙蹤天下所聞故（欽宗廟諱）文遺之尺牘

之書比竟三高其聰明大略忠直謇諤則侍御史餘姚虞翻偏將軍烏傷駱統其淵懿純德則太子少傅山陰闞澤學通行茂作帝師儒其雄姿武毅立功當世則後將軍賀齊勳成績著其探極秘術言合神明則太史令上虞吳範其文章之士立言粲盛則御史中丞句章任奕鄱陽太守章安虞翔各馳文檄曄若春榮處士鄮盧叙弟犯公憲自殺乞代吳寧斯敦山陰祈庚上虞樊正咸代父死罪其女則松楊柳朱永寧瞿素或一醮守節喪身不顧或遭寇劫賊死不虧皆近世之事尚在耳目府君曰皆海內之英也吾聞

秦始皇二十五年以吳越地爲會稽郡治吳漢封諸吳王以何年復爲郡而分治於此育對曰劉賈爲荆王賈爲英布所殺又以劉濞爲吳王景帝四年濞反誅乃復爲郡治於吳元鼎五年除東越因以其他爲治非屬於此而江東部都尉後徙章安陽朔元年又徙治鄞或有寇害復徙句章到永建四年劉府君上書浙江之北以爲吳郡會稽還治山陰自永建四年歲在己巳以至今年積百二十九歲府君稱善是歲吳之太平三年歲在丁丑育後仕朝常在臺閣爲東觀令遥拜清河太守加位侍中推刺占射文藝多

通

代謝會稽太守啓　謝朓

臣本布衣不謀遠大折衝之勤不睪燮理之義何階常恐覆餗是貽咎徵斯應陛下繼曆勝統日月重光得以欽宗廟諱珪衮服拜奉歲時視濯獻牲鞠躬郊廟而鴻思妄假復授龜符主節邁於雙瓊表東俘於四履復臨邊三事既謝張温潁川再撫亦慙黃霸

修心賦　江揔

太清四年秋七月避地于會稽龍華寺此伽藍者余六世祖宋尚書右僕射州陵侯元嘉二十四年之所

高宗廟諱侯之王父晉護軍將軍彪昔莅此邦卜居山陰都陽里貽厥子孫有終焉之志寺域則宅之舊基左江右湖面山背壑東西連跨南北紆縈聊與苦節名僧同銷日用曉脩經戒夕覽圖書寢處風雲憑棲水月不意華戎莫辨朝市傾淪以此傷情情可知矣啜泣濡翰豈攄鬱結庶後生君子閔余此槩焉嘉南斗之分次肇東越之靈秘表檜風於韓什著鎭山於周記藴大禹之金書鐫暴秦之在字太史來而探穴鍾離去而開笥信竹箭之爲珍何珷玞之罕值奉盛德之鴻祀寓安禪之古寺實豫章之舊圃成黄金之勝地

遂寂默之幽心若鏡中而遠尋面曾阜之超忽通平湖之逈深山條偃蹇水葉漫遥掛猿朝落饑鼯夜吟菓叢藥苑桃溪橘林揹雲拂日結暗生陰保自然之雅趣鄙人間之荒雜望島嶼之邅回面江源之重沓泛流月之夜逈曳光煙之曉匝風引蜩而嘶譟雨鳴林而脩飈鳥稍狎而知來雲無情而自合邇乃野開靈塔地築禪居喜園迢遰樂樹扶踈經行藉草宴坐臨渠持戒振錫度影甘蔬堅固之林可喻寂滅之揚斯是如異曲終而悲起非木落而悲始豈降志而辱身不露才而揚已鍾風雨之如晦倦雞鳴而聒耳幸避地

而高棲馮調御之遺旨折四辨之微言悟三乘之妙理遣十纒之繫縛袪五惑之塵滓久遺榮於勢利廢志累於妻子感意氣於疇日寄怨言於來祀何遠客之可悲知自憐而何已

山居賦　謝靈運

古巢居穴處曰巖棲棟宇居山曰山居在林野曰丘園在郊郭曰城傍四者不同可以理推言心也黃屋實不殊於汾陽即事也山居良有異乎市廛抱疾就閑順從性情敢率所樂而以作賦楊子雲云詩人之賦麗以則文體宜兼以成其美今所賦既非京都宮

觀游獵聲色之盛而叙山野草木水石穀稼之事才
之昔人心放俗外詠於文則可勉而就之求麗邈以
遠矣覽者廢張左之豔辭尋臺皓之深意去飾取素
儻值其心耳意實言表而書不盡遺迹索意託之有
賞其辭曰謝子卧疾山頂覽古人遺書與其意合悠
然而笑曰夫道可重故物爲輕理宜存故事斯忘古
今不能華質文咸其常合宫非縉雲之館衢室豈放
勛之堂邁深心於鼎湖送高情於汾陽嗟文成之卻
粒願追松以遠游嘉陶朱之鼓棹迺語種以免憂判
身名之有辨權榮素其無留孰如牽犬之路既寡聽

鶴之塗何由哉若夫巢穴以風露貽患則大壯以棟宇袪敝宮室以瑶琁致美則白賁以丘園殊世惟上託於巖壑幸兼善而罔滯雖非市朝而寒暑均和雖是築（高宗廟諱）而飾朴兩逝昔仲長願言流水高山應璩作書邙阜洛川勢有偏側地闕周員銅陵之奧卓氏充鈲摦之端金谷之麗石子致音徽之觀徒形域之薈蔚惜事異於栖槃至若鳳叢二臺雲夢青丘漳渠淇園橑橘長洲雖千乘之珍苑孰嘉遯之所游且山川之未備亦何議於兼求覽明達之撫運乘機緘而理默指歲暮而歸体詠宏徽於刊勒狹三閭之喪江矜

望諸之去國選自然之神麗盡高棲之意得仰前哲之遺訓俯性情之所便奉微軀以宴息保自事以秉閑愧班生之夙悟慙尚子之晚研年與疾而偕來志秉拙而俱旋謝平生於知游捷清曠於山川其居也左湖右江往渚還汀面山背阜東岨西傾抱含吸吐欵跨紆縈緜聯邪亘側直齊平近東則上田下湖西溪南谷石埭石滂閔硎黃竹決飛泉於百仞森高薄於千麓寫長源於遠江派深毖於近瀆近南則會以雙流縈以三洲表裏回游離合山川崿崩飛於東峭槃傍薄於西阡拂青林而激波揮白沙而生漣近西則

楊賓接峯塘埕連縱室壁帶溪曾孤臨江竹緑浦以被緑石照澗而映紅月隱山而成陰木鳴柯以起風近北則二巫結湖兩智通沼横石判盡休周分表引脩堤之逶迤吐泉流之浩溔山磯下而回澤瀨石上而開道遠東則天台桐栢方石太平二韭四明五奥三菁表神異於緯牒驗感應於慶靈凌石橋之莓苔越楢溪之紆縈遠南則松箴棲雞唐嵫漫石崪嵊對嶺㠊孟分隔入極浦而邅回迷不知其所適上嶔崎而蒙籠下深沈而澆激遠西則

遠北則長江永歸巨
海延納崐漲緬曠島嶼綢沓山縱橫以布護水回沈
而縈浥信荒極之綿眇究風波之睽合徒觀其南術
之　生巉　成衍　岸測深相渚知淺洪濤
滿則曾石没清瀾咸則沈沙顯及風興濤作水勢奔壯於
歲春秋在月朔望湯湯驚波滔滔駭浪電激靁崩飛流
灑漾凌絶壁而起岑横中流而連薄始迅轉而騰天終倒
底而見壑此楚貳心醉於吳客河靈懷慙於海若爾其
舊居曩宅　今園枌槿尚援基井具存曲術周乎前
後直陌矗其東西豈伊臨溪而傍沼廼抱阜而帶山考

封域之靈異實茲境之最然葺駢梁於巖麓捿孤棟於江源敞南户以對遠嶺闢東窻以矚近田田連岡而盈疇嶺枕水而通阡阡陌縱横塍埒交經導渠引流脉散溝并蔚蔚豐秋苾苾香稉送夏蚤秀迎秋晚成兼有陵陸麻麥粟菽候時覘節遞埶遞孰供粒食與

飲謝工商與衡牧生何待於多資理取足於滿腹自園之田自田之湖泛濫川上緬邈水區濬潭澗而窈窕除菰洲之紆餘毖温泉於春流馳寒波而秋徂風生浪於蘭渚日倒景於椒塗飛漸榭於中沚取水月之歡娛旦延陰而物清夕棲芬而氣敷顧情交之

永絶覿雲客之蹔如水草則萍藻薀菼藋蒲芹蓀蒹
菰蘋蘩蕝荇菱蓮雖備物之借美獨扶渠之華鮮播
緑葉之鬱或含紅敷之繽翻怨清香之難留矜盛容
之易闌必充給而後搴豈蕙草之空殘眷叩弦之逸
曲感江南之哀歎秦箏倡而湖游往塘上奏而舊愛
還本草所載山澤不一靁桐是别和緩是悉參核六
根五華九實二冬並稱而殊性三建異形而同出水
香送秋而擢蒨林蘭近雪而揚猗卷栢萬代而不殞
伏苓千歲而方知映紅葩於緑蔕茂素蕤於紫枝既
佳年而增靈亦驅妖而斥疵其竹則二箭殊葉四苦

齊味水石别谷巨細各彙既脩竦而便娟亦蕭森而蓊蔚露夕沾而悽陰風朝振而清氣玄捎雲以拂杪臨碧潭而挺翠蔑上林與淇澳驗東南之所遺企山陽之游踐遲鸞鷖之棲託憶崐園之悲調慨伶倫之哀籥衛女行而思歸詠楚客放而防露作其木則松栢檀櫟桐榆檿柘穀楝楸梓檉樗剛柔性異貞脃質殊卑高沃堉各隨所如榦合抱以隱岑杪千仞而排虛淩岡上而喬竦蔭澗下而扶疏沿長谷以傾柯攢積石以插株華映水而增光氣結風而回敷當嚴勁而葱倩承和煦而芬腴送墜葉於秋晏遲含萼於春

初植物旣載動類亦繁飛泳騁透胡可根源觀貟相
音備列山川寒燠順節隨宜匪敦魚則鰻鱧鮒鱮鱒
鯇鰱鯿魴鮪魦鱖鱨鯉鯔鱣鰬采雜色錦爛雲鮮唼
藻戲浪汎荇流淵或鼓鰓而湍躍或掉尾而波旋鱸
鮆乗時以入浦鰔鱘泝瀨以出泉鳥則鶤鴻鶂鵠鵝
鷺鴇鶒鷄鵲繡質鶴鸛綬章晨鳧朝集時鸕山梁海
鳥違風朔禽避涼蓂生歸北霜降客南接響雲漢侶
宿江潭聆清哇以下聽載王子而上參薄回涉以弁
翰映明壑而自耽山上則猨獋狸貛犴獌猰猛山下
則熊羆豺虎獂鹿麕麖擲飛枝於窮崖[illegible]空絕於深

硎蹲谷底而長嘯攀木杪而哀鳴罾綸不投罝羅不
披磻弋靡用蹄筌誰施鑑虎狼之有仁傷遂欲之無
崖顧弱齡而涉道悟好生之咸宜率所由以及物諒
不遠之在斯撫鷗鯈而悅豫杜機心於林池敬承聖
誥恭窺前經山野昭曠聚落羶腥故大慈之弘誓拯
群物之淪傾豈寓地而空言必有貸以善成欽鹿野
之華苑羨靈鷲之名山企堅固之貞林希菴羅之芳
園雖綷容之緬邈謂哀音之恒存建招提於幽峯冀
振錫之息肩庶燈王之贈席想香積之惠飡事在隔
而思通理匪絶而可溫爰初經畧杖策孤征入澗水

涉登嶺山行陵陌不息窮泉不停櫛風沐雨犯露乘星研其淺思罄其短規非龜非龜非筮選奇翦榛開逕尋石覓崖四山周回雙流逶迤面南嶺建經臺倚北阜築講堂傍危峯立禪室臨浚流削僧房對百年之高木納萬代之芬芳抱終古之泉源美膏液之清長謝麗塔於郊郭殊世間於城傍欣見素以抱樸果甘露於道場苦節之僧明發懷抱事絕人徒心通世表是游是憩倚石（高宗廟諱）草寒暑有移至業莫矯觀三世以其夢撫六度以取道乗恬知以寂泊含和理之窮宼指東山以寘其期寳西方之潛兆雖一日以千載猶

恨相遇之不蚤賤物重已棄世希靈駭彼促年愛是
長生冀浮丘之誘接望安期之招迎昔松桂之苦味
夷皮褐以穨形羨蟬蛻之匪日撫雲蜺其若驚陵名
山而屢憇過巖室而披情雖未階於至道且緬絕於
世纓指松菌而興言良未齊於殤彭山作水役不以一
牧資待各徒隨節競逐陟嶺刊木除榛伐竹抽笋自
篁擿蒻于谷揚滕所拮秋冬蘠獲野有蔓草獵涉蘡
薁亦醞山清介爾景福苦以木成甘以播熟慕椹高
林剝芨巖椒掘蒨陽崖擿鮮陰擽晝見搴茅宵見
索綯芟菰翦蒲以薦以茭既坭既埏品收不一其灰

甚莢歲冬有律六月采蜜八月樸栗備物爲繁略載
靡悉若廼南北兩居水通陸阻觀風瞻雲方知厥所
南山則夾渠二田周嶺三苑九泉別澗五谷異巘羣
峯參差出其間連岫複陸成其坂衆流溉灌以環近諸
堤擁抑以接遠遠堤兼陌近流開湍凌阜泛波水往步還
還迴往匝枉渚員巒呈美表趣胡可勝單抗北頂以葺
館瞰南峯以啓軒羅曾崖於戶裏列鏡瀾於窗前因
丹霞以赬楣附碧雲以翠椽視奔星之俯馳顧　之未
牽鵾鴻翻翥而莫及何但鷰雀之翩翾氿泉傍出潺湲
於東簷桀壁對峙　硿礲於西霤脩竹葳蕤以翳薈灌木

奔沉以蒙茂蘿曼延以攀援花芬董而媚秀日月投光於柯間風露披清於㟪岫夏涼寒燠隨時取適階基回互橑櫺乘隅此焉卜寢翫水弄石邇即回眺終歲罔斁傷美物之遂化怨浮齡之如借眇遯逸於人群長寄心於雲霓因以小湖鄰於其隈衆流所湊萬泉所回汎濫異形首毖終肥别有山水路邈緬歸求歸其路廼界北山棧道傾虧蹬閣連卷復有水逕繚繞回圓瀰瀰平湖泓泓澄淵孤岸竦秀長洲芊綿既瞻既眺曠矣悠然及其二川合流異源同口赴隘入險俱會山首瀨排沙以積丘峯倚渚以起阜石傾瀾而峭巖木映波而結藪逕南

湑以横前轉北崖而掩後隱叢灌故悉晨莫託星宿以知左右山川澗石州岸草木旣摽異於前章亦列同於後牘山匪砠而是岵川有清而無濁石傍林而插巖泉協澗而下谷淵轉渚而散芳岸靡沙而映竹草迎冬而結葩樹陵霜而振綠向陽則在寒而納煦面陰則當暑而含雪連岡則積嶺以隱嶙舉峯則羣竦以巀嶭浮泉飛流以寫空沈波潛溢於洞穴凡此皆異所而咸善殊節而俱説春秋有待朝夕須資旣耕以飯亦桑貿衣藝菜當肴采藥救頹自外何事順性靡違法音晨聽放生夕歸研書賞理敷文奏懷凡厥

意謂楊較以揮且列于言誠特此推北山二園南山
施百果備列乍近乍遠羅行布株迎蚕候晚猗蔚溪澗
蹊崖森巘杏壇柰園橘林栗圃桃李多品梨棗殊所枇
杷林擒帶谷映渚椹梅流芬於回巒椑柿被實於長浦
畦町所蓺含蘂藉芳蓼蕺蒭薺葑菲蘇薑緑葵眷節以
懷露白薤感時而負霜寒蔥擽倩以陵陰春藿吐茗以
迎陽弱質難恒積齡易喪撫鬢生悲視顔自傷承清府
之有術冀在衰之可壯尋名山之奇藥越靈波而憩轅
采石上之地黄摘竹下之天門摭曾嶺之細辛拔幽澗
之溪蓀訪鍾乳於洞穴訊丹陽於紅泉安居二時冬夏

三月遠僧有來近衆無關法鼓朗響頌偈清發散華霏
蕤流香飛越折曠劫之微言說像法之遺旨秉此心之
一毫濟彼生之萬理啓善趣於南倡歸清暢於北机非獨
愜於子情諒僉感於君子山中兮清寂羣紛兮自絕周
聽兮匪多得理兮俱悅寒風兮擩肩面陽兮常熱炎光
兮隆熾對陰兮霜雪憩曾臺兮陟雲根坐澗下兮越風
穴在茲城而諧賞傳古今之不滅好生之篤以我而觀
懼命之盡丞景之懽分一往之仁心拔萬族之險難招
驚魂於殆化收危形於將闌漾水性於江流吸雲物於
天端覩騰翰之頡頏視鼓鰓之往還馳騁者儻能狂悆

猜害者或可理攀掐人不存懷抱誰質糟粕猶在啓縢剖褰見柱下之經二覩濠上之篇七承未散之全樸救已頹於道術嗟夫六藝以宣聖教九流以判賢徒國史以載前紀家傳以申世模篇章以陳義刺論難以覈有無兵技醫日龜筴筮夢之法風角冢宅筭數律曆之書或平生之所流覽並於今而長諸驗前識之表道抱一德而不渝伊昔齠亂實愛斯文援紙握管會性通神詩以言志賦以敷陳箴銘誄頌咸各有倫爰暨山棲彌歷年紀幸多暇日自求諸己研精靜慮貞觀厥美懷欣成章含笑奏理若遇秉攝持之

告許養達之篇畏絶迹之不遠懼行地之多艱均上
皇之自昔悲下衰之在旃援吾心於高人落賓名於
聖賢廣滅景於崆峒許遁音於箕山愚假駒以表谷
消隱巖以搴芳萊庇蒙以織畚皓棲商而頤志卿寢
茂而斂辭鄭別谷而永逝梁去霸而之會
高居唐而胥宇臺依崖而穴墀成自得以窮年
聊貞思於所暨其窈窕幽深寂寞虛遠事與情乖理
與形反旣耳目之靡端豈足跡之所踐蘊終古於三
季俟通明於五眼權近慮以停筆抑淺知而絶簡

石壁精舍還湖中　謝靈運

昏旦變氣候山水含清暉清暉能娱人游子澹忘歸出谷日尚早入舟陽已微林壑斂暝色雲霞收夕霏芰荷迭映蔚蒲稗相因依披拂趨南逕愉悦偃東扉慮澹物自輕意愜理無違寄言攝生客試用此道推

於南山往北山經湖中瞻眺

朝旦發陽崖景落憩陰峯舍舟眺迥渚停策倚茂松側逕既窈窕環洲亦玲瓏俛視喬木杪仰聆大壑淙石横水分流林密蹊絶蹤解作竟何感升長皆丰容初篁苞緑籜新蒲含紫茸海鷗戲春岸天雞弄和風撫化心無厭覽物眷彌重不惜去人遠但恨莫與同

孤游非情歎賞廢理誰通

登臨海嶠初發彊中作與從弟惠連可見羊何共之

杪秋尋遠山山遠行不近與子別山阿含酸赴修畛中流袂就判欲去情不忍顧望脰未渝汀油舟已隱隱汀絶望舟鶩棹逐驚流欲抑一生歡并奔千里游日落當棲薄繫纜臨江樓豈惟夕情歛憶爾共淹留淹留昔時歡復增今日歎兹情已分慮況乃協悲端秋泉鳴北澗哀猿響南巒戚戚新別心悽悽久念攢攢念攻別心旦發清溪陰暝投剡中宿明登天姥岑

高高入雲霓還期那可尋儻遇浮丘公長絶子徽音

西陵遇風獻康樂

謝惠連

我行指孟春春仲尚未發趣途遠有期念離情無歇成裝候良辰漾舟陶嘉月瞻塗意少悰還顧情多闕哲兄感仳別相送越坰林飲餞野亭館分袂澄湖陰悽悽留子言眷眷浮客心迴塘隱艫栧遠望絶形音靡靡即長路戚戚抱遥悲悲遥但自弭路長當問誰行行道轉遠去去情弥遲昨發浦陽汭今宿浙江湄屯雲蔽曾嶺驚風涌飛流零雨潤墳澤落雪灑林丘浮氛晦崖巘積素或原疇曲汜薄停依通川絶行舟

臨津不得濟竹楫阻風波蕭條洲渚際氣色少諧和
西矚與游歎東睇起淒歌積憤成疢痗無萱將如何

酬從弟惠連　謝靈運

寢瘵謝人徒滅跡入雲峰巖壑寓耳目歡愛隔音容
永絶賞心望長懷莫與同末路值令弟開顔披心胷
心胷既云披意得咸在斯陵澗尋我室散帙問所知
夕慮曉月流朝忌曛日馳悟對無厭歇聚散成分離
分離别西川迴景歸東山别時悲已甚别復情更延
傾想遲嘉音果枉濟江篇辛勤風波事款曲洲渚
言洲渚既淹時風波子行遲務協華京想詎存空谷

期猶復惠來章祇是攬余思儻若果歸言共陶暮春
時暮春雖未交仲春善遊邀山桃發紅蕚野蕨漸紫
苞嚶鳴已悅豫幽居猶鬱陶夢寐佇歸舟釋我吝與
勞

還舊園作見顏范二中書　謝靈運

辭蒲豈多秩謝病不待年偶與張邴合久欲還東山
聖靈昔廻眷微尚不及宣何意衝飈激烈火縱焱煙
焚玉發崐峰餘燎遂見遷投沙理既迫如邛願亦愆
長與歡愛別永絕平生緣浮舟千仞壑揔轡萬尋
巔足流沫不嶮石林豈爲艱閩中安可處日夜念歸

旋事蹟兩如直心愜三避賢託身青雲上棲巖挹飛
泉盛明盪氛昏貞休康屯遭殊方咸成貸微物豫采
甄感深操不固質弱易板纏曾是反昔園語往實款
然曩基即先築故池不更穿果木有舊行壤石無遠
延雖非休憩地聊取永日閑衛生自有經息陰謝所
牽夫子照情素探懷授往篇

和謝監靈運　　顏延年

弱植慕端操窘步懼先迷寡立非擇方刻意藉窮棲
伊昔遘多幸秉筆侍兩閨雖慚丹雘施未謂玄素睽
徒遭良時詖王道奄昏霾人神幽明絕朋好雲雨乖

弔屈汀洲浦謁帝蒼山蹊倚巖聽緒風攀林結留荑
跂予閶衡嶠曷月瞻秦稽皇聖昭天德豐澤振沈泥
惜無雀雉化何用充海淮去國還故里幽門謝蓬藜
采茨葺昔宇翦棘開舊畦物謝時既晏年往志不偕
親仁敷情昵興玩究辭悽於馥歇蘭若清越奪琳珪
盡言非報章聊用布所懷

過始寧墅　謝靈運

束髮懷耿介逐物遂推遷違志似如昨二紀及茲年
緇磷謝清曠疲薾慙貞堅拙疾相倚薄還得靜者便
剖竹守滄海枉帆過舊山山行窮登頓水涉盡洄沿

巖峭嶺稠疊洲縈渚連緜白雲抱幽石綠篠媚清漣
葺宇臨迴江築觀基曾巔揮手告鄉曲三載期歸旋
且為樹枌檟無令孤願言

道路憶山中　謝靈運

采菱調易急江南歌不緩楚人心昔絕越客腸今斷
斷絕雖殊念俱為歸慮款存鄉爾思積憶山我憤懣
追尋棲息時偃臥任縱誕得性非外求自已為誰纂
不怨秋夕長恒苦夏日短濯流激浮湍息陰倚密竿
故懷回新歡含悲忘春暖淒淒明月吹惻惻廣陵散
殷勤訴危柱慷慨命促管

田南樹園激流植援

樵隱俱在山由來事不同不同非一事養痾亦園中園中屏氛雜清曠招遠風卜室倚北阜啓扉面南江激澗代汲井插槿當列墉群木既羅戶衆山亦當囱靡迤趨下田迢遞瞰高峯寡欲不期勞即事罕人功唯開蔣生逕永懷求羊蹤賞心不可忘妙善冀皆

汎南湖至石帆　謝靈運

軌息陸途初枻鼓以始連漪繁波漾參差層峯峙蕭疎野趣生逶迤白雲起登陟昔跋涉聯盼樂心耳即翫既有竭在興興無已

游沈道士金庭館　沈約

秦皇御宇宙漢帝恢武功歡娛人事盡情性猶未充銳意三山上託慕九霄中既表祈年觀復立望仙宮寧為心好道直由意無窮曰余知止足是願不須豐山嶂遠重疊竹樹近蒙籠開襟濯寒水解帶臨清風所累非外物為念在玄空朋來握石体賓至駕輕鴻都令人經絕唯使雲路通一舉凌倒景無事適華嵩寄言賞心客歲暮尔來同

會稽志卷第二十

紹興府
今刊會稽志一部二十卷
用印書紙八百幅　古經紙一十幅
副葉紙二十幅　背古經紙平表一十幅
工墨錢八百文　每冊裝背　文
右具如前
嘉泰二年五月　日手分俞澄王思忠具
安撫使司校正書籍傅椊